한국 원형 문화의 이해

한국 원형문화의 이해

| 김영해 지음 |

알동북

쉽지 않은 '한국인의 원형 문화' 찾기

동북아 상고 문화 탐구에는 보이지 않는 장막이 드리워 있는가

한국 고고학계의 원로 학자로 김원룡 선생은 유명하다. 그런데 그 분의 제자 가운데에 나름 솔직 담백한 연구자로 인식되어 온 어느 교수의 몇 가지 일화는 의미심장한 부분이 있는 듯하다. 선사 고고학으로 업적을 갖춘 그 분이 고고학 시간에 슬며시 강원도 정선 지역의 고인돌을 언급했는데 의외의 전언으로 알려져 있다. 그 교수의 설명에 따르면 정선의 황석리 고인돌 안에서 수습된 인골을 검사했는데 그 결과로 고인돌 안에 있던 주인공이 황인종이 아닌 백인종 계열로 밝혀졌다는 설명이었다고 전해진다.

그러한 고도의 인문학적 전문 정보를 만약 일반 민간인이 접했으면 당연히 적지 않은 충격을 느꼈을 터이다. 하지만 당시 해당 교수의 수업에 참여한 학생들의 대부분은 무표정했다고 한다. 그러나 그 가운데 일부 참여 학생은 당황했었다는 후문도 들린다. 그도 그럴 것이 사실상 한국의 어지간한 사학과 내에서 선사고고학의 뚜렷한 표징적 유적이기도 한 고인돌에 묻힌 인종에 백인종이 있었다고 공공연하게 표출하는 곳은 별로 없는 게 솔직한 상황이기 때문이다.

그리고 세월이 흘렀고, 언젠가 KBS 방송은 대대적으로 긴급히 신규 편성한 다큐멘터리를 방영하겠다고 사전 광고를 했다. 부산 가덕도 신석기시대 유적의 인골에 관한 내용이었다. 관련 예고에 따라 숨죽이고 예고된 당일에 맞추어 그 첫 편을 본 시청자들의 심정은 어땠을까? 부산 가덕도 장항 유적에서 드러난 인골의 검사 결과가 고스란히 공영방송의 화면으로 전해졌다. 그때 보도된 인골의 수는 무려 40여 기라고 했다. 고고학 발굴 사례 가운데 그처럼 단일 유적에서 인골이 무더기로 수습된 경우는 거의 없었던 터.

오호라! 가덕도에서 수습된 신석기시대 인골의 대부분이 우리와 같은 황인종이 아니고 백인종이었으며, 더욱이 유럽의 북독일계 줄무늬토기(LBK) 사용 집단과 혈연적 관계가 있음이 고스란히 전해졌다. 충격적인 고고학 빅뉴스가 공중파를 타고 전 한국 사회에 공개된 셈이었다.

신중하고도 차분한 고찰이 요구되는 문화 원형 분야 연구

고고학을 하는 연구자들 사이에서 근래 묘하게 불문율처럼 이루어지는 분위기가 있다. 이상하리만치 예전과 달리 고인돌 이야기를 거론하는 연구자를 만나기 어렵다는 점이다. 왜일까? 혹시 고인돌 속에서 드러난 인골의 검사 결과 때문일까?

확언하기는 어렵지만 고고학자들은 인골 이야기도 그다지 즐겨하지 않는 분위기다. 뭐랄까? 산통이 깨어진 느낌? 묘한 허기를 느낄 때와 같은 안타까움과 괜한 짜증이 밀려오는 것 같은 정서도 함께 존재하는 듯싶고.

한때 우리 문화의 원형을 이야기 하려고 하면 마치 입에 거품이라도 문 것처럼 반드시 이야기하며 목소리에 힘까지 들게 하던 레퍼토리가 고인돌과 비파형 청동검, 그리고 빗살무늬 토기 따위였다. 그러나 요즘에는 어찌된 일인지 고인돌과 비파형 청동검, 그리고 빗살무늬 토기를 힘주어 말하는 사람이 눈에 띄지 않는다. 벌써 국민 일반은 충격적인 고고학 뉴스를 받아들인 것일까?

오늘날 고고학을 하는 연구자들은 예전과는 달리 매우 말을 아끼는 추세이다. 예전처럼 조그만 발굴 유적의 유물을 공개할 때라도 은근히 대단한 것을 한 듯이 잘난 척 하며 거들먹대던 분위기는 좀처럼 볼 수가 없다. 언제 어떻게 바뀔지 모르는 게 바로 고고학 분야란 것을 모르는 철부지는 이제 없다.

그래서 고고학은 가장 쉬워 보이지만 가장 어려운 학문일 수 있다. 조사용 트롤(고고발굴용 흙손)을 긁어대기만 하면 된다고 여긴다면 그것은 학문이 아닌 그저 단순 노동일 뿐이다. 토기 조각 하나라도 만나게 되면 겉 표면에 베풀어진 무늬가 어느 곳 토기와 닮았는지, 재료는 얼마나 가늘고 미세한 입자로 이루어졌는지를 살피는 것은 기본이겠고, 당시 거주인이 혹시 다른 곳에서 가지고 이동한 것은 아닌지 등 실로 복잡한 경우의 수를 상정하는 학문적 상상력이 필요한 분야이다.

그렇기 때문에 고고학이나 역사적 사료를 통해 언급되어야 하는 문화의 원형 문제는 사실 매우 조심스럽게 다루어야 할 분야인 셈이다. 혹여나 미처 깨닫지 못한 학문의 또 다른 장막을 걷어내지도 못한 채 감히 어줍지도 않게 서툰 소견을 나열하는 경우가 될 수도 있기 때문이다.

하지만 연구자는 언제나 누구도 장담하질 못한다. 자신이 지금 어떤 학문적 장막을 걷어내지 못하고 있는지를 알기란 거의 신의 영역처럼 쉽게 눈에 띄지 않기 때문에. 그래서 이제 우리 문화의 원형 이야기를 마치 기도하는 수도자(修道者)처럼 약간은 경건한 마음으로 시작하고자 한다. 그렇지 않으면 원형을 이야기한다고 해놓고 신통찮은 지적 정보만을 나열하는 경우가 될 수 있기 때문이다.

그럼 도대체 한국의 문화 원형이란 어떤 것인가?

한국학 관련 연구자나 인문학자들마다 걸핏하면 우리의 문화 원형을 되살려야 한다느니, 민족의 예술적 원형질을 찾아야 한다느니 말들도 다양하다. 그래서 조용히 물어본다. 그럼 도대체 한국의 문화 원형이란 어떤 것인가?

하지만 한국의 문화 원형에 관해 속 시원한 답을 구하기란 당장은 어려울 듯 하다. 그러나 어렴풋하게 나름 느껴오는 실마리는 있다. 사실 우리의 문화 원형이란 게 모두 사라진 게 아닐 것이라는 미미한 희망과 함께 말이다. 그리고 약간은 목에 힘을 주고 내지르고 싶은 말이 있다. "문화 원형을 찾고 싶은가? 그러면 먼저 문화 원형을 맞이할 태도를 갖추라!"고 말이다. 이게 무슨 말인지 듣는 이는 황당할 것이다. 하지만 이 말은 이 땅에서 무슨 대단한 일이라도 하는 것처럼 스스로 착각하며 지내는 전통 문화 관련 인사들에게 모두 건네주고 싶은 말에 해당한다. 마치 단군어진 속의 풀잎사귀가 9년 홍수의 위난을 겪어내는 과정 속에 걸친 일종의 도롱이와 같은 겉막이임도 모르면서 흥분하는 사람들이 의외로 많기 때문이다. 풀잎을 걸친 단군상을 보고서 어떤 이들은 우리 문화를 원시 상태에서 박제화한다고 억설을 늘어놓기 일쑤다. 그렇게 제대로 된 문화의 원형을 전혀 모르면서 망가뜨리는 사람들은 의외로 허다하다. 자칭 지식인인 척하며 헛배가 부른 사람들도 그러하다. 그라인더로 쇠 날을 가는 주제에 스스럼없이 전통 도검을 복원한다고 대중적으로 사기를 치는 사람들처럼 우리 사회에는 진정한 원형조차 알려고 하지도 않으면서 겉치레만 원형이라고 거짓을 늘어놓는 경우가 너무 흔하다.

이를테면 우리의 풍류 정신과 얼을 고스란히 담은 듯한 '양산도'란 민요의 경우를 보아도 그렇다. 도대체가 그 민요를 제대로 부르는 국악인을 본 적이 없다. 하나같이 탁한 목소리에 발음도 부정확하고. 그게 무슨 변화의 미학이라면 그저 할 말은 없다. 그러나 양산도를 정말로 소름 끼치게 잘 부르는 모습을 단 한 번이라도 듣거나 본 사람이라면 양산도란 민요가 거룩한 겨레의 풍류 정신과 낭만적인 유희정신을 담아내고 있음에 숙연해지고 감동하게 된다. 하지만 지금 대한민국 안에서 이른바 무형(인간)문화재랍시고 거들먹대듯 거만함으로 성의가 전혀 없이 불러대는 민요 가락을 듣노라면 감동은 애당초 사라지고 무슨 시장판 상인의 악쓰는 소리를 접하는 느낌일 뿐이다. 벼랑에 핀 꽃은 벌을 유인하고자 처절하리만치 짙은 향기를 뿜어낸다고 한다. 처절한 예인 정신이 없이 이미 무형문화재가 되었다고 조율도 안 된 목소리로 감히 전통 민요를 도리어 망가뜨리는 사람들을 볼라치면 분노감만 하늘을 찌를 듯한 심정이 떠나지 않는다.

결국 사람의 문제인 것을 깨닫게 된다. 지금 우리 문화의 원형은 사실 자본의 논리에 포획당하여 그 원형이 툭하면 변화되고 있다. 시대에 맞게 바뀌는 것을 탓할 수만은 없다지만 진짜 옛 그대로의 원형을 대중에게 드러낼 때에는 피를 토하는 절실함과 성실함으로 나서야 하지 않을까? 따라서 예전 갓 구운 고려청자가 마음에 들지 않으면 망치로 부수어 버리던 예인 고유의 배짱과 의연함이 되살아나야 마땅하다. 목소리가 준비되지 않은 상태라면 젊은 후배 예인에게 그 자리를 양보해야 한다. 나이가 꽉 찬 노인 무형문화재 선생이라도. 문화의 원형에 갈망하듯이 준비된 사람으로서 본래의 예술 정신을 회복하고 난 뒤라야, 민족 문화의 원형 찾기도 그때 가서야 시작되는 것이리라.

한국의 문화 원형 탐구에 앞서 필요한 통합적 안목과 다양한 세계관

우리의 선사시기에 펼쳐진 여러 문화와 관련된 흔적은 다양한 경로로 들어온 선사인이 남긴 결과로 봄은 당연하다. 따라서 오늘날 확인되는 고고 조사 자료들도 역시 다양한 사람이 남긴 것이기에 해석과 고찰은 풍부한 다양성에 방점을 찍어야 마땅하다. 더 이상 순혈주의적 역사관을 바탕으로 하는 역사 이해와 그 해석은 합리적이지 않기 때문이다.

오늘날 공항에 들고 나는 사람들이 언제나 붐비듯이 까마득한 상고시기에도 각 해변과 물가에서는 언제든지 들고 날고자 짐을 꾸리던 사람들이 있었을 터이다. 더 많은 물고기가 있는 곳으로, 더 많은 사냥감이 있다는 곳으로, 더 많은 과일과 열매가 있다고 알려진 곳으로 말이다.

우리가 오늘날 바삐 살고 있듯 상고시기 인류 역시 늘 열심히 부대끼고 살아갔음을 추론해 본다면, 그들의 행로와 동선(動線)도 매우 다양하고 활발했음을 기정사실처럼 상상하고 우리의 원형 문화를 찾아 나서야 할 것이다. 그러한 관점에서 추출되는 문화의 흔적과 모습은 넉넉히 열심히 살아가는 오늘날의 우리에게 깊은 계곡 샘물처럼 달콤한 삶의 자양분으로 기능할 터이다. 오늘을 살아가는 우리에게 힘을 느끼게 하지 못하고 가치를 느끼게 하지 못하는 지난 역사 속의 흔적이 무슨 의미가 있겠는가. 현재의 삶과 이어지는 상고시기 이래의 숱한 문화상의 모습과 삶의 흔적은 그래서 낯설지 않고 도리어 깊은 울림을 전해 줄 터이다.

한
국
원
형
문
화
의

이
해

01

베일에 가려진
한국 선사문화

수수께끼 같은 선사시대 전환기

　고고학계 연구자들이 쓰는 말 가운데 '전환기'라는 어휘가 있다. 한 문화 시기가 다른 문화 시기로 바뀔 때를 말한다. 이를 테면 구석기시대가 신석기시대로 바뀐다거나, 신석기시대가 청동기시대로 바뀔 때의 경우에 사용되는 표현이다. 그런데 고고학자들은 전환기를 살피는 경우에 가장 힘들어 한다. 유적(遺蹟)으로 예를 늘어 말하자면 신석기시대 문화층에서 바로 청동기시대 문화층으로 층위가 연속된 경우가 거의 드물기 때문이다. 문화층의 형성 양태가 단절적인 경우가 적지 않은 때에 당연히 여러 고민을 하게 된다.

　문화층의 단절적 양상을 두고 유적의 조사 연구자는 복잡한 생각에 빠진다. '혹시 이 지역 관련 유구(遺溝)가 훼손됐기 때문일까? 아니면 내가 땅을 잘못 판 것일까?' 하고 말이다.

　하지만 신중을 거듭하고서도 문화적 단절이 분명하다는 것을 알게 된다면 조사 연구자는 해당 유구에 이루어진 문화상을 과감하게 구획하고 설정한다. 층위에서 드러난 대로 언급하는 것으로 말이다.

우리나라의 철기 이전 사회를 흔히 선사시기라고 표현하는데 문자가 사용되기 이전 시기라는 의미를 지닌다. 선사시기 연구는 문자적 정보가 없는 상태에서 연구하는 시기이기 때문에 물질 자료 그 자체에 엄청난 연구의 공력을 쏟아 붙기 마련이다. 하지만 한국의 선사시기 연구자들은 대체로 몇 가지 주요 경향성을 읽어 내기에 이른다. 곧 한국의 구석기시대에서 신석기시대로 옮아가는 과정의 전환기를 볼 때 두 시기에는 문화적인 연속성을 충분히 확인할 근거를 아직 찾지 못했다. 다만 신석기시대에서 청동기시대로 옮아가는 전환기를 볼 때 약간의 연속적 근거들이 미미하게 존재한다고 말이다. 그러나 신석기시대에서 청동기시대로 옮겨지는 과정의 연속성도 그렇게 뚜렷한 경우가 많지 않다는 점이 여전히 고민스러운 점으로 알려져 있다.

상상 외로 다양한 문화적 이동의 통로

앞서 거론한 것처럼 한국의 신석기 시대에 살던 이 땅의 사람들은 결코 우리와 같은 황인종만이 존재한 것이 아니었다. 그뿐인가. 신석기시대를 지나 청동기시대에 이 땅에 고인돌을 축조하고 다시 그 고인돌에 묻힌 당사자도 역시 우리와 같은 황인종만이 아니었다. 백인종이 엄연히 묻혀 있었음을 확인하였기 때문이다. 그렇다고 이 땅 한반도에 백인종만이 가득했다는 논리가 성립될 수는 없다. 한반도 전 지역에서 고루 백인종 인골이 나온 것도 아니기 때문이다. 그만큼 고고학적인 고찰은 간단치가 않다. 그렇다면 문제가 생겨난다. 《삼국유사》 속에 보이는 이른바 환인과 환웅, 그리고 단군왕검은 누구란 말인가? 백인종이었던가? 아니면 이 땅의 통치의 주도권을 쥔 세력만이 황인종의 핏줄을 이은 것인가? 한 편으로는 웃음마저 터져 나올 것 같은 묘한 의문에 대하여 누군가 속이 시원하게 답변해 줄 연구자는 아마 없을 터이다. 아니 있다고 하더라도 스스로 나서지 않을 것이다. 그것은 앞서 표현했듯이 언제 어떻게 바뀔지 모를 게 고고학 분야이기 때문에 설불리 나서서 억설(臆說)을 주장한다는 악평을 들을까봐 몸을 아끼는 것이다.

장담할 수는 없지만 한국의 문화 흐름은 좀 더 느긋한 관점에서 논의함이 가장 무난하다고 여겨진다. 한 때에는 우리 겨레가 고아시아족의 한 갈래로 이 땅 한반도에 정착했다느니, 아니면 북방 스키토-시베리언의 문화를 받아들였다느니, 또 어떤 연구자는 발해 연안 문화의 계승자라고 주장하기도 하는 등 적지 않은 한국 문화의 기원론이 주장되어 왔다. 그러나 이제는 청동기시대 고인돌 안에 백인종 인골이 확인되었고, 이전의 신석기 시기에서도 역시 40여 구의 백인종 인골이 확인된 터에 문화기원론은 결코 단순한 몇몇의 통로를 통해 들어왔다고 정리하기에는 너무 많은 요인과 변수가 우리들 앞에 노출된 상태이다. 실로 말을 신중히 해야 할 때가 온 것이다. 따라서 우리 문화는 적어도 다양한 통로와 다양한 문하 전달 세력에 의해 직산섭적으로 이루어진 것으로 여기는 관점이 가장 합리적이라고 볼 수 있다.

한 예를 들자면 부산 가덕도의 장항 유적에서 발굴된 40여 구의 신석기 시대 인골은 뼈는 비록 백인종 계열들이지만, 묻힌 장례 습속은 크게 두 가지 그룹으로 다시 구분되기도 하여 연구자들을 복잡하게 만들었다. 한 쪽 집단은 시신이 곧게 펴진 신전장(申展葬) 형태였고, 다른 한 집단은 시신을 굽힌 굴장(屈葬) 형태였기 때문이다. 같은 백인종이라지만 장례 습속이 두 무리로 나뉘어 다른 점은 어찌 해석해야 하겠는가? 더욱이 일부 시신의 몸 위에는 꽤나 무거운 돌덩이로 마치 누르려 한 듯이 놓여 있기까지 하는 기이한 장례 풍속이 확인되었으니. 실로 미스터리의 연속이라 할 수 있었다.

한편 가덕도의 신석기시대 인골들이 유럽의 북독일계 사람들이었지만, 그들 시신의 위에 무거운 돌덩이가 눌려 있는 듯한 모습은 놀랍게 중국의 산동 지역 섬에서 발견된 시신의 장례 풍속과 거의 비슷하여 놀라움을 금치 못하게 된다. 중국 사회과학원 고고연구소의 산동대(山東隊)는 중국 산동성 장도현에 자리한 타기도의 대구 유적지(山東省長島縣磧磯島大口遺址)에 발굴대를 보내 조사한 바 있다. 그런데 그곳에서 드러난 여러 인골 시신의 형태를 보면 시신의 머리 한 쪽이나 가슴 또는 허리나 발치 등에 큼지막하면서도 묵직한 돌덩이들로 마치 누르고자 한 것처럼 놓여 있었음이 확인되었다. 이 기인한 장례 습속은 일찍이 중국의 어느 곳에서도 확인하지 못했던 형태였다. 바로 이 산동성의 대구 유적지 내 인골 장례 습속이 한반도의 가덕도 장항 유적에서 발굴한 인골들의 장례 습속과 거의 비슷한 점은 어떻게 설명해야 마땅할까? 그런데 안타까운 점은 중국 고고학자들이 해당 인골에 대한 정밀 검사를 아직도 공개하지 않는 점이다.

추론컨대 유럽의 북독일계 줄무늬토기 사용 집단의 한 혈연 후예는 유럽을 지나 몽골, 그리고 중국의 서쪽을 경유하여 산동반도 일원과 한반도 남해 일원에 분산되어 정착했을 개연성이 있다. 이미 몽골대학의 고고 연구 조사팀에 따르면, 몽골 지역에서도 북독일계 백인종 신석기시대 인골이 수습되어 확인된 상태인 것으로 알려졌다. 결국 유럽으로부터 이어진 인류의 한 이동 세력이 몽골과 중국, 그리고 한반도에 이르는 광역의 지역에 걸쳐 새로운 문화를 전파한 것을 알 수 있다. 그렇다면 오늘날 한반도에 이토록 많이 살고 있는 황인종은 도대체 언제부터 살기 시작했다는 것일까? 하지만 이에 관한 답변은 좀 더 정확한 고고 자료의 발견이 있기 전까지는 상당 기간 과제로 남겨질 공산이 짙다. 언뜻 생각해 보면 이 땅의 신석기시대와 청동기시대에 걸쳐 백인종이 살고 있었고, 이후 청동기시대를 전환점으로 백인종이 아닌 황인종이 전체적인 우점종처럼 세력을 확보하여 마침내 이 땅에는 황인종만이 득세하고 이전까지 살았던 백인종은 모두 다른 곳으로 이동했다고 추론해 볼 여지가 있다.

하지만 그 같은 추론은 언뜻 합리적일 수 있지만 또 다른 문제를 해소하기 전에는 성립하기 쉽지 않다. 무엇보다 우리와 같은 황인종이 도대체 어디에서 언제부터 지금의 한반도에 들어왔는지 명확한 단서가 제시되어야 인종간의 교체 현상에 얽힌 선후관계를 규정할 수 있기 때문이다.

따라서 현재로서는 구석기시대 이래 신석기시대와 청동기시대에 걸쳐 이 땅에는 백인종의 사람들과 황인종의 사람들이 함께 뒤섞여 살았고, 그러한 기간은 청동기시대까지 지속했다고 보는 것이 더욱 합리적이다. 다만 두 인종이 혼재했다면 그 영역의 구분은 어떻게 되었을지, 그리고 두 인종 세력 간에는 혼인관계가 성립되었던 것인지, 경우에 따라서 인종간의 갈등에 따른 분쟁은 없던 것인지를 파악해 보아야 할 터이다. 하지만 그러한 연구는 역시 긴 시간을 요구하는 과제에 해당하기 때문에 차분한 지구력을 갖추고 마주해야 할 대주제라 할 수 있다.

02

'봉정유궐'의
삶이 있었다

고향에 관한 이미지의 원형

"나의 살던 고향은 꽃 피는 산골!"

누구나 흔히 들었던 고향 노래인 "고향의 봄" 첫 소절이다. 꽃 피고 물이 맑은 이미지로 그려지는 고향을 떠올리기에 아주 적격인 음악 작품에 속한다. 그런데 고향이라는 한자어의 풀이는 "옛 마을"이고, 우리는 어쩌다가 '고향(故鄕)'이라는 한자어에 익숙해졌는지 궁금해진다.

고향의 이미지를 형상화한 한자 어휘로 '봉정유궐(蓬亭柳闕)'을 소개하고자 한다. 쑥으로 만든 정자와 버드나무로 이루어진 궁궐이란 뜻인데, 그 출전은 조선조 중기에 산중에서 수행을 하던 조여적이란 인물이 남긴 《청학집(靑鶴集)》이다. 청학집은 선도(仙道)를 수련하던 조여적이란 사람이 자신의 스승을 비롯한 여러 도반과의 일화를 묶어 편찬한 개인 문집이다. 그런데 이 문집 속에는 여느 역사 기록에서 보지 못한 기이한 내용이 적지 않다. 그 가운데에는 환인이나 환웅, 그리고 단군왕검 등에 관한 언급도 간간히 보여 읽는 이의 눈을 번득이게 하는 경우가 있다.

'봉정유궐(蓬亭柳闕)'이란 어휘도 심상찮은 관심을 일으키는 표현이다. 왜냐고? 봉정유궐이 단군왕검이 거처한 곳이었다고 하고 있기 때문이다. 그런데 단군왕검이 봉정유궐에서 살았다는 언급 이외에 다른 내용이 없다. 따라서 읽는 이는 당황하게 되고 궁금해질 수밖에 없다. 쑥으로 만든 정자와 버드나무로 이루어진 대궐이라니? 도대체 어떻게 만들었다는 얘기인가!

평양이란 선인왕검의 집

고향에 관한 시원적 의문을 풀기 위해 다시 《삼국사기》를 들쳐볼 필요를 느낀다. 고구려에 관한 부분에서 "평양이란 선인이던 왕검의 집이다(平壤者仙人王儉之宅)"라는 내용을 검토할 사유가 있기 때문이다. 그런데 돌연 강한 의문을 느낀다. 소개한 문장에서 말하는 평양이란 도대체 어디를 말하는 것인지가 문제가 되기 때문이다. 현재 대한민국의 주류학계에 자리를 확보한 역사가들 가운데 지금의 평양이 본래 평양이었다고 믿는 이가 그리 많지 않다. 당초 요하(遼河)로 알려진 물가에서 그리 멀리 떨어지지 않는 어느 쯤에 본래 도읍지가 자리했고 이후에 시기를 달리하여 지금의 평양으로 도읍지가 옮겨진 것으로 이해하기 때문이다. 흔히 알고 있는 바대로 소위 고조선 도읍지의 '이동설'이다. 그러나 북한의 학계는 그러한 고조선 도읍지 이동설을 일찌감치 수정했다. 처음에는 이동설에 무게를 두었다가 이른바 단군의 무덤으로 주장하는 '단군릉'을 정비하는 개건 작업을 완료한 뒤로 입장을 바꾼 것이다. 북한 학자들은 지금의 평양이 애초부터 그 자리에 있던 평양이었고, 평양은 고조선이 있던 이래로 고구려까지 이어진 겨레의 도읍지로서 그 지위를 잃지 않았다고 분명한 견해를 굳히고 있다.

그러나 여기서 과연 평양을 어디로 확정하여 말하기는 실로 쉽지 않은 부분이라 단정을 피하고자 한다. 다만 고조선 도읍지의 이동설을 부정할 경우 우리의 상고 역사상 그 중심 지역이 지금의 한반도 중심으로 상당히 국한된다는 점을 지적하지 않을 수 없다. 더욱이 지금의 내몽골 지역에 있는 홍산(紅山)이란 곳을 중심으로 옥기(玉器)를 다듬어 사용하고 여신(女神)을 신격(神格)으로 모시며 지낸 것으로 알려진 홍산문화와의 관계 설정도 불투명해질 수 있다. 일부 연구자는 홍산 지역에서 수습된 곰 관련 조형상 등이 이른바 웅녀(熊女)를 연상시키는 단서일 수 있다고도 한다. 따라서 옛 조선의 평양이 지금 한반도의 평양이었다고 단정할 경우 거리상 홍산문화와의 문화적 연관성을 언급하는 데에 상당한 부담을 느낄 수 있다. 또한 홍산문화를 중심으로 펼쳐진 신앙적 상고문화가 지금 한반도의 고성에 자리한 문암리 일대에서 발견되는 이른바 '결상이식'이란 옥제(玉製) 고리를 포함한 문화적 매개(媒介)자료를 통해 조심스러운 추론이 가능한 상태인데도 그 모든 연관성의 흔적을 우리 스스로 밀어내는 결과를 자초하는 셈이 된다.

물론 동북아 선사문화가 통째로 우리 한민족과 연관된다고 강변할 수 있는 일은 절대 아니고 그럴 수도 없다. 다만 고고학적인 단서를 통하여 지금의 한반도와 북만주를 중심으로 한 좌우 북방 지대와의 문화적 연관성의 추정마저 애초에 불가능하도록 단정적으로 구획을 정리하여, 우리 역사의 경로와 관련 영역을 우리가 스스로 저버리거나 축소시키는 문제를 동반하고 있기도 하여 북한학계의 도읍지 이동설 부정 논리에는 신중하지 않을 수 없다.

어떻든 삼국사기에 보이는 선인왕검의 집에 관한 내용은 그렇게 결코 가볍지 않은 중량감을 지닌 문장이라 할 수 있다. 그런데 평양이 어디인지를 떠나 평양이 왕검의 집이었다고? 평양 전체가? 그토록 넓게 느껴지는 지역이 모두?

우리의 상상을 초월하는 선사인의 주거 양상

충청북도 옥천에는 대천리라는 마을이 있다. 그곳에서 한국 고고학계는 또다시 학문의 어려움을 절감하게 되었다. 청동기시대에 이르러 출현한 것으로 추정해 온 길쭉한 형태의 네모꼴 집인 세장방형(細長方形) 집 자리를 발견했고, 그 주거 유적이 청동기시대를 뛰어넘는 신석기시대의 유적으로 인정하지 않을 수가 없기 때문이다. 결정적인 단서는 빗살무늬가 뚜렷한 토기가 집 자리의 안에서 확인되었기 때문이다. 또한 집 자리의 한 쪽 길이는 9미터를 훨씬 넘어 그동안 보아온 집 자리의 평균값을 훨씬 넘는 수치를 드러냈다. 관련 고고학자들은 상고시대 건축 행위를 너무 수준 이하로 추론해 왔던 그동안의 관점을 고치지 않을 수 없게 되었다. 더욱이 지붕의 형태는 맞배지붕의 형태를 띠고 경우에 따라서는 마치 팔작지붕의 모습으로도 추정이 가능한 상황은 매우 고무적이라 할 수 있다. 해당 주거 유적지의 자료를 통해 신석기 시대 당시의 건물은 들보와 기둥이 구조화된 모습으로 지금부터 불과 3,40년 전까지 흔히 보던 한국의 일반 주택의 형태와 크게 다르지 않다는 인상을 준다. 결국 일부 연구자들은 신석기시대에 이미 길쭉한 세장방형 주거 구조가 있었고, 그러한 건축 행위가 청동기시대에까지 이어진 점을 조심스럽게 제기하는 상황까지 이른다.

그렇다면 다시 《청학집》과 《삼국사기》의 관련 문장으로 돌아가서 고민해 볼 필요를 느낀다. 두 기록을 융합하여 풀이해 본다면 단군왕검은 평양으로 지칭되는 일정 영역을 통째로 집으로 사용하던 고위직(제사권과 정치력을 모두 장악한) 인사였고, 그가 거주한 집은 쑥대와 버드나무를 건축 재료로 사용했다는 추론이 가능해진다.

그런데 의문은 거기서 모두 해소되질 않는다. 어떻게 쑥대로 정자를 짓고 버드나무로 대궐을 꾸밀 수 있다는 말인가? 하지만 이 부분은 달리 보면 실마리가 아주 없지도 않다. 대천리의 신석기 사회 집 자리를 언급했듯이 이미 우리의 신석기시대에 맞배지붕을 이룬 형태의 주거 구조를 사용한 점은 움직일 수 없는 사실로 학설화가 진행되고 있는 현실을 감안해야 한다. 따라서 단군왕검이라고 지칭되는 아주 오래전 상고사회의 군장은 쑥대가 가득한 곳에 정자를 지었고, 다루기 쉬운 버드나무로 넓은 지역에 여러 집을 지어 마치 대궐처럼 그 규모가 자못 작지 않은 모습으로 도읍지를 이루고 지냈다는 가설은 그리 무리가 있는 견해가 아니다. 여기서 다른 나무에 비해 그리 단단하지 않은 버드나무의 단점을 지적한다면 할 말이 궁색해지는 게 사실이다. 그러나 오늘날의 아파트처럼 단단할 필요가 있지 않고 큰 수고를 들이지 않고 집을 짓고자 하면서 더욱이 물가에 집을 짓게 되는 경우라면 물가에 흔히 자라는 버드나무를 건축 재료로 사용했을 개연성은 적지 않고 무리라고 할 수도 없다.

다시 정리하자면 우리 겨레의 아주 오래된 고향에 관한 이미지를 형상화하는 데에 그 근거로 《청학집》의 '봉정유궐'이란 한자 어휘를 주목하게 되고, 그 봉정유궐의 규모는 결코 조그마한 곳이 아닌 비교적 광활한 공간에 이루어진 것으로 여겨진다. 삼국사기에 기록된 내용처럼 평양 전체로 이야기되는 광활한 지역을 통째로 하는 대규모의 건축 단지가 바로 봉정유궐이었고 그곳에 선인(仙人)으로 지칭되던 단군왕검이 머물렀다고 이해해도 큰 무리가 있게 느껴지지 않는다. 그리고 봉정유궐이라는 건축

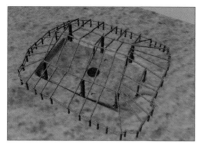 

그림 1 충북 옥천에서 확인된 신석기 시대 '대천리식 주거지'(구자진의 연구) 모형도

물들의 형태는 충북 옥천의 대천리 유적에서 확인된 서까래 엮음에 따른 상부 목구조의 길쭉한 세장방형 집이었을 가능성이 있는 셈이다.

그러나 다시 말하거니와 제기된 추론이 결코 확정적인 견해라고 할 수는 없다. 누가 아는가? 신석기시대에 맞배지붕이 아닌 전형적으로 이해되는 팔작지붕의 형태를 뚜렷하게 이룬 건축물이 사용되었다는 유적이 발견될지? 따라서 우리 겨레의 아주 오래된 '옛 마을'의 이미지를 찾는 작업은 아직도 현재진행형인 셈이다. 그만큼 우리 겨레의 옛 고향 원형은 저편 아득히 아직도 신비한 상상을 가능하게 하고 있다. 명확치는 않지만 우리 겨레의 상고시대 주거 형태는 우리의 상상 이상으로 구조화되어 사용되었을 가능성을 저버릴 수 없게 하고 있다. 그게 우리의 옛 고향 이미지인 셈이다. 노랫말 그대로 "꽃 대궐 아기 진달래" 만발한 모습으로 말이다.

쑥내 가득하고 버드나무 늘어진 곳의 의미

여기서 《청학집》에 보이는 '봉정유궐'의 문화적 의미를 잠시 살펴보고자 한다. 단군왕검이 거처한 곳을 두고 어째서 쑥대와 버드나무로 구성된 정자와 대궐이라고 표현했는지 말이다.

우리는 청학집이란 자료를 무시하지 않는다면 상고시대 정치적 군장이 기거한 곳이 적어도 정자와 대궐이라는 구분된 건축 형태가 뒤섞인 곳에서 살았다는 추론을 덧붙일 수 있다. 경우에 따라서는 대궐 속에 정자가 있을 수 있는데 무슨 구분이 있을 수 있냐고 할 수 있다. 하지만 구태여 구분하여 표현한 점은 아마도 단군왕검이라고 지칭이 가능한 상고 사회의 최고위 군장은 때로는 정자라는 형태로 다소 독립되어 형성된 거처에서 있다가 본래의 거처인 큰 규모의 대궐로 복귀했다는 건축학적 동선(動線)을 상상해 볼 수도 있다.

그리고 쑥대로 지은 정자는 아주 색다른 개념으로도 풀이가 가능하다. 쑥대로 지었다는 내용은 어쩌면 쑥대가 가득 피어난 곳에서 정자를 지었다는 의미로도 이해될 여지가 있기 때문이다. 그뿐인가. 《삼국유사》를 보면, 단군왕검의 모친께서는 환웅을 만나서 애초에 굴속에서 쑥과 마늘로 인내하던 과정을 거친 분이라고 하질 않는가? 그렇다면 그러한 인내의 과정을 딛고서 마침내 환웅의 배우자가 된 웅녀의 아들인 단군왕검이 자신의 모친께서 몸소 겪은 쑥의 의학적 효능을 깊이 깨달아서 그 쑥의 실용적 이용이 가능한 쑥 밭에 정자를 짓고 질병에 시달리던 상고 사회의 환자들을 구제코자 했을 가능성을 이야기 한다면 너무 앞서가는 얘기가 될까? 그러나 그러한 추론은 역시 청학집에 보이는 단군왕검 시기의 '9년 홍수'라는 내용을 통해 뒷받침이 가능해진다. 청학집에 따르면 단군왕검의 시기에 무려 9년에 걸친 홍수가 있었고, 그 홍수로 단군왕검은 네 분의 아드님을 데리고 새로운 도읍지로 마땅한 곳을 찾아 헤매었다고 하는 내용이 보이는데, 이 부분과 함께 짝을 이루고 살펴볼 수 있는 게 《고촌선생문집(孤村先生文集)》이다. 이 문집은 배 씨(裵氏) 가문과 관련된 자료로 그 문집의 서두 부분인 '단군조배씨득성상계(檀君朝裵氏得姓上系)'라는 부분에서 단군이 바닷가를 순행했다는 내용이 보이고, 그 무렵에 신녀(神女)가 등장하는 상황이 언급되고 있다. 다소 황당하게 들릴지 모를 이 내용은 어느 시기의 단군인지는 명확치 않으나 단군이 바닷가를 순행한 점은 이른바 9년 홍수의 내용과 함께 참고가 된다. 어쩌면 9년간의 홍수로 지친 단군은 물이 들고 빠져 나가는 원리를 고민하면서도 또 다른 삶의 활로를 찾고자 몇몇 측근 인사와 함께 이곳저곳을 순행이라는 이름으로 찾아다녔을 개연성이 있다. 그런 가운데 홍수로 삶이 일그러진 백성을 구제코자 약성(藥性)이 풍부한 쑥과 버드나무에 착안하여 쑥 냄새 가득한 들판에 정자를 지어 백성들을 치료하거나 달랬고, 역시 치료의 효과가 있는 버드나무 가득한 곳에 크고 작은 건물을 마치 대궐처럼 지은 것인지도 알 수가 없는 일이라 하겠다. 이쯤하면 오늘날까지 전해지는 이른바 '단군 어진'이라고 하는 초상화 속의 단군왕검의 모습이 전혀 다르게 와 닿을 수 있다. 초상화 속에 보이는 단군의 모습은 본래의 옷의 겉에 마치 가려지도록 꾸며진 풀잎사귀들로 덧입혀 있기 때문이다. 그 모습을 두고 오늘날 일부 인사들은 단군왕검을 모독하는 그림이라고 목소리를 높이고 그 그림을 폐기해야 한다고까지 하는 경우를 보게 된다. 과연 그들의 말처럼 초상화 속의 단군 모습은 그토록 원시적인 형태를 띤 것일까? 《청학집》이나 다른 관련 기록들을 융합하여 본다면 일부 인사들이 지적하는 것처럼 단군왕검의 모습은 원시적 차림새가 아니고 홍수로 지친 9년 홍수 기간에 빗물을 이겨내고자 마치 도롱이처럼 풀잎으로 꾸며진 겉옷을 걸친 모습으로 이해되는 측면이 있다. 그리고 단군왕검의 신비한 눈빛은 간고한 시련을 이겨내느라 이리저리 새로운 거처를 찾고자 애쓰던 지도자의 눈빛으로 다가오고 있다. 어쩌면 단군왕검은 자신의 모친께서 어두운 굴속에서 쑥과 마늘로 새로운 삶을 소망하였다는 이야기처럼 자신을 믿고 따르던 숱한 사람과 쑥 냄새 가득하고 버드나무 휘늘어진 곳에서 모두 함께 즐겁게 지낼

그날을 자나 깨나 그리워하던 이상주의자였는지 알 수 없는 일이다. 9년의 비바람을 의연하게 버티면서 말이다.

강화도의 참성단에 스민 한민족의 시원적 건축 사상

한국의 강화도 마니산에는 단군 시기에 축조되어 단군이 제를 올렸다는 전승이 전해지는 참성단이 있고, 같은 강화도에는 단군의 세 아들이 쌓은 삼랑성이 지금도 전해져 주목된다. 여기서 참성단을 두고 같은 음운임에도 그 표기에서는 참성단(塹星壇·塹城壇·參星壇) 등으로 제 각각인지는 고민해 볼 점이기도 하다. 여기서 星(성)이란 음운이 '발기한 생식기'란 뜻과 통하는 '남자'의 뜻을 지닌 '션(士)의 한 변형일 수 있다는 견해[1]가 참고가 될 수 있다. 그 한 예로서 《무당내력(巫黨來歷)》에서 보이는 '별성(別星)'을 '비탈(別, '비얄' 곧 비탈에서 수고한) 사내(星)'라는 뜻으로 이해한 점이 그러하다.[2] 여기서 본 연구자는 같은 관점에서 참성단의 한자 표기가 제 각각인 점을 두고, 참성단이 한자 표기와는 무관하게, '참된 사내(성, 星, 남자)의 언덕[3](텬, 壇)'의 뜻을 지닌 이름으로 이해할 여지가 있음을 밝히고자 한다.

---

1 崔玲愛, '中國 古代 音韻學에서 본 韓國語 語源問題'《東方學志》, 延世大學校 國學研究院, 1990, PP 326~328.
2 朴善植, '탁록 戰鬪說話에 반영된 동북아 상고 邑落社會內 집단적 갈등과 상고시기 旗幟鼓角의 군사적 운용', 《학예지》(21집), 육군사관학교 육군박물관, 2014, P.72
3 본 연구자는 앞서 《山海經》의 '大荒東經'에 보이는 '東海之外, 大荒之中, 有山名曰 大言, 日月所出.'의 문장에서 大言을 反切로 처리하면 '덴'이 되고 이것은 '텬독(天毒)'의 '텬'과 통해 '둔덕'이나 '언덕'의 뜻과 상통함을 주장한 바 있다. 그런데 본 고에서 참성단의 '단(壇)'을 '텬(大言의 反切 표시, 텬, 곧 둔덕이나 언덕)'과 같이 볼 근거는 사실상 현재로서는 없음을 밝힌다. 다만 텬과 단이 음운상 유사한 점을 느낄 뿐이며, 이 부분에 관한 문제 제기에 좀 더 숙고가 뒤따라야 할 형편임을 고백한다.
朴善植, '東北亞 上古邑落社會內 政教建築物의 造營양상과 '九黎'사회의 변동에 따른 '朝鮮'대읍락연합체제내 政教文化의 변화', 《命과학 연구》(제6호), JH지식곳간채, 2015.

하지만 전승과는 달리 엄밀하게 말해서 참성단의 정확한 축조 시기는 알 수 없다. 다만 참성단의 최초 기록은 풍수사인 백승현이 마리산(마니산) 참성에서 초제 지내기를 건의해 왕이 제초를 거행했다는 《고려

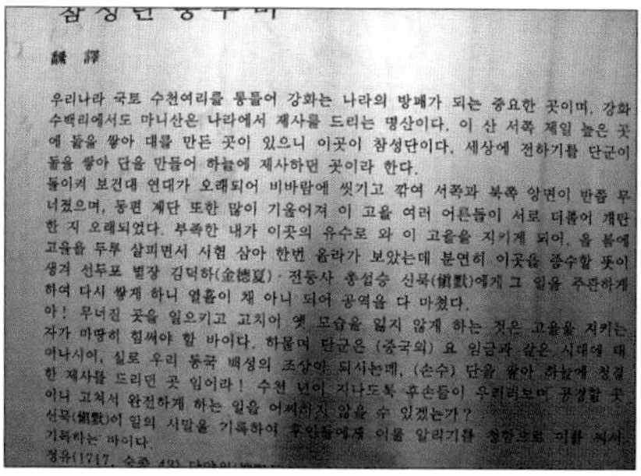

그림 2 참성단 중수비 번역문

사(高麗史)》 원종 5년(1264) 5월의 기록이 확인된다. 그리고 고려 말의 목은(牧隱) 이색(李穡)이 남긴 시[4]를 통해 고려 일부 문인들이 참성단을 찾았던 점을 추정할 수 있다.

《세종실록(世宗實錄)》 지리지에 돌로 쌓아 만든 참성단의 높이는 10척이고 위는 모나고 아래는 둥근데, 단의 윗면은 각 6척 6촌이고 아래는 각 15척이라고 한 것에서 참성단의 형태가 상방하원(上方下圓)임을 알 수 있다. 즉, 원형으로 쌓은 하단 위에 방형의 제단을 두었다. 위의 네모난 것은 땅을, 아래의 둥근 것은 하늘을 상징하는 것이다. 하늘 위에 땅이 놓인 것이 이상하게 생각되지만, 주역의 64괘 중에 태괘(泰卦)는 건하곤상(乾下坤上)의 형태를 지니고 있는데, 이는 음양이 서로 교차하게 되면, 조화를 이루어 만사가 형통한다는 의미로 해석된다.

그러나, 영조 때 간행된 《여지도서(輿地圖書)》에는 단의 윗면을 7척 6촌, 단의 높이를 17척이라 하고 있어 《세종실록(世宗實錄)》 '지리지'의 치수와 차이를 보인다. 이는 접착제 없이 축조한 참성단이 무너져 내리는

---

4 檀君遺蹟古壇留/단군님의 남긴 자취가 옛 단에 머물러 있고
　分明日月臨玄圃/해와 달은 선경에 가까이하여 밝음을 흩뿌리누나.
　浩蕩風煙沒白鷗/바람과 안개는 넓게 퍼지고 흰 갈매기는 사라지는데
　天地有窮人易老/하늘과 땅도 다함이 있고 사람은 늙기가 쉬워라.
　此至能得幾回遊/이곳에 이를 수 있음이 얼마나 되풀이 될 수 있으려나.

일이 자주 있어 이를 보수하면서 생겨난 차이로 보인다. 태종 11년과 세종 8년에 무너져 내린 기록이 있고, 인조 17년에 개수한 기록에서도 알 수 있다. 특히 숙종대 강화 유수였던 최석항에 의해 전면적인 중수가 이루어졌다. 이러한 내용은 참성단의 동쪽 기슭의 가파른 암벽의 한 면에 새겨진 참성단중수비(塹城壇重修碑,인천시 문화재자료 13호)에 있다. 중수비는 가로 50cm, 세로 105cm 크기로 비 윤곽을 만들고 그 안에 8행 238자를 새겨 넣었는데, 주요 내용은 숙종 43년(1717) 5월에 당시 강화유수 최석항이 마니산의 참성단의 서북 양면이 반쯤 무너지고 동편 계단이 기울어져 있는 것을 보고 선도포별장 김덕하와 전등사 총섭 신묵에게 명해 보수했다는 것이다. 《여지도서(輿地圖書)》의 간행이 영조 대이므로 최초의 기록과 차이가 나는 것은 참성단의 개보수가 자주 있었음에

그림 3 중앙 계단이 보이는 참성단의 제단부분

그림 4 위에서 내려다본 참성단 전체 모습

서 기인한 것이라 할 수 있다.

여기서 오늘날 보편적으로 알려진 참성단에 관한 정보를 보면, "자연석으로 기초를 둥글게 쌓아 올리고 그 위에 네모꼴의 단을 쌓았다. 면적은 5,593㎡이며, 하단 원형 기단의 지름은 4.5m, 상단 방형(方形) 제단은 한 변 길이가 1.98m이다. 동서 방향에 21계단의 돌층계가 있으며, 돌과

돌 사이의 사춤에 아무 접착도 바르지 않았다. 총 높이는 6m에 이른다."[5] 는 것인데, 21계단의 돌층계의 평균 높이는 사람이 오르내리기에 크게 부담되지 않은 상태의 높이에 해당된다. 비록 현존하는 참성단 제단의 제원이 과연 상고 당시의 축조 상황과 얼마나 근접한 것인지는 아무도 알 수가 없을 터이다. 그러나 참성단이 자주 무너져 내렸다는 과거의 일을 놓고 볼 때 참성단은 돌 사이의 접착 조치가 없었기 때문에 시간이 지나면서 무너지는 경우가 발생한 것으로 여겨진다.

참성단의 현존 석축 상태를 기반으로 상고시기 단군왕검 시절의 석계(石階) 축조 수준을 추정하기란 결코 쉬운 일은 아니다. 그럼에도 고려조를 거쳐 조선조에 이르는 동안의 개보수가 있다손 치더라도 지금까지 기본 골격을 유지하고 있음을 통해 적어도 상고 시기 왕검 조선 당시의 기술력을 결코 저평가할 수는 없을 듯싶다. 무엇보다 가파른 산세를 고려할 때 산 정상부에 비교적 작지 않은 원형 기단부(基壇部)를 조영하고 다시 그 위에 방형의 제단부를 쌓아서 구성한 점은 상고 당시 사회인들이 지녔던 석축 기술의 바탕이 녹록한 수준을 넘었음을 인정하지 않을 수 없게 하고 있다.

한편 《고려사(高麗史)》 지리지에 고려 원종(元宗) 11년(1270년)에 수리했다는 기록이 있고, 이미 고려 시대 때부터 매년 봄과 가을에 대언(大言)을 보내 하늘의 별들에 초제(醮祭)를 지냈다. 조선 세종(世宗) 12년(1430년)부터는 2품 이상의 관원을 보냈다.

그런데 참성단 중수비의 해당 원문에 '世傳檀君築而壇之爲祭天之所'라는 기록은 '세상에 전하길 단군이 쌓아서 단을 이루고 하늘에 제를 지내던 곳'이라고 풀이되어 주목할 바다. 곧 단군이 몸소 쌓았다

5 인터넷 사이트의 '위키' 정보를 인용한 것임을 밝힘.

는 의미로 다가오기 때문이다. 이는 중수비의 후부에 보이는 '檀君生並唐考之世實爲我東生民之祖壇之設又其圜丘禋祀之地'라는 기록과 조응된다. 바로 참성단이 '단군께서 당요와 같은 시대에 나시어 실로 우리 동방 생민의 조상이 되시어 제단을 베풀고 그 언덕을 둥글게 하여 하늘에 제사하시던 곳'임을 밝힌 대목이다. 이 문장에서 '환구연사(圜丘禋祀)'라는 표현은 상당히 중시할 만한데, 참성단이 본래 축조 초기부터 상방 하원의 구조였음을 짐작케 하기 때문이다. 더욱이 제사를 표현함을 '연사(禋祀)'라고 적시한 점은 지금까지 전해지는 참성단의 구조적 의미를 좀 더 분명하게 구명하는 데에 적지 않은 도움을 준다. '禋'자는 인, 또는 연으로도 발음되는데 각기 의미가 다소 다른 점이 주의할 바다.[6]

한편 참성단은 제단이면서 일종의 명당(明堂)이었을 개연성도 존재한다고 생각해 볼 여지가 있다. 참성단이 최고 통치자인 단군왕검이 하늘에 제사를 올리고, 민인을 올바로 이끌고자 사용된 공간이었다면 명당의 의미가 있었음을 부정하기 어렵다. 다시 말하거니와 명당은 최고 통치자인 임금이 하늘에 기도와 제를 올리는 공간을 말한다. 따라서 《대대례(大戴禮)》에 이르기를, 명당은 모두 아홉 집이다. 한 집에 네 문과 여덟 개의 들창이 있다. 36개의 문과 72개의 들창인 셈인데, 띠풀로 집을 덮었다. 위는 둥글고 아래는 모가 졌고, 띠풀은 깨끗한 뜻을 취함[7]이라고 소개한 《로사(路史)》의 내용을

6 禋 제사 지낼 인, 천제 제사할 연示(보일시, 5획)
  1. 제사(祭祀) 지내다 2. 공경하다(恭敬––) 3. 성(姓)의 하나
  a. 천제(天帝) 제사하다(祭祀––) (연)
  그런데 禋자는 뜻을 나타내는 보일시(示=礻)보이다, 신)部와 音을 나타내는 글자 垔(인)이 合하여 이루어진 형성문자인데, 垔(인)에 1. 막다, 막히다, 틀어막다 2. 묻다, 묻히다 3. 흙을 쌓다, 산을 만들다 4. 흙메(土山: 돌이나 바위가 없이 대부분 흙으로만 이루어진 산) 5. 사다리 등의 뜻을 지니고 있음이 주목할 점이다. 그래서 堙(인, 막다, 막히다)과 同字이기도 하다.
7 大戴禮云 明堂凡九室. 一室有四戶,八牖. 三十六戶,七十二牖, 以茅蓋屋, 上圜下方茅取潔義.《路史》卷二十一

참고할 수 있다. 하지만 《로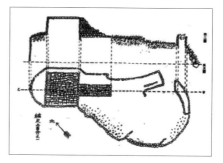
사》의 내용에서 '위는 둥글고
아래는 모가' 이루어진 모습
이 명당이라고 표현한 기록
을 통해, 한반도의 참성단이,
《로사》의 내용과 같지 않음
을 알게 되어 의문을 느끼게
한다.[8]

그림 5 참성단 실측도

어째서 모습이 다른 것일까? 이에 관한 의문은 결코 간단히 풀이
될 만큼 녹록치 않다. 그저 단순하게 추정한다면 본래의 명당에 관한
구조관이 한반도 지역에서는 별도의 공간 구성으로 독자화했거나, 아
니면 《로사》 등의 기록과는 다른 건축 조영 기준이 있었다고 추정될
뿐이다.

어떻든 현재 한반도의 황해 연안에 자리한 강화도에 존재하는 참성
단을 통해 왕검 조선 시기의 석계(石階)와 석단(石壇) 등의 석축 기술의
단면을 여실하게 추론해 본다. 다만 참성단이 중수비의 해당 원문에 보
이는 '世傳檀君築而壇之爲祭天之所'라는 기록처럼 정말 단군의 손길
이 닿은 것인지 여부를 밝히는 문제는 이후의 검토 과제임을 언급하지
않을 수 없다. 그럼에도 홍산의 원형 제단 유적 등을 견주어 본다면, 단
군왕검의 시기에 석계와 석단을 조성 못할 이유도 없음을 강조하고 싶

8 남명 조식이 明堂으로 표현한 神明舍의 모습도 역시 결코 《路史》의 내용과 같지 않음을 알게 되어 의문을 느
끼게 한다. 神明舍圖에서 느끼는 의문은 太一眞君에도 존재한다. 太一이 달리 人一이라고도 바꾸어 표현이
가능한 점을 두고 볼 때, "태일은 원래 '大道 '元氣'의 뜻으로 만물을 총섭하는 것에 대한 명칭"이라는 설명이
도움을 준다. 또한 眞君은 "신명한 마음을 가리키는 말로, 金宇顒의 《東岡集》에 실린 '天君傳'에 나오는 天
君이다."란 설명에 따른다면 곧 마음인 것을 알 수 있다. 그렇다면 명당으로 작성된 神明舍圖의 중앙 핵
심부에 마치 제단처럼 표현된 神明舍의 가운데에 명시된 태일군은 실질적 제단인 참성단의 상부 방형 제단
의 의미를 추론하는 데 참고가 된다. 곧, 강화 참성단의 방형 제단이 천하사방의 온 세계를 주관하는 神明의
참된 의지를 헤아리는 공간으로 말이다.

다. 이미 해당 시기를 전후하여 고인돌이 축조된 점 등이 그러한 대형 석공 사업이 일어났을 개연성을 방증할 수 있기 때문이다.

03

동북아 신석기 사회의
장묘예속(葬墓禮俗)과 관련 문화

무덤이 말하는 인류 문화

흔히 주검과 무덤을 포괄하는 장제와 장속, 그리고 묘제를 두고 보수성이 강하게 이어지는 문화 현상으로 이야기하는 경우가 많다. 따라서 해당 유구의 발굴에 따른 성과는 과거 해당 지역 거주인의 고고인류학적 단서를 풍부하게 전달해 주고 있음은 상식에 속한다.

그러나 동북아의 고고인류학적 접근을 선사시기로 소급하면 문제는 달라진다. 토양의 산성 여부는 물론 전쟁과 같은 군사적 사변과 개발에 따른 지형의 조작과 변질로 고고인류학적 단서가 되는 무덤과 해당 유구는 숱하게 파괴된 터이다. 따라서 선사시기 고고인류학적 구성 인자는 허다하게 망실된 경우가 다반사임은 안타까운 일이기도 하다.

따라서 동북아 선사시기 중에서 도작 문화(稻作文化)의 발생과 연관되는 신석기시기에 주목하여 해당 시기 인류의 족적을 뚜렷이 전달해 주고 있는 인골유구(人骨遺構)를 중심으로 장묘예속(葬墓禮俗)의 일면은 물론, 관련 생활 문화에 관한 소박한 검토를 함은 의미가 크다.

그러나 동북아의 신석기사회에 관한 고찰을 인골 유구를 중심으로 시도하는 데에 우선 해당 유구가 있는 현지 발굴 현장이 대개 지금의 한반도가 아닌 점은 문제가 된다. 우리의 오랜 선조의 유구는 대개 지금의 한반도는 물론 만주 일원에 퍼져 있기 때문이다. 또한 고고 자료의 관련 문헌의 검토 역시 중국 분야는 어느 정도 열람이 가능함에도 일본 고고 자료의 관련 문헌은 상대적으로 파악이 쉽지 않아 동북아 삼국의 선사 시기에 관한 종합적 접근은 결코 쉬운 문제가 아니다.

동북아 신석기 사회의 교섭사적 이해

수렵과 채집의 단계에서 몇몇 잡곡의 원시 농경을 시도한 단계를 두고 대개의 고고인류학자들이 이른바 '신석기 혁명'이란 개념어를 사용하기 시작한 것은 잘 알려진 내용이다. 잡곡을 대상으로 하는 원시 농경이 초보적인 벼농사에 접근하면서 도작문화가 발생했고, 그에 따른 저장 도구로써 토기가 당연히 만들어졌음은 지극히 자연스러운 추론이기도 하다. 더욱이 지구상의 도처에서 토기는 그야말로 엄청나게 발굴되거나 수습되어, '신석기 혁명'이란 어휘가 지나치지 않음을 알 수 있다.

그런데 신석기 사회와 그 문화 내용을 거론하면서 동북아시아에서 한중일의 관계사로 한정할 때에는 문화의 선후관계에 따른 전파의 내용이 견해 차이를 드러냄은 유의할 점이다. 한 예로 도작 농경의 선후관계에 대해 "일본 도작 농경의 일반적 세력은 중국으로부터 유래한 것이다"라거나, "육로(하북, 요녕)를 경유하여 혹은 해로(산동)를 경유하여 조선반도를 거쳐서 일본에 전해졌다."고 밝히는 의견[9]이 그러하고, 일부 일본 내 학자들이 동조하는 경우가 또한 그러하다. 한편 한병삼의 경우, 기원전 5,6천 년 경 온난다우(溫暖多雨)한 신석기 시대 환경에서 도작이 전래되었다고 해서 불가사의(不可思議)한 것은 아니며, 신석기 말기에 기후가 한랭화하고 비가 적어지면서 도작이 끊겼다가 청동기시대에 다시 부활되었을 가능성도 부정할 수 없다는 독특한 의견도 밝힌 점이 주목되기도 한다.[10]

물론 중국 내의 문화 교섭과 교류 또한 당연하다. 그래서 "요동 반도와 산동 반도 신석기시대의 문화의 상호 전파와 교류는 묘도 섬들을 통해서 이루어졌다."거나, "소주산 3기 문화는 산동 반도 용산문화의 영향을 가장 강하게 받았다."는 등의 언급은 너무 자연스러운 추론에 해당한다.[11]

그런데 한국 내 일산의 가와지 볍씨 발견 이후 한국의 일부 농학이론가는 한반도 내 도작 농경의 자체적 발생의 가능성을 제기하는 분위기도 존재하고 있어 향후의 경과가 주목된다. 안승모의 경우, "6000BP경으로 편년된 대화리층의 즐문토기와 5−4000BP경의 갈색토탄층출토 즐문토기 태토의 식물규소체 분석을 한 결과 재배 벼의 식물규소체를 검출하였다."[12]는 학계 일각의 움직임을 언급하고, "우리나라에서도 더 이상 신석기시대 재배 벼의 존재를 부정적으로만 보기 어렵게 되었다."[13]는 선해를 밝힌 점이 한 예에 해당한다.

여기서 《삼국사기》의 '열전' 편의 '김유신'조를 참고해 보면 김유신의 조상이 황제(黃帝, 軒轅氏를 지칭함)로부터 비롯된 것처럼 보이는 내용이

9 "日本的稻作農耕一般隊爲來自中國", "由陸路(河北, 遼寧) 或海路(山東), 經朝鮮半島而傳日本" 安志敏, '長江下游史前文化對海東的影響,《考古》, (第5期), 科學出版社, 1984, p. 441.
10 안승모,《동아시아 先史時代의 農耕과 生業》, 학연문화사, 1998, P.19.
11 劉俊勇 著, 崔茂藏 譯,《中國大連考古研究》, 학연문화사, 1997. P.45..
12 김정희, 우리나라 선사시대 벼농사의 새로운 연구─한강 유역의 토기 바탕 흙에 대한 식물규소체 분석 자료를 중심으로, 1972년(충북대학교 대학원 석사학위논문)
13 안승모,《동아시아 先史時代의 農耕과 生業》, 학연문화사, 1998, P.36.

보이고, 황제(黃帝)
의 후예라는 가문
은 문화 류 씨(文化
柳氏)의 대동보(大同
譜) 등에서도 발견
되어 희귀한 내용이
라 할 수도 없다. 일
각에선 가문의 측미

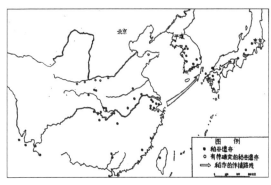

그림 6 中國, 朝鮮和日本的史前稻谷遺存分布圖(安志敏, '長江下游史前文化對海東的影響', 《考古》, (第5期), 科學出版社, 1984, p. 442에서 인용함)

(側微)한 부분을 중원의 상고 신성가문(神聖家門)과 연결하여 현창하려는 일종의 문화적 사대주의라고 비판하는 이도 적지 않지만, 기록 유산 속에 보이는 상고시기 관련 기사를 덮어두고 사대주의의 잔영으로 몰아갈수도 없다. 따라서 한반도의 도작 농경이 마치 일부 문헌 기록에서 보이는 인적 이동이나 일부 인원의 교섭적 상황과 견주어볼 때 문화적 교섭이나 전이는 너무도 자연스러운 추론에 해당할 것이다. 그래서 도작 농경을 두고 전파의 결과로도 이해할 수도 있으나, 자생적 발생설 또한 무시할 수 없는 형편인데 관련 고고 자료의 세밀한 검증을 통해 구명할 사안으로 좀 더 지켜볼 일이다.

그러나 도작 농경과 세트를 이루어 고찰이 가능한 토기의 발전과 그 변화상은 한반도 내 뚜렷한 빗살무늬 토기의 숱한 발굴 사례로 중원과는 또 다른 양상을 읽게 해 주고 있어, 한반도 도작 농경과 연관한 토기 제작 기술과 관련 저장 문화의 독자성을 심하게 부정할 수는 없을 터이다. 그러므로 최정필이 "한반도의 빗살무늬 토기는 바이칼 지역으로부터 이주해 온 집단에 의해 전파된 것이 아니고 자체 내의 선행 토기를 바탕으로 전개되었을 가능성을 배제할 수 없다."[14]고 언급한 점은 결코 무리한 견해라 할 수는 없을 터이다.

하지만 어떤 문화이든 순수한 독자성의 존재는 일정한 한계를 지닌 것으로 어느 정도는 부분적으로라도 외부 문화의 영향을 부정할 수는 없다. 개선된 양질의 문화 사조와 양식을 구태여 거부할 이유가 없는 한 상대적으로 더욱 개량된 문화의 수용이나 부분적 적용은 결코 자존심을 상할 문제가 아니기 때문이다. 따라서 동북아 신석기 사회를 좀 더 객관적으로 이해하기 위해서는 한중일 삼국의 선사 관련 고고 성과를 객관적으로 검토하는 개방적 연구 자세가 언제나 요구된다 하겠다.

한국의 신석기 사회와 관련한 인골고고학 자료

한국의 신석기 사회를 살피는 데에 도움이 될 신석기 시대에 관련 무덤 유적과 인골 발굴, 그리고 그 수습 현황을 먼저 알아보도록 하겠다. 먼저 한반도의 동·남해안 지역의 신석기시대 무덤 유적은 고성 문암리·춘천 교동·울진 후포리·부산 동삼동·범방패총·통영 욕지도·상노대도 산등·여수 안도 등이 있다. 이 무덤들은 독(甕棺), 널(土壙), 동굴, 그리고 돌무지(積石)나 깐돌(敷石) 형태이다. 독무덤(甕棺墓)은 조기(기원전 5,000년경)에 나타나 중기(기원전 2,000년경)까지 이어지고 있고, 돌무지 혹은 깐돌 형태의 무덤은 전기(기원전 3,000년경)부터 만기(기원전 1,500년)까지 존속된다. 무덤에서는 귀걸이·팔찌·발찌 등의 인골 착장 장신구와 대형 돌도끼·낚시바늘·돌화살촉·작살 등의 생활용구가 부장되었는데, 희귀품의 부장

---

14 최정필, 《고고학과 한국상고사의 제문제》, 주류성, 2010. P.134.

유무는 피장자의 신분이나 위계의 분화로 이해하기도 한다.

이제껏 확인된 한반도 내 신석기시대 관련 인골 발굴 및 수습의 내용은 다음과 같다.[15]

1. 안면도 고남리 패총 : 1988년에 발굴. 신석기 후기에 해당하며 1호 패총에서 왼쪽 위팔뼈가 1점 출토됨.(한양대박물관)

2. 춘천 교동 : 1962년에 발굴, 동굴 유적에서 3개체의 인골이 출토됨.(발굴자 : 김원룡)

3. 통영 산등 패총 : 1988년 부산수산대학(박물관)에서 발굴함. 1개체의 인골로 여성이며, 머리뼈와 치아, 위팔뼈, 허벅지 뼈 등이 출토됨.

4. 울진 후포리 : 1983년에 국립경주박물관에서 발굴함. 머리뼈와 치아 등 20개체에 해당함.

5. 부산 동삼동 패총 : 인골 1개체가 출토됨.

6. 거제 대포 패총 : 인골 5점이 출토됨.

7. 안도 패총 : 인골 5점이 출토됨.

8. 부산 가덕도 장항 유적 : 2010년부터 2011년까지 한국문물연구원에서 발굴함. 신석기시대 전기 묘역에서 인골 48개체를 출토함.

신석기 시대 관련 인골 자료로 살피는
식생활 문화

관련 연구자에 따르면, 한반도의 "신석기인은 잡곡의 섭취가 매우 제

---

15 방민규의 발표문인 '한국 고고학의 인골 연구 성과와 전망'에서 일부 인용함.(《嶺南學》(제29호), 영남문화연구원, 2016.)

한적이었던" 것으로 밝혀졌다. 더불어 "동삼동 패총, 고남리 패총 유적의 자료 조사 결과 실제 잡곡의 섭취량은 미미했던 것으로 추정"했고 "식물성 단백질은 주변에서 채집한 식물로부터 동물성 단백질은 어류, 육상 초식동물로부터 공급된 것으로" 보았다.[16] 또한 부산 가덕도 장항 유적에서 확인된 인골에 관한 연구 결과에 따르면, "인골 10개체에서 추출된 콜라겐의 탄소와 질소 안종동위원소 분석을 수행"했는데, 그 결과, "주로 해양성 어류, 포유류, 패류 등 해양성 식료를 주로 섭취하였을 것으로 추정되며, 시기적, 지리적으로 인접한 우리나라 신석기시대 유적 출토 인골 및 동물 유존체의 분석 결과와 비교해 볼 때, 사슴, 멧돼지 등의 육상동물과 야생식물의 섭취 가능성 역시 배제할 수 없다. 당시의 고고학적인 정황을 고려할 때 장항 유적 피장자들은 해양성 어류, 패류 또는 포유류의 섭취를 하였을 것으로 추정"하였음[17]이 참고가 된다.

부산 가덕도 장항 유적 신석기 유적에 반영된 문화 양상의 보편성과 특수성

    부산 가덕도의 장항 유적은 섬의 북서쪽 해안에 있다. 가덕도는 부산과 거제도 사이에 위치한 부산에서 가장 큰 섬으로 진해만으로 들어가는 해로의 관문에 해당한다. 발굴 조사는 한국문물연구원에서 2010년부터 2011년까지 실시하여 신석기시대 전기의 대규모 묘역(인골 48개체)과 구덩(竪穴) 100여 기, 전기에서 후기까지의 돌무지 유구(集石遺構) 90

---

16 방민규, '한국 고고학의 인골 연구 성과와 전망', 《嶺南學》(제29호), 영남문화연구원, 2016, p.298
17 신지영, 강다영, 김상현, 정의도, '부산 가덕도 장항 유적 출토 인골의 안정동위원소 분석을 통해 본 신석기시대의 식생활 양상', 《ANALYTICAL SCIENCE & TECHNOLOGY》(vol. 26, No. 6, 387-394, 2013)

여 기를 발견했다.

부산 장항 유적 내에서 신석기 시대 전기의 묘역은 우리나라 최대 규모로 돌무지 유구, 구덩 유구 등이 함께 조성된 것으로 밝혀졌다. 해당 묘역에서는 파손되지 않은 100여 개의 토기를 비롯하여 옥제 드리개, 문양이 시문된 골제품, 상어 이빨 등 인골에 착장된 유물이 확인되어 신석기시대 계층화된 사회의 일면을 보여준다. 이 묘역의 지근거리에 있는 "연대도의 인골 13개체의 묘역과 욕지도·상노대도 유적의 묘역 등으로 보아 이 일대에 대규모 묘역을 조성한 집단의 존재를 짐작할 수 있다. 신석기 중기에서 신석기 말기에 이르면 유적의 해안선에서 야외 화덕으로 추정되는 돌무지 유구가 열상으로 나열되어 있어 장항 유적이 생산을 위한 곳으로 변화"[18]한 것을 알 수 있다.

또한 부산 가덕도 장항 유적에서는 신석기시대 전기에 해당되는 매장 인골 48개체와 다량의 부장용 토기가 출토되었다. 인골은 대체로 일부 층위(Ⅷ층과 Ⅸ층)의 경계면에 안치되어 있었고, 일부 중첩되어 무덤이 사용되었는데 집단이나 시기적인 차이라기보다 매장 시점의 시간적 차이로 여겨진다. 또한 인골 주변으로 무덤 구덩이(墓壙) 및 봉토 등의 시설은 확인되지 않지만 훼손 없는 인골과 주변에 많은 부장품이 출토되는 것으로 보아 묘역으로 볼 수 있다. 이런 특징은 남해안 지역 무덤 유적 대부분에서 확인된다. 인접한 연대도의 경우를 비교해 보면, 연대도 유적 내 일부 인골의 무덤 구덩이가 남아 있으나 깊이와 규모로 볼 때 인골을 매장하기 위한 시설로 보기는 어렵고 지면을 정리한 정도의 흔적으로 여겨진다. 그리고 동물에 의한 인골의 훼손이 없는 것으로 보아 유기물을

---

18 김상현, '최대의 신석기시대 전기 공동묘지', 《한국고고학저널》, 국립문화재연구소, 2011, ※부분 발췌한 것임.

이용한 초장(草葬) 등의 매장 의례를 추정하게 한다.[19]

부산 가덕도 장항 유적에서 가장 눈길을 끄는 내용은 상태가 양호한 인골의 출토로 거론된다. 인골들은 그 배치 상태로 보아 등고선에 평행한 남북방향으로 안치하였고, 두향은 대체로 북서쪽과 북동쪽이다. 우리나라의 신석기시대 두향은 유적에 따라 다른데, 안도 패총은 북동쪽, 연대도 패총은 서쪽 방향으로 주로 바다를 향하고 있는 점이 비교된다. 주검을 처리하는 방식에는 기본적으로 펴묻기(伸展葬)와 굽혀묻기(屈葬)가 모두 확인된다. 인골 48개체 중에서 매장 자세를 확인할 수 없는 17개체를 제외하면, 굽혀묻기 23개체, 펴묻기 8개체로 굽혀묻기가 74%를 차지한다. 우리나라의 신석기시대 매장 방법이 대체로 눕혀펴묻기(仰臥伸展葬)인데 반해 가덕도 장항 유적은 굽혀묻기의 비율이 높은 점이 특징적이다.

그런데 성별이 확인된 인골은 전체 18개체에서 남성이 8개체, 여성이 10개체로 남녀 성비가 비슷하다. 또한 연령별로도 20대에서 50대까지 골고루 분포하는 편이어서 일반적인 묘지로 판단된다. 그리고 대퇴골과 상완골을 이용해 추정한 키는 남성은 평균 157. 8±7. 33cm이며 여성은 평균 146. 8±7. 99cm로 추정된다.

힌편 무덤에서는 토기·석기·흑요석·짐승 뼈·조개 팔찌 등이 수습되었다. 특히 교역의 산물로 이해되는 흑요석은 조사 지역의 곳곳에서 드러났는데 그 수효는 200여 점에 이르렀다. 또한 대부분 특정한 용도를 알 수 없는 박편이지만, 화살촉을 비롯해 2차 가공이 이루어진 석기도 몇 점 확인되기도 했다. 석기의 구체적 발굴 내용을 보면 돌도끼 4점, 숫돌 1점이다. 또 장신구로는 대형 옥제 드리개(垂飾,pendant) 1점, 투공된

---

19 김상현, 같은 글에서('최대의 신석기시대 전기 공동묘지', 《한국고고학저널》, 국립문화재연구소, 2011.)에서 부분 발췌한 것임.

상어이빨 1점, 조밀하게 홈이 파진 짐승 뼈 1점, 조개 팔찌 20여 점 등이
출토되었다.

7호 인골 가슴에서 관옥 모양의 대형 옥제 드리개 1점(7×3cm)이 출토
되었고, 인골의 왼쪽에는 돌도끼 3점이 놓여 있다. 신석기시대 옥제품은

그림 7 부산가덕도 장항유적내 출토 옥기

출토 사례가 매우 드문 유물로 울진 후포리, 춘천 교동, 통영 연대도, 부
산 범방, 고성 문암리, 부산 동삼동 등지에서 1∼2점이 출토되었다. 이에
반해 장항 유적은 무덤과 구덩이 유구에서 옥제품 6점이 출토되었다. 인
골에 착장되어 확인된 드리개는 부산 장항 유적을 비롯해 부산 범방패
총, 울진 후포리 유적에서 발견되었으며, 그 외 고성 문암리 유적·울산
처용리 유적·제주도 공항 유적 등에서 옥제 귀걸이가 출토된 바 있다.
인골에서 출토된 옥제 드리개는 대부분 펜던트(pendant)의 형태이나 장
항 유적에서는 관옥의 형태로 출토되었다. 이러한 장신구는 중국의 선사
시대 유적에서 집중적으로 출토되는 장신구이나 남해안 지역의 다수 유
적에서 출토되는 것으로 보아 동아시아의 전반적인 문화교류 관계의 증
거로 추정된다. 또한 조개 팔찌는 다수의 유적에서 많은 양이 출토되었
으나 인골이 착장한 형태로 출토된 유적은 안도 패총·산등 패총·장항

유적뿐이다. 특히 조개 팔찌 20여 개를 연결하여 목걸이를 만든 것이 드러나기는 장항 유적이 첫 사례에 해당한다.

한편 무덤의 토기는 대부분 파손이 되지 않은 상태로 출토되었다. 소형 토기는 인골의 발치와 허리에 부장되었고, 대형의 호형 토기 등은 인골과 1m 가량 떨어져서 2~3점이 부장되었다. 문양은 대부분 조기의 덧무늬나, 토기의 형상은 밑바닥이 둥근 원저(圓底)의 모습이다. 이는 신석기시대의 조기에서 신석기시대의 전기로 옮겨가는 과정을 잘 보여 주고 있다. 대형의 옥제 드리개와 다량의 조개 팔찌, 다량의 부장용 토기는 한국 신석기 유적 전체에서도 보기 드문 사례로 피장자의 특별한 지위를 보여주는 것으로 생각된다. 또 인골이 드러난 유적은 유적이 자리한 위치(입지)와 출토 유물, 좁은 공간에 여러 개체의 인골을 매장하는 행위 등 유사한 양상으로 일종의 문화권을 설정할 수 있다. 다만 모든 유적을 같은 시기로 보기 어렵기 때문에 세밀한 검토를 통한 문화권 설정이 필요하다. 또한 가덕도 장항 유적에서 무덤 유구와 함께 드러난 약 500점에 이르는 흑요석의 의미는 적지 않다. 이곳이 묘역의 공간뿐 아니라 석기 제작 장소였음을 추론하게 해 주며, 지리적으로 가까운 일본 규슈 지역과의 교류를 추정해 볼 여지를 남겨 주기 때문이다. 따라서 장항 유적의 신석기인들은 광역적 교류를 통해 흑요석의 원석 획득·제작·분배 등의 과정을 행하였을 것으로 여겨진다. 하지만 어떠한 방법과 경로로 원석을 획득했는지는 현재로서 알 수 없으며, 죠몽인들과의 교환물이 무엇인지도 역시 의문일 뿐이다. 부산의 가덕도 장항 유적에서는 우리나라 최대 규모의 신석기시대 전기의 묘역과 묘 시설로 추정되는 돌무지 유구 등이 발견되었다. 그러므로 한국의 신석기시대 매장 문화를 이해하는 데에 중요한 단서를 제공한다. 남해안 지역에서 인골이 확인된 유적은 입지와 출토 유물, 좁은 공간에 여러 개체의 인골을 매장하는 행위 등 유사한 양상으로 일종의 문화권을 설정할 수 있다. 다만 모든 유적을 동시기로 보기 어렵기 때문에 세밀한 편년을 통한 문화권 설정이 필요하다. 한국 선사의 문화상을 이야기하는 데에 '굽혀묻기'라는 매장 방법이 처음 확인된 유적이며, 다량의 옥 장신구와 조개 팔찌 등의 껴묻거리는 신석기시대 사회적 지위의 차이를 보이는 것으로 이해될 수 있다. 앞으로 가덕도 장항 유적 출토 묘역과 인골에 대해 더욱 정밀한 분석이 이루어진다면 한반도뿐 아니라 동북아시아의 신석기시대 매장 의례에 관한 사회상과 생활상의 구명에 획기적 정보를 제공할 것으로 여겨진다.

가덕도 장항 유적에서 드러난 인골의 특별함

KBS 한국방송에서 기획하여 보도된 프로그램의 내용에 따르면, 부산 가덕도 장항 유적 내 인골의 유전자 분석 결과는 매우 충격적인 것으로 드러났다. 독일 카스도르프 굴장(屈葬)의 사례의 경우, 유럽계 줄무늬토기인(lbk)들에게서 확인되는 이른바 모계 유전자 H형 집단의 유전자 계열로 밝혀졌기 때문이다. 이 충격적인 결과를 두고 KBS 한국방송 기획팀은 독일과 몽골, 그리고 한반도로 이어지는 줄무늬토기인(lbk)들 계열의 모계 유전자 H형 집단의 유전자 계통 인골이 세 지역에서 모두 찾아진다는 사실을 탐사하는 데에 성공했다. 부산 가덕도의 장항 유적 내 인골의 일부가 독일 지역 모계 유전자 H형 집단의 유전자 계통 인골과 같고, 역시 몽골국립대학교 고고학팀이 수습하여 보관중인 인골 가운데에도 같은 계열의 인골이 찾아진다는 점을 통해 유럽과 몽골, 그리고 한반도 남해 지역으로 이어진 인적 교류 내지 이주의 개연성이 확인되어 동북아를 넘어 전 지구적 인류 대이동의 한 사례로 부산 가덕도 장항 유적이 주목되기에 이르게 된 점은 실로 한국 고고학계의 새로운 화두를 맞이한 의미를 지닌다. 따라서 신석기시대를 이어 청동기시대에 일부 고인돌에서 수습된 선사 인골 개체가 역시 백인 계열로 분석되는 의미도 함께 고민하게 됨을 피할 수 없다.

동북 일원에 형성된 신석기시대 문화에 관한 시기적 층차와 일부의 유의점

어떤 문화이든지 선후 관계가 있게 마련인데, 정작 고고학적 현상의 발생에 관한 선후와 그 획기에 따른 편년을 분명히 하는 작업은 논란의 여지와 함께 대단한 학문적 성과를 기반으로 하는 쉽지 않은 작업에 해당할 것이다.

학문적 견해에 따른 논의가 계속되겠으나, 동북 일원에 이루어진 신석기 시대에 관한 시기적 전개 양상은 최근에 색수분(索秀芬)과 이소병(李少兵)에 의한 고찰의 견해가 비교적 상세한 논의에 해당된다.[20] 두 사람의 견해에 따르면, 기원전 9000년까지 소급되는 전년문화(轉年文化)가 있었고, 뒤를 이어 기원전 7500년 내지 기원전 6000년대 후반에까지 소하서(小河西) 문화가 존재했고, 뒤를 이어 기원전 7000년대 후반부터 흥륭와 문화와 서량 문화가 거의 동시에 이루어졌고, 기원전 6000년대 중반부터 조보구 문화와 부하 문화, 그리고 상택 문화와 진강영(鎭江營) 1기 문화가 발생했으며, 대략 기원전 5000년대경부터 홍산문화와 후

20 索秀芬, 李少兵, '燕山南北地區新石器時代考古學文化序列和格局',《考古學報》, 2014年, 第3期

강(后岡) 1기 문화가 이루어졌고, 뒤이어 기원전 4000년대에 소하연 문화가 발생한 것으로 요약되었다.

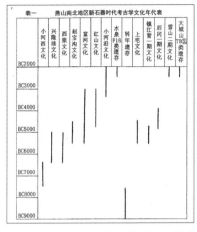

그림 8 索秀芬, 李少兵, '燕山南北地區新石器時代考古學文化序列和格局', (《考古學報》, 2014年, 第3期.)에서 인용함.

그림 9 索秀芬, 李少兵, '燕山南北地區新石器時代考古學文化序列和格局', (《考古學報》, 2014年, 第3期.)에서 인용함.

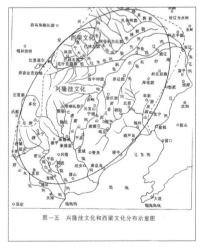

그림 10 索秀芬, 李少兵, '燕山南北地區新石器時代考古學文化序列和格局', (《考古學報》, 2014年, 第3期.)에서 인용함.

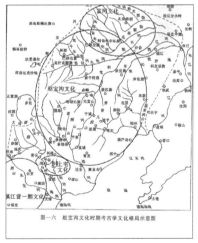

그림 11 索秀芬, 李少兵, '燕山南北地區新石器時代考古學文化序列和格局', (《考古學報》, 2014年, 第3期.)에서 인용함.

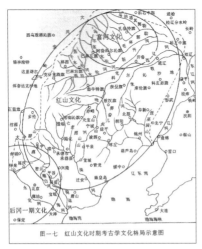

그림 12 索秀芬, 李少兵, '燕山南北地區新石器時代考古學文化序列和格局', (《考古學報》, 2014年, 第3期.)에서 인용함.

그림 13 索秀芬, 李少兵, '燕山南北地區新石器時代考古學文化序列和格局', (《考古學報》, 2014年, 第3期.)에서 인용함.

이 가운데 홍산문화의 경우를 보면 단(壇), 묘(廟), 총(塚)으로 요약되는 제사 유적과 무덤에서 확인되는 옥기의 사용 등이 특징적인데, 이는 기존의 황하문명과 그 문화적 특색을 달리하는 고고 자료로 기존의 중화민족적 세계관에 일대 변화를 이끌어 이른바 다종족적 기원설을 발생시키기에 이르렀다. 더욱이 소병기의 경우 고문화 고성 고국 단계의 견해를 주장하여 홍산문화 시기가 황하문명의 단계보다 이른 시기에 이른바

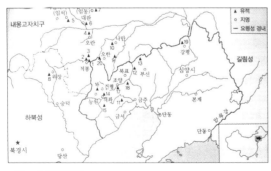

'고성고국(古城古國)'의 형태를 드러낸 것이라는 견해[21]를 주장하기도 하였음이 주목할 바이다.

한편 한국의 한

그림 14 홍산문화유적도

21 蘇秉琦, '遼西古文化古城古國', 《文物》, 文物出版社, 1986, P. 41.

유전학 관련 의학 연구자는 "몽골리안은 바이칼 지역에서 그 원형이 잉태되고, 다양한 루트로 한반도, 중국 북부, 유라시아, 북아메리카로 이동해 간 사람들로서, 요하 부근에서 남방계 사람들과 섞이면서 동아시아 최초의 요하문명을 만들었다. 이 사람들은 알타이어를 사용했고, 한국인의 원형이자 우리 문화의 원형을 만들었다."[22]고 하여 홍산문화를 비롯한 요하문명의 담당 세력과 지금의 한국인을 연결하고 있어 상당히 이목을 끌기도 한다.

그런데 홍산문화의 고고 자료에서 보이는 여신 두상과 그 주변에서 수습된 곰발바닥 소조상 등이 황제의 전설적 설화와 묶이면서 홍산문화의 고고 자료는 황제 헌원(黃帝軒轅)의 문화적 권역 속에 존재한 것으로 정립되어 가는 양상인데, 좀 더 세심한 검토가 뒤따를 부분이라 할 수 있다. 이를테면 여신 두상을 놓고 그 뺨, 광대뼈, 콧방울, 입 주변 등등을 거론하면서 중국 여성의 골격과 거의 똑같다는 의견을 내세우는 견해[23] 등은 사뭇 홍산문화의 주체를 지금의 중국인과 일치시키

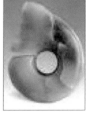

그림 15 여신묘 여신두상과 옥저룡(옥웅룡)

그림 16 구운형옥(句云形 玉器)

려 상당히 애를 쓰는 인상을 주기도 한다. 더불어 이른바 옥저룡으로 이야기 되는 C자 형상의 옥기 등을 과연 옥저룡(玉猪龍)으로 불러 합리적

22 이홍규 지음, 《한국인의 기원》, 우리역사연구재단, 2010. P. 258.
23 孫守道, 郭大順, '牛河梁紅山文化女神頭像的發現與硏究'《文物》, 文物出版社, 1986. P. 20.

인지 의문의 대상이기도 한데, 논자에 따라서 옥웅룡(玉熊龍)이라는 표현이 뒤따르기도 하며, 구운형 옥기 등이 실생활과 연관된 것인지 아니면 의장적 장식물에 불과한 것인지도 논란의 여지가 적지 않은 문화가 바로 홍산문화의 고고 자료이기도 하여 유의가 필요하다. 하지만 홍산문화권에서 드러난 옥제 결상 이식이 한반도의 강원도 고성 지역의 문암리에서 수습된 결상 이식과 크게 유사한 점 등을 놓고 볼 때 한반도의 선사 문화와도 어떤 경로를 통하였든지 무관치 않은 점을 생각할 때 홍산문화의 고찰은 결코 중국 고고학계만의 주제로 남을 수는 없는 문제이기도 한 점에 유의할 일이다.

산동 거현(莒縣) 항두(杭頭) 유적의 인골 자료로 읽는 생활 문화[24]

해당 유적은 산동성 거현의 현성(縣城)에서 동남으로 7.5킬로미터에 있는 항두(杭頭) 촌의 동쪽 600미터에 있다. 동쪽으로 능양하(陵陽河) 유적과는 2킬로미터에 자리하는데, 유적은 세 개 층의 문화층으로 제1층은 회록색 사질 암토로 대량의 기와조각, 도자기 조각, 파리(玻璃, 유리) 등이 노출되었다. 제2층은 회백색 분사토(粉沙土)로 소량의 기와와 자갈 조각, 그리고 용산문화에 관련한 도편(陶片)이 있었다. 제3층은 회황색사토(灰黃色砂土)로 이 층에는 소량의 용산문화의 도편(陶片)이 있어 응당 용산문화층이 된다. 이 층의 아래에는 대문구 문화의 묘장인 M4 등의 유적이 펼쳐졌다.

24《考古》(第12期, 1985)의 자료를 참고하여 서술한 것임을 밝힘.

신석기시대에 해당하는 대문구 문화의 묘장 유구는 4개 지점이었는데, M3, M4, M5, M8 무덤으로 토갱수혈(土坑竪穴)이었고, 모두 한 사람씩 묻혀 있는 단인장 형식이었으며, 주검의 머리 방향은 동편남(東偏南)이었다. 주검의 안치 상태는 앙신직지였고 부장품의 대다수는 도기(陶器)로 이루어졌다.

주검 M3의 경우를 보면, 유해로 보아 성년 남성인데, 두개골을 제외한 나머지가 흩어져 있다. 1개의 관을 사용했는데, 장방형으로 그 길이는 220센티미터, 폭은 70센티미터였고, 그 부장품은 75건이었다.

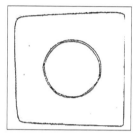

그림 17 산동 거현 항두 유적에서 수습된 方形 石壁

주검 M5의 경우를 보면, 회갈색(灰褐色) 사질토(砂質土)로 가득찬 상태였는데, 유해로 보아 성년 여성이었다. 이 주검은 관(棺)이 없었고 19건의 부장품이 확인되었다.

산동 거현의 항두 유적에서 수습된 인골 자료를 통해서 대체적으로 단인장의 장속이 일반적이었고, 일관일곽의 형식을 드러냈지만 여성의 경우에는 관이 없는 경우가 있어 관이 반드시 일률적으로 쓰였다고 단정할 수는 없을 듯하다. 매장된 주검의 곁에는 박태고병배와 후태고병배 등의 그릇들이 보편적으로 부장되었고, 각종 식기류의 기물이 비교적 다수 함께 묻혔는데, 남녀 공히 돼지 아랫귀

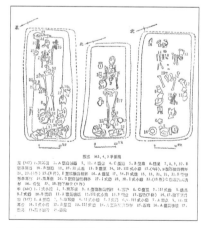

그림 18 산동 莒縣縣 杭頭 유적지 출토 M3,M4,M5 인골(《考古》,第12期, 1988. P.1059에서 인용함)

밑뼈(猪下頜骨)가 묻힌 점은 흥미롭기만 하다. 그런데 M8의 경우를 보면 2개의 뼈로 된 비녀(玉簪)가 있었고, 오른 손 팔뚝에는 방형 석벽이 1개 있었으며, 옥으로 된 자귀(혹은 대패, 玉鏟)가 1개 있었던 점은 나름 눈길을 끄는 부분이다. 두발을 다스리는 기구를 사용하면서도 방형 석벽과 같은 일종의 장신구를 사용했던 당사자는 옥으로 된 자귀로 노동을 했던 것으로 추론이 가능한데, 옥으로 된 자귀는 상대적으로 뛰어난 작업 용구로 여겨진다. 더욱이 큰 아가리를 이룬 대구존(大口尊)의 상부에 새겨진 도끼 문양을 볼 때, M8의 당사자가 상당한 노동 지배력을 지닌 인물이었을 개연성도 막연히 추정되기도 한다.

여기서 대구존의 상부에 새겨진 도끼 문양을 확대하여 도끼날에 그 주어진 각을 산정해 보면, 약 33도가 됨을 알 수 있었다. 그런데 이 각은 무딘 둔각에 해당하므로, 도끼 사용자는 회전을 다소 크게 이루어서 사용해야 무난하게 깎아내는 작업을 할 수 있음을 추론할 수 있고, 그에 따라 빠른 회전이 가능하도록 도끼의 손잡이 길이가 그다지 길지 않았을 것임을 미루어 짐작하는데, 문양의 손잡이 길이 L이 역시 길지 않게 새겨 표현된 이유를 쉽게 이해할 수 있다.

04

상고 조선 시기의
성곽과 '알유' 이야기

평양성을 어찌 볼 것인가

우리의 상고시기에 존재했던 정치체에 관해서 거론할 때 가장 흔히 언급되는 게 이른바 '고조선'이다. 그런데 고조선은 사실 그냥 '조선'이었고, 《삼국유사》에 따르면 그 개시 시점은 BC 2333년임이 상식에 속하는 것으로 전해진다. 그러나 일부 연구자들은 상고 조선이 실질직 개시 시점을 대략 BC7~BC8세기경으로 늦추어 산정하는데, 《관자》등과 같은 중국 측 자료를 중시한 결과이다.

북한 사회과학원 고고학연구소의 주장에 따르면, 지금의 평양성이 상고조선시기부터 있던 성고가의 전통을 따른 것으로 언급한다. 그들은 1993년부터 1997년까지 평양성에 대한 발굴 조사를 진행하였다. 이에 평양성 중성 서벽의 고구려 성벽 밑에서 단군조선 시기의 성벽을 새롭게 찾아 냈다.[25] 북한 학자들의 견해에 따르면 평양성은 정치, 경제, 군사적

25 안병찬 · 최승택, 〈새로 발굴된 평양성에 대하여〉, 《조선고고연구》 (4), 1998년. pp. 37~41.

으로 상당히 중요한 위치에 입지하며, 또한 매우 유리한 자연 지리적 조건을 가진 평산성형식의 도시성이라는 성격을 지닌 방어 시설인 것으로 알려졌다. 이 평양성의 둘레는 16km, 성의 총 연장 길이는 23km에 달하고, 내성, 중성, 외성, 북성 등 4개의 부분 성으로 구분된다. 현재 평양성의 성벽은 대부분 없어

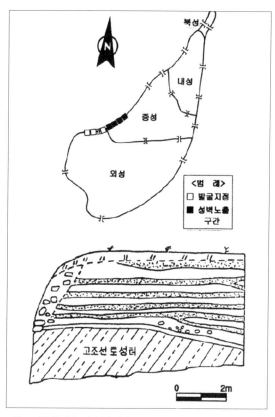

그림 19 평양성 평면도와 성벽 단면도

졌으나 안산 능선 위에 쌓아진 중성 서벽은 현재 300m 가량 남아 있다. 중성 서벽의 발굴은 모두 4개 지점으로 나뉘어 진행되었다.

북한 학계에 따르면 평양성의 제1 지점은 중성 서벽과 외성 서북 벽이 잇닿은 곳에서부터 동북 방향으로 약 30m 떨어진 곳으로 알려졌다. 이곳은 성벽을 3m 폭으로 가로 잘라 원토가 드러날 때까지 파내려 가면서 성벽의 축조 형식과 성벽 구조를 확인하는 방법으로 진행되었다. 성벽은 평양성의 다른 부분 성벽의 축조와 마찬가지로 4각형, 4각추 형태로 다듬어진 성돌로 면과 선을 맞추고 서로 어긋물림 하면서 바깥 면만을 쌓은 형식이다. 아래 성벽은 자연적으로 형성된 석비례 암반을 기초

로 삼고 그 위에 막돌과 진흙을 섞어 다지면서 쌓은 막쌓기 방법으로 축조되었다. 성벽 축조에 쓰인 막돌의 크기는 직경 15cm 이하의 작은 깬 돌들이다. 진흙은 검붉은 색깔이다. 성벽의 크기는 밑 너비 11m, 높이 1.5m이며 성 안팎으로 밋밋하게 경사졌다. 이 문화층은 검은색의 진흙층인데 흙 속에 막돌이 드문드문 섞여 있다. 그런데 평양성은 아래층의 토성벽 부분이 중요한 검토의 대상이 되기도 한다. 그 부분은 경사가 급한 암반 바닥을 일정하게 깎아 내고 고른 다음 그 위에 성토한 것으로 알려졌다. 성벽 밑의 기초 암반이 성 바깥쪽으로 심히 경사진 곳에서는 0.8~1m 간격으로 암반을 계단식으로 다스려 내어 바닥면이 수평이 되게 하였다. 그리고 계단이 이루어진 끝부분에는 깊이 20cm, 너비 30cm 정도로 가로 홈을 파냄으로써 암반 위의 성토벽이 경사면 아래로 밀려 내려가지 않도록 하였다. 그런데 북한 학계는 아래 성벽에서 청동기와 고조선의 이른 시기 유물인 반달칼, 가락바퀴, 팽이그릇 조각들이 출토되었다고 주장하고 있다. 북한 학계의 견해를 검증할 만한 상황이 아니라서 어떻게 이해해야 할지는 쉽지 않다. 다만 북한학계의 검토가 객관성을 갖춘 것이라면 한국의 성곽 역사는 이미 선사시기부터 비롯되었다는 평가가 가능해진다. 또한 북한 하자들은 그곳에서 팽이그릇 조각을 발견했는데, 각기 몸통 부분과 밑창 부분의 두 점으로 알려졌다. 이처럼 아래 성벽에서 반달칼, 가락바퀴, 팽이그릇 조각 외에 다른 종류의 유물이 출토되지 않은 것은 아래 성벽이 위 성벽보다 이른 시기에 축조되었음을 말해 준다고 보는 게 북한 학계의 의견이다.

한편 평양성의 제2 지점은 1지점으로부터 남으로 30m 떨어진 곳에, 3지점은 1지점으로부터 북으로 50m 떨어진 곳이다. 2지점과 3지점의 발굴 과정에서 드러난 문화층의 층위 관계와 유물 출토 상태는 1지점과 기본적으로 같으며 제4 지점은 심하게 교란되어 본래의 상태를 알아볼 수 없었다.

황대성의 경우

북한 학계의 연구자들은 상고 조선의 실체를 확인하는 고고 자료로 상고시기의 성곽이 존재하였음을 한 증거로 제시하기도 하고 있어 주목된다. 한 예로 북한 고고학자

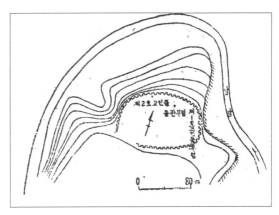

그림 20 황대성의 평면도(《조선고고연구》1995년 제1호, 리순진의 논문에서 인용함)

리순진은 일찍이 〈평양 일대에서 새로 발굴된 황대성에 대하여〉란 글을 통해 평양시 강동군 남강로동자구(향단리) 황대마을의 앞산에 자리한 황대성을 단군조선 초기부터 시작된 성지로 주장하기도 하였다.

리순진은 황대성의 축조 연대를 황대성의 성터 안에 존재하는 2기의 고인돌 무덤과 1기의 돌관 무덤의 발굴 결과로 추정했다. 황대성 터의 고인돌 무덤은 구조 형식상 '오덕형 고인돌 무덤'인데 같은 오덕형 가운데 확증된 절대 연대를 가진 강동군 구빈리 고인돌 무덤이 그 절대 연대가 4,990±444년 전인 점을 고려하여 고인돌보다 아래 층위에 존재하는 황대성을 그보다 훨씬 앞선 성곽으로 추정했다.

지탑리 토성과 성현리 토성의 경우

한편 북한의 고고 연구자 남일룡의 경우에는 일찍이 〈평양 지방의 고

대 토성〉이란 글에서 지탑리 토성이 아래 성벽과 위 성벽의 사이에 너비 약 80내지 120센티미터 정도의 간층이 있고, 그 성은 아래 성벽이 허물어지면서 이루어진 것이라고 밝혔다. 그런데 간층의 아래 성벽은 "신석기시대의 여러 유형에서 흔히 보이는 질그릇 조각들과 석기들"이 백수십 점 발견되었고, 그 유물 가운데 "돌 도끼 4점, 돌활촉 1점, 돌그물추 2점, 돌망치 1점, 깨진 간돌판 1점, 미완성된 돌창 1점"임을 들어 고조선 이전인 신석기시대와 연관 짓고, 간층 이상인 위 성벽은 신석기시대와 고조선 후기에 연관짓는다.

또한 남일룡은 성현리 토성을 두고서도 먼저 쌓은 밑 성벽을 거론하였는데, 먼저 쌓은 성벽에서 청동기시대의 유물인 돌도끼 1점과 돌가락바퀴 1점을 발견하고 후에 쌓은 성벽과의 차이점을 발견하고자 했다.

결국 남일룡은 지탑리 토성과 성현리 토성의 아래 성벽은 단군조선 시기에 축조된 것으로 주장하기에 이르렀다. 그는 두 도성이 판축 방식이 아닌 '막쌓기' 방식으로 쌓았던 점을 강조하였다. 남일룡은 막쌓기 방식은 판축 방식 이전의 축성법이고, 성현리 토성의 경우 아래 성벽의 출토 유물이 청동기시대의 돌도끼와 돌가락바퀴인 점을 다시 강조했으며, 성현리 토성의 주변이 "뚜지개농사"와 "괭이농사"를 한 궁산문화의 발원지인 것으로 연관지었다. 성현리 토성이 궁산문화 단계와 연관되는 토성이라고 주장한 셈이다.

청암리 토성

청암동 토성은 대체로 반달 모양과 비슷한 '반월성'인데 그 둘레는 약 3,450미터이다. 성벽의 원래 상태를 일부 알 수 있는 북문 부근의 성벽

은 바깥 면이 완만
한 경사이므로 높
이 쌓았던 것으로
볼 수 있다. 현재 이
곳 성벽의 위 너비
는 약 1미터, 밑 너
비는 약 17미터이며
성 안쪽 높이는 약
2.5미터, 바깥 높이
는 약 5미터 정도이다.

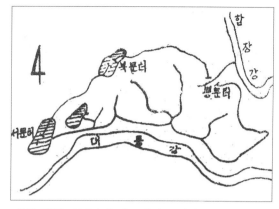

그림 21 청암동 토성 평면도(《조선고고연구》1998년 제2호, 남일룡, 김경찬의 공동 저작 논문에서 인용함)

한편 청암동 토성의 성벽과 성 안에서는 많은 유물이 나왔는데, 청동기시대와 고조선시기의 유물을 보면, 반달칼, 돌창끝, 돌단검, 팽이그릇 조각, 돌도끼, 별도끼, 돌그물추 등이다. 청암동 토성이 단군조선의 시기에 축조되었다는 근거로 성벽의 축조 방식이 오로지 흙만으로 성토하는 방식으로 청암동 토성이 축조되었음을 강조하여 주목된다. 그런데 다른 근거로 앞서 말한 출토 유물을 들어 해당 유물들이 단군조선의 시기 물건이라는 점을 들어 주장하기도 하였다.

《석씨계고략(釋氏稽古略)》과 《청학집(靑鶴集)》에 보이는 '알류'

《석씨계고략(釋氏稽古略)》은 모두 4권으로, 원(元)의 지정(至正)14년 (1354)에 보주(寶州)의 각안(覺岸)이 지은 편년체 불교통사(編年體佛教通史)로 '계고략(稽古略)'이라고 약칭하는 기록이다. 이 기록물은 '대정장(大正藏)'

의 제49책(第四十九冊)으로 들어 있기도 하다. 또한 《청학집(靑鶴集)》은 조선 중기의 조여적(趙汝籍)이 편찬한 문집으로 선도(仙道) 관련 일화와 한국은 물론 동북아 상고 역사의 편린을 거론하고 있어 선도사서류(仙道史書類)의 성격을 부분적으로 지닌 자료이다. 그런데 《석씨계고략》과 《청학집》에는 각기 요(堯)의 치세와 단군왕검(檀君王儉)의 치세에 공통적으로 알유의 출현이 있었고 그에 대응한 기록이 보여 흥미를 자극한다. 곧, 《석씨계고략》을 보면, 요 임금이 "부역을 크게 줄였는데, 그때에 대풍과 괄유(알유), 봉희와 수사가 있어, 모두 백성의 해가 되었다. 요 임금은 곧 예를 시켜 대풍을 청구(靑丘)의 못에서 얽어 매었고 괄유를 죽였으며, 동정에서 수사를 잘라 내었고, 상림에서 봉희를 잡았다. 백성은 기뻐했으나, 홍수가 재앙이 되었다."[26] 고 한다. 이 문장에서 괄유는 곧 알유로 추론되는데, '㺄(苦八反)貐(音俞)'로 표기되어 있기 때문이다. 㺄은 흔히 '알'로 발음하지만, 《석씨계고략》 기록자는 특별히 그 발음이 반절 표기로 '苦八', 곧 '괄'이라고 적시한 점이 다를 뿐이다. 문제는 괄유(알유)를 죽인 장소가 청구(靑丘)로 적시된 점으로, 앞서 헌후가 청구의 땅에서 알유를 묻었다는 기록과 비교가 된다. 헌후는 알유를 청구에서 묻었는데, 요임금은 예를 시켜 알유를 청구에서 죽였다고 한 점은, 요 임금 시기에 느끼고 있던 알유의 존재감이 앞선 헌후(황제헌원씨)의 시기와 달랐음을 분명하게 해 주고 있다. 그런데 똑같이 청구(靑丘)의 땅이 거론됨은 어찌 이해해야 할까. 적어도 상고시기에 청구는 지금의 한국인과 문화적 맥락을 같이하는 선대 역사상(先代 歷史像)에 해당하기 때문에 적잖게 혼란을 느끼게 한다. 여기서 어떻게 청구 땅에 알유가 있었는지 조선조 문집인 《청학집》에 알유가 단군왕검의 시기에 침공한 사실을 견주어 봄으로 이해가 가능해진

---

26 賦役甚寡是時有大風㺄(苦八反)貐(音俞)封豨(胡鬼反)脩蛇皆為民害帝乃使羿繳大風於靑丘之澤(東方澤名)殺㺄貐斷脩蛇於洞庭擒封豨於桑林民乃悅洪水為災「釋氏稽古略」'帝堯陶唐氏' 부분

다. 곧 알유가 왕검 조선의 강역에 본격적으로 침공하기에 앞서 소수 세력의 알유가 단군왕검의 이전인 환웅 시기에 잠입하여 은거 또는 잔류하고 있다가, 요(堯)의 침공으로 알유가 역시 요(堯)에게도 적대적이기에 요 세력에게 알류의 일부가 소탕되었을 개연성을 느끼게 된다. 그 소탕 전투의 주역이 《석씨계고략》에서는 바로 군사 영웅인 예(羿)로 밝혀짐을 알 수 있다.

한편 구체적으로 《청학집》을 보면, 단군왕검 시기에 "구이(九夷) 중에 알유(猰㺄)[27]가 반란을 일으켜서 부여(왕자)가 중외(中外) 각국의 군사를 모아 토벌 평정하였다."[28]는 기록이 있다. 그런데 이 기록에서 알유가 구이(九夷)의 한 종족이었다는 점이 적시되어 주목된다. 해당 기록을 통해 단군왕검의 시기에 단군이 다스리는 상고 조선은 알유라는 족속과 집단적 연대 속에 있었고 홍수가 가라앉은 전후의 시기에 마침내 갈등을 겪기에 이르렀을 개연성이 강하게 드는 대목이다. 그런데 역시 같은 《청학집》에 '단 씨(檀氏)의 세상에는 남이(南夷)의 환란이 있었다.'[29]는 내용도 보여 비교가 된다. 단 씨(檀氏)란 단군왕검을 비롯한 여러 단군의 통치 기간을 통칭한 듯 여겨진다. 따라서 단군왕검을 비롯한 여러 단군(檀君)의 대(代)에 걸쳐 이른바 남이(南夷)세력이 환란을 불러왔음을 추론해 보게 되는데, 단군왕검의 시절에는 결국 알유(猰㺄)와 남이(南夷) 세력이 모두 조선 사회를 긴장시킨 갈등 요인이었음을 알 수 있다. 그것은 앞서 말한 단군왕검 시기의 9년 홍수에 따라 존재했을 사회적 불안이 엿보이는 《청학집》의 내용을 함께 비교할 수 있다.[30]

---

27 㺄는 '유' 또는 '여' 발음임. 따라서 猰㺄는 '알유' 혹은 '알여'가 될 수 있음
28 九夷猰㺄之亂 夫餘會集中外國 討平之. 趙汝籍, 「靑鶴集」
29 檀氏之世 有南夷之患 趙汝籍, 「靑鶴集」
30 朴善植, 「탁록 戰鬪說話에 반영된 동북아 상고邑落社會內 집단적 갈등과 상고시기 旗幟鼓角의 군사적 운용－防禦聚落 遺蹟과 樂器 遺物을 비교하여－」「학예지」(제21집), 2014, 육군사관학교 육군박물관. p. 83 에서 재인용함.

이상의 기록들을 종합하면 이제껏 거론한 알유의 정체는 야수에만 머물러있던 짐승이 결코 아니었을 가능성에 무게를 둘 수 있다. 더욱이 《사기(史記)》의 '본기'에서 황제(黃帝)가 치우와의 군사적 대결을 마치고, "동으로는 바다에 도달하고 환산과 계두산에 올랐으며, 남으로는 장강에 이르러 웅이산과 상산에 올랐고, 북으로는 훈죽(葷粥)을 몰아내고 부산에 제후들을 소집하여 부절을 맞추었다."[31]는 내용을 통해서는 또 다른 실마리를 제시한다. 곧 황제 헌원은 치우와의 대치를 마감하고, 험윤(또는 흉노)의 일종인 훈죽을 몰아내는 작전을 펼친 점이 확인되는데, 앞서의 기록들을 종합할 때 이 훈죽의 동일 계통인 험윤과 알유가 역시 같은 족속임을 이해할 수 있다. 이와 같은 내용으로 헌후가 초기에 알유를 묻어 주고 알유를 죽인 자를 체포 구금한 것은 자신의 가문이 지닌 신성성을 지킬 수문장의 역할로서 알유를 활용한 측면 때문으로 이해되고, 치우는 사람들에게 해가 되는 폭도로서 횡행하는 알유를 제거한 것으로 이해된다. 이후 요 임금 시기에 예(羿) 등의 무인에 의해 역시 청구의 땅에서 알유를 잡은 이유나 단군왕검의 시기에 역시 부여를 중심으로 하는 일단의 군사 세력에 의해 소탕된 알유 세력이 일종의 침공 군사 세력으로 험윤, 곧 흔히 알려진 흉노 족속과 동일한 세력으로 이해된다. 따라서 단군왕검의 지시에 의해 부어(웡자)가 중이의 군사를 소집하여 토벌을 실시한 군사작전의 대상이 바로 흉노계열의 험윤 곧 '알유' 세력으로 이해되는 대목이다.

알유의 기록 내용을 통해 상고 조선의 시기에 단군왕검의 정치체가 구이의 하나였던 알유 세력과 항쟁을 벌였음을 짐작할 수 있는데 그 알유는 바로 오늘날의 흉노로 일컬어지는 북방족이었음을 아울러 헤아려 볼 수 있다.

---

31 東至於海, 登丸山, 及岱宗西至於空桐, 登雞頭, 南至於江, 登熊,湘,北逐葷粥, 合符釜山.「史記」 '五帝本紀第一'

05

'굶주리지 않기',
그리고 '술 마시기'

상고시기에는 무엇으로 끼니를 해결했을까?

고려 후기의 관료였던 이암(李嵒, 1297~1364)[32]이 남긴 것으로 전하

32 이암(李嵒, 1297~1364). 본관은 고성(固城). 초명은 군해(君侅). 자는 고운(古雲), 호는 행촌(杏村). 판밀직사사 감찰대부 세자원빈(判密直司事監察大夫世子元賓)인 존비(尊庇)의 손자이며, 철원군 우(鐵原君瑀)의 아들이다. 1313년(충선왕 5)에 문과에 급제했으며, 충선왕이 그의 재주를 아껴 부인(符印)을 맡겨서 비성교감(祕省校勘)에 임명된 뒤 여러 번 자리를 옮겨 도관정랑(都官正郎)이 되었다. 충혜왕 초 밀직대언 겸 감찰집의(密直代言兼監察執義)에 올랐으나, 1332년 충숙왕이 복위해 충혜왕의 총애를 받았다는 이유로 섬으로 유배되었다. 1340년 충혜왕의 복위로 돌아와 지신사(知申事) · 동지추밀원사(同知樞密院事) · 정당문학(政堂文學) · 첨의평리(僉議評理) 등을 역임하였다. 충혜왕이 전교부령(典校副令)에 무인 한용규(韓用規)를 임명하자 이를 반대했으나 왕이 듣지 않았다. 충목왕이 즉위하면서 찬성사로 사 행정제수되어 제학(提學) 정사도(鄭思度)와 함께 정방(政房)의 제조(提調)가 되었지만, 환관 고용보(高龍普)가 인사 행정을 공평하지 않게 처리한다고 왕에게 진언, 이로 인해 밀성(密城 : 밀양)에 유배되었다. 충목왕이 죽자 서자 저(眂 : 뒤의 충정왕)를 왕으로 세우기 위해 원나라에 다녀온 뒤 다시 정방의 제조에 임명되는 한편, 추성수의동덕찬화공신(推誠守義同德贊化功臣)이라는 호가 하사되었으며, 그 뒤 찬성사를 거쳐 좌정승에 올랐다. 공민왕 초 철원군(鐵原君)에 봉해졌으나 사직하고 청평산(淸平山)에 들어갔다가, 다시 수문하시중(守門下侍中)에 제수되었다. 1359년(공민왕 8) 홍건적이 침입했을 때 문하시중으로서 서북면도원수가 되었으나 얼마 뒤 겁이 많아 도원수로서 군사를 잘 다스리지 못했다는 이유로 평장사(平章事) 이승경(李承慶)으로 교체되었다. 1361년 홍건적이 개경에 쳐들어오자 왕을 따라 남행(南行)했고, 이듬해 3월 좌정승에서 사퇴하였다. 1363년 왕이 안동으로 피난할 때 호종한 공로로 1등 공신으로 철성부원군(鐵城府院君)에 봉해지고 추성수의동덕찬화익조공신(推誠守義同德贊化翊祚功臣)이라는 호가 하사되었다. (《한국민족문화대백과사전》의 '李嵒' 항목, 한국학중앙연구원 간행, 참조함)

는 기록으로 《태백진훈》이 있다. 그 기록을 살펴보면 "치우는 근본됨에 보답하였고, 손님들은 자리에 올랐고, 치우의 자손이 뜨락에서 기르는 소와 돼지들과 보리로써 이리저리 움직였다. 가을에 교(郊)에서 신(神)을 맞이했는데 아홉 맹세로써 나라는 하나가 되었다."는 내용을 볼 수 있다. 이암이란 사람이 고려 후기에 수문하시중(지금의 부총리격의 관직)이라는 고위 관직을 역임한 점을 생각한다면 이암 스스로 머릿속의 상상에 따라서 기록한 내용이라고 혹평을 할 수는 없을 듯하다. 따라서 기록 내용이 전달하는 의미는 결코 가볍지 않다.

《태백진훈》의 해당 문장을 통해 치우의 시기, 곧 신석기 후기에 이미 소와 돼지를 기르고 있었고, 그것들은 식재료로 쓰였고, 보리를 식료 자원으로 활용했음을 짐작하게 한다. 또한 치우가 교외에서 신(神)을 경외하는 제의를 치렀음을 전하여 매우 흥미롭다. 짐작컨대 이미 신석기 후기인 치우의 시대에 신에게 올린 제의가 치러졌고, 아울러 제의 행사에 주류(酒類)가 사용되었을 개연성을 조심스럽게 추론해 볼 수 있다. 주류가 구체적으로 과실주(果實酒)였는지 유주(乳酒)였는지 아니면 곡주(穀酒)였는지는 살필 자료가 전혀 없어 안타깝지만 말이다. 만일 치우의 시기에 주류가 있었다면 안주는 쇠고기나 돼지고기였을 가능성도 보인다. 《태백진훈》의 문장 내용을 근거로 하면 그렇다. 그러나 그 또한 추론에 지나지 않기에 조심스러울 뿐이다.

그런데 상고시기부터 먹는 문제는 중요한 문제이긴 했던가 보다. 근대기의 국학연구자로 이름이 높았던 이능화는 《조선도교사(朝鮮道敎史)》를 저술했는데, 그 책에서 이능화는 환인진인(桓仁眞人)이 대왕 씨(大往氏)를 시켜서 사서(始書)라는 글을 짓게 했고 그 시서 속에 '음식연양지도(飮食鍊養之道)'에 관한 내용을 담게 했다고 언급하였음이 흥미롭다. 물론 그 이상의 구체적인 내용이 없어 역시 아쉽기만 하다. 그럼에도 환인이 마시고 먹는 문제에 깊은 통찰이 있었고 그런 까닭이었는지 대왕 씨를 시켜 그에 관련한 내용을 글에 담도록 했다는 언급 그 자체는 삶을 대하는 상고시대 사회의 어르신이 지닌 세계관의 한 면모를 읽을 수 있어 소중한 느낌을 지니게 한다.

환인 진인은 대왕 씨에게만 글을 짓게 한 것으로 그치지는 않았는데, 스스로 종서(終書)를 짓기를 그 속에 "일월성신과 천지산천의 이치와 성명의 근원과 신도묘덕의 교훈을 쓴 것"[33]이라고 이능화는 자신의 저서인 《조선도교사(朝鮮道敎史)》에서 밝히고 있어 역시 깊은 흥미를 유발한다.

한편 고구려의 벽화에는 옥녀(玉女)가 음식을 담아서 나는 모습의 그림이 있어 흥미롭다. 그런데 그림 속의 옥녀를 두고 중국 상고시기의 설

그림 22 玉女持案(고구려 벽화 내의 한 장면)

화 속에 보이는 여성으로 생각함은 너무 자연스러운 추론이 될 것이다. 그러나 옥녀는 오로지 중국 설화 속의 인물이라고 단정하기보다는 차라리 동북아 상고사회의 여성성의 한 전형으로 이해함이 더욱 합리적이라

---

33 終書者 主日月星辰天地山川之理 性命之源 神道妙德之訓, 李能和 著, 《朝鮮道敎史》, '朝鮮壇君神話 最近於道家說' 中 紀錄內容.

는 생각이다. 왜냐하면 《운급칠첨》을 보면 청구의 풍산에 늘 소리가 울리던 곳에 자부궁이 있었고, 그 곁에서 천진선녀가 노닐었다고 표현했다. 그런데 《대사(岱史)》를 보면 옥녀산이 거론되고 그 속에서 옥녀가 참된 도를 닦던 여성이었다고 설명한 것은 옥녀의 정체성의 구명을 좀 더 구체적으로 가능케 한다. 왜냐하면 자부궁 곁의 천진선녀가 역시 참됨을 수련하던 여성임을 이해할 수 있기 때문이다. 따라서 어쩌면 옥녀는 단일 인물이 아닌 복수의 수행 여성을 지칭함일 테고, 그들은 때로 천진선녀라고도 불렸을 개연성이 느껴지기 때문이다. 그러므로 고구려 벽화에서 보이는 옥녀는 우리 청구 땅의 풍산에서 기거하던 자부선인과 그 수행 문화를 뒤따르던 천진선녀와 깊은 연관성이 있다 하겠다.

삼위산 속에 담긴 풍요 기원 의식

일연이 쓴 《삼국유사》를 보면 환인이 자신의 아들인 환웅에게 세 개의 천부인과 각기 전문적인 직능을 맡아 볼 만한 풍백과 우사, 그리고 운사 등은 물론 3천에 이르는 무리까지 따르게 했다는 기록이 보인다. 너무 잘 알려진 내용인데 그 기록에서 환인이 '크게 사람 사이를 더하게 할 만한' 곳으로, 삼위산과 태백을 언급한 점은 영 풀리지 않는 의문에 속하기도 한다. 연구자마다 삼위산과 태백을 제각기 검토하고 주장을 하고 있지만 이렇다 할 정설이 없는 것은 아무래도 구체성 있는 증거가 뒤따르지 않는 개인적 추론에 지나지 않기 때문일 터이다. 그런데 삼위산이라는 지명을 그 의미로 풀어 본다면 적어도 인문학적 의미 정도는 얻어 낼 가능성도 있다. 왜냐하면 《증보 해동이적(增補 海東異蹟)》이라는 기록을 보면 삼위가 지닌 의미가 전해지기 때문이다. 《증보 해동이적》은 조선조의 황윤석(1729년,영조 5~1791년,정조 15)이 지은 책인데, 일찍이 홍만종이 지은 《해동이적(海東異蹟)》의 내용에 다시 참고할 사항을 덧붙여 말 그대로 증보(增補)한 책이다.

거론한 《증보 해동이적》을 보면, 환웅이 강세하여 새 세상을 펼쳤다는 신시(神市)의 내용을 언급하면서, 백악(白嶽)을 설명하기를 "일명 삼위(三危)이고 일명 증산(甑山)인데 삼위는 시루(甑)의 방언이 바뀐 것"임을 전하고 있어 크게 눈길을 끈다. 황윤석의 언급을 다시 살펴보면, 삼위라는 산 이름이 본래 '시루'의 뜻을 지닌 말임을 전하는 것이다. 그렇다면 환인과 그 아들로 이야기된 환웅의 일행은 어째서 시루의 뜻을 지닌 산에 관심을 둔 것일까? 문제는 시루가 과연 환인이나 환인의 시기라 할 선사시기에 존재하기는 했을까 하는 의문이 앞선다는 점이다.

그런데 한반도 안에서 이루어진 고고학 발굴의 성과를 통해 살펴본다면, 시루는 "청동기시대 후기에 이르러서야 본격적으로 출현한다. 청동기시대 유적으로 추정되는 나진 초도 패총과 기원전 5세기쯤 초기 철기시대 유적으로 알려진 북창군 대평리 유적에서 시루가 출토됐다. 청동기시대 시루는 한반도 북부 지역에 편중되어 나타난다."[34]는 견해를 접할 수 있다. 따라서 《삼국유사》 속의 환인과 환웅 등이 시루를 연상하고시 산을 시루의 뜻을 담아서 불렀다고 본다는 것은 쉽게 수긍하기 어렵다. 그러나 한반도가 아닌 중국의 지역에서는 이미 선사시기에 시루가 존재했음을 알 수 있다. 그러므로 《삼국유사》속의 환인과 환웅 등이 시루를 연상하였을 산인 삼위산은 당연히 지금의 한반도일 수는 없다.

결국 한국의 선사시기에 초기 공동체의 수장들은 지금의 한반도가

---

34 국립민속박물관 인터넷 사이트 속의 '시루' 관련 설명 내용임.

아닌 다른 지역에서 비롯되었다 볼 수 있다. 또한 그들의 눈에 마치 시루 같은 산이 발견되었으니, 그 산이 한자로 옮겨지기를 '삼위산', 곧 시루를 닮은 산이라 불리던 것임도 추론할 수 있다. 그런데 어째서 산을 보고서 시루를 연상한 것일까?

시루는 일정하게 음식물을 불로 가열하여 찔 수 있게 만든 조리 기구이다. 그러므로 빠른 시간 안에 음식물을 찔 수 있어 단체 급식이 가능하게 한다. 이를 테면 떡을 찌는 경우를 상정해 볼 수 있다. 선사시기에 산을 보고서 시루를 연상했다면 그것은 배부르게 먹고 즐겁게 살고 싶던 당시 사람들의 소박한 생활관과 인생관을 고스란히 반영했다고도 볼 수 있다. 시루는 선사시기에 좀 더 배부르고 풍요로운 삶을 향한 염원이 반영된 기물이었을 가능성이 있다.

끼니의 문제와 술의 문제

한국의 상고시기부터 거주인은 무엇을 어떻게 먹고 살았는지를 구체적인 물질 자료를 통해 밝히는 문제는 결코 쉬운 일이 아니다. 따라서 고고학적인 탐구의 노력은 끈질기게 시도될 가치가 있다. 그러므로 최근에 한국의 국립문화재연구소에서 세심하게 분석한 한국 신석기시대에 관한 '압흔 분석 보고서'라는 결과는 나름대로 소중한 의미를 지닌 연구 결과로 이해된다. 이 분석 자료는 적어도 신석기시기에 한반도에 살던 인류가 무엇을 먹고 지냈는지에 관한 숨길 수 없는 사실을 전하기 때문이다.

'압흔'이라는 어휘는 신석기 시대 따위의 선사시기에 사용한 토기나 다른 기물에 무엇인가가 눌려 박혀 해당 유물에 그 흔적이 남은 경우를 지칭하는 고고학적 용어이다. 국립문화재연구소에서 펴낸 '압흔 분석 보

① 도토리 ② 초본류
③ 잔가지
④ 굵은 나무토막
⑤ boulder급 자갈
⑥ 수직으로 박혀 있는 목기

그림 23 도토리 저장시설(신석기 시대의 비봉리 유적)/본 자료는 임상택의 〈한반도 신석기시대 복합수렵채집 사회 성격 시론〉(《韓國新石器研究 第30號(2015. 12)》)에서 발췌한 것임을 밝힘.

고서'에서 인천 운서동의 신석기시대 관련 자료를 보면, 토기 따위에 눌려 박혀 전해지는 식물의 종자는 153점으로 밝혀졌다. 이들 식물들의 구체적 종류를 보면, 조, 기장, 들깨, 콩과 식물(팥) 등으로 확인된다. 따라서 이들 곡식 자료는 한국 신석기시대에 보편적으로 사용된 것으로 이해되는 빗살무늬토기가 연관되어 검토될 필요가 있다. 밑이 뾰족한 빗살무늬토기 안에 조와 기장 등의 원시 작물을 넣고 가열하면 밥이 지어질 수 있음은 당연하다. 그런데 과연 밑이 뾰족하여 밥이 고르게 지어질 수 있었을까 하는 의문도 든다. 따라서 밥을 짓는 문제는 냉정하게 깊은 고찰이 뒤따라야 할 문제로 여겨진다.

그런데 밑이 뾰족한 토기는 초보적인 곡주의 추출 도구로는 적절하였을 것으로 추론이 가능하다. 왜냐하면 밑이 뾰족하기에 가라앉는 기능이 효과적일 수 있기 때문이다. 따라서 밑이 뾰족한 빗살무늬토기 안에 과일을 넣고 짓이기거나 깎아 넣는 수법으로 과일에 상처를 내는 방식으로 저장해 두면 초보적인 과실주의 추출 또한 불가능하다고 할 수는 없을 터이다.

신석기시대 당시 사람들은 조, 기장, 들깨, 콩과 식물(팥) 등의 식료 자원을 얻었을 때 당장 허기를 달래고자 끼니로 만들어 먹을 생각부터 앞섰을 것이다. 하지만 일정하게 요기를 한 이후로는 주어진 식량 자원으로 술과 같은 식음료 수단을 생각할 수도 있었을 것으로 짐작된다. 그러한 추론은 인구의 증가에 따른 취락의 형성과 그에 관련한 조상신에 대한 공경의 제례 등이 발달하면서 술 등의 특이한 식음료가 부수적으로 생겨났을 것이라는 메카니즘을 생각하게 한다. 그렇다면 과연 신석기시대에 인구의 증가나 취락의 발달을 확인할 수 있겠는가 하는 문제가 제기될 수 있다. 그에 관해서는 인천 운서동의 신석기시대 취락 주거지를 예를 들 수 있다. 인천 운서동 I유적을 보면 신석기시대에 사용된 주거지가 모두 66기가 조사되었는데 부수적으로 야외 노지는 모두 12개가 확인되었고, 수혈 유구는 모두 76개가 확인되었다. 주거 공간의 밖에 설치된 야외 노지는 화덕 등으로 쓰일 경우 야외 조리 등의 목적으로 사용될 수 있고, 수혈 유구는 저장의 목적으로 사용되었을 가능성이 있다. 물론 해당 유적지의 각 주거지 안에 별도의 노지는 존재하여 집안에서도 조리는 제각기 이루어졌음은 당연하다.

어떻든 인천 운서동 I유적은 취락으로 볼 수 있는 뚜렷한 고고학적 자료가 분명하고 인구의 증가 양상도 조심스럽게 추론해 볼 여지가 있다. 그런데 운서동에서 수습된 토기들에 눌려 박힌 압흔 자료를 보면 조, 기장, 들깨, 콩과 식물(팥) 등의 식료 자원이 확인되는 현상은 당시의 식료 자원이 너무 국한되어 있었음을 의미한다. 따라서 과연 당시 사람들이 오로지 원시 채집이나 원시 농경에만 의지했는지는 더 조사할 필요가 있다. 사슴과 멧돼지 등을 수렵할 수 있었다면 그에 해당하는 지방산이 유물에 남아 있어야 하는데 아직은 관련 자료의 수습이 그리 충분한 형편이 아니라 더 세심한 탐구가 이어져야 할 상황이다.

한편 신석기 시대 유적인 세죽리나 비봉리의 사례를 보면 도토리를 대규모로 저장하는 적극적인 생계 활동이 포착되어 신석기시대 당시에 사람들이 식료 자원 확보를 위해 매우 적극적이었음을 알게 한다. 식량 자원인 도토리를 나름 일정한 시설에 저장하는 양상이 확인되기에 신석기시기에 생업을 공동으로 하는 소집단 내 사람들끼리 일정한 협업이 이루어졌을 개연성까지 있다.

술에 얽힌 상고시기 관련 두 기록의 내용

사람이 술을 마시는 경우는 사람마다 다를 수 있다. 그러나 대개의 사람들은 기분이 좋아 한 잔 하려고 할 때가 가장 술맛이 좋다고 느낄 것이다. 물론 괴로워서 술을 마실 때 혀끝에 전해지는 술맛이 더욱 강하게 느껴지는 것인지는 알 수 없지만.

인류가 역사를 펼친 이래 술에 관한 일화는 숱하게 이어졌다 하지만 여기서는 먼저 동북아시아와 우리 한민족 문화의 원형성을 함께 추적하다는 관점에서 두 가지 관련 기록의 내용을 언급하고자 한다.

먼저 《태백진훈》에서 보이는 내용이다. 이암은 환웅이 "단(壇)을 세워 제사를 지내고 음복하였다. 그리하고서 중매하고 심정을 듣고서 혼인하게 하고 나무를 얽어서 풀을 제거하고 심게 했다. 환(桓) 땅의 도(道)가 비로소 고르게 되어 무리와 더불어 다 같이 이행됐다."고 전하였다. 여기서 분명한 점은 한 남성과 한 여성이 혼인의 인연을 맺기 전에 단을 세워 제사를 지내고 음복했다는 부분이다. 《태백진훈》을 서지학적으로 좀 더 신중한 검토를 해 볼 여지는 있지만, 당장 문헌에서 읽히는 문화사적 내용은 매우 소중하기만 하다. 적어도 우리 한민족이 제사와 음복이라는 행위를 환웅의 시기부터 펼치고 있었음을 전하기 때문이다.

한편 중국의 전승 자료인 《신선전(神仙傳)》을 보면, 서왕모와 마고 선녀에 얽힌 일화가 발견되어 흥미로운 자극을 얻을 수 있다. 그에 따르면 마고는 매우 아름다운 여인으로 나이는 18세 또는 19세 정도의 젊은 여성으로 소개된다. 그리고 "머리는 트레머리를 하였고, 나머지 머리카락은 흩어져 허리까지 늘어뜨려 있었다."고 구체적인 설명이 덧붙여 전하고 있어 읽는 이가 나름대로 이미지를 연상하도록 한다. 더욱이 트레머리는 "가르마를 타지 않고 머리를 뒤에다 틀어 붙이는 여자의 머리"[35]라는 구체적인 설명을 참고하면, 마고의 머리 양식은 약간은 특이한 형태로 꾸며졌음을 이해할 수 있다. 곧 일부의 머리카락은 가르마를 타지 않고 머리 뒤로 넘겨 틀어 붙이고 일부 머리카락은 길게 길러서 허리까지 내려오게 하는 이중적인 두발 처리 양식이었던 셈이다. 그런데 이 마고 선녀는 "주로 여러 가지 꽃과 과일을 먹어 향기가 안팎으로 퍼져 나오"던 인물이었고, "약간의 쌀을 가져 오라고 하더니 곧바로 땅에 쌀을 뿌리면서 쌀로 더러운 기운을 제거하니 그 쌀이 모두 진주로 변하게" 한 신이한 주술의 여성이기도 한 점을 읽을 수 있다. 물론 마고 선녀의 시기에 쌀이 등장하고 있는 점은 마고가 있었던 시공간이 적어도 농경이 가능했던 시기임을 알게 한다. 그러나 동북아시아에서 쌀이 기술적으로 재배가 가능했던 시기는 대체로 청동기시기로 그 이전까지 농경의 보편성을 말하기에는 매우 곤란한 점이 있다. 때로 신석기 시기에도 볍씨가 존재했음을 언급하는 고고학적 보고가 있기는 하여 마고의 생존 시기를 신석기시기까지 언급을 못할 이유는 없다, 다만 과연 소개하고 있는 마고 선녀의

---

35 이숭녕 감수, 《표준 국어대사전》, '트레머리' 항목, 민중서관, 1985년, P. 1329.

생존 시기가 신석기시기 전후였는지는 좀 더 구체적인 보충 자료의 뒷받침이 반드시 필요하다.

어떻든 마고 선녀는 다시 어느 해 3월 3일에 서왕모의 생일에 초대된 여인이기도 한 것처럼 전해진다. 그때 마고는 "진홍색 지주 해변에 이르러서 영지를 이용하여 술을 빚어 왕모에게 바치고 잔치를 축하하는 춤을 추었다."고 전해진다. 앞서 언급했듯이 쌀을 이용하여 더러운 기운을 없애고 그 쌀을 진주로 바꿀 수 있던 신통력을 지니고, 다시 몹시 아름답고 그 몸에서는 꽃과 과일에 따른 향내가 뿜어 나오던 존재가 마고 선녀였다고 한다. 그러한 그녀가 다시 해변의 영지를 이용하여 술을 빚기도 하고 서왕모를 위하여 춤까지 추었다는 전승 내용은 마치 오늘날 판타지 만화영화 속에서나 볼 수 있는 신이한 미녀 요정을 보는 듯한 착각을 들게 할 정도이다.

우리는《태백진훈》을 통해 한민족이 혼인 행사에서 제의와 음복의 행위를 드러냈음을 추론하고,《신선전》속의 마고 선녀 전승을 통해서는 여성의 일부가 술을 빚고 있었던 점을 추론할 수 있다. 물론 정사서가 아닌 민간의 전승담(傳承談) 정도의 의미 이상으로 치켜 올리기가 쉽지 않은 점을 먼저 인정하다면 두 문헌상의 전승 내용을 역사적인 내용으로 수용하기에는 매우 곤란하다. 그러나 언급한 내용을 문화사적 정황을 담은 전승의 자료에만 국한하여 보더라도 술에 얽힌 상고시기 문화상을 추론하는 소중한 자료라는 점을 부정할 수는 없다 하겠다.

술에 관한 고대시기에 얽힌 두 가지 일화

앞서 소개한《태백진훈》과《신선전》의 내용과 달리 술에 관한 고대시기의 일화는 또 다른 사유를 자극하고 있어 소개하고자 한다. 먼저 주몽에 관련되어 얽힌 '현주(玄酒)'에 관한 일화를 언급하고자 한다.

고구려를 세운 것으로 알려진 주몽은 나라를 세우기에 앞서 예씨 처녀를 만나 부부의 인연을 맺었다. 그리고 이후 나라를 건국하기에 앞서 이리저리 떠돌았던 모양이다. 조선조의 이의백(李宜白)이라는 사람의 문집인 《오계일지집(梧溪日誌集)》을 보면, 주몽은 마침내 옥저를 멸망시켰는데, 뜻밖의 인물담이 이어진다. 옥저의 두 왕녀인 단옥(丹玉)과 벽옥(碧玉)이 거론되고 주몽이 그 두 옥저 왕녀를 구하고자 했다는 부분이 확인된다. 《오계일지집》의 원문을 보면 '구지(求之)' 곧 "구했다"는 내용을 볼 수 있다. 그런데 무엇을 구했다는 얘기인지. 어찌 보면 두 왕녀가 위험에 이르렀고, 그 두 여성을 주몽이 구해 주고자 했다고 오해하기 딱 좋은 표현이다. 그러나 주몽은 두 왕녀의 조국인 옥저를 멸망시킨 군사 침략 세력의 우두머리일 뿐이었다.

따라서 조심스런 추정을 해 보자면 주몽은 두 왕녀의 조국인 옥저를 멸망시키고, 그 와중에 잠적하여 피신한 두 왕녀에게 손을 뻗쳤던 점을 짐작할 수 있다. 그런데 주몽이 어째서 두 왕녀에게 손을 뻗쳤는지는 더이상 해당 내용이 없다. 그러나 주몽은 이후 초기 배우자였던 예 씨가 있었음에도 재력을 갖춘 소서노에게 접근하여 다시 혼인했다. 어떻게 말하면 이리저리 여성편력을 드러낸 셈이다. 그러나 주몽을 윤리적으로 무조건 질타할 수도 없다. 고구려 초기에 혼인에 관련한 유교적 질서나 도덕관이 그렇게 엄정했다고 볼 근거가 희박하기 때문이다.

어떻든 주몽이 두 왕녀에게 손길을 뻗치려던 사건의 현장은 지금의 구월산 지역이라고 이의백의 문집은 적시하고 있어 흥미롭다. 크든 작든 일개 소국을 멸망시켰다면 그 왕실의 왕녀들의 입장에서 보면 자신의 조국을 멸망시킨 인물이 인품이 있고 없고를 떠나 몹시 가증스러웠을 터.

두 여인은 자신들에게 추근거리며 다가서는 주몽이 아마도 쓰레기같이 더럽고 흉악한 인격을 지닌 일종의 불한당으로 여겨졌을 법하다.

멸망한 옥저의 두 왕녀는 산에 들어가 선도(仙道)를 배움으로써 마음을 달랬고, 그 자취 또한 드러내지 않았으니, 주몽은 단단히 헛물을 켰다고 이해된다. 그런데 당시 두 왕녀가 익히고자 했던 선도의 구체적 내용은 확인되지 않는다. 짐작컨대 옥저의 부활에 조금이라도 도움이 되고자 무예의 기량이 섞인 산중 수련 행위는 아니었는지 알 수가 없다. 또한 두 옥저 왕녀들은 기강후(箕康侯)의 두 딸과도 어울렸는데, 기강후란 인물이 누구였는지를 알 수 없어 역시 그의 두 딸의 정체성도 불확실하다. 기(箕)자가 주는 느낌이 언뜻 기자를 연상시키기에 기강후가 혹시 기자의 후예 중 한 사람은 아니었는지 궁금해질 뿐이다. 그러나 한국 학계의 주된 입장은 기자의 동래(東來) 과정 자체를 부정하는 경향이 짙기에 신중하지 않을 수 없는 대목이다. 어떻든 《오계일지집》 속의 기강후의 두 딸은 멸망한 옥저의 두 왕녀와 함께 어울렸다는 점만큼은 분명해 보인다. 이의백은 《오계일지집》에서 그들 네 여성을 '사선녀(四仙女)'라고 표현하였다. 게다가 그들 사선녀는 선도(仙道)를 배우면서 현주(玄酒)라는 술을 마셨음을 문집 내용에 담아 전하고 있다. 여기서 언급되는 현주라는 술이 도대체 무슨 술인지는 전혀 알 수가 없다. 문자의 뜻만을 풀자면 검은 빛의 술 정도로 풀이되지만, 오늘날 일각의 도교(道敎) 전문학자(임채우 교수, 동북아 도교문화이론가)는 현주는 술이 아니고 그냥 물을 뜻한다고도 하여 이에 관한 추론은 결코 쉽지 않다. 물처럼 맑은 술이었을까? 검은 빛을 띤?

주몽에 얽힌 현주(玄酒) 이야기와 달리 술에 관련하여 거론코자 하는 또 다른 일화는 원화에 관한 내용이다. 《삼국사기》를 보면, 신라 진흥왕 시기에 원화(源花)의 제도를 마련했는데, 아름다운 두 여성이 선발되었음을 알 수 있다. 원화(源花)라는 한자 어휘는 '근원의 꽃'이라는 뜻인데, 우리말의 '딸'이 지닌 본래의 속뜻이 '근원'이란 점을 견줄 수 있다. 딸이 어째서 '근원'의 뜻을 지닌 것이냐고 반문한다면 적절하게 뒷받침할 근거는 마땅치 않다. 그러나 '딸'의 연음화된 형태가 '달'인데, 달은 우리말에서 '땅'의 뜻으로 쓰인 적이 있었고, 그 예로 음지를 응달이라고 했고, 양지를 양달이라고 한 점이 분명하게 뒷받침하고 있다. 더구나 단군왕검이 도읍한 땅을 '아사달'이라고도 하지 않았는가. 따라서 달의 경음화된 형태인 딸이 근원의 뜻이 되고 그 말은 또 아들이란 어휘와 함께 여성성을 지닌 자식을 지칭하는 말로 굳어졌다고 보아 큰 무리는 없을 것이다. 따라서 원화는 '근원의 꽃'이기도 하면서, 땅의 꽃이란 의미를 지닌다. 그뿐만 아니라 원화를 거꾸로 바꾸어 표현하면 '화원(花源)'이 되는데 이는 그 뜻이 '꽃다운 근원'으로 바뀌는 결과를 부른다. 따라서 원화는 '땅의 꽃'에서 머물지 않고 다시 '꽃다운 딸(딸은 여식(女息)이면서 대지라는 두 가지 뜻을 공유)'로도 풀이가 가능한 어휘인 셈이다.

그런데 《삼국사기》에서 남모와 준정이라는 여성들이 원화로 선발되었다니 그들은 상당한 미모를 갖추었던 모양이다. 하지만 이 두 여성 사이에는 심한 질투와 경쟁심이 작용되어 마침내 준정이 남모를 유인하여 죽이는 사태가 생겨났다. 주목할 점은 준정이 남모를 죽이기에 앞서 한 술책을 썼는데 바로 남모에게 '술을 강하게 권하여 취하게 한 것(强勸酒至醉)'이다. 준정은 몸을 가누지 못할 정도로 몹시 취한 남모를 끌어다가 강물에 던져 죽였으니 실로 끔찍한 여성 권세가들 사이의 살육전이었다.

한편 《(필사본)화랑세기(花郎世紀)》를 보면 준정과 남모에 얽힌 살육 사건에는 당시 정치 권력자들의 영향력이 깊이 작동되고 있었음을 알 수 있다. 《(필사본)화랑세기》에 따르면 애초 백제의 보과 공주가 신라로 들어와서 법흥왕의 왕비가 되었고, 이후 딸을 낳았는데 바로 남모공주인 것으로 전해진다. 결국 남모는 법흥왕의 공주였던 셈이고, 법흥왕의 태후는 미진부공을 총애하여 미진부공의 아내이기도 했던 남모를 도와주면서 남모를 원화로 삼고자 했다고 기록한 것으로 전해진다. 하지만 삼산공의 딸인 준정이 이미 앞서 원화가 되어 있었고, 많은 낭도까지 통솔하고 있었던 터. 준정의 입장에서는 백제 출신인 왕비의 딸이 얼마 뒤에 원화의 자리를 넘볼 수도 있는 상황에 불같은 분노와 적개심을 느꼈을 법하다. 더욱이 법흥왕의 태후는 남모에게 딸린 낭도의 수가 적은 것을 걱정하여 위화공의 낭도들까지 차출하여 남모에게 배속시켰으니, 준정은 점점 화가 치밀었을 터. 마침내 준정은 참지 못할 분노를 느끼고 남모를 "술로 유혹하여 물에서 죽였다(乃誘以酒 害之水上)"고 《(필사본)화랑세기》 기록자는 전한다.

준정이 술을 남모에게 먹이려 했을 때 남모는 별다른 거부반응을 드러내지 않은 것으로 여겨진다. 왜냐하면 남모가 술을 강하게 거부했다면 어째서 그렇게 순순히 술을 취할 지경으로 마셨는지 의문이기 때문이다. 남모의 음주에 따른 유괴 피살은 적어도 남모와 같은 당시 여성 수행 지도자들이 평소 술을 익숙하게 여겼다는 점을 자연스럽게 추론하도록 해 준다. 어쩌면 준정과 남모 가릴 것도 없이 수행을 하던 여성들이 모두 술을 친숙하게 여길 만큼 일상적으로 자주 접했을 개연성이 있다. 그러나 그들이 술을 어떠한 과정에서 익숙할 정도로 접했는지는 더 이상 헤아리기 쉽지 않다. 다만 사선녀를 비롯한 북방의 여성 수행자들은 물론 남방의 신라 땅에 있던 원화 여성 수장들이 술을 모두 함께 다루고 접했음은 분명해 보인다. 그러한 행위는 '선도(仙道)'라는 독특한 문화와 연관되어 우리에게 미스터리를 남겨 준다.

우리는 두 일화를 통해 한국 고대 여성 수행 집단 사이에 술이 존재했었다는 공통분모를 찾아낼 수 있다. 사선녀의 경우에는 '현주(玄酒)'라는 술이 소비되었고, 화랑 이전에 존재했었다는 신라의 원화 집단 내에서도 술이 역시 유통된 점이다. 그녀들은 어째서 술을 마셨던 것일까? 확실한 근거를 밝히기는 어렵지만 동아시아의 여성 수련 집단 내에서 술이 일종의 수행 과정 중의 한 수단으로 사용되었을 개연성이 있다. 단옥과 벽옥 등의 사선녀가 분명히 선도를 배우던 입장이었고, 원화들 역시 선도 수행 집단이었음을 부정할 수 없기 때문이다.

술과 신석기 문화, 그리고 선도(仙道)

술의 두 가지 일화를 통해 한국 역사상 술은 그저 취하는 목적으로만 사용된 것 말고 또 다른 목적이 있었던 점을 조심스럽게 추론할 수 있다. 적어도 선도(仙道)와의 연관성을 생각할 수 있기 때문이다. 그렇다면 앞서 언급한 것처럼 선도를 수행하던 집단, 특히 여성들이 술을 사용했을 것 말고 다른 목적성은 없는 것일까?

여기서 중국 측 고전 기록자들이 우리 한민족을 두고 흔히 가무음주의 성향을 지닌 사람들로 묘사한 점은 참고할 부분이다. 물론 가무음주는 제천의례와 짝을 지닌 문화로 이해되는 측면이 있다. 그런데 한민족이 언제부터 제천의례를 펼쳤을까 하는 점이 또 다른 의문이다. 대개 이 부분의 연구자들이 드러내는 관행은 《위서》 '동이전' 따위의 중국 측 고전 기록들을 거론하며 우리 한민족이 상고시대로부터 제천의례를 치르고 있었음을 말한다. 그러나 《위서》 '동이전' 따위의 중국 측 고전이 기록되기 시작한 시기는 겨우 한(漢) 대를 전후한 시기로 사실은 고대의 시기이지 상고의 시기는 아닌 점은 주의할 부분이다. 비록 한(漢) 대를 전후한 시기에 쓰인 기록이더라도 이미 수 천 년 전부터 있던 문화의 잔영을 늦은 한(漢) 대에 이르러 우리 한민족에 관해 옮겨 적은 것이라고 이해하면 그만이라고 주장할 수도 있다. 그러나 그러한 주장은 객관성이 부족한 억지에 지나지 않고 우리의 문화를 그저 이른 상고시기로까지 소급해 보려는 조급함의 노출이라고 비판하지 않을 수 없다. 학문이란 비록 본래의 의도에 이르는 결과를 확인하지 못하더라도 억지의 주장을 펴는 듯이 주먹구구로 우길 문제는 결코 아닌 점에 유의가 필요하다. 결국 한(漢) 대를 전후한 시기에 쓰인 중국 측 고전 기록을 가지고 우리 한민족이 상고시기부터 제천의례를 폈다고 주장해 오던 지금까지의 관행과 태도는 매우 부실한 논리의 억측에 지나지 않는다. 따라서 한국인의 상고시기 제천의례와 음주 문화의 상관성을 구명하는 문제는 결코 간단치가 않다.

다만 《태백진훈》을 보면, "환(땅) 사람의 생겨남은 웅 임금으로부터 비롯된 것이다. 웅 임금[36]은 예쁘고 슬기로워 환웅에게 시집을 갔다. 옛날에 정해진 제도가 없어 무리지어서 깃들여 지냈다. 그때에 신령한 사람이 있어 사람이 단(壇)을 세워(북돋아) 제사를 지냄으로써 음복하였고, 중매하여 심정을 듣고서 혼인하였다"는 내용이 보여 관련성을 살필 수 있다. 혼인하기에 앞서 땅을 북돋아 단을 꾸미고 제사를 지내고 다음에 그들은 음복하였다는 대목에서 술을 마셨음을 헤아리게 되기 때문이다. 또한 앞서 거론했듯이 마고 선녀는 영지로 술을 빚어 서왕모의 생일을 축하했고 춤을 추었다는 전승 내용이 《신선전》에 소개되기도 하질 않는가.

한편 만당시인(晚唐詩人)으로 알려진 이상은(李商隱, 813年~約858年)의

---

36 환웅은 수컷 웅(雄)으로 여기의 웅(熊) 임금은 곰족의 여자 임금을 뜻한다. 오제기(五帝紀)에 나오는 헌원황제도 이름이 유웅(有熊)으로 곰족의 후손이며, 그의 후예들인 초나라 임금들도 모두 웅(熊) 字를 사용했다. 우리나라 민족의 뿌리를 밝히는 중요한 역사적 단초들로 추후 준비하는 후속 연구서적에서 민족의 계통적 갈래를 심도있게 다루고자 한다.

무제(無題, 紫府仙人號寶燈)'라는 시도 참고가 된다. 이 시 작품 속에서 언급되는 인물은 자부 선인인데, 《포박자》라는 책을 보면 자부 선인은 청구(靑丘)의 풍산(風山)에 살던 인물로 전해진다. 여기서 청구(靑丘)란 지명은 고래로 한국의 오래된 지역 명으로 이해되어 온 측면이 강하다. 자부 선인은 한민족의 상고시기 선조로 이해될 개연성이 높다. 그리고 풍산은 구체적으로 어떤 것인지는 알 수 없으나, 얼핏 바람이 꽤 자주 불던 곳으로 연상이 되는데 바람결 휘날리는 산 속에서 천지자연의 도를 헤아리던 자부 선인의 모습이 너무 자연스럽게 추론된다. 그러한 자부 선인을 당나라 시인이던 이상은은 자신의 시에서 찬양하였고 그 시의 내용은 다음과 같다.

> 자부 선인은 보배로운 등불처럼 일컬어진다지./紫府[37]仙人號寶燈.
>
> 신선의 술은 마시지도 않았거늘 얼음이 되었구려./雲漿[38]未飲結成冰.
>
> 흰 눈과 흰 달 빛이 뒤섞인 밤이 얼마나 되었을까./如何雪月交光夜
>
> 신선의 누대 열 두 층계가 여태 그대로구려./更在瑤臺[39]十二層.

이상은의 시에서 표현된 '운장(雲漿)'이란 어휘가 반드시 '술'이라는 식음료로만 풀이된다고는 단언할 수 없다. 다만 중국 문학계에서 신선의 술(雲霞幻成的仙酒)로 이해하고 있음은 참고가 된다. 따라서 해당 시 작품이 그저 만당시인 이상은의 문학적 상상력의 소산이라는 한계는 있지만 나름대로 상고시기에 이미 그 시기 인류가 입에 '술'을 대었을 개연성을

---

37 보통 紫府는 道家에서 仙人의 居所로 이해하고 있다. 그러나 《抱朴子》나, 《廣黃帝本行記》 등의 중국 고전은 물론 《太白眞訓》 등의 한국 내 고전에서 모두 고유 인명으로 언급하고 있다.
38 구름과 노을처럼 환상적으로 이루어진 신선의 술(雲霞幻成的仙酒)로 이해되고 있다.
39 瑤臺는 흔히 '神話中神仙居所' 따위로 이해되고 있다. 《拾遺記》에 보이는 '昆侖山(생략)旁有瑤臺十二, 各廣千步, 皆五色玉爲臺基'라는 내용이 참고가 된다.

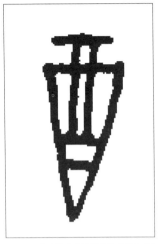

그림 24 술 주(酒)자의 원형인 유(酉)자의
오래된 모양

그림 25 평양시 표대 유적에서 드러난 대형
빗살무늬 토기(높이가 무려 93.5㎝가 된다.

생각해 보게 하는 조심스런 추론을 이끌어 낸다 하겠다. 또한 영지를 재
로로 술을 지은 마고가 선녀인 점과 역시 황제 헌원에게 소중한 비결서
를 건네준 자부 선생이 운장(雲漿)이라는 술을 대하였다는 시는 중요한
의미를 느끼게 한다. 동북아에서의 술이라는 물질은 수행자들인 신선
들의 음용물(飮用物)이었다는 추론을 불러일으키기 때문이다. 다시 말해
술은 적어도 선도 수련을 하던 선도 수행자들의 음용물이었다는 의미를
부정할 수 없다는 얘기가 된다.

　한편 술에 관한 탐구를 진행할 때에 차라리 술의 한자 표현인 '酒'자
에 주목하는 것도 한 방법이 될 듯싶다. 그런데 술을 뜻하는 문자인 주
(酒)는 그보다 앞서 삼수변(氵)이 빠진 유(酉)로서 술을 표현했는데, 관련
문자 자료를 역추적을 하다 보면 마치 밑이 뾰족한 그릇에 무엇인가를
가공하기 위한 도구가 안에 들어 있는 형상으로 유(酉)자가 표현된 것을
확인할 수 있다. 그런데 그릇이 뾰족하다면 바닥에 제대로 안착이 되질
않는데, 무슨 까닭으로 그러한 모습이 술을 뜻하는 유(酉)자였다는 것인

지 의문이다.

여기서 신석기 시대에 흔히 쓰인 것으로 확인되는 빗살무늬 토기를 견주고자 한다. 빗살무늬 토기는 영락없이 유(酉)자의 오래된 모양처럼 비슷하게 여겨지기 때문이다. 강가와 같은 물가에서 지내며 수렵과 채집 또는 어로 등으로 생계를 꾸리던 사람들이 바로 신석기시대 사람이다. 그들 신석기인이 강가 등의 모랫바닥에 구멍을 파고서 뾰족한 그릇을 안착하여 사용했음은 상식에 속하는 역사적 현상이었다. 그런데 이 빗살무늬 토기처럼 밑바닥이 뾰족한 그릇은 독특한 기능을 할 수가 있었던 모양이다. 뾰족한 밑의 구조 때문에 "침전물을 바닥에 모으기 편리"[40]했다고 이해한 住江金之는 그 점을 언급한다.

밑이 뾰족한 신석기 시대의 빗살무늬 토기에 술에 관한 住江金之의 견해 등을 적당히 뒤섞고, 다시 김원표(金源表, 해방 직후 어문연구학자)가 1947년에 밝힌 술에 관한 언급을 견주어 보면 술의 발생 흐름을 어렴풋이 헤아릴 수 있다. 김원표는 "수렵 시대의 과주(果酒)와 유목 시대의 유주(乳酒)의 제조법을 거쳐서 농경 시대에 이르러 제주법(製酒法)이 발달되어 비로소 곡류로서 만든 곡주(穀酒)가 발생"했고, 중국의 "하우(夏禹)시기 의적(儀狄, 帝女 造酒)"이 술을 만들었다고, 소략하게나마 동북아문화상의 술의 역사적 흐름을 언급한 바 있다.[41] 그런데 문제는 과연 빗살무늬 토기를 쓰던 신석기 시절에 진짜 술을 마셨을까 하는 점 역시 단정하기 곤란하다.

---

40 住江金之 著, 《日本の酒》, '酒の語源', 河出書房新社, 昭和17年, 참조요.
41 金源表, '술의 어원' 《한글》, 제100호, 1947년.

술의 어원에 관한 소박한 검토

술을 문화적으로 살피는 과정에서 한 민족 단위 안에서 쓰인 해당 어휘의 사용 양상은 반드시 살필 대상이다. 따라서 술에 관한 어문학적 근거를 살피고자 《계림유사(鷄林類事)》[42]의 해당 내용인 "주왈수발(酒曰酥孛)"이란 부분은 피해 갈 수 없다. 계림유사가 일찍이 고려에 사신으로 다년간 송나라 관료 손목(孫穆)이 1103년(고려 숙종 8) 이후에 고려인이 당시에 사용하고 있던 어휘들을 고스란히 기록한 점을 생각한다면, 해당 내용은 술에 관한 고찰의 중대 자료인 셈이다.

"주왈수발(酒曰酥孛)"이란 부분을 문자적으로 바로 풀자면 "술(酒)은 수발(酥孛)이라 말한다."라고 풀이가 된다. 오늘날 한민족이 흔히 말하는 술이란 한 음절어가 고려 당시에는 '수발'이라는 두 음절어로 불리던 점을 전하고 있다. 그런데 '수발'이라니? 무슨 까닭으로 그렇게 불렀을까?

그런데 술의 어원에 대해 일제강점기 국학연구자였던 육당 최남선은 범어의 수라(Sura : 쌀로 빚은 술), 웅가르어의 세르(Ser), 달단어(타타르 어)의 스라(Sra)에서 흘러 내려오다가 조선 말기에 접어들어서는 술이 되었다는데, 일본어의 '사케(酒)'보다는 '시루(汁: 국물)'와 통하는 것 같다고 밝힌 점은 참고가 된다. 문제는 앞서 거론한 《계림유사》 속의 '수발(酥孛)'이란 음

---

42 안1103년(고려 숙종 8) 이후에 고려를 다녀간 송나라 사신 손목(孫穆)이 간행한 어문 자료. 《계림유사》 자체에는 편찬 연대가 송(宋)나라로만 밝혀져 있으나, 서긍(徐兢)의 《선화봉사고려도경(宣和奉使高麗圖經)》, 조공무(晁公武)의 《군재독서지(軍齋讀書志)》, 왕응린(王應麟)의 《옥해(玉海)》, 탈탈(脫脫)의 《송사(宋史)》, 정인지(鄭麟趾)의 《고려사》 등 여러 기록에 의한 고증으로써 손목이 1103년 사신 유규(劉逵)와 오식(吳拭)을 수행하여 고려에 다녀간 뒤 편찬된 것임이 밝혀졌다.
송대의 《중흥관각서목(中興館閣書目)》과 《수초당서목(遂初堂書目)》에 의하면 《계림유사》 단행본이 전래되다가 1366년(元代至正 26) 이전에 도종의(陶宗儀)의 《설부(說郛)》에 일부가 절록(節錄: 알맞게 줄여 적음)된 뒤 소실된 것으로 알려졌다.
현재 《계림유사》는 원래의 단행본은 전하지 않고 절록본으로서 전해지고 있는데, 《설부(說郛)》 외에도 중국의 총서인 《오조소설(五朝小說)》·《오조소설대관(五朝小說大觀)》·《고금도서집성(古今圖書集成)》과 우리나라 정조 때 한치윤(韓致奫)이 지은 《해동역사(海東繹史)》 등에 실려 전해진다.
(《한국민족문화대백과사전》의 '鷄林類事' 항목, 한국학중앙연구원 간행, 참조함)

운과 최남선이 언급한 음운이 음운상의 차이가 있다는 점이다. 《계림유사》 속의 '수발(酥孛)'이 '수-바-ㄹ'의 음운 요소를 지닌 것이라면, 최남선이 언급한 어휘들은 'ㅅ(수, 세, 스로 통일되어 있지 않음)-ㄹ'의 음운 요소를 지니기 때문이다. 여기서 '수-바-ㄹ'의 음운적 흐름이던 것이 이후에 '-바-'가 탈락되었다고도 추론해 볼 여지는 있다. 그렇게 본다면 《계림유사》 속의 '수발(酥孛)'은 애초에 '수-바-ㄹ'의 음운적 흐름이던 것이, '숧'로 축약되었을 가능성도 생각해 볼 수도 있고, '숧'은 '수불'로 변음(變音)되었을 가능성이 거듭 추론된다. 이는 오늘날 한 음절어로 굳어진 '술'이라는 말과 상당히 가까워진 음운이라 하겠다.

그런데 음운 변화는 그렇다고 하더라도 도대체 고려인은 술을 애초에 '수-바-ㄹ'의 음운을 어째서 사용했을까 하는 점은 의문으로 남는다. 대단한 억측이겠으나 '수-바-ㄹ'은 혹여 '숲+알'의 개념으로 비롯된 것은 아닌지 황당한 상상을 하게 된다. 술(酒)이 온갖 동식물이 어우러진 공간인 숲의 정화인 것처럼 걸러진 알갱이(알)란 의미로 말이다. 술의 재료를 동물의 젖으로 하는 유주(乳酒)이던, 식물을 발효하여 만든 과실주(果實酒)나 곡주(穀酒)이든 간에 술의 재료는 모두 동식물로 비롯되고 그 동식물이 함께 존재하는 공간이 숲이라고 하는 점은 부정하기 어렵다. 따라서 '수-바-ㄹ'이라는 음운의 연원이 '숲(동식물의 거처)+알(알갱이, 정화)'이라는 개념적 어휘의 조합이라고 막연히 추정해 보는 자유로운 상상에 빠진다. 너무 일방적이고 낭만에 빠진 추론일 뿐일까?

한
국
원
형
문
화
의

이
해

06

소리와 가락으로
즐기기의 연원

1미터 크기의 타악기가 전해 주는 의미

　미국의 메릴랜드 대학에서 연구하는 미아클 밀러 박사는 자신의 연구팀과 함께 매우 흥미 있는 연구 결과를 얻어냈다. 간단히 말해 "귀에 좋은 음악은 심장에도 좋다."는 게 해당 연구팀의 연구 결과였다.[43] 그들은 실험을 통해 음악과 신체적 상관성을 살핀 셈인네, 좋아하는 음악을 30분간 들려준 결과 실험 참가인들의 혈관 지름이 평균보다 무려 26퍼센트나 넓어진다는 놀라운 결과를 확인했다. 그들 실험의 의미는 쉽게 말해 즐거운 음악을 들을 때 인체의 혈관은 넓어져 혈액의 이동이 좀 더 편안해진다는 논리를 성립시킬 수 있었다. 그런데 거꾸로 싫어하는 음악이라 할 수 있는 헤비메탈 따위의 음악을 들은 실험 참가인들의 혈관은 도리어 6퍼센트 수축하는 현상도 확인하여, 사람이 싫은 음악을 들으면

---

43 〈ZOOM〉, 2008년 11월, 13일(목) 기사.

혈액의 이동에 장애를 받는 다는 점을 시사해 준다.

미아클 밀러 박사 연구팀의 연구 결과를 곱씹어 본다면 인류의 역사 속에서 입에 밥을 넣는 생계의 문제 못지않게 귀를 즐겁게 하고 기분을 유쾌하게 하는 음악이 얼마나 중대한 삶의 요소가 되는지를 깨달을 수 있다.

그렇다면 우리 한민족의 경우에 음악은 언제부터 관련되었을까? 구체적으로 언제부터 음악을 삶 속에서 느끼고 즐겼는지를 밝히기는 쉽지 않다. 다만 신석기시대에 해당하는 홍산문화 유적과 하가점 하층 문화 유적에서 각각 석경(石磬)이 발견되었다는 소식은 매우 이채롭고도 기이한 느낌을 전해 준다. 더불어 홍산문화가 한국의 선사문화와 연관될 가능성이 큰 만큼 단순하게 중국의 상고 악기 유물로 넘겨 버릴 수는 없다는 생각이 든다.

석경이란 쉽게 말해 편평한 모습을 띤 돌널(石版)에 구멍을 뚫어 매달고서 두들기는 일종의 타악기로 맑은 소리를 내는 게 특징으로 알려졌다. 우리의 조선조시기에 정비된 악기 가운데 하나인 편경이란 악기에 매달린 돌덩이가 바로 석경 돌인 셈이다.

홍산문화 유적에서 발견된 석경에 관한 소식에 따르면 고조선시대의 석경으로 요녕성 조양 수천유적 하가점 하층 문화층에서 온전한 모습의 석경이 출토된 것으로 알려졌다. 요녕성 건평현의 이도만자 동남구 유적에서도 석경이 발견되었다. 떨어져 나간 부분을 복원하면 대략 1미터 정도 되는 큰 석경이다. 석경의 몸체 윗부분에 직경 0.6센티미터 정도의 구멍을 뚫어 끈으로 매달도록 했다. 대략 서기전 2,000년 무렵의 것[44]이라

---

44 박선희(상명대 교수), 〈만주 요하 문명이 고조선 문명인 까닭〉(5), 《브레이크뉴스》 기사입력 일자: 2012년 11월15일.
　　홍산문화 유적지에서 두 개의 석경이 출토되었는데 하나는 길이 44㎝, 넓이 26㎝, 두께 5㎝이다. 다른 하나는 길이 58㎝, 넓이 20㎝, 두께 2㎝로 알려졌다. 중국 측 관련 학자들은 해당 석경은 하나는 낮고 묵직한 음이 나며, 또 다른 하나는 청동종의 소리와 유사하다고 밝혀 흥미를 자아내고 있다.

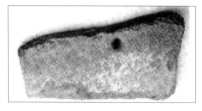

그림 26 홍산 지역 출토 석경　　　　　　　　그림 27 수천(水泉) 유적 출토 석경

는 견해가 있다. 규모가 무려 1미터에 달한다면 그 석경 돌을 매달아 고정시키는 지지대는 매우 튼튼하고 장대할 필요가 있었을 테고, 그 악기를 다루는 일은 웬만한 행사에나 쓰였을 것 같은 추론을 부른다. 다시 말해 선사시기에 대중적이고도 공식적인 모임이 있을 경우에 쓰이던 타악기로 여겨진다는 말이다.

　여기서 석경에 관하여 언급한 《서경》의 한 부분을 잠간 살펴보고자 한다. 《서경》의 '익직(益稷)'을 보면 "석경(石磬)을 울리고, 부(缶)를 두드리고, 금슬(琴瑟)을 타라" 하자, 조상 신령이 강림하고 귀빈들이 자리를 잡고, 제후국 군주들이 서로 아래 자리에 앉았다. 관(管)을 불고 고(鼓)를 두드리고 축(筑)으로 시작해서 어(魚)로 끝나며, 생(笙)과 대종 소리가 중간에 메아리치니, 분장한 짐승들이 흔들흔들 춤을 추었다. (중략) 연주가 끝나자 봉황이 날아오니 기(고대 인물의 하나)가 흥분하여 말하기를 "내가 석경을 연주하면 사람들이 각종 짐승으로 분장해 따라서 춤을 추게 하라. 백성과 귀족들이 모두 융화되어 즐겨라."는 내용을 확인할 수 있다.

　《서경》에 보이는 석경의 쓰임을 볼 때, 제후국 군주들이 서로 모인 자리에서 다른 악기들과 짝을 이루어 조상 신령을 강림케 하는 목적으로 베풀던 악곡을 구성코자 사용되었음을 알 수 있다. 따라서 선사시기에 만들어진 홍산 지역과 하가점 하층 지역에서 발견된 석경도 역시 상고시기에 주요 인물들이 조상에게 제례를 펼치는 목적으로 사용되었을 개연성이 있다. 물론 반드시 조상을 모시는 제례에만 썼던 것인지는 좀 더 자료를 살펴야 한다. 그러나 요녕성 건평현의 이도만자 동남구 유적에서 발굴된 석경이 크기가 무려 1미터에 이르는 점은 해당 석경이 단순한 타악기로 그치는 것이 아니고 공식적 행사에 사용되었을 가능성을 강하게 시사해 준다.

요녕성 조양 수천 유적 하가점 하층 문화층에서 나온 온전한 모습의 석경과 무려 1미터 크기로 추정되는 요녕성 건평현의 이도만자 동남구 유적의 석경은 반드시 우리의 옛 조선 악기라고 단정을 지을 수는 없다. 하지만 중국 역사 속의 유물이라고도 단정할 수 없다. 해당 유적은 현재 중국 땅이지만 상고시기에 그 쪽에 있던 정치체는 옛 조선이 가장 유력하기 때문에 섣불리 단정하기 어려운 문제이다. 그러나 적어도 한국의 입장에서는 상고시기 옛 조선의 영역에 속할 수 있는 지역에서 해당 석경들이 드러난 만큼 두 악기 유물은 한국의 문화적 원형성과 연관되는 물질 자료라는 의미만큼은 결코 저버릴 수 없다.

동북아시아 상고인류는 어떤 음악세계를 즐겼을까?

동북아시아의 상고시기에 살던 인류가 어떠한 음악 세계를 즐겼는지를 파악하는 문제는 역시 많은 자료로 검토할 부분이다. 그런데 《운급칠첨(雲笈七籤)》이라는 도교 관련 서적을 보면, 자부궁(紫府宮)이라는 곳이 청구 땅 풍산에 있었고, 그곳에서는 항상 소리가 울렸다고 한다. 게다가 그곳에는 '천진 선녀(天眞仙女)'라는 여인이 노닐었다고도 표현하였다. 하지만 더욱 구체적인 언급은 없어 해당 문장에 관해 깊은 고찰이 쉽지 않다. 다만 주어진 내용에서 자부궁은 언뜻 자부선인을 연상하게 한다. 한국의 상고시기 대선인(大仙人)으로 알려진 인물로 황제 헌원에게 큰 지혜를 일깨워 준 그 시대 대지식인이기도 한 분이다. 그런데 그가 살고 있던 곳으로 추정되는 곳에 어째서 항상 소리가 울렸다는 것일까? 또 천진 선녀라는 여인은 무슨 까닭인가? 아마도 자부궁 근처의 울림은 어쩌면 음률 가락이 크게 울리던 상황을 그렇게 표현한 측면이 느껴진다. 그래서 천진 선녀는 자부 선인의 큰 가르침을 배우고 뒤따르던 여성 수행자가 아니었을까 여겨진다. 그렇다면 풍산의 자부궁은 수행의 공간이기도 했지만 음악 예술의 구체적인 연희 공간이었고, 천진 선녀는 아주 까마득한 상고시기 여성 예인의 한 전형이었다고도 짐작될 여지가 있다. 혹시 자부궁에서는 이미 앞서 언급한 석경이라는 타악기도 두들겼을지 알 수가 없다.

더욱이 《동현영보육갑옥녀상궁가장(洞玄靈寶六甲玉女上宮歌章)》[45] 따위의 도교 문예 관련 기록도 함께 견주어 참고가 된다. 그 기록을 살펴보면, "신묘한 곡조는 공중을 노래하고/옥 같은 소리는 서로 자연스레 울리누나./궁(宮)소리요 상(商)소리요, 그윽하게 서로 어울리니/그윽한 조화가 삶의 경계를 무색케 하는구려."[46] 등의 내용을 볼 수 있다. 그 같은 내용에서 신선술 등을 익히던 동북아의 상고시기 이래 수행 인사(修行人士)들이 구현한 일종의 풍류적 악무 문화(風流的 樂舞文化)의 한 단서로 이해할 수 있는 측면이 보인다. 그 같은 내용은 지부 신생이 기거했다는 풍산(風山)에서 '소리가 떨쳤다'고 전해지는 《운급칠첨》의 '자부궁(紫府宮)' 관련 기록 내용과 짝을 이루어 흥미로운 상상을 일으키기에 충분하다. 《동현령보육갑옥녀상궁가장(洞玄靈寶六甲玉女上宮歌章)》의 내용과 같이 풍산(風山)에서 거주하며 수행 문화(修行文化)를 익히고 구현하던 신선

---

45 '洞玄靈寶六甲玉女上宮歌章'은 撰人不詳의 작품이다. 이 작품은 《正統道藏》洞玄部讚頌類에 속해 있다. 그 내용은 六甲玉女上宮歌章六首가 있는데, 대개 五言韻語로 되어 있고, 이는 道教科儀唱頌之詞라 할 수 있다.

46 妙曲空中唱, 玉音互自鳴。宮商玄相和, 玄化無際生。《洞玄靈寶六甲玉女上宮歌章》, '甲寅青腰宮右靈飛玉女歌章曰' 部分.

도가(神仙道家)의 남녀 수행 인사들이 드러낸 악무 문화의 여음(餘音)을 넉넉히 헤아려 봄은 당연하다. 더불어 《태백진훈》에서 언급되는 '두둘겨 풍속을 격동시켰고, 노래를 불러 덕을 찬양했던(皷以風動歌以讚德)' 예악적 정경(禮樂的 情景)과도 비교가 된다.

한편 한반도의 함경북도 라선시 서포항 유적의 문화층에서 발굴된 뼈 피리와 라선시 초도 유적에서 나온 청동 방울이 고고학적으로 중요한 의미를

그림 28 한반도 울산의 반구대 암각화에 보이는 인물들(막대기처럼 생긴 기물을 휴대하고 있음이 흥미롭다)

지니는 점도 간과할 수 없다.[47] 해당 뼈 피리는 한쪽 면에 10여개의 소리 구멍이 한 줄로 뚫려 있는 것으로 보아, 일종의 선율 악기로 사용되었음이 거론되었다.[48] 특히 뼈 피리가 리듬 악기인 북과 함께 노래와 춤의 반주 음악에 쓰였거나 독주 악기로 이용되었을 것으로 추론된 점이 각별하다.

그런데 울산의 반구대 암각화에 보이는 인물이 기다란 막대처럼 생긴 기물(器物)을 입 주위에 두고 서 있는 모습을 통해 본다면 피리가 반드시 반주 악기나 독주 악기로만 사용되는 데에 그치지 않았을 개연성이 있다. 물론 반구대 암각화의 제작 시기는 연구자마다 달라 시기를 편년하는 데에 신중하지 않을 수 없다. 그럼에도 반구대 암각화의 해당 인물이 과연 무엇을 지니고 있던 것인지 분명히 알 수는 없지만 수렵이나 어로 활동에 필요한 신호도구로서 대나무 통 따위의 관형(管形) 도구를

47 문성렵 지음, 《조선음악사》, 사회과학출판사, 2010, P.10
48 문성렵 지음, 同書, P.10

마치 악기처럼 사용했을 여지가 있다. 현재 학계의 대체의 의견이 반구대 암각화가 청동기시기를 전후하여 제작됐을 개연성은 인정하고 있기 때문에, 적어도 청동기시기의 전후에 한반도인들의 일부가 마치 피리를 부는 모습으로 기다란 막대 모양의 도구를 들고서 수렵 및 어로 활동을 펼쳤음은 부정하기 어렵다. 만약 해당 암각화의 인물들이 정말 피리 등의 관형 악기를 사용했던 것이라면 선사시기의 피리 따위가 수렵이나 어로 활동에도 작업용 신호 도구로 사용됐다는 의미를 지닐 터이다. 물론 울산의 반구대 암각화에 보이는 인물이 입가에 가까이 한 기다란 물체가 피리와 같은 악기로써 아름다운 선율을 연주했다고 볼 여지도 고려해 볼 수 있다.

또한 함경북도 라선시 서포항 유적의 문화층에서 발굴된 뼈 피리와 함께 청동방울이 발견된 초도 유적은 주목할 유적인데, 함경남도 토성리에서도 청동제 방울이 출토되어 적어도 청동기시기에 한반도에 거주하던 선사인이 청동 방울을 만들어 사용했던 점을 분명하게 해 준다. 초도 유적(草島遺蹟)[49]에서 드러난 청동 방울은 높이 7cm 정도의 작은 것으로 아래 위에 줄무늬가 있는 것이 특징이다. 초도의 청동기들은 당시의

---

49 草島遺蹟은 함경북도 나진시 유현동에 있는 청동기시대 집터 유적이다. 청진 역사박물관에서 1949년 9월에 발굴하여 조개더미와 집터를 찾았다. 유적은 나진만 앞바다에 있는 초도 북쪽 바닷가의 나지막한 언덕에 있다. 섬 가운데 '꼭디' 봉우리를 중심으로 북쪽 비탈에 유적이 있는데, 겉흙층 밑에서 문화층이 시작되어 깊이 130cm까지 이어지고 있다. 2곳을 발굴하여 여러 기의 집터를 찾았다. 집터에 조가비층이 덮이고 다시 그 위에 집터를 만든 곳이 있고, 또한 화덕 자리가 드러난 깊이를 보면 적어도 2개 이상의 문화층이 있었던 것으로 보인다. 화덕 자리가 나온 깊이가 36~55cm와 90~127cm의 두 층으로 나누어진다. 유물은 청동기를 비롯하여 돌팽이 · 갈돌 · 도끼 · 활촉 · 그물추 · 찔개살 등의 석기와 바늘 · 바늘통 · 송곳 · 비녀 · 낚싯바늘 등 뼈 연모, 그리고 조가비를 이용한 연모와 장식품 및 여러 가지 질그릇, 삼실 등 다양하다. 청동 유물 가운데 청동 원판형기는 금야 유적에서 나온 방울 거푸집에 새겨진 것과 거의 같은 모양을 하고 있다. 청동 가락지와 대롱구슬 등을 보면 청동 제조 기술이 발달한 것을 알 수 있다. 질그릇은 갈색 그릇과 붉은 간그릇이 기본을 이루며 그릇 종류로는 보시기 · 단지 · 항아리 · 굽접시 · 잔 · 시루가 있다. 뼈 비녀는 연길 소영자 무덤에서 나온 것과 유사하다. 유적에서는 사람 뼈가 모두 14명 분이 나왔다. 무덤 시설을 갖춘 것은 아니나 완전한 모습을 갖춘 1호 · 10호 분에서는 사람이 머리를 북쪽으로 두고 반굽혀묻기 자세를 하고 있었다. 조가비층에 사람을 묻은 것은 웅기 서포항 유적과 송평동 유적에서도 볼 수 있는데 모두 동북 지방에서 나온 것이다. 유적의 연대는 BC 2000년 늦은 시기에서 BC 1000년 이른 시기에 걸쳐 있다.

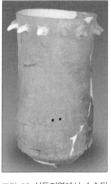

그림 29 여와가 만들어 불기 시작했고, 치우의 군진에서 사기 진작의 일환으로 사용되었다는 설화가 전해지는 생황(笙簧)의 일반적 모습

그림 30 산동지역에서 수습된 도고(陶鼓)습

그림 31 함경북도 라선시 서포항 유적지에서 수습된 뼈 피리

청동 주조 기술이 이전 시기보다 한층 더 높아졌다는 것을 보여 준다. 그리고 함경남도 북청군 토성리 토성리 유적에서 드러난 청동 방울은 유적의 동쪽 집 자리에서 여러 가지 청동기와 함께 출토되었다. 해당 청동 방울은 길이 6.5cm로 유적을 남긴 해당 주민들이 음악적 생활을 펼쳤음을 뚜렷하게 인식시켜 주는데, 청동방울의 사용 목적은 여러 방향에서 추론해 볼 수 있다. 초도 유적의 청동제 방울이나 토성리 출토 청동제 방울이나 모두 춤을 추는 평범한 예술 연희의 상황에서는 타악기로써 무용 도구의 하나로 활용되었을 가능성이 거론될 수 있다.

한편 함경남도 금야군 금야읍 금야강 기슭의 금야 유적(金野遺蹟)[50]에서는 방울 거푸집이 출토되었고, 거푸집의 형상은 초도 유적의 청동

50 金野遺蹟은 함경남도 금야군 금야읍 금야강 기슭에서 발견된 유적이다. 이 유적은 기원전 1000년 전반기 청동기시대의 것으로 파악되고, 10개의 집터가 드러났는데 모두 장방형 움집으로 그 깊이는 20~30cm 정도이다. 집터에서는 단검, 오목자귀, 반달칼, 활촉 등 여러 가지 석기와 흙을 구워 만든 가락바퀴, 질그릇이 나왔다. 질그릇은 줄 구멍이 있는 갈색 그릇, 검정 간그릇 들이다. 줄 구멍이 있는 갈색 그릇에는 꼭지 손잡이가 한 쌍씩 달렸는데 생김새는 공귀리 유적에서 나온 질그릇과 매우 흡사하다. 그 밖에 창끝과 방울의 거푸집, 검자루 맞추개 등이 발굴되었다. 이 유적은 북천군 중리, 토성리 등 함경남도 동해안 연안지방의 청동기시대 유적에서 발굴된 유물들과 공통의 특징을 지니고 있다.

방울과 같은 점은 매우 주목할 부분이다. 초도 유적 등지의 청동 방울 제작 기술이 이후 청동기 시대에 이어져 전해졌음을 짐작하게 하기 때문이다. 따라서 여러 가지 고고학적 발굴 사례를 통해 확인이 가능한 한반도에서의 악기 유물과 해당 유적은 물론 지금의 중국 현지에서 수습된 도고(陶鼓) 등의 자료는 적지 않은 가치가 있다.

연원을 고증하기 어려운 노래, 아리랑

"떠나는 님은 잡지를 마라

못 보다 다시 보면 달콤하거늘

아리랑 아리랑 아라리요

아리랑 고개에 물새는 못 사네."

제시한 노랫말은 일제강점기 평생을 조선의 독립과 혁명을 꿈꾸다 중국 경찰에 체포되어 죽어간 김산이 불렀던 '아리랑연가이다. 이름이 장지락이라고도 알려진 김산이 부른 아리랑은 여느 한국인들이 아는 아리랑과는 그 노랫말이 너무 달라 낯설기만 하다. 왜 그럴까?

많은 사람이 아리랑을 한국인 고유의 정서와 문화를 담은 고유의 노래라고 여기고 그 가치를 그 어떤 음악적 유산보다 위에 올려놓아야 한다며 아리랑에 관한 극찬을 아끼지 않는다. 과연 그러한 논리는 합당한 것일까?

지역마다 달리 부르는 것은 기본이고, 부르는 계층마다 드러내는 정서의 심도가 제 각각인 게 바로 아리랑이다. 여기서 아리랑의 한 갈래인 진도아리랑의 노랫말을 잠시 살펴보고자 한다.

아리 아리랑!~/서리 서리랑!~ 아라리가 났네!~ 응 응 응 아라리가 났네.

언니는 좋겠네. 언니는 좋겠네./우리 형부 코가 커서 언니는 좋겠네.

누이야 내 동생아 그런 말 말아라!~/너의 형부 코만 컸지 실속은 없더라!~

아리 아리랑!~/서리서리 랑!~ 아라리가 났네.~/아리랑 고개를 날 넘겨주소!~

　　노랫말 자체가 자칫 천박하게 느껴질지 모르나 실상은 우리네 삶의 솔직한 부분을 별 여과 없이 노출하고 듣는 이나 부르는 이 모두 다함께 해학적 즐거움을 같이 만끽하는 정서를 읽어낼 수 있다. 이렇게 아리랑이란 노래는 다양한 스펙트럼으로 펼쳐져 제각기 다른 양상을 드러내는 노래임에는 틀림없다. 그래서 아리랑의 표준적 전형성의 구별은 아예 가능치 않다.

　　따라서 아리랑에 관한 학문적 근거를 찾고자 하는 사람이라면 누구나 느끼는 바가 바로 아리랑의 문화적 연원과 학문적 근거와 민속적 뿌리를 찾는 일이 사실상 거의 불가능에 가깝다는 불편한 진실이다. 더욱이 '아리랑'이라는 어휘는 처음부터 반복 사용된다. 마치 뒤에 후렴구처럼 쓰여야 할 것처럼 느껴지는 어휘가 돌연 노래의 첫 머리부터 시작하고 있어 후렴구(後斂句)가 아닌 선렴구(先斂句)라고 표현해야 하는 게 '아리랑' 이라는 노래의 특징이라면 특징이 되기도 한다.

　　아리랑의 정체성을 나름대로 살피고자 한다면 먼저 도대체 아리랑이라는 어휘를 언제부터 사용했는지가 시발점이 될 수 있을 것이다. 그에 관해서는 황현(黃玹,1855~1910)이 남긴 《매천야록(梅泉野錄)》이 참고가 되는데 조정의 한 중신에게서 들었음을 전제하고, 황현은 아리랑 타령이 늦은 밤 궁궐 안에서 양전(고종과 민왕후)이 자리한 가운데 무려 40여 명의 예인 집단에 의해 불린 새로운 노래였음을 소개한다. 그러한 기사 내용은 당시 경복궁 중건에 따라 징발된 팔도 출신의 노역인들을 위로하려

그림 32 미국인 선교사 헐버트(Homer Hulbert, 1863~1949년)가 채보한
'Korean Vocal Music'(1896년 2월)

던 왕실의 의도와 결코 무관한 게 아닐 것이라는 추론을 가능케 한다. 고종이 안성의 사당패 예인이던 바우덕이를 불러 재주를 놀게 하였던 점과 짝을 이루는 아리랑 타령을 궁궐 안 행사로 부르게 한 것은 다분히 민중을 달래려던 통치자의 문화 정책적인 조치로 이해되는 측면이 있기도 하다.

그런데 아리랑에 관하여 전해지는 악보 가운데 가장 앞선 자료로 알려진 'Korean Vocal Music'(1896년 2월)이란 악보는 아리랑 유통의 역사를 고찰하는 데에 나름 중요하다. 더욱이 아리랑 악보를 채보한 당사자가 미국인 선교사 헐버트(Homer Hulbert, 1863~1949년)란 점은 자료의 객관성을 높이는 이유로 받아들여지기도 한다. 또한 미국인 선교사 헐버트가 채보를 하던 시기가 경복궁 중건의 시기와 엇비슷한 점도 자료가 주는 상관관계를 충분히 이해하게 한다. 그런데 이 악보의 하단에 "아르랑 아르랑 아라/아르랑 얼ᄉᆞ 비 ᄯᅴ어라"라고 표시된 가사는 도대체 어떤 경로로 기록된 것인지 의문이다. "아르랑 얼ᄉᆞ 비 ᄯᅴ어라"라는 내용은 "아르랑 얼사 배띄워라"가 됨은 누구나 알 수 있는 내용이기에, 아리랑 노래가 배와 연관된 가사임을 추론케 하기에 충분하다. 이러한 관점에서 아리랑이 본래 강원도 정선을 중심으로 하는 '긴 아리라'와 연관될 수 있다는 견해들이 설득력을 지닌다고 볼 수 있다. 정선의 아우라지를 중심으로 존재했던 벌목꾼들이 각 산판에서 잘라 끌어내린 기다란 나무들을 떼배에 묶어서 기다랗게 물굽이 치며 흐르는 강물에 몸을 싣고 위험천만한 물줄기를 삿대로 헤쳐 가며 눈물겨운 삶의 애환을 끊어질 듯 끊어질듯 하면서도 끊어지지 않게 토하듯이 불러내던 노래가 눈물겨운 정선의 '긴 아리'였다는 게 관련 연구자들의 설명인데, 언제 들어도 고개가 떨구어지며 숙연해진다.

하지만 문제는 '긴 아리'가 됐든 경복궁 내의 '아리랑 타령'이 됐건 아리랑의 기원이 그 이상 소급될 수 있는 근거는 더 이상 찾기가 쉽지 않다는 점이다. 물론 아리랑을 두고 "근대에 만들어진 노래가 아니라 14세기 말에 해당하는 여말선초에 만들어진 참요(讖謠)이다."[51]라는 견해도 있기도 하다. 그래서 아리랑은 여러 과정을 거쳐 그 가사와 선율의 변화가 있었던 것으로 이해되고 있다. 한편 '아리랑'과 관련된 여러 기록을 살펴 본 결과 나름 아리랑의 실상과 의미를 정리한 견해가 있어 주목된다. 그 요약한 바는 다음과 같다.[52]

첫째, 1894년 이전에 '아리랑'이란 음가의 명칭이 '아라랑'·'아르랑'·'알으랑'·'아르렁'·'아라리'에 앞서 불렸거나 아니면 함께 불렸을 것이다.

둘째, 이 아리랑은 이 시기 최하층 소리패인 남사당패와 광대패들이 부른 잡가이다. 그렇다면 이 아리랑은 경복궁을 중수할 때에 올라온 전국의 광대패나 소리패 같은 전문 예인 집단이 시대적 요청에 의해서 새로이 만든 통속화된 아리랑임을 확인할 수 있다.

셋째, 헐버트의 「Korean Vocal Music」에서 아리랑의 전국적인 유행요임을 확인했고, 그 수는 무한하다고 하였다. 그만큼 연행 상황 즉, 가장 높은 신분까지도 함께 향유하고 소통한 노래이다.

---

51 조용호 저, 《아리랑 원형학》, 학고방, 2011, P.18.
52 기미양, 《《梅泉野錄》 소재 '아리랑' 기사의 실상과 의미》, 《韓國民謠學》(第36 輯), 한국민요학회, 2012년 12월.

넷째, 19세기말 유행했다는 아리랑 사설 각 편이 《한양가》와 《俚謠·俚諺及通俗的 讀物等 調査》에서 확인되었다. 그리고 각 편이 확인되는 안성 아리랑 현지 답사를 통해서 토속 민요 아리랑을 도시로 끌어내어 통속화한 전승 주체는 전문 예인 집단인 사당패임이 확인된다.

상고시기의 한민족은 어떻게 놀았고 노래했으며 즐겼을까?

이암의 《태백진훈》에는 상고사회에 펼쳐진 문화적 양상이 소개된다. 이암은 "일곱 번에 걸쳐 돌려가며 신을 제사하였으니, 두들겨 풍속을 격동시켰고 노래하여 덕을 찬양케 하였고, 곡물로 언덕이 되고 우물이 되었다."[53]고 기록하여 전하고 있다. 그러나 당시의 문화가 구체적으로 어땠는지는 도리어 근세 조선의 김시습이 전하는 시구에 담긴 이미지를 통해 쉽게 이해되는 측면이 있다. 김시습은 '초사의 구가에 비기다(擬楚辭九歌)'라는 제목으로 단군 시절 축제적 상황을 다음과 같이 노래했다.

檀君來兮阿丘/단군께서 오셨으니 아구(阿丘,아사달) 땅일세.

臣妾走兮挾輔/신료(臣僚)들과 여첩(女妾)들이 달려들어 끌채를 끼누나.

靈續紛兮來遊/영험함이 이어져 뒤섞이나니 오고 즐김이여.

蹇揖讓兮懊懊/참으로 읍양(揖讓)[54]함에 정성스럽고 정성스럽도다.

---

53 七回祭神蝦以風動歌以讚德穀以邱井. 《太白眞訓》, 中篇.
54 ①예를 다하여 사양(辭讓)함 ②읍하는 동작(動作)과 사양(辭讓)하는 동작(動作) ③겸손(謙遜)한 태도(態度)를 가짐

明酒兮犧尊[55]/신령한 술은 희준(犧尊)으로 다루고

燔黍兮捭豚/기장은 찌고 돼지는 갈라 두었구려.

擊缶鼓[56]兮吹卷蘆[57]/부고(缶鼓)를 두들기고 권로(卷蘆)를 부나니

尊羞菲[58]兮心愉愉/올리는 음식은 채소라지만 마음은 기쁘고 기쁘다오.

公尸喜兮顔酡/公(벼슬 지닌 관료)의 시도(尸童)조차 기뻐하며 얼굴엔 취기가 오르는구나.

羌屢舞兮傞傞/잇달아 춤을 추니 더덩실 더덩실!

靈降福兮穰穰/신령하게 복이 내리나니! 볏짚과 볏짚이로다.

蹇歡樂兮無疆/참으로 즐거움에 기뻐하나니 끝이 없구려.[59]

김시습이 시구로 노래한 단군 시절의 축제 모습은 한 폭의 그림처럼 그 이미지가 선명하게 와 닿는다. 하지만 역사적 사실성 여부를 검증할 길이 없어 문학적 창작성이 주는 미감 이외의 사료적 가치를 논외로 할 수밖에 없는 한계가 뚜렷하다.

'어아' 노래의 의미와 가치

김시습이 문학적으로 전하는 상고시기의 축제적 상황과 또 다른 감흥을 불러오는 음악적 기록 내용이 있어 관심을 끌고 있다. 바로 '어아(於

---

55 犧尊은 祭禮 때에 쓰는 술 항아리의 하나를 뜻함.
56 缶鼓를 질 장구(缶)와 북(鼓)으로 구분할 수도 있지만, 민속 굿에서, 무당이 축원할 때에 바가지를 물 위에 엎어 놓고 북처럼 두드리는 일을 의미할 여지도 있음.
57 卷蘆라는 표현을 갈대(蘆)를 두루 감싼(卷) 것이라고 이해한다면 갈대 줄기를 잘라서 만든 대롱들을 다발로 꾸민 것일 수도 있다. 이는 마치 악기인 笙篁의 모습을 연상시켜 비교가 되며, 《樂書》에 "胡人卷蘆葉爲笳"란 문구가 보여 역시 참고가 된다.
58 菲는 순무와 비슷한 야채이기도 하고, 香草를 뜻하기도 함.
59 김시습, 《매월당시집》 제9권, 세종대왕기념사업회, 1977, pp 66~67

阿' 노래인데 《태백진훈》에 보인다. 이 '어아(於阿)'의 노래 가사는 김시습의 시가 주는 선명함에는 뒤처질 수 있으나 가사에 담겨 흐르는 상고 백성의 다부지고 억센 정의적 신념을 읽어내기에는 부족함이 없다. 그 가사는 다음과 같다.

어아어아 우리 한 아버님 신령함은 크신 은덕일세.[60]/배달나라 우리들은 백의 백, 천의 천! 잊지를 마세![61]/어아어아 착한 마음은 큰 활채가 되고 나쁜 마음은 화살 맞는 과녁이 된다네[62]/우리들 백의 백, 천의 천 사람들! 모두 큰 활채 시위 줄로 한 가지 착한 마음은 화살 곧게 한 마음으로 같다네.[63]/우리들 백의 백, 천의 천 사람들! 모두 큰 활채이니, 하나 된 무리는 많은 화살로 과녁을 꿰어 깬다네.[64]/ 끓어오르는 한 가지 착한 마음은 한 덩어리에 적중하니 나쁜 마음을 설욕시킨다네.[65]/어아어아 우리들 백의 백, 천의 천 사람들! 모두 큰 활채이고 굳고 단단한 한 가지 마음이니, 배달나라 광영이여! 백의 백, 천의 천 해에 걸친 크신 은덕이여![66]/우리들 한 아버님 신령함이여 우리들 한 아버님 신령함이여![67]

노랫말에서 보이듯이 어아의 노래는 처음에 "한 아버님 신령함은 크신 은덕"임을 밝히고 시작한다. 이어 숱한 사람이 그것을 잊지 말자고 제의하고 있다. 이후의 내용은 본격적으로 활과 화살, 그리고 과녁을 착한 마음과 나쁜 마음 등으로 나누어 비교한다. 숱한 사람이 큰 활채 시위

60 於阿於阿 我等大祖神大恩德. 《太白眞訓》, 中篇
61 倍達國我等皆百百千千勿忘. 《太白眞訓》, 中篇
62 於阿於阿 善心大弓成 惡心矢的成. 《太白眞訓》, 中篇
63 我等百百千千人皆 大弓弦同善心矢直一心同. 《太白眞訓》, 中篇
64 我等百百千千人皆 大弓一衆多矢的貫破. 《太白眞訓》, 中篇
65 沸湯同善心中一塊雪惡心. 《太白眞訓》, 中篇
66 於阿於阿 我等百百千千皆 大弓堅勁同心倍達國光榮 百百千千年大恩德. 《太白眞訓》, 中篇
67 我等大祖神 我等大祖神. 《太白眞訓》, 中篇

줄인 듯이 착한 마음으로 곧은 화살처럼 몸가짐을 제대로 해야 한다는 의미로 풀이되는 대목은 궁시(弓矢)를 단정한 품성의 이미지로 노래한다. 더욱이 "끓어오르는 한 가지 착한 마음은 한 덩어리에 적중하니 나쁜 마음을 설욕시킨다네."라는 내용을 통해 나쁜 마음을 눈처럼 하얗게 씻어내기 위해서는 착한 마음이 부글부글 끓듯이 해야 함을 은연중에 인식시키고 있다는 느낌을 들게 한다. 노랫말은 다시 숱한 사람들이 큰 활채가 되듯이 하여 굳고 단단한 한 가지 마음이 될 것을 은근하게 권유하고 배달나라 광영과 한 아버님의 신령함을 영탄한다.

우리는 어아의 노래를 통해 배달나라 사람들로 지칭되는 동북아의 상고 읍락 사회인들이 궁시라는 잠개(무기)를 사람의 품성에 견주어 서로를 권고 격려하는 미덕을 드러냈음을 알게 된다. 그 같은 정서는 권선징악의 원론적인 가치관으로서 의로운 세계관의 지향을 드러내고 있다는 평가를 가능하게 한다. 더불어 배달나라 사람들이 상무적 기풍과 그에 걸맞은 웅혼한 품성으로 살아가고자 했음을 헤아리게 한다.

요약해 보면 앞서 거론한 김시습의 '초사의 구가에 비기다(擬楚辭九歌)'라는 제목의 시구와 《태백진훈》에 보이는 '어아(於阿)'의 노래 가사를 통해 동북아 상고시기를 살던 읍락 사회인들의 문화적 취향과 그 풍모를 조금이나마 추정해 볼 단서를 느낄 수 있어 다행이라 하겠다. 단군 시절의 전후에 펼쳐졌을 동북아 상고 읍락 사회 내의 축제 상황을 극히 압축적으로 전해 주는 《태백진훈》의 해당 문장과 '어아'의 노래 가사는 결코 고려 후기 지식인들이 상상으로 언급한 게 아닐 수 있음을 매우 강하게 시사해 주기 때문이다. 더불어 조선조의 김시습이 독보적으로 단군 시절에 벌어졌을 축제적 상황을 그나마 시구로 창작한 점을 생각한다면, 김시습의 문학적 창작 세계가 적지 않은 가치성을 지니는 점도 부정할 수는 없다.

북과 피리(권로)를 동원하여 즐겼을 법한 상황을 김시습은 시로써 풀었으나, 실상 동북아의 상고시기에 도고(陶鼓)라는 북이 존재했고, 생황(笙簧)이라는 대통을 이용한 악기가 여와의 시기부터 연주된 점을 생각한다면 무리한 상상력의 표출이라고 비판할 수는 없을 터이다.

'어아' 노래와 '불(黻) 무늬'의 연관성

어아(於阿)의 노랫말에는 매우 강하고 뚜렷한 징악(懲惡)의 정서가 배어 있다. 그런데 그 같은 정서는 본래 어디서부터 연유되었을까? 악이라는 상태는 사실상 누구에게나 늘 존재하는 것이라기보다는, 선택적 상황에 놓였을 때 개인적 이기심과 탐욕심이 끓어 오르는듯하여 그 결과 남에게 해를 빚어지게 하는 상황이라 할 수 있다. 누구에게나 해를 입히는 상황이라면 한 두 사람의 힘으로 악을 물리치기가 쉽지 않을 터. 여럿이 무리를 지어 악을 징벌해야 하는데, 그러한 상황에서 집단의 힘은 필요하다.

동북아시아의 전통 복식 가운데 황제나 군왕, 그리고 그에 준하는 왕자 등이 입는 옷은 여느 사대부와는 달랐다 그 가운데 면복이 있고, 그 면복에는 여러 문양이 베풀어진다. 황제나 군왕의 경우 12문장이 옷에 베풀어지고 그 가운데 불(黻) 문양은 두 개의 활을 서로 마주 보게 하는 모습인데, 이를 두고 "신민이 악(惡)을 등지고 선(善)을 향하는 뜻을 채택했음을 상징한다."[68]는 견해가 있어 흥미롭다. 이 불(黻) 무늬는 현재 중국학자들이 자신들의 오래된 복식 제도의 결과인 것으로 주장하고 있다.

68 와타나베 소슈 지음, 유덕조 옮김, 《중국고대문양사》, 법인문화사, 2000, P. 426.

그들의 주장은 별 무리가 없게 여겨진다. 왜냐하면 우리의 고대시기에 불 모양 등 12개 무늬가 새겨진 면복을 사실 중국에서 만들어 우리 땅에 보내주었다는 기록이 확인되기 때문이다. 물론 조선조 어느 시기부터는 우리 자체적인 본을 만들어 스스로 면복을 제작하여 사용하기 시작했으므로, 면복이 반드시 중국인의 솜씨에만 기댄 것이 아님을 말할 수도 있다.

여기서 거론코자 하는 요지는 불(黻) 무늬의 기원이 반드시 중국이겠느냐 하는 점이다. 이미 앞서 밝혔듯이 우리의 상고시기에 어아(於阿) 노래가 있었고, 그 노래의 핵심은 강렬한 징악 의지였다. 중요한 점은 징악 의지가 상징처럼 거론된 '활'에 있었고, 그 활이 불(黻) 무늬의 핵심으로 쓰였는데 "악(惡)을 등지고 선(善)을 향하는 뜻"인 점

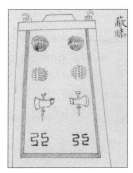

그림 33 불(黻, 雙弓字가 새겨진 문양)이 표현된 폐슬

그림 34 동학도들이 내거는 궁을(弓乙) 깃발

은 아무래도 불(黻) 무늬의 기원이 중국만의 것이라고 단정하는 데에 이의가 있다.

더욱이 이암이 전한 《태백진훈》을 보면, 치우가 대궁(大弓)을 신(神)의 기물(奇物)처럼 여겼다는 부분이 포착되고, 한국의 일부 샤먼들이 악귀를 몰아내는 형상을 구현할 때 복숭아나무로 만든 활을 쥐고 악귀를 내쫓는 시늉을 하는 점은 불(黻) 무늬의 '활'이 지니는 의미와 너무 강하게 맞아 떨어진다. 이쯤에서 한중일 삼국 사이에 유독 활을 잘 다루고 국기처럼 여긴 족속이 중국과 일본이 아닌 우리 한민족인가 하는 점도 깊이 고려할 부분이다. 그뿐만 아니라 근대기의 동학도들이 사용한 궁을기

(弓乙旗)의 문양을 견주어 보면 놀랍게도 불(祓) 무늬의 또 다른 형상으로 보여 놀랍기만 하다.

신(神)과 마주하여 당차게 댓거리하다

신이한 '어아' 노래가 상고시기에 있었다면, 이후의 시기에 비슷하게 기원과 바람의 노래는 이어졌을까? 많은 자료를 통해 살펴보면 한민족 구성원은 시기를 달리하면서 여전히 신과 노래하려고 했다. 숱한 무가(巫歌)와 함께 이어진 삶을 향한 비나리가 그러했고, 주문(呪文)을 외는 떨리는 목소리에도 여전히 신을 향한 간절함이 있었다. 그래서 한민족 구성원은 누구나 약간은 신기(神氣)가 있는 듯한데, 흔히 신명(神明)으로 이야기되는 독특한 기운은 달리 말하면 건강한 신기의 작동 과정이자 그 작동 현상인지도 알 수 없다. 그래서일까. 한민족 구성원은 가끔 신에게도 호통 치듯이 간절하게 요구한다. 그 한 예로 다음의 기우제 민요를 언급해 본다.

천하동일 장군님네/우엿차
비 좀 내려 주옵소서/우엿차
천상에 천상님네/우엿차
비 좀 내려 주옵소서/우엿차
어기엇차 우엿차/어기엇차 우엿차
동해바다 용왕님은/우엿차
날 가문지 모르시고/우엿차//바둑 놓기 바쁘시네/우엿차
남해바다 용왕님은/우엿차

서천바다로 물 길러 갔네/우엿차

서해바다 용왕님은/우엿차//날 가문지 모르시고/우엿차

깊은 잠에 드시었네/우엿차

어기엇차 우엿차/어기엇차 우엿차

이 농바우 흔들어서/ 우엿차

용왕님께 우엿차

우리 소원 빌어보세

비나이다 비나이다/우엿차

용왕님께 비나이다/우엿차

비 좀 내려 주옵소서/우엿차//어기엇차 우엿차/어기엇차 우엿차

밥 잘 먹는 건 시절 덕이요/우엿차

날 가물어 다 틀렸네/우엿차

비나이다 비나이다/우엿차

만백성 소원이니/우엿차

비 좀 내려 주옵소서/우엿차

배 고파서 못 하겠네/우엿차

밥이나 먹고 놀아보세/우엿차//어기엇차 우엿차/어기엇차 우엿차

(부리면 평촌리, 양철규 81세, 이선애 76세, 김남순 75세)

이 기우제 노래는 지금의 충남 금산군의 부리면 일대에서 불리는 노래이다. 하지가 지나도록 비가 오지 않을 경우, 마을 사람들은 모내기를 하지 못하는 절망적 상황에서 가뭄을 이겨내고자 기우제를 마련하고, 노래에 시름을 실어 불렀다고 한다. 특히 이 금산군 부리면 마을에서 구현하는 '농바우끄시기'는 어재리 농바골과 강가에서 행하였는데 아녀자들이 부르던 노래라는 특징이 있다. 농경의 한 축이 되어 힘들게 일하던

시골의 아낙들이 신을 향해 불렀던 노래에는 "서해바다 용왕님은/우엇차//날 가문지 모르시고/우엇차/깊은 잠에 드시었네."라며 괴로운 심사에 신을 향한 투정을 섞어 빨리 비 좀 내리라고 야단스럽게도 졸라대었던 모양이다. 그것은 일면 우스꽝스러운 노랫말이기도 했으나, "지금 괴롭고 배고프니 좀 살려 주쇼!" 하면서 신에게 점잖게 대드는 모습이 아니고 무엇이겠는가. 그만큼 그녀들은 삶에 모질도록 투철한 사람들이었다.

앞의 기우제 노래(농바우끄시기)처럼 우리 한민족 구성원은 여차하면 누구나 사제가 되어 신과 대거리도 마다치 않았다. 신을 두려워하지 않고 마치 밀린 돈 갚지 않은 채무자를 만난 듯 요구가 너무 당당하고 의연했다.

그러한 성정은 조선 후기 삼정의 문란이 거듭되면서 퍼져 나간 민란군의 횃불만큼 뜨겁게 일렁였다. 그래서 그 즈음에 새로이 생겨난 주문(呪文)과 또 횡설수설한 격문성 노래에는 제각기 고통의 사유도 많았고 해결 방법 또한 스스로 열거하며 역설하는 적극성도 드러난 점은 독특하다. 그러한 사례로 《참 精神으로 배울 일》이라는 근대기 문건과 《홍연결(洪烟訣)》이라는 풍수지리계열 요약집 속의 내용은 나라가 국망(國亡)으로 접어드는 과정 속에서 민중이 어떻게 꿈틀대고 있었는지를 잘 알게 한다.

이러한 농바우끄시기의 비슷한 유형들이 툰트라 지역의 곰숭배 제의에 대한 주문에서 나타나고, 비와 관련해서 북유럽에서는 전사들과 천둥, 번개의 신은 모두 '곰-신'으로 나타나기도 한다.

07

춤추기의 연원

동방 상고 사회인과 한국 상고인의 춤은
어디서부터였지?

    한국을 포함한 동북아시아에서 상고 이래 사람들이 언제부터 춤을 추었는지 살피는 것은 흥미로우면서도 차분한 검토가 필요한 분야다. 한국과 관련하여 그나마 중국의 《통전(通典)》 등에 이른바, 동이지악(東夷之樂)이 기록되어 전하고 있음은 다행일 수 있고, 주목되는 바이기도 하다. 곧, "東夷之樂, 持矛舞, 助時生也."[69]라는 내용이 그러하다. 그런데 해당 문헌 속의 춤이 어째서 창으로 연희되었는지 의문인데 바로 '助時生'이란 내용에서 바로 확인된다. 곧 때에 따라 생육하는 바를 돕고자 창을 쥐고서 춤을 추었다는 뜻이다. 춤추는 이가 손에 창을 쥐었는데, 그 창은 누군가를 위협하거나 공격하는 것이 아닌 땅의 작물이 생육하는 데

---

69 五經通義曰:「王者之樂有先後者, 各尚其德也。以文得之, 先文樂, 持羽毛而舞;以武得之, 先武舞, 持朱干玉戚, 所以增威武也。戚, 斧;干, 楯也;玉取其德, 干取其仁, 明當尚德行仁, 以斷斬也。」又曰:「東夷之樂持矛舞, 助時生也;南夷之樂持羽舞, 助時養也;西夷之樂持鉞舞, 助時殺也;北夷之樂持干舞, 助時藏也。」《通典》卷第一百四十五　樂五

에 도움을 주는 생산 촉진 도구인 셈이다.

여기서 고구려의 벽화에 보이는 '덕흥리벽화 안길 괴수도의 그림'과 '통구 사신총 널길 부분의 수문장 그림'을 견주어 볼 필요가 있다. '덕흥리 벽화 안길 괴수도의 그림'을 보면 마치 중국 고사에서 나오는 이른바 '치우'의 형상과 매우 유사한 모습임을 알 수 있다.[70]

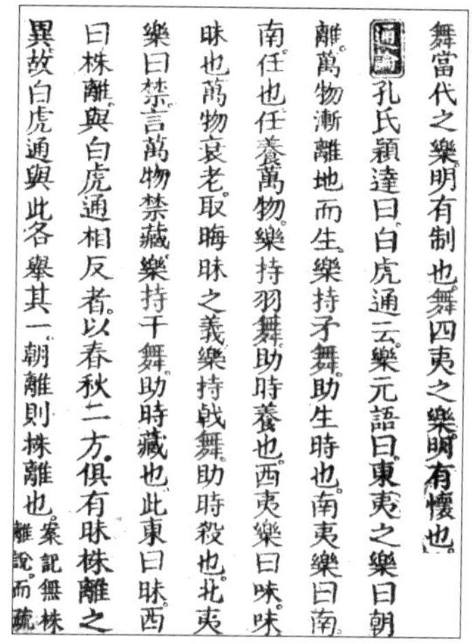
舞當代之樂明有制也舞四夷之樂明有懷也
[illegible]孔氏穎達曰白虎通云樂元語曰東夷之樂曰朝
離萬物漸離地而生樂持矛舞助生時也南夷樂曰南
南任也任養萬物樂持羽舞助時養也西夷樂曰味味
昧也萬物衰老取晦昧之義樂持戟舞助時殺也北夷
樂曰禁言萬物禁藏樂持干舞助時藏也此東曰昧西
曰株離與白虎通相反者以春秋二方俱有昧株離之
異故白虎通與此各舉其一朝離則株離也案記無株離說而疏

그림 35 東夷之樂을 거론하고 있는 중국 문헌의 한 예(《通典》《白虎通》 등)

여기서 집단적으로 펼쳐지는 잠개춤의 모습이 잘 형상화된 중국의 한 암각화를 거론해 보는 것도 이해를 깊게 할 터이다. 해당 암각화는 신석기 시대의 생활상을 전하고 있는데, 춤추는 대다수 사람이 한 손에 방패를 쥐고 있고, 남성들이 병장기를 쥐고 있다. 물론 여성들은 별다른 병장기를 쥐지 않은 빈손인 상태임이 비교가 된다. 어째서 신석기시대에 그와 같은 집단적 잠개춤이 펼쳐졌는지는 분명히 알 수 없다. 다만 신석기 후반에 동북아에는 해수면의 상승에 따른 대규모의 홍수가 있었

70 북한의 '덕흥리 벽화 안길 괴수도의 그림'을 보면 벽화의 왼쪽 상단에 '太歲在己酉二月二日辛酉成闕此墼戶大吉吏'라는 한자 묵서가 기록된 점을 주목할 수 있다. 이 묵서 기록은 '태세(太歲)가 기유 2월 2일에 있었고, 신유에 관문이 이룩되었다. 이는 墩臺와 門戶에 크게 길한 軍吏이다.' 정도로 풀이되는데, 태세(太歲)는 땅속에서 산다는 괴물로 붉은 고깃덩어리 같은 모습으로 온몸에 수천 개의 눈이 붙어 있다는 전설과 비교된다. 또한 태세라는 것은 원래 목성을 일컫는 말로 12년 만에 하늘을 일주하는데, 땅속에 사는 태세는 이 목성의 움직임에 맞춰 목성이 있는 방향으로 땅속을 이동한다는 일반적 상식 내용도 주목된다. 하지만 "토목 공사를 하다가 태세가 발견되기도 하지만, 파낸 채로 내버려 두면 재앙을 받아 일족이 죽음을 면치 못한다고 알려졌다. 이것을 막기 위해서 태세를 발견하면 바로 원래 장소에 묻어두고 토목 공사를 중지할 수밖에 없다고 한다."는 내용(환상동물사전, 2001.7.10, 도서출판 들녘)을 통해 북한 '덕흥리 벽화 안길 괴수도의 그림'에 기록된 태세는 아무래도 벽화 고분의 조성 공사 당시에 태세로 여겨지는 괴물을 발견했고, 그에 따라 괴수의 그림을 묘사해 놓은 것으로 추정이 된다. 그런데 어째서 태세로 여겨지는 괴수를 마치 치우의 형상처럼 묘사했는지는 의문이다. 고구려 당시에 치우를 괴수로 인식한 측면이 있을 개연성이 있지만, 묵서 내용에 해당 괴수를 '墩臺와 門戶에 크게 길한 軍吏(墼戶大吉吏)'로 여기던 점으로 보아 긍정적 守護神靈 정도로 인식한 측면을 이해할 수 있다.

그림 36 '덕흥리벽화 안길 괴수도의 그림'

고, 그에 따른 부락간의 연합이나 읍락을 이룬 대집단 간에 갈등이 심화되었을 텐데, 치우 부락(蚩尤部落)과 황제 헌원 부락(黃帝軒轅部落)간에 이루어진 대규모 군사적 충돌이 《사기》나 《관자》 등의 중국 고문헌에 마치 설화처럼 소개되는 점은 좋은 참고 자료가 된다. 그와 같은 부락과 읍락 단위의 대규모 집단적 갈등 과정에서 잠개(병장기)는 자신은 물론 가족과 씨족, 그리고 전체 읍락의 안전과 행복을 지켜내는 수단이 되었을 것이고, 그러한 잠개를 이용한 집단 무용의 연희가 전체 구성원의 단결력을 과시할 요량에서라도 펼쳐졌을 개연성은 충분히 짐작되는 바이다.

피맺힌 세력 간 갈등 속에 피어난 집단 무용

동방 상고사회의 춤이 구체적으로 어떠한 과정 속에서 비롯되었는지를 알 게 하는 자료로 《묘족사(苗族史)》가 있다. 이 기록은 묘족에 관한 설화를 기록하고 있는데 나름 독특한 내용들이 특별히 참고할 만하다. 《묘족사》에 근거하면, 운남성 문산(雲南省 文山)의 마관(馬關) 등지에서는 매년 전통절에 '채화산(踩花山)'이란 연희를 베푼다고 소개한다. '꽃 산을 뛴다.'는 내용의 이 연희의 내용을 보면, '채화산'은 옛 상고시대 강대 부락(强大部落)의 군사수장(軍事首長)이던 치우를 제사하고자 베풀어졌는데, 전하는 설화에 따르면 치우는 황제족(黃帝族)과 싸우다 실패하여 동진(東進)했고, 깊숙한 산 빽빽한 숲 속에 후퇴하여 들어서 각처로 흩어져 간 묘족 무리를 소집한 것으로 전해진다. 그래서 묘족 두령이 산 위에 뿌리가 긴 나무 장대를 세워 일으키고, 그 위에 붉게 채색된 허리띠를 매었고, 청년 남녀로 하여금 꽃 장대(花杆)를 돌고 생(笙)을 불고 뛰며 춤추게 했다고 한다. 그래서 이에 각 지역 부락 사람들이 전해 듣고서 찾아오기를 시끌시끌했고, 대가(大家)에서는 깃발과 북(旗鼓)을 무겁게 떨치었고, 황제 부족(黃帝部族)과 전투를 진행했다고 한다. 그러므로 꽃 장대(花杆)를 돌고 생(笙)을 불며 뛰어 춤추는 악무(樂舞)가 뒤에도 이어져 '채화산(踩花山)'이라는 풍속을 이루었다는 게 설화의 골자이다.[71]

'채화산' 풍속 관련 설화 내용을 통해 우리는 다음 몇 가지를 주목하게 된다.

1. 설화를 통해 치우(蚩尤)의 군진 세력(軍陣勢力)이 황제 부족(黃帝部族)과 전투에서 불리해지자 잠시 산강거주(山上居住) 기간을 갖는 점이다.

2. 산상 거주 기간 내에 각처로 흩어져 간 부족 성원을 다시 결집시키고자 하는 의도로 일종의 축제가 기획되었는데, 그 과정에서 묘족 두령이 근장수간(根長樹杆)을 세웠고, 청년 남녀들이 꽃 장대(花杆)을 돌며 악기인 생(笙)을 불고 뛰며 춤추었다는 점이다.

---

71 蚩尤領率其部族與黃帝族作戰失敗後東進. 退入深山密林中, 爲召集散往各處的苗族群衆, 苗族頭領便在山上立起一根長樹杆, 繫上彩色紅腰帶, 令靑年男女繞花杆 吹笙跳舞, 於是各地部衆聞迅後紛紛來, 大家重振旗鼓, 繼續與黃帝部族進行戰鬪, 而繞花杆 吹笙跳舞亦相延成俗. 龍伯亞 著, 《苗族史》, 四川民族出版社, 1993년 8월. 黃逢時 편집, 《工業始祖蚩尤帝》, 台灣鬼谷子學術硏究會, 中華民國九十四年十二月. p166~167에서 재인용함.

그림 37 운남창원(雲南滄源)의 무도목방전투도 (舞蹈牧放戰爭圖) 암화(이 암화에는 신석기 사회 속의 집단적 잠개춤이 드러나 있다.)

비록 설화라는 제약성이 있어 역사성을 논하는 데 상당한 한계가 있긴 하지만 해당 설화는 치우 세력과 황제 세력의 상쟁 시기에 산상거주(山上居住)의 양상을 전하고 있어, 같은 시기인 신석기 후기에 조성된 산 위의 마을이 지니는 방어적 기능과 일정한 연관성이 있다.

또한 치우 세력이 산 위에 거주하며 군사적 재기를 꾀하는 과정에 뿌리가 길게 자란 남누 장대(根長樹杆)와 꽃 장대(花杆)를 들고 나와 축제의 분위기로 싸움에 임하는 열의를 되살렸다는 내용은 20세기 한국의 민족주의 사학자였던 신채호가 거론한 이른바 '수두(蘇塗)'와 그 수두 제단의 무사가 지녔던 문화적 성격과 맥을 달리하지 않음을 읽을 수 있다.

'채화산' 풍속 관련 내용을 통해 치우의 군진에서 베풀어진 집단 연희의 과정에서 황제 헌원의 군진과 맞서 싸우고자 소집된 치우에게 충성을 하던 전사들이 각기 지닌 도검과 창, 그리고 방패 따위의 무기를 소지한 채 전의를 불태우며 뛰고 춤추었음은 누구나 쉽게 추론할 수 있는 광경이다. 그 같은 추론과 함께 "위대하구려! 치우는 부를 축적하였고, 군중은 사방에서 와서 믿고 기뻐했다. 의관에 칼을 두르고 말에 올라타고 실었으며, 사방의 바다에서 배편에 실어 날랐으니 모두 하늘의 공덕을 좇은 것이다."[72]라고 치우와 그 읍락인들의 문화를 거론하여 전하는

---

72 大哉蚩尤畜能群四來信悅衣冠帶劍乘載以馬運漕以舟四海之內悉遵天功. 李邑,《太白眞訓》, '中篇'

《태백진훈》의 한 대목도 비교가 된다. 《사기(史記)》 등의 숱한 중국 문헌에서 오병(五兵)의 병장기를 만들었다는 치우가 《태백진훈》에서는 치우본인이 의관에 칼을 둘렀음을 짐작하게 함은 물론, 그 휘하 장졸들 또한오병 등으로 무장하고, 배편을 통한 왕성한 대외 활동을 벌인 점을 넉넉히 짐작하게 하는 대목이라 하겠다.

비록 설화적 자료라는 한계를 지니지만, 《사기》와 《태백진훈》, 그리고《묘족사》 등 적지 않은 관련 자료를 통해 동아시아의 상고시기에 강대해진 읍락 사회(邑落社會) 안에서 각 부락 사람들은 자연스럽게 군사 세력화 과정을 거쳤고 그 과정에서 병장기를 휴대한 채 참여한 집단적 군사연희의 마당에 모두 구성원으로 참여했을 개연성은 높다. 앞서 거론한중국 암각화상의 집단적 잠개춤 모습은 그 같은 추론을 뒷받침하기에충분하다.

한국 무용 행위 속에 꿈틀대는 경천 의식과 사귀 진압의 의지

잠시 여기서 시기를 끌어내려 조선조 이야기를 해 보고자 한다. 조선조 여성 검무의 종결 부분에서 검무연희자(劍舞演戱者)들이 모두 두 칼을땅에 꽂듯이 하며 마감하는 점이 주목할 부분이기 때문이다. 처음 이러한 모습을 본 관람객이라면 다소곳한 검무 연희자가 몸을 수그리면서 두손으로 두 칼을 살포기 잡고서 조용하고도 얌전하게 땅에 꽂는 모습에미학적 엑스터시를 느낄지도 모른다. 그만큼 그 장면은 솔직히 다소 관능적으로도 느껴지는 게 사실이다. 그런데 조선조 검무의 마지막 모습은여수시 오림동의 고인돌 덮개돌 벽에 새겨진 땅으로 향한 석검의 이미지

를 연상시키기에 충
분하다. 칼날이 땅으
로 마치 박히듯 꽂힌
모습은 하늘의 영험
한 기운이 땅에 사
는 사람들을 위협하
는 재액(災厄)을 짓
누르는 이미지로 와
닿기도 한다. 경천
(敬天) 의식과 사귀
진압(邪鬼鎭壓)의 강

그림 38 고구려의 '통구 사신총 널길 부분의 수문장 그림'이다. 한 손에 쥔
창은 여수 오림동 고인돌 암각화상의 석검과도 같은 강렬한 힘(에너지)의
상징이겠고, 다른 한 손의 香甁 같은 기물에서 행복 기원의 상징일 가능성
이 느껴진다.

렬한 이미지로 와 닿기에 충분한 회화적 내용이 아닐 수 없다.

고인돌 덮개돌 벽에 그려진 석검의 그 같은 이미지가 검무 연희자가
마지막으로 두 칼을 땅으로 꼽듯이 취하는 모습과 쉽게 오버랩 되는 것
은 너무 당연하다. 그렇다면 창을 쥐고서 추었다는 동이인(東夷人)들의
습속도 결국 날카로운 오림동 암각화 속의 석검처럼 인류 행복을 이끌어
내는 수단으로써 상징물로 추론함에 크게 무리가 없을 듯하다. 따라서
고구려의 '통구 사신총 널길 부분의 수문장 그림'도 상당히 새로운 의미
로 다가올 수 있다. 해당 벽화의 내용을 보면 건장한 남성이 한 손에는
창을 쥐고서 굳건하게 춤을 추는데 다른 한 손에는 마치 향기를 내뿜는
듯한 기이한 형상의 병을 들고 있다. 바로 그 같은 모습은 앞서 거론한
것처럼 지상 세계의 번영과 복락을 추구하고 기원하는 제의적 모습이라
해도 틀리지 않을 터이다.

그러므로 조선조의 한문 자료인 《무당내력(巫黨來歷)》에 보이는 별성
거리(別星巨里)의 여성 무인(巫人)상의 모습에서 두 손에 쥔 삼지창(三枝

檜)과 도(刀)가 지닌 의미를 찾는 것도 그리 어렵지 않다. 역시 세상의 행복과 복락을 기원하고 있음이 그 모습이 지닌 대체의 의미일 것이기 때문이다. 그런데 《무당내력》에 보이는 별성 거리가 본래 상고 조선 땅을 오곡 따위로 풍성케 하고자 애쓴 시신 고시레를 추앙코자 하는 풍속과 연관됨으로 별성 거리의 여성 무인(巫人)상 모습이 어쩌면 상고조선 당시의 위대했던 위

그림 39 別星토里를 소개하고 있는 조선조 한 문자료 《巫黨來歷》

인을 추앙하는 여성 사제의 모습을 전하는지도 조심스럽게 고민해 볼 점이기도 하다.

한
국
원
형
문
화
의

이
해

08

간두식(竿頭飾)에 담긴 한국과
중앙아시아 문화의 상관성

누가 간두식(竿頭飾)을 만들었고, 왜 썼을까

아주 오랜 옛날에 이탈리아에서 있던 일로 전해지는 이이야기가 있다. 1년 중 가장 더운 때인 8월 13일에 거행되는 축제의 이야기다. 수많은 횃불이 이글거리고, 불빛들이 뿜어내는 열기와 빛이 디아나의 신에게 바쳐졌다고 한다. 그럼 디아나는 누구이며, 그런 축제가 있기는 했던 것일까.

디아나는 사냥의 여신이며, 나아가 남녀에게 자손을 내려 주고 산모가 순산하도록 축복하는 존재로 여겨졌다. 그리고 그 여신에 대한 기림은 한 청동상으로 확인할 수 있다. 디아나의 여신을 모셨던 성소 안에서 그 여신이 손에 횃불을 높이 쳐들고 있는 모습을 그린 청동상이 발견됐기 때문이다.[73]

---

73 J.G. 프레이저 지음, 신상웅 옮김, 《황금가지》, 동서문화사, 2007, 23쪽.

인간은 혼자로 있든, 집단으로 존재하든 늘 온갖 괴로움에 직면한다고 볼 수 있다. 그와 같은 고통의 상황에서 신앙과 종교는 발생했을 터이다. 옛 이탈리아인들이 디아나를 모시고자 꾸몄을 성소란 것도 결국 인간 자신들의 불행을 해소하고자 드러낸 몸부림 속에서 파생된 것이 아니고 무엇이겠는가. 인간의 기원 의식이란 게 모두 그 같은 간절한 바람으로부터 비롯된 것이다. 간두식(竿頭飾)은 바로 그와 같은 간절한 바람이 담겨진 상징적 조형체라 할 수 있다. 긴 장대를 마련하고 다시 그 장대의 끝인 장대 투겁에 무언가 의미를 담은 상징적 문양이나 도상적 기호를 표현한 것이 바로 간두식이다. 이 간두식을 지닌 자는 당연히 그를 둘러싼 집단의 안녕과 평안을 염원했을 터이다.

그런데 간두식은 지역에 따라 혹은 시기에 따라 다소 다른 양상을 띠었다고 할 수 있다. 스키타이의 경우를 보더라도 시기적 변천 양상이 보이기 때문이다. 후기 청동기와 초기 철기시대의 코카서스에서 쓰인 간두식은 때로는 도끼 따위와 같은 무기류와 함께 무기로 여겨진다는 견해가 있기도 하다.[74] 이어 전기 스키타이 미술(서기전 7~6세기)의 경우, 간두식은 말의 제사(Cult)와 관계되는 것 같다는 견해가 있다. 당시 간두식은 "때때로 귀를 쫑긋 세우고 있는 말이나 당나귀의 머리 모양으로"[75] 만들어졌기 때문이다. 하지만 스카타이 간두식이 반드시 말에만 한정되어 거론할 수는 없을 듯하다. 중·후기(서기전 5~4세기)의 스키타이 간두식을 보면, 말이나 당나귀보다는 사자머리를 한 그리핀이나 삼지창 형태를 띤 세 마리의 새 모습, 그리고 날개 달린 여신 따위로 드러나기 때문이다. 그렇지만 어떻든 스키타이 간두식은 "상이한 형상과 조합적 디자인의 놀라운 변이가 스키타이 미술의 특징인 다량의 청동제 간두식에 의해 설명

---

74 국립중앙박물관 편집, 《스키타이 황금》, 조선일보사 발행, 1991, 44쪽~45쪽.
75 국립중앙박물관 편집, 《스키타이 황금》, 조선일보사 발행, 1991, 56쪽.

된다"[76]고 할 정도의 평가를 받는다. 그리고 덧붙일 것으로, 과연 코카서스의 경우처럼, 간두식이 무기류처럼 쓰였겠는가 하는 점이다. 오로지 기원적 상징물로 쓰였다고 보는 게 합리적일 듯하다. 여기서 간두식에 표현된 동물 조형과 방울이 부착되는 독특한 조형 양식은 간두식의 성격을 파악하는 데에 중요한 요소로 볼 수 있다. 따라서 "구체적으로 동물 조형은 간두식의 일부이고, 더욱이 그 동물 장식 밑에 부착된 방울은 그 간두식이 샤만과 연관되고 있음을 짐작할 수 있다"[77]는 견해는 크게 주목된다.

한편 스키타이 지역을 벗어나, 오르도스 지역에 이르는 그 어떤 지역에서도 이렇다 할 간두식의 존재가 확인되지 않는 것은 기이한 현상이다. 물론 앞으로의 발굴이나 발견이 있을 수는 있지만, 현재로서는 난망한 상태임에는 분명하다. 다만, "흉노의 공예에서 새 머리가 장식된 사슴뿔의 모티프는 이제까지 살펴보았던 스키토-시베리아, 사르마틴, 알타이의 양식이 모두 반영되는 특징을 가지고 있다."[78]는 견해는 한 시사점을 느끼게 한다. 스키타이에서 오르도스로 이어지는 영역상의 한 지역으로서 흉노 지역이 각이한 문화의 융합 지역으로 이해할 수 있다면, 간두식이 언젠가는 그 존재가 확인될 개연성이 있기 때문이다.

그런데 오르도스 지역에서 드러난 간두식의 경우를 보면, 스키타이에 비하여 그 조형적 양태는 비교적 고졸해졌다고 여겨진다. 이어 한국의 경우를 보면 간두식의 존재는 확인되지만, 스키타이나 오르도스 지역과는 또 다른 양상을 보인다.

76 국립중앙박물관 편집, 《스키타이 황금》, 조선일보사 발행, 1991, 56쪽.
77 권영필, 〈실크로드 미술 새롭게 보기-고대 한국 미술과 관계해서-〉, 《西域美術》, 국립중앙박물관, 2003, 191쪽.
78 이송란, 〈오르도스 새머리 장식 사슴뿔(Bird-Headed Antler Tine)의 모티프의 계보와 동점-평양 석암리 219호분 은제타출마노감장괴수문행엽의 제작지 문제-〉, 《오르도스 청동기문화와 한국의 청동기문화》, 한국고대학회, 문화관광부, 2007, 316쪽.

앞서 말하거니와 한국의 조령 신앙과 관련한 간두식의 특징은 스키타이나 오르도스 지역과는 그 조형성을 달리한다고 보아야 할 것 같다. 현존 유물이 매우 적어 거론하기 부담스럽지만, 연세대학교 박물관에서 소장하고 있는 조식간두(鳥飾竿頭)를 보더라도 그렇다. 두 마리의 새가 마주보고 있는 형상이다. 또한 간두식의 한 변종처럼 보이는 5세기경의 가야 미늘쇠 유물을 보면, 숱한 새 모습 조형물이 부착된 것을 단적으로 확인하게 된다. 한국의 간두식이나 미늘쇠의 경우를 보면, 스키타이 지역에서의 유익수(有翼獸)가 아닌 본래의 새 모습 자체를 사실적으로 형상화했다는 특징이 있다. 또한 오르도스 지역에서의 새 모습 간두식이 새의 일부분만을 형상화한 것과는 전혀 다른 양상임을 알 수 있다.

여기서 스키타이와 오르도스 지역, 그리고 한국에서의 간두식을 간략하게 살펴보는 관점을 조령 신앙을 바탕으로 알아보자. 그런데 조령 신앙은 적어도 전 세계적 현상이라고 할 수 있다. 그래서 조령 신앙이 신앙적 상징물로 투영된 간두식의 경우, 각각 그 양상이 어땠는지를 헤아리는 작업은 적지 않게 어렵다.

한국 고대의 재래 신앙과 금속 미술의 모티프

서기 327년에 고구려 땅에는 불교가 유입됐고, 이어 384년에 백제에도 역시 불교가 수용됐다. 이후 527년에 신라 법흥왕 때에 신라의 이차돈에 의해 불교가 수용된 점은 주지의 사실이다. 하지만 신라 땅에는 이미 5세기를 전후 한 시기에 불교가 수입됐을 단서가 포착되기에, 사실상 5세기에 고대 삼국의 전 지역에는 불교가 수입된 상태라 할 수 있다. 그렇다면 5세기 대에 이르기 전까지 우리 땅에는 어떤 종교가 있었을까.

흔히 샤머니즘으로 이야기되는 토속 종교가 있었다지만, 구체적인 내용은 아직도 분명치 않다. 다만 9세기에 대학자로 알려진 최치원의 언명이 한 가능성을 읽게 한다. 최치원은 '난랑비서(鸞郎碑序)'를 통해, 고대 한국 땅에 유불선이 융합된 신앙인 '풍류(風流)'가 있었다고 전한다. 그런데 왜 최치원은 풍류를 말하는 대목에 앞서 난랑을 말하고 있는가.

난랑(鸞郎)은 난조(鸞鳥)와 같은 사내를 뜻하고, 난조 곧, 난새는 태평시기에 드러나는 오음오색(五音五色)의 찬란한 영조(靈鳥)라고 한다. 혹 난조는 최치원이 꿈꾸던 이상세계의 상징이 아니었을까.[79]

고대 한국의 종교적 심성 탐구를 하는데에 난새와 같은 상징성은 하나의 문화 코드로 채택할 만하다. 더욱이 새를 하나의 정령으로 받아들여 상징화한 조령 신앙은 실제 전 세계적인 현상이기 때문에, 한 부류의 족속이 지녔던 문화 탐구에 보편적 돋보기가 될 수 있다. 고구려를 세운 고주몽의 아버지로 알려진 해모수의 경우, 그 부하들이 고니를 타고 내려온 100인이었다는 《동명왕편》의 기록 내용은 결코 쉽게 보아 넘길 부분이 아니다. 또한 해모수의 아들로 전해지는 고주몽의 경우에도 역시 두 마리의 비둘기를 통해 어머니인 유화부인으로부터 곡식 종자를 전해 받았다는 쌍구영조(雙鳩靈鳥)설화 역시 같은 맥락으로 이해된다.[80] 더욱이 고구려인들은 "가죽이나 라(羅)로 만든 절풍(折風)이나 소골(蘇骨)에 조우(鳥羽) 가식(加飾)한"[81] 조우관(鳥羽冠)을 썼다는 풍습은 고구려인의 조령 신앙은 일종의 풍속으로 자리 잡았음을 인식하게 해준다. 또한 신라를 세운 박혁거세의 어머니로 알려진 사소 부인은 자기 아버지가 보낸

---

79 이상세계의 상징적 영조의 형태는 시대별로 또다른 모습으로 분류되어 묘사되는데, 준비하고 있는 후일 연구서적에 상세히 다뤄보기로 한다.
80 權兌遠,《古代韓民族文化史研究》, 일조각, 2000, 356쪽.
81 강순제,〈우리나라의 관모〉,《한국의 복식문화사》, 단국대학교 석주선기념박물관, 2006, 11쪽.

전령사격인 신령한 솔개를 통해 소식을 전해 받았음은 한반도에 조령 신앙(鳥靈信仰)이 문자화된 뚜렷한 자취라고 할 수 있다.

조령 신앙은 새를 이승과 저승을 잇는 매개자로 인식하는 고대 신앙의 하나이다. 달리 말해 새를 현세와 천상을 잇는 메신저로 인식하는 관념인 셈이다. 그런데 그와 같은 조령신은 고대 한국의 금속 미술이 전개되면서, 주요한 모티프로 작용했음이 주목된다. 쌍조식 청동제 조식간두(雙鳥式 靑銅製 鳥飾竿頭)를 비롯하여, 조익형(鳥翼形) 금관 양식, 그리고 새의 모습이 뚜렷이 묘사되어 있는 미늘쇠나 조문형 청동기(鳥文形靑銅器) 따위들이 그러한 예에 해당한다.

그런데 한국 고대의 금속 미술 양상에 드러나는 조령 신앙의 연원은 자세하게 파악하기 힘든 측면이 너무 많다. 사실상 조령 신앙은 전 세계적인 문화 현상이라고 할 수 있기 때문이다. 다만 스키타이나 시베리아, 그리고 오르도스 지역에서 드러나는 금속제 간두식의 출현을 통해, 한구 고대 조령 신앙과 관련 금속 미술의 전개를 서툴게나마 살펴볼 여지가 생긴다는 점은 다행한 일이기도 하다.

신석기 시대부터 존재한 것으로 짐작되는
한국 선사인의 조령 의식

고대 한국에서 조령 신앙이 오래되었음을 짐작하게 하는 유물로, 신석기 시대 돌조각 그림을 들 수 있다. 1972년에 연세대학교 발굴팀에 의해 조사된 경기도 양평군의 앙덕리 유적에서 출토된 유물이다. 〈그림 42〉에서 보이는 바와 같이, 이 유물에 새겨진 '날아가는 새'는 긴 부리를 지니고 있고, 뒷 방향으로 날개를 젖히고 있는 형상의 모습이 뚜렷한 예

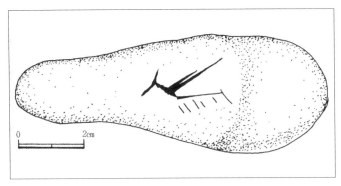

그림 40 신석기시대의 석기에 새겨진 새의 무늬

술품이다.[82] 이 유물을 통해 한국인의 새에 관한 관념이 농경이 시작되던 신석기시대에까지 소급될 수 있음을 알 수 있다.

한편 그림 43과 그림 44에서보는 것처럼 두 마리의 새가 서로 마주 보고 있는 형상의 간두식은 흥미롭다. 어째서 서로 마주 보는 형상으로 만든 것일까?

그림 41 한국의 간두식 유물(其一)

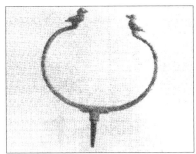

그림 42 한국의 간두식 유물(其二)

이유는 알 수 없지만, 마치 조선조 후기까지 이어진 전통 혼례식 때에 쓰인 나무 기러기를 연상키는 것은 어째서일까? 서로 등지지 않고 마

---

82 이융조 외, 《우리의 선사문화(I)》, 지식산업사, 1997, 109쪽.

주하며 마치 속삭이듯이 쳐다보는 두 마리의 새에는 함께 운명을 개척하고 끝까지 헤어지지 않기를 바랐던 상고 이래로의 우리 겨레가 지닌 공동체 정서를 담은 것은 아닌지 알 수 없다.

쌍조식 청동제 조식간두(雙鳥式 靑銅製 鳥式竿頭)가 전해주는 메시지

신석기시대에 이은 청동기시대의 조령 신앙을 알게 하는 유물로, 조식간두를 들 수 있다. 그 뚜렷한 예가 〈도판 2〉와 〈도판 3〉의 유물이다. 〈도판 2〉는 현재 연세대학교 신촌 박물관에 소장된 청동제 쌍조식 조식간두이다. 그 해당 시기는 초기 철기시대로 여겨지고, 충남 서산 지역에서 수습됐으며, 유물의 길이는 11센티미터 정도이다. 그리고 〈도판 3〉은 역시 청동제 쌍조식 조식간두로, 경주에서 출토된 것으로 전해지는 유물이다. 이 청동제 조식간두는 "정확한 시대를 추정하기는 어렵지만, 역시 솟대의 역사를 알기 위한 하나의 자료가 된다. 둥글게 휜 청동 테의 양 끝에 각각 새 한 마리씩이 앉아 있고, 테의 중앙에는 꼭지가 있어서 어디엔가 꽂게 되어 있다. 길이가 12.5센티밖에 되지 않는다."[83]

여기서 말하는 조식간두는 이른바 간두식이라는 금속제 유물로, 제의를 집전하는 이가 휴대하는 신성한 의기를 말한다. 간두식에 관하여, "간두식(pole-top)은 역시 지배자나 주술인의 지팡이 같은 데 매달아 흔들어 소리가 나게 하는 것으로 생각된다."는 견해는 보편적인 견해에 해

[83] 국립중앙박물관, 《한국 선사시대청동기기》, 삼화출판사, 1973, 도판 121
대한민국 예술원, 《한국 미술사전》'조식간두', 평화당인쇄주식회사, 1985
이필영, 《한국 솟대신앙의 연구》, 연세대학교 대학원 사학과,(1989년 박사학위 인준 논문), 158쪽에서 각주 12)를 포함하여 본문 일부를 재인용함.

당된다.[84] 그런데 간두식은 '장대투겁'이라고도 표현한다. 한편 이 장대투겁이 "흑해 연안에서 스키타이족의 고유한 장례 용품으로 발생되었는데, 미누신스크 지방의 타가르 문화에 전래된 후, 어느 단계에서 시베리아 제 민족의 샤만의 신간에도 널리 응용되었으며 오르도스, 중국, 한국 등지에 넓게 산포되었다"[85]는 견해는 주목된다. 하지만 그 같은 견해는 부분적으로 보완이 요구되기도 한다. 실제 중국 지역에서 장대투겁(조식간두)이 수습되지 않고 있다는 점에서 세심한 자료적 증빙이 뒷받침되어야 폭넓은 설득력을 지닐 듯이 여겨진다.

어떻든 조식간두(鳥飾竿頭)라는 유물은 이른바 '소도 신앙'과 '솟대 신앙'의 미해결 문제를 나름대로 해소시켜 줄듯 한 단서를 지닌다. 이제껏 한국 역사학계에서 소도는 삼한시기의 신성 지역으로 여겼고, 그 전거는 흔히 《후한서》 또는 《삼국지》 등의 중국 사서들에 제시되어 왔다. 문제는 일제 강점기에 이른바 '솟대'를 제기하며 솟대 신앙이 삼한시기의 소도와 연관된다는 견해를 정립한 손진태의 〈소도고(蘇塗考)〉이다. 손진태는 소도와 솟대, 그리고 솔대를 모두 동원어로 보았고, 소도는 솟대의 음역이라고 말하였다. 그러나 손진태가 말한 소도와 솟대는 전혀 다른 것으로 정리됐다. 송화섭의 연구에 따르면 소도는 마한의 경우, '입대목현령고(立大木懸鈴鼓)'란 특징을 드러냈고, 솟대는 나무나 돌 기둥 위에 새를 앉힌 것으로 북과 방울이 걸리지 않았음을 대조한 것으로 나타났다. 더욱이 솟대라는 어휘조차 본래 명칭인 '짐대'를 손진태가 '솟대'로 조어한 것이란 점도 밝히고 있어 적잖게 충격을 전한다.[86]

---

84 이난영, 《한국 고대의 금속공예》, 서울대학교 출판부, 2000, 24쪽.
85 강무현, 《한국 청동기 의장의 연구》,(1982년 홍익대 대학원 석사학위 논문),46쪽−47쪽
　　이필영, 《한국 솟대신앙의 연구》, 연세대학교 대학원 사학과, (1989년 박사학위 인준 논문), 158쪽−159쪽에서 재인용함.
86 송화섭, 《백제의 민속》, 주류성, 2006, 24쪽−54쪽.

송화섭의 건설적인 문제 제기를 접하며, 연대 박물관에 소장된 조식간두를 보노라면, 적어도 지금 솟대로 알려진 짐대의 원형성을 짐작할 수 있다. 더불어 삼한시대의 소도가 지녔을 공간적 구성 개념이 다시 고민된다. 중국 사서의 내용대로 커다란 신목(神木)에 주술 기원의 용도로 사용되던 북과 방울을 걸러둔 것으로 추정된다. 짐작컨대 신목의 주변에서 집전을 하던 고대 한국의 사제는 청동으로 만들어진 조식간두의 신간(神竿)을 거머쥐고 제사와 주술을 모두 주관한 것으로 여겨진다.

한편 우리의 솟대가 과연 우리의 고유한 문화로 본래부터 자생적이었는지는 냉정하게 살펴볼 필요를 느낀다. 왜냐하면 중국의 고대 자료를 보면[87] 우리의 솟대와 비슷한 분위기가 있기 때문이다. 서진 때에 존재했던 신수(神樹)를 형상화한 경우도 그러하다. 나무 위에 새들이 앉아 있는 모습이 인상적이다. 다음에 전국시대 후기의 호인(胡人) 여성을 조각한 모습도 주목할 점인데, 두 손에 든 것이 마치 신간(神竿)과도 같이 보여 결코 예사로 보아 넘기기 어렵다. 그런데 전국시대 후기에 해당하는 이 유물을 두고, 당시 여인들의 머리 양식을 거론한 저서가 있어 눈길을 끈다. 《中國五千年女性裝飾史》에 따르면, 당시 중국 여성들은 머리카락을 양쪽으로 길게 땋아 편발하였는데, 그 길이는 허리의 아래까지 내린 것으로 전해진다. 만일 문헌으로 전해진 이 같은 견해가 정당하다면, 혹시 이 유물에 보이는 여인은 호족 사회에서 제의를 집전하는 여사제(女司祭)가 아니었을까 하는 막연한 의혹이 든다.

다음으로 건고도(建鼓圖)의 경우를 보아도 그러하다. 커다란 나무에 걸린 북을 치는 모습이 마치 우리의 삼한 시절에 있었다는 소도에 나무

---

87 周汛 · 高春明 저, 《中國女性五千年裝飾史》, (株)京都書院, 1993, 15面.

를 세우고 북과 방울을 걸었다는 내용을 견주어 볼 수 있다. 왠지 우리의 문화 정서와 그리 다르지 않았던 것으로 착각이 들게 하며 다가오는 내용임에 분명하다. 하지만 건고를 두고 우리의 소도와 똑같다고 단정하기에는 결코 쉽지 않다. 건고에 방울이 빠진 점을 결코 무시할 수 없기 때문이다.

중국 강소성 서주의 패현에 자리한 서산한 묘의 화상석 내용도 눈여겨 볼 만하다. 이 그림의 서쪽 면에 보이는 인물은 서왕모인데, 누각 안에 앉아 있는 그녀는 머리에 옥승을 하고 있다. 그리고 우측면에는 새들이 앉은 나무가 있고, 다시 그 오른쪽에는 마치 건고와 같은 것이 보인다. 그런데 이 건고와 같은 기물의 위에 흥미롭게도 새들이 앉아 있다. 두 마리는 서로 바로보고 있어 쌍조식 조식간두를 연상시키기에 충분하다. 다만 가운데에 앉아 있는 새는 약간 더 높은 위치에 있음이 주목된다. 어떻든 우리의 솟대를 연상케 하는 이미지임에는 분명하다.

만일 고대시기부터 중원의 문화가 한반도 세력에게 전달됐다고 한다

그림 43   그림 44   그림 45   그림 46

그림 47

면, 부분적이고 선택적인 문화 수용이 일어났을 개연성을 느낄 수 있다. 어떻든 섣불리 속단하여 이야기하기 곤란한 문제이다. 만일 중원의 신수나 건고 따위의 유습이 우리에게 전이됐을 개연성이 있다면 그것은 역시 문화 교섭의 과정으로 말미암은 자연스런 현상의 결과로 해석하면 그뿐이라고 생각한다.

대구 비산동에서 나온 쌍조식(雙鳥式) 세형동검과 파지리크 유물상의 유사성

한편 대구 비산동에서 수습된 동검을 보면 그 손잡이 끝에 두 마리의 백조가 서로 마주보고 있음을 알 수 있다. 이른바 쌍조식(雙鳥式) 세형동검이다. 그런데 이 쌍조식의 형태와 거의 비슷한 형태의 말 재갈 유물이 파지리크 유적에서 드러났다. 대구 비산동 출토의 세형동검 손잡이 장식에 보이는 쌍조(雙鳥) 조형물이 파지르크에서 드러난 말 재갈의 두 새 모습의 형상과 너무나 비슷하기 때문이다. 아마 문화적 상호 교섭의 한 결과로 받아들여야 할 듯하다. 고대 한국의 청동기문화의 계통성을 거론할 때, 흔히 제시되는 스키토–시베리아 루트를 자연스럽게 연상시킨다고 할 수 있다.

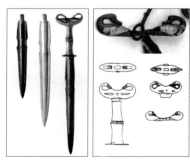

그림 48 세형청동검   그림 49 청동검 검파두식   그림 50 농경문 청동기 일면   그림 51 농경문청동기 후면

농경문 청동기에 등장하는 깃털 꽂고 벌거벗은 사내

우리가 잘 아는 농경문 청동기의 한 쪽에는 한국 고대의 조령 신앙이 얼마나 깊이 있었는지를 여실하게 느끼게 해 준다. 대전의 괴정동에서 수습된 이 농경문 청동기의 한 쪽 면에는 깃털 꽂은 사내가 아랫도리를 벗은 채, 따비로 땅을 판다. 이런 모습은 조선조 학자인 미암 유희춘의 문집에서도 보이는 이른바 '나경(裸耕)'의 습속으로 여겨진다. 나경은 옷 벗고 밭갈이함으로써 생산량을 불릴 수 있다는 일종의 풍요 기원 의식이다. 따라서 사내의 머리 부분에서 보이는 깃털 양식과 벌거벗은 모습은 모두 조령 신앙과 다산적 풍요 의식이 융합된 결과로 받아들여도 지나치지 않을 듯하다.

한 대에 만들어진 사신경을 통해 짐작해 볼 수 있는 것

《구고정사금석도(求古精舍金石圖)》라는 기록물에는 한(漢) 대의 동경(銅鏡)이 잘 묘사되어 있다.[88] 〈도판13〉에 보이는 내용이다. 이 그림에 묘사된 사신(四神)은 북현무, 남주작, 서백호, 동청룡으로 흔히 알려진 동아시아의 보편적 미술 요소가 된 측면이 있다. 사신의 경우, 그 묘사된 동물의 상징성은 극히 원초적이라 할 수 있다. 한 예로 현무의 경우, 《박물지》에 따르면, "뱀과 더불어 기를 통하면 곧 잉태를 한다"라고 하여 거북이 뱀과 엉켜 교미하는 형국의 의미인 것으로 나타난 점은 주목된다.[89] 결국 다산 신앙과도 맞닿고 있음을 알 수 있다. 그런데 한 대에는

---

88 《石刻史料新編》(第二輯, 七), 新文豊出版公司, 5435쪽.
89 권영필, 《실크로드 미술》, 열화당, 1997, 160쪽.

사신도(四神圖)는 물론 서왕모(西王母) 신앙도 일반화되었다. 낙랑 지역에서 수습된 유물은 그 한 예가 된다. 서왕모 역시 곤륜산에 거처하며 만민의 어머니다운 대모신적 존재로 신격화된 존재다. 이 서왕모상의 도상이 뚜렷하게 묘사된 낙랑 지역 동경은 위만 조선 이후 한의 서왕모 신앙이 한반도로 전이됐을 개연성을 짙게 해 준다.

서기전 109년부터 서기전 108년에 이르는 동안 한은 위만 조선의 왕실을 공격했고, 마침내 함락시켰다. 이후 들어선 사군(四郡)은 옛 조선의 강역 내 토착 세력의 끊임없는 저항을 부르기도 했지만, 낙랑 지역을 통해 문물이 소통하는 계기도 맞이했을 개연성이 높다.

한(漢)의 박산로. 그리고 추정되는 한반도에서의 문화 융합

위만 조선의 해체 이후, 토착 세력은 부여와 고구려 등으로 분열하였다. 그들은 이후 한의 사군으로부터 물질 문화는 물론, 일정하게 정신적 부문에 이르기까지 선택적이고 선별적인 문화 수용을 추구했을 것으로 여겨진다. 그런 가운데 앞서 말했듯이 전통적인 조령 신앙은 서왕모(西王母) 신앙 등과 결합하여, 고대 한국인들에게 우인(羽人) 신앙을 내면화시켰을 개연성이 있다. 〈도판 15〉에서 보는 바와 같이 한(漢) 대의 동경에는 새가 많이 새겨 있어, 고대 한국은 물론, 동아시아 전역에 조령 신앙이 보편적인 양상을 띠었음을 읽을 수 있다. 그리고 한 대의 동경에 보이는 서왕모(西

그림 52 한(漢)의 박산로

王母)와 동왕공(東王公)의 모습은 당시의 시의 박산로를 받치는 모습에서 보는 바와 같이 깊은 조령 신앙이 향로의 주요한 조형적 소재로 활용됨을 알 수 있다. 결국 한 대에 이르러 중원 땅에서는 깊은 조령 신앙과 우인(羽人) 신앙이 뒤섞인 형태였음을 알 수 있다.

그림 53 서왕모가 표현된 중국 고대 벽화 　그림 54 동왕공이 표현된 중국 고대 벽화 　그림 55 단군왕검을 표현한 전승 회화 　그림 56 고구려 벽화

　그런데 감숙성의 주천 벽화 내용을 보면, 이 역시 한(漢) 대에 유행한 조령 신앙과 우인 신앙의 결합 형태의 일단을 알게 해 준다. 또한 서왕모 도상을 보면 서왕모의 어깨에 마치 날개와 같은 의류가 덧입혀 있음이 눈에 띄며, 그녀의 아래 발치에는 또한 새가 대령한다. 그리고 동왕공 도상에서도 마찬가지로, 어깨에 날개와도 같은 의류가 덧입히고, 머리 위에는 태양조를 뜻하는 새가 그려 있기도 하다.

　한편 솔거의 작품에 영향을 받아 전승된다는 단군왕검의 초상화도 고민해 볼 대상이다. 현재 꽤 많은 이본이 나도는 이 초상화 계통의 그림들은 하나같이 어깨와 허리에 풀잎으로 덧입혀 있는 형상이다. 이것을 두고 어떻게 해석할 것인지는 쉽지 않다. 그러나 솔거가 신라 때의 인물이고, 그가 그린 진본에 영향을 받은 모본들이라면, 단군왕검의 어깨와 허리에 보이는 풀잎은 아무래도 그 무렵에 유포된 미술 문화적 코드로 헤아려 봄이 합리적일 것으로 생각된다. 따라서 단군왕검의 풀잎 묘사는 서왕모 도상이나 동왕공의 도상에서 보이는 깃털 같은 의류와 같은 맥락에서 볼 여지는 충분하다. 그러나 그것 이외에 《청학집》 등에 보이는 기로 내용도 결코 지나칠 수 없는 유의점을 전한다. 《청학집》에 따르면 단군왕검의 시기에 엄청난 홍수가 있었고, 그 때문에 단군왕검과 네 왕자는 도성까지 버리고 새로운 피안처를 찾아 돌아다닌 것으로 알려졌다. 그러한 기록은 오늘날 한반도와 요동 반도에 걸쳐 확인되는 대규모의 해수면 변동의 고고학적 자료와 함께 눈여겨볼 내용에 속한다. 따라서 단군왕검의 어진에서 보이는 풀잎사귀는 우인의 상징일 수도 있지만 사실은 홍수 시기를 겪어내고자 겉막이 개념으로 둘렀던 일종의 도롱이였을 가능성도 적지 않음에 주의해야 할 터이다.

결국 단군왕검의 어진은 중원 지역에서 전개된 신선 사상과 그에 따른 우인(羽人) 의식의 반영이기도 했겠으나, 극히 실용주의적 의생활을 고스란히 전한다고도 할 수 있다는 말이다.

따라서 낙랑 지역에서 수습된 박산로의 도상성에서도 확인되는 한(漢) 대의 조령 신앙은 역시 한반도에 영향을 끼쳤을 개연성을 지닌다고 할 수 있다. 마치, 《장자》에서 보이는 붕(鵬) 새의 장엄함을 연상시킨다. 거론한 박산로의 수습 지역이 낙랑 지역이란 점은 일정하게 시사하는 바가 있게 해 준다. 적어도 위만 조선 이후 한반도 중부 이남의 세력에게 일정한 문화 교섭 과정을 통한 한문화의 전이와 그를 통한 문화 융합이 있었음을 추정하게 해 주기 때문이다.

부여 땅에서 만들어진 신수(神獸) 패식

옛 위만조선이 한에 의해 패망하고, 해체의 길로 접어든 뒤 등장한 고대국가가 부여이다. 그런데 부여의 땅에서 마치 말과 비슷한 동물에 새의 날개 깃이 뚜렷하게 달린 유익수(有翼獸) 도상의 유물이 수습되어 주목된다. 〈도판 17〉과 〈도판 18〉에 각각 보이는 유물들이다. 신수(神獸) 패식이라고 명명된 이들 유물에 묘사된 유익수가 그 기원을 어디에 두고 만들어진 것인지 세심한 검토를 기다릴 수밖에 없다. 차후에 페가수스나 그리핀과도 연관 지을 수 있겠으나 현재로서는 분명치 않다

그림 57

그림 58

어떻든 부여 땅에서 유익수를 신령한 상징물로 삼았던 점을 분명하게 전해 준다. 만약 중앙아시아나 여타의 서역 지역에서 보이는 유익수와 비슷한 계통성을 지닌다면, 부여가 대외 문화 교섭과 그에 따른 문화 변용을 추구했다는 추정을 불러일으킬 만하기에 흥미롭다.

소익형(鳥翼形) 금동관이 담고 있는 의미

지금의 경주 지역에 자리 잡은 신라 세력은 3세기 중반에 북쪽으로 울진, 서쪽으로 상주에 이르는 낙동강 동안까지 점령했다. 이 시대에 해당하는 유적으로 의성 탑리 유적을 들 수 있는데, 그곳에서 출토된 금동관이 〈도판 19〉의 유물이다. 의성의 탑리에서 출토된 이 금동관은 조령 신앙이 신라 땅에 여전히 존재했음을 증명한다. 그런데 금동관의 제작 방법은 출자(出字)형 금관과 달리 가장자리를 가위로 잘라 잔가지를 만든 뒤, 이

를 다시 꼬아서 새의 깃털 모양으로 다듬었다는 점이다.

한편 고성의 동외동 유적에서는 새 무늬 청동기(鳥文靑銅器)가 수습된

그림 59　　　　　　　　　　그림 60

바 있는데, 이 유물은 해당 시기가 3–4세기로 여겨진다. 따라서 이 유물
은 불교가 수용되기 전에 아주 강하게 자리하던 조령 신앙이 어느 정도
인지를 실감나게 해 준다. 가운데에는 큰 새 두 마리가 새겨 있고, 작은
새를 포함하여 무려 42마리의 새를 새겨 놓았기 때문이다.

황남대총에서 드러난 은제 잔과 식리총의 새, 그리고 이국적 여신(女神)

황남대총의 북분 무덤에서 은제 잔이 드러난 바 있다. 그런데 이 유
물의 겉에는 새를 비롯한 신령한 짐승은 물론, 놀랍게도 고대 이란의 여
신인 '아나히타'가 표현되어 있다. 고대 이란의 여신상이 표현된 것으로
실크로드를 통한 교섭의 결과로도 볼 수 있다. 하지만 매우 소박한 표현

수법으로 미루어보아, 국산품일 가능성도 제기된 바 있다.[90]

한편 식리총에서 수습된 금동제 신발의 바닥에 보이는 대칭의 쌍조문(雙鳥文) 역시 함께 생각해 볼 만한 유물이다. 이 대칭의 쌍조문은 사산조 이란의 전형적인 문양이어서 이를 통해 고신라(古新羅)의 대외관계 실상을 파악할 수 있다.[91]

그림 61

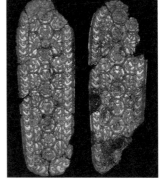
그림 62

고구려 봉황 장식과 금동관형 장식

북한 지역의 운산 용호동 1호분에서 고구려의 봉황 장식이 수습됐다. 이 금동제 봉황 장식과 함께 투조 금동관형 금동 장식은 모두 고구려 역시 깊은 조령 신앙을 상징 문양으로 받아들이고 있었음을 잘 알게 한다. 뒤의 꼬리가 힘차게 뻗어 있는 봉황 장식과 태양조인 삼족오가 역시 억센 역동성을 느끼도록 배치하였다. 전체의 디자인에 통일성과 짜임새가

---

90 권영필, 《실크로드 미술》, 열화당, 1997, 194쪽.
91 권영필, 〈실크로드 미술 새롭게 보기—고대 한국 미술과 관계해서—〉, 《서역미술》, 국립중앙박물관, 2003, 205쪽.

돋도록 새겨진 모습을 통해, 고구려 공예의 진수를 느낄 수 있다. 특히 관모 형상의 공예품은 베갯모로도 추정되는데, 상부에는 봉황을, 하부에는 두 마리의 용이 각각 보이며, 유려하고 세련된 모습이다.[92]

그림 63

그림 64

신라의 새 날개 꼴 관식들

아래의 그림 자료는 천마총에서 출토된 유물이고, 그 오른쪽 그림 자료는 황남대총에서 출토된 유물로 모두 날개형 관식이다.

천마총에서 나온 유물의 내관은 앞, 위 및 관 앞 중앙의 4개 부분으로 나뉜 금판을 서로 연접하여 만든 것으로 통풍이 되도록 여러 가지 기하 무늬를 맞새김했다. 그러한 내관에는 새 날개 모양 장식을 꽂도록 만들

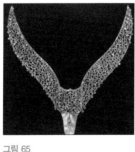

그림 65

그림 66

92 김원용 · 안휘준, 《한국미술의 역사》, 시공사, 2003, 91쪽.

었다. 이 날개 또는 깃을 모자에 꽂는 것은 고구려와 통한다. 천마총 출토의 날개 장식과 황남대총에서 출토된 유물에는 모두 모자에 꽂을 수 있는 혀 모양의 슴베가 있다. 그 슴베의 좌우로 길게 뻗은 맞새김 금판에는 괴운문 따위의 문양이 시문됐고, 영락 장식이 무수히 달려 있다.[93]

여러 새가 부착된 미늘쇠(鳥形府有刺利器)

금속 판재에 날카로운 미늘을 덧붙인 금속기를 '미늘쇠'(有刺利器)라고 한다. 이에 대해 기마병을 말에서 끌어내리는 무기로 보기도 하지만, 특정 집단의 상징물과 같은 의기(儀器)로 보는 견해가 많다. 한 관련 연구자(울산대 박물관, 김영민)의 견해에 따르면, 미늘쇠는 삼한시대를 지나면서 몰락했던 사제 집단의 주술적 의기 성격이 강한 것으로 알려졌다.

그런데 이 미늘쇠는 지금까지의 출토 상태를 보아, 중국이나 일본에서는 수습된 바가 없고, 한반도에서도 영남 지역을 중심으로 출토되는 점이 주목된다. 경남 함안의 도항리 무덤에서 드러난 '미늘쇠' 유물이 그러하다. 그런데 미늘쇠의 가장자리에는 여러 마리의 새가 붙어 있어, 역시 소령 신앙과 관련한 의기의 일종으로 짐작된다. 미늘쇠에 덧붙어 있는 새 모습의 금속붙이들은 해신과 산신, 그리고 천신과 사람의 세상을 이어주는 메신저로서의 의미를 지니고 있다고 여겨진다. 가야인들이 지녔던 깊은 조령 신앙의 단면이 보인다. 또 함안 도항리 3호 무덤에서 출토된 미늘쇠 유물은 그 길이가 35.9센티미터에 너비가 10.2센티미터이다.[94] 더불어 경남 합천의 복전 M유적에서 드러난 미늘쇠 유물도 역시

93 김원용·안휘준, 《한국미술의 역사》, 시공사, 2003, 198쪽–199쪽.
94 국립 김해박물관, 《국립 김해박물관 도록》, 통천문화사, 1999, 157쪽.

눈길을 끈다. 역시 새 모양 금속 조형물이 덧붙어 있어 조령 신앙의 유물로 주목되기 때문이다.

 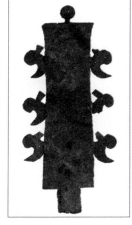 

그림 67 여러 미늘쇠 유물   그림 68   그림 69

새가 달린 서봉총 금관

아래 도판 자료에서 보는 바와 같이, 서봉총의 금관을 보면 출자형(出字形) 장식 외에 사슴 뿔 모양 장식, 그리고 덧붙여진 새 모양 장식이 인상적이다. 새 모양 장식은 여전히 지상계와 천상계를 잇는 메신저로서의 역할을 부여받은 영매로서의 영조(靈鳥)로 여겨진다. 한편 신라 금관의 계통성을 논하는 연구자 가운데에는, 신라 금관에 담긴 기본 사상이 흑해 북안의 노보체르카스크의 서기전 1세기 사르마트 족 고분의 양식과 통할 수 있음을 제기하는 경우도 있어 주목된다.[95]

95 《스키타이 황금》, 국립중앙박물관, 에르미타주립박물관, 조선일보사, 1991, 298쪽.

한편 고구려 금동관 깃털 모양 장식을 보면, 마치 의성 탑리에서 드러난 금동관의 제작 방식과 동일한 것임을 알 수 있다. 세 개로 이루어진 깃털 모양 장식판 가운데 중간에 세운 장식물의 가장자리에 금동판으로 가위로 정교하게 오려서 비틀어 신비롭게 보이게 하는 유물이다. 이런 기법이 한반도 중남부는 물론 북방의 고구려에까지 연이어지고 있다는 점은 당시의 금속 공예 기술이 일정하게 호환성 있게 유포된 점을 읽게 한다.

어떻든 신라의 서봉총 금관에서 역시 부착된 새를 통하여, 여전히 조령 신앙적 요소가 미술적 요소로 작용하는 점은 분명하다. 더불어 모든 국가가 제각기 조령 신앙을 문화예술적 활동에 지속적으로 반영했음을 확인하게 된다.

그림 70   그림 71

환두대도의 고리 안에 있는 용과 봉황 모습

고대 한국에서 깊이 자리했던 조령 신앙은 무기로 제작된 환두대도의 손잡이 끝 장식물 문양으로 응용됐다. 백제의 무녕왕릉에서 출토된 단룡문 환두대도를 보면, 용은 물론, 날렵한 신조(神鳥)가 새겨 있음이 인상적이다. 고리안의 문양 역시 다른 환두대도를 보면 봉황의 머리들이 부착되었던 점 역시 눈길을 끈다.

무녕왕릉에서 드러난 이 금동장단룡환두대도(金銅裝單龍環頭大刀)는 그 전체길이가 82센티이고, 손잡이의 길이는 22센티미터이다. 환두대도의 손잡이 끝에 이루어진 금속제 고리 안에 한 개의 용 조각물이 부착됐기 때문에 붙여진 고고학적 유물명이다. 이 환두대도는 칼자루와 칼 몸 등의 상태는 비교적 양호하나 칼집은 거의 썩어 없어졌고 금과 은으로 된 판 장식물만이 남아 있다. 칼자루의 끝에 이루어진 환두 고리는 그 단면이 원형이고 평면 타원형이다. 그 고리의 표면에는 머리를 아래로 향한 일신 양두(一身兩頭), 곧 몸은 하나인데 머리는 두개인 용이 음각되어 있다. 또한 고리 안에 부착된 용 조각물은 긴 뿔과 길게 내민 혀가 고리의 안쪽 측면에 접하고 있다. 그리고 손잡이의 위 끝에는 봉황(鳳凰)이 안쪽으로 배치된 6각 거북 등딱지 문양(六角龜甲文)이 네 개가 투각된 은제 띠고리가 끼워 있다.

은제 띠고리의 아래에는 지그재그 형상이 새겨 있고, 폭이 좁게 이루

그림 72 환두대도의   그림 73 환두대도의 손잡이 부분(其二)
손잡이 부분(其一)

어진 띠고리가 끼워 있다. 손잡이 중간 부분에는 겉이 연주문(連珠文)과도 같은 은줄이 빽빽이 감겨 있다. 은줄의 아래 끝에는 봉황 귀갑문이 투각된 은제 띠고리를 끼우고 그 아래에는 누금세공으로 된 금제의 지그재그 무늬인 거치문(鋸齒文)의 띠가 돌려 있다. 칼집의 나무는 썩어서 거의 남아 있지 않으나 흑칠이 엿보이는 조각이 붙어 있다. 또한 칼집의 표면에는 중심선을 따라 폭이 좁은 금판이 한 줄 있고, 그 위에 다시 십자(十字) 모양의 투각된 은 장식물이 못으로 박혀 고정되어 있다. 칼집 입의 금구는 은판제이고 이 부분에서 엿보이는 칼집의 단면은 편평팔각형(扁平八角形)이다.

한편 다른 환두대도류의 손잡이를 보면 흔히 삼엽문으로 지칭되는 장식 문양이 보이는데, 언뜻 새 모습으로 보이기 쉬운 점은 결코 예사로운 일이 아니다.

스키타이 계열의 간두식(竿頭飾)

스키타이 계열의 간두식을 보면, 그 조형성에서 아래 부분에 대롱 꼴의 관형 공부를 확실하게 이루는 점을 확인할 수 있다. 또한 간두식의 상부에는 구멍을 뚫어 동탁을 결합하여 딸랑거리는 소리를 낼 수 있도록 했다는 점이다. 제의를 집전하는 자가 이 간두식을 쥐고서, 흔들 때 방울은 소리를 내고 그 소리는 당연히 신령스러운 소리로 간주될 터이다.

한편 스키타이 간두식은 조령 신앙을 상징화한 새의 모습이 부분적으로 머리만을 형상화한 경우가 있다. 그리고 그리핀이나 해마 등의 짐승들을 환상적으로 도상화하기도 한 점이 인상적이다. 그런가 하면 그리핀만을 단출하게 조형화기도 했고, 또한 사실적인 새 모습을 전신상(全身

그림 74 간두식

그림 75 간두식

그림 76 종이 달린 간두식

그림 77 세 마리 새가 조형
된 간두식

像)으로 조형하기도 하였다.

그런가 하면 날개 달린 여신을 조형화한 경우도
있다. 이 간두식에 조형된 여신은 '아르김파스'로 알
려져 있는데, 헤로도투스에 따르면, 아르김파스는 바
로 '아프로디테'인 것으로 전해진다. 아르김파스의 어
깨에 형성된 기다란 날개를 통해, 스키타이 지역에
조령 신앙은 물론, 우인(羽人) 신앙이 있었다는 점을
알 수 있다. 또한 해마와 그리핀의 동물 투쟁 상황
을 매우 환상적으로 도상화한 간두식도 있고, 서기
전 5세기경에 만들어진 것으로 알려진 유물로 "새 머
리가 장식된 사슴 뿔의 모티프는 스키토-시베리아,
사르마틴, 알타이 양식이 모두 반영되는 특징을 가
지고 있다"는 견해가 주목되는 간두식도 있다.[96] 그
같은 견해가 정당할 경우, 스키타이에서 오르도스
로 이어지는 청동 문화가 일정한 융합을 이루었다는

그림 78 여성이 조형된 간
두식

그림 79 말이 조형된 간두식

96 이송란, 〈오르도스 새 머리 장식 사슴뿔 모티프의 계보와 동점〉,《오르도스 청동기 문화와 한국의 청동기 문
화》, 한국고대학회, 2007, 323쪽.

의미를 지니게 되기 때문이다. 따라서 한국 청동기 문화의 계통성을 구명하는 데, 나름대로 융통성이 있는 추정을 가능하게 해 준다.

그림 80 시베리아의 레페티카 산맥 부근의 쿠르간 무덤에서 출토된 청동제 장대투겁

한편 시베리아의 레페티카 산맥 부근의 쿠르간 무덤에서 출토된 청동제 장대투겁의 경우도 주목할 만하다. 이 장대 투겁에 조형된 새는 "부리가 넓적하고 몸통이 퉁퉁한 것으로 보아 물새로 짐작된다. 이때 물새는 장대투겁을 위에 끼운 신간의 종교적 의미를 확인하고 강조하며, 그 기능을 높이기 위하여 앉혀진 것으로 볼 수 있다."[97]는 견해는 설득력 있게 받아들여진다. 그런데 이 장대투겁은 수습된 지역이 시베리아라는 점에서 그보다 서쪽의 스키타이 지역에서 드러난 장대투겁(간두식)과 비교된다. 다시 말해 스키타이 지역에서 수습된 유물들이 동물이나 그리핀 등이 환상적으로 도상화되거나, 일정 방향을 바라보는 새들과 방울이 결합된 조형성과 다르기 때문이다. 시베리아에서 수습된 유물은 방울이 내장된 부위의 위에 다시 새가 앉아 있는 듯한 형상을 띠고 있다.

오르도스 계열의 간두식(竿頭飾)

오르도스 지역에서 보이는 조령 신앙 관련 간두식으로는 청동제 쌍

---

97 이필영, 《한국 솟대신앙의 연구》, 연세대학교 사학과, (1989년 박사학위 인준논문), 159쪽.

조식 간두식을 비롯하여, 모습이 분명치 못한 새 머리 꼴 간두식이나 학 머리 꼴 간두식 등이 있다. 스키타이 지역의 간두식에서 보게 되는 구체적인 조형성이 흔치 않다는 게 특징이다. 또한 새가 한 마리가 아니고 두 마리인 쌍조식으로 구성되었고, 두 새의 방향이 서로 마주보는 점이 특이하다. 그런데 스키타이나 시베리아 지역에서 보게 되는 조형성과 비교해 보면 새나 그리핀 따위의 방향이 일정하고, 아래에 동탁이 결합된 점과 다르다. 듯이 결합시킨 형상으로 드러난 점이 주목된다. 하지만 오르도스 지역에서 드러난 간두식 유물을 보면, 방울은 사라지고, 두 마리의 새가 마주보는 모습의 쌍조식 조식간두임을 알 수 있다. 시베리아나 그 이서 지역인 스키타이의 경우 보여주는 일정한 정형성이 어째서 오르도스 지역에 이르러 이런 변화를 드러내는지 그 양상에 관한 원인의 구명은 앞으로의 과제가 될 듯하다.

간두식, 그리고 한국의 조령 신앙

긴 장대를 마련하고 다시 그 장대의 끝인 장대투겁에 무언가 의미를 담은 상징적 문양이나 도상적 기호를 표현한 것이 바로 간두식(竿頭飾)이다. 이 간두식을 지닌 자는 당연히 그를 둘러싼 집단의 안녕과 평안을 염원했을 터이다.

그런데 간두식은 지역에 따라 혹은 시기에 따라 다소 다른 양상을 띠었다고 할 수 있다. 스키타이의 경우를 보더라도 시기적 변천 양상이 보이기 때문이다. 후기 청동기와 초기 철기시대의 코카서스에서 쓰인 간두식은 때로는 도끼 따위와 같은 무기류

그림 81

와 함께 무기로 여겨진다는 견해가 있기도 하다.[98] 이어 전기 스키타이 미술(서기전 7–6세기)의 경우, 간두식은 말의 제사(Cult)와 관계되는 것 같다는 견해가 있다. 당시 간두식은 "때때로 귀를 쫑긋 세우고 있는 말이나 당나귀의 머리 모양으로"[99] 만들어졌기 때문이다. 하지만 스카타이 간두식이 반드시 말에만 한정되어 거론할 수는 없을 듯하다. 중·후기(서기전 5–4세기)의 스키타이 간두식을 보면, 말이나 당나귀보다는 사자 머리를 한 그리핀이나 삼지창 형태를 띤 세 마리의 새 모습, 그리고 날개 달린 여신 따위로 드러나기 때문이다. 그렇지만 어떻든 스키타이 간두식은 "상이한 형상과 조합적 디자인의 놀라운 변이가 스키타이 미술의 특징인 다량의 청동제 간두식에 의해 설명된다"[100]고 할 정도의 평가를 받는다. 그리고 덧붙일 것으로, 과연 코카서스의 경우처럼, 간두식이 무기류처럼 쓰였겠는가 하는 점이다. 오로지 기원적 상징물로 쓰였다고 보는 게 합리적일 듯하다. 여기서 간두식에 표현된 동물 조형과 방울이 부착되는 독특한 조형 양식은 간두식의 성격을 파악하는 데에 중요한 요소로 볼 수 있다. 따라서 "구체적으로 동물 조형은 간두식의 일부이고, 더욱이 그 동물 장식 밑에 부착된 방울은 그 간두식이 샤만과 연관되었음을 짐작하게 된다"[101]는 견해는 크게 주목된다.

한편 스키타이 지역을 벗어나, 오르도스 지역에 이르는 그 어떤 지역에서도 이렇다 할 간두식의 존재가 확인되지 않는 것은 기이한 현상이다. 물론 앞으로의 발굴이나 발견이 있을 수는 있지만, 현재로서는 난망한 상태임에는 분명하다. 다만, "흉노의 공예에서 새 머리가 장식된 사슴

---

98 국립중앙박물관 편집, 《스키타이 황금》, 조선일보사 발행, 1991, 44쪽–45쪽.
99 국립중앙박물관 편집, 《스키타이 황금》, 조선일보사 발행, 1991, 56쪽.
100 국립중앙박물관 편집, 《스키타이 황금》, 조선일보사 발행, 1991, 56쪽.
101 권영필, 〈실크로드 미술 새롭게 보기–고대 한국 미술과 관계해서–〉, 《西域美術》, 국립중앙박물관, 2003, 191쪽.

뿔의 모티프는 이제까지 살펴보았던 스키토-시베리아, 사르마틴, 알타이의 양식이 모두 반영되는 특징을 가지고 있다.”[102]는 견해는 한 시사점을 느끼게 한다. 스키타이에서 오르도스로 이어지는 영역상의 한 지역으로서 흉노 지역이 서로 다른 문화의 융합 지역으로 이해할 수 있다면, 간두식이 언젠가는 그 존재가 확인될 개연성이 있기 때문이다.

그런데 오르도스 지역에서 드러난 간두식의 경우를 보면, 스키타이에 비하여 그 조형적 양태는 비교적 고졸해졌다고 여겨진다. 이어 한국의 경우를 보면 간두식의 존재는 확인되지만, 스키타이나 오르도스 지역과는 또 다른 양상을 보인다.

한국의 조령 신앙과 관련한 간두식의 특징은 스키타이나 오르도스 지역과는 그 조형성을 달리한다고 보아야 할 것 같다. 현존 유물이 매우 적어 거론하기 부담스럽지만, 연세대학교 박물관에서 소장하는 쌍조식 청동제 조식간두(雙鳥式靑銅製鳥飾竿頭)를 보더라도 그렇다. 두 마리의 새가 마주보는 형상이다. 또한 간두식의 한 변종처럼 보이는 5세기경의 가야 미늘쇠 유물을 보면, 숱한 새 모습 조형물이 부착된 것을 단적으로 확인하게 된다. 한국의 간두식이나 미늘쇠의 경우를 보면, 스키타이 지역에서의 유익수가 아닌 본래의 새 모습 자체를 사실적으로 형상화했다는 점이 특징이다. 또한 오르도스 지역에서의 새 모습 간두식이 새의 일부분만을 형상화한 것과는 전혀 다른 양상임을 알 수 있다.

---

102 이송란, 〈오르도스 새 머리 장식 사슴뿔(Bird-Headed Antler Tine)의 모티프의 계보와 동점-평양 석암리 219호분 은제타출마노감장괴수문행엽의 제작지 문제-〉,《오르도스 청동기 문화와 한국의 청동기 문화》, 한국고대학회, 문화관광부, 2007, 316쪽.

한국 문화의 또 다른 바탕, 조령 신앙

이제껏 고대시기에 해당하는 금속 미술 양상을 간두식 등의 유물을 통하여 중앙아시아와 한국에 걸쳐 언급했다. 그 같은 전개에 바탕을 깔고 다룬 신앙이 바로 전 세계적인 현상으로 이해되는 이른바 조령 신앙이었다. 결론적으로 중앙아시아와 한국에 걸쳐 드러난 간두식과 관련 금속 미술 유물에 숱한 새 문양과 새 모습의 조형물이 확인되었다. 더불어 그와 같은 미술사적 자취는 역사 문화적으로 새가 지닌 상징성이 광범위한 문화적 소재와 신앙적 코드로 지속된 점을 일깨워 준다. 그런데 한국 조령 신앙의 시원을 스키타이나 오르도스 계통으로 연결하여 볼 수도 있겠으나, 이미 신석기시대에 한국의 양평 땅에서 날아가는 새가 묘사된 돌 유물이 수습된 점을 도외시하기 어렵다. 따라서 한국 조령 신앙의 시원을 무조건 외래적 요소의 수용으로 설명할 필요성을 느끼지 않는다. 다만 한국의 세형동검을 보면, 비산동 출토 유물의 경우 그 손잡이 끝 장식물이 파지리크에서 드러난 말제갈의 모습과 너무 유사하다는 점이라든가, 동탁을 달고 있는 간두식을 보면 한국의 청동제 의기와 결코 거리감을 둘 수가 없는 측면이 느껴진다. 또한 오르도스의 경우를 보면, 동검의 검신이 마치 요녕식 동검(비파형 동검)의 검신과 너무나 비슷하기에 역시 오르도스와의 연관성을 거부할 수가 없다. 따라서 한국 청동기 문화의 계통성을 쉽게 말하기가 매우 곤란하다.

그러나 간두식의 경우를 보면 한국 땅에서 청동기 시대에서 초기 철기시대에 이르는 과정에 비교적 정형성을 갖춘 조식간두가 수습되어, 한국에서의 조령 신앙의 전개가 나름대로의 미술적 미감을 이루며 전개된 점을 뚜렷하게 확인할 수 있다. 그리고 간두식이 지니고 있는 조형성을 두고 볼 때에도 우리의 조식간두는 두 마리의 새가 서로 바라보고 있는 이른바 쌍조식 청동제 간두식이다. 이러한 조형성은 오르도스 지역에서 보이고 있기도 하다. 그러한 수습 사례는 일찍이 김원용이 "오르도스는 동아시아에서의 스키타이 동물 양식의 마지막 전진기지 또는 기착지라고 할 수 있을 것이다"[103]라고 밝힌 견해와 관련되어 주목된다.

그런데 한국 고대의 미술의 계통성과 미술적 모티프의 연원을 그저 외래적 문화 수용에 의한 것이었다고 단언하기에는 좀 더 차분한 검토가 요구된다. 본래 한국에서의 조령 신앙이 자생성을 지녔을 개연성이 앞서 말한 바와 같이 양평에서 드러난 '날아가는 새'라는 석제 미술품을 통해 확인되기 때문이다. 더욱이 그것은 신석기 시대의 유물이라 가치성은 결코 가볍지 않다. 이후 청동제 농경문 청동기에 새겨진 깃털 꽂은 사내나 두 마리의 새 그림 역시 중요한 조령 신앙의 흔적임에 분명하다.

다만 한국고대사에서 위만조선의 왕실이 몰락하는 서기전 108년 이후 한에 의한 사군의 설치라는 역사적 사건은 많은 것을 생각하게 한다. 한반도에서의 평양 지역에서 숱하게 드러난 낙랑 유물을 쉽게 재단하긴 어렵지만, 각종 명문 유물들을 두고 볼 때, 한반도 토착 세력이 항전과 더불어 일정한 문화 교섭 과정을 통한 선진 문물의 수용이라는 과도기를 거쳤다고 보는 게 합리적일 듯이 여겨지기 때문이다. 그런 과정이 정당한 견해로 인정된다면, 한(漢)의 시기에 매우 두드러지게 유포된 서왕모 신앙과 사신 신앙을 주목할 필요를 느낀다. 모두 조령 신앙과 우인의식을 엿보이게 하는 미술적 코드를 지니고 있기 때문이다.

한편 조령 신앙은 사실상 전 세계적인 현상으로 결코 특정 민족이나 정치체의 미술적 상징성으로 고집할 수는 없다. 따라서 고대로부터 이루어졌을 것으로 확인되는 실크로드를 통한 금속 미술 사조의 수용이 거

---

103 김원용, 〈스키타이족과 그 미술〉《스키타이 황금》, 조선일보사, 1991, 296쪽.

론되는 점 또한 주목할 점이다. 따라서 한국 고대의 미술적 상징성은 문화의 교섭과 변용이라는 관점에서 객관적이고 보편적인 시각으로 검토되어야 할 터이다.

그런 관점에서 우리 한국의 고대로부터 고유한 조령 신앙이 분명히 존재했다고 여겨진다. 문헌학적 증거로는 익히 알려진 《삼국지》나 《후한서》 등의 '소도' 관련 기록을 들 수 있다. 그리고 고고학적으로 연대박물관에 소장된 청동제의 '쌍조식조식간두(雙鳥式鳥飾竿頭)'는 움직일 수 없는 절대적 자료에 해당한다. 그러나 우리 청동기 문화는 스키타이 계통은 물론 오르도스 계통과 문화 교섭 과정을 통해 그들의 금속공예적 미술 문화를 선택적이고 선별적으로 수용했다고 보는 것이 합리적일 듯하다. 그렇지 않고서는 스키타이 계통과 유사한 모습을 띠고 있는 대구 비산동 출토의 세형동검이나, 요녕식 청동검의 둥글게 휘어진 검신의 날을 설명하기 곤란하기 때문이다.

또한 앞서 말했듯이 위만조선의 붕괴와 함께, 우리에게 중원적 요소인 서왕모 신앙과 우인의식이 전파되어, 그런 결과는 신라의 솔거에 의한 '단군왕검' 어진의 제작 등에 영향을 주었다고 여겨진다. 단군왕검의 어진이 비록 검증이 분명하게 이루어지지 않았지만, 《근역서화징》 등의 기록에 솔거가 단군왕검에 대한 꿈을 꾸고서, 초상화를 그렸다는 설화가 전해지는 점은 중시할 바다. 그리고 지금 전해지는 대개의 단군왕검 초상화가 솔거의 작품인양 회자되고 있기도 하다. 어떻든 그런 작품들이 하나같이 어깨와 허리에 활엽수 계통의 잎으로 덧입혀진 점은 우인(羽人)의식의 반영으로 해석해 볼 여지가 매우 크다는 점이다. 그 같은 우인의식의 근원을 정확하게 지적할 근거는 마땅치 않지만, 적어도 당시의 시기를 전후하여 서왕모상이 유입됐을 개연성이 무척 큰 점을 제기하고자 한다. 결국 중원에서 활성화되던 서왕모와 동왕공 따위의 신선사상이 우리 고대 한국의 화가들에게 영향과 자극을 끼쳤을 개연성을 주목한 셈이다. 다시 말해 미술 문화의 교섭 과정과 수용이라는 현상을 주목하는 견해를 밝힌 것이다.

이후 한국 고대의 조령 신앙과 관련한 미술 문화의 전개는 매우 왕성했던 점을 특기할 필요를 느낀다. 각종 금관 양식에 깃털과 같은 조형성이 뚜렷한 점은 특징적이다. 그뿐만 아니라 용이나 봉황의 시문은 너무 흔한 기법에 해당했고, 고구려와 백제, 그리고 신라와 가야 모든 족속이 그 문화적 소재를 거의 동일시하면서 활용하고 창작했다는 점을 주목할 수 있다.

한국 고대의 금속 미술 유물에 드러나는 조령 신앙은 새만큼 자유로운 미의식의 자유로움을 말하는 것일 수도 있다는 생각이다. 새처럼 자유로운 미의식의 바탕에는 그 어떤 세계와도 소통하고 교섭하겠다는 자유로운 문화 교섭의 의지가 담겨 있는 것은 아닐까.

한국원형문화의　이해

문질빈빈(文質彬彬)의 삶,
그것이 한국인의 정서였다

문무겸전 사상의 뿌리는 어디서부터였나?

내용과 바탕이 모두 조화된 상태를 공자는 '문질빈빈'(文質彬彬)이라 표현하여 그 뜻을 높이 평가했다. 그러한 세계관과 정서는 한편으로는 문무겸전(文武兼全)의 정신과도 크게 다르지 않은 것이기도 했다. 그렇다면 우리 한민족의 역사에서 문무겸전의 기원은 어디서부터 언급이 가능할까?

《태백진훈》에는 신지(神誌)가 언급됐는데, 신지는 "사슴 발자국을 보고서 곧 그 글자를 만들었다"고 했고, 더불어 "후대에 은혜를 남겼고 많은 복을 끼쳤고 그의 문화적 공덕을 기념하여 사황(史皇)으로 불러 숭상하였다"[104]고 밝힌다. 여기서 문제가 되는 부분은 바로 '사황(史皇)'이라는 표현이다. 왜냐하면 사황은 중국의 옛 학자들로부터 창힐(蒼頡, 혹은

---

104 神誌裕後多福念厥文功崇號史皇, 《太白眞訓》, '中篇'

그림 82 서주에서 수습된 한 대 화상석(공자가 노자를 찾아보는 모습이 묘사되어 있는데, 공자는 허리에 칼을 차고 있어 눈길을 끈다.)

倉頡)이라는 상고시기 설화적 인물을 두고 숭상하여 부르던 표현이었기 때문이다.

우리는 《태백진훈》의 내용으로 인해 심각한 고민에 빠진다. 우리의 상고시대에 신비한 인물로 전해지는 신지가 어째서 사황이라고 표현되었는가? 혹시 이암이 지나친 애국심을 느껴 신지를 또 다른 사황이라고 억지로 부추긴 것은 아닌지 의문이 들기 때문이다. 행촌 이암이 아무 근거도 없이 한국 역사상 상고시기 신비의 학자였던 신지를 근거도 없이 창힐과 똑같은 칭호인 사황이라고 꾸민 것으로는 보기 어렵다고 여겨진다.

결국 이 문제는 또 다른 자료가 확인되기 전까지는 유보할 수밖에 없으나, 신지가 사슴 발자국을 통해 글자를 만든 점과 창힐이 새 발자국을 통해 글자를 만들었다는 설화를 견주어 볼 때 똑같이 글자를 만들었다는 공통점이 있기에 혹여 이명동인(異名同人)은 아닐지 조심스러운 추정을 해 볼 수도 있다. 더욱이 오늘날 한반도에 신지의 유묵으로 전하는 탁본과 중국 내 《순화각첩(淳化閣帖)》 등에 전하는 탁본의 글자가 거의 똑같은 점은 창힐과 신지가 같은 인물일 가능성을 크게 높이고 있어 큰 흥미를 일으킨다.

어떻든 창힐(蒼頡 혹은 倉頡)의 글씨로 알려져 전해지는 '창성조적서비(倉聖鳥跡書碑)'는 탁본으로 중국 내에서 유통된 지 오래되었다. 《순화각첩》의 권오(卷五)에 고전자 28자로(古篆二十八字) 실려 오늘날까지 전해지고 있음은 매우 주목되는 점이다. 그리고 이 탁본 비문을 두고 현대 중국 학자인 왕정붕(王正鵬)은 "戊己甲乙居首, 共友所止。列世式, 氣、光名左互。又家受赤水尊、戈、矛、斧、帚。"로 각기 그 문자를 옮겨 풀었다. 곧 석문(釋文)을 한 것이었다. 그 석문을 고스란히 인정한다면 그 풀이는 "나를 무성하게 하기를 갑이요 을이요 하듯이 머리를 둘 것이고, 벗과 함께 하고 그칠 바이며, 세상의 법식이면서 기운이 되어 나란하며, 두루두루 쥐어서 이름을 빛내고, 또 집안에 혈족을 존귀하게 받들며 과창과 모창과 도끼를 우거지게 하라."정도가 될 듯 싶다. 좀 더 쉽게 풀이를 시도하자면, '나를 충실하게 하기를 갑은 갑대로 을은 을대로 질서가 있게 갖추듯이 머리를 둘 것이고, 벗과 함께 하면서, 그칠 때에는 함께 그치듯이 신의를 지키며, 세상에 모범이 될 듯이 하고, 두루두루 통섭하여 이름을 더럽히지 말고 빛내며 집안 친인척을 보살피며 여러 무기와 도구를 두루 충실히 하여 불시의 변고에 대비하라"는 뜻으로 풀이가 된다. 결국 일종의 당부이면서 이 세상을 잘 살아가도록 이끄는 처세훈을 가르치는 내용저럼 이해된다.

우리는 한역 문장의 풀이를 통해 창힐의 시기에 과창과 모창, 그리고 도끼라는 도구가 소중한 생활 도구로 사용되었음을 추론할 수 있다. 그렇다면 어째서 창힐의 조적서비(鳥跡書碑) 마지막 행에 그 같은 도구가 나열되어 우거지도록 하라는 말까지 드러나고 있을까?

단언하긴 어렵지만 창힐이 만약 설화적 한계를 벗어나 완벽한 역사적 고증에 의해 실존 인물로 확인되면 지금으로부터 약 4700여 년 전의 인물이 된다. 그러한 전제로 본다면 창힐의 생존 시기에는 인문적 지성

보다 강인한 무력적 기반이 여전히 삶의
실제적 기반으로 작동되던 시기라고 이해
된다. 따라서 이른바 조적서비 마지막 행
에 과창(戈), 모창(矛), 도끼(斧) 등의 날붙
이 도구(무기)가 거론된 의미를 넉넉히 추
정할 만하다. 곧 삶의 자위적 수단이요,
실용 도구인 날붙이를 집안 가득히 갖추
고 있어 만반의 준비에 소홀함이 없도록
하라는 지침적 언명으로 이해되는 측면
이 있다. 더불어 창힐 등의 서기전 4700
여 년 전의 사회에 그 같은 날붙이 도구

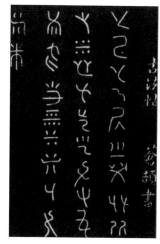

그림 83 창힐(蒼頡 혹은 倉頡)의 書로 전
해지는 기록내용

의 생산이나 가공 기술의 보편화가 이루어졌을 것이고, 구체적으로 소재
에 따른 기술적 층차(層差)도 존재했을 것으로 여겨진다. 이를 테면 만일
창힐 당시에 석재(石材)가 아닌 청동기 따위의 금속류 소재가 존재했다면
청동제의 날붙이 제작 기술을 갖춘 개인이나 세력은 그렇지 못한 개인이
나 세력보다 정치 군사적 위계가 상대적으로 강했고 그에 따른 권력화를
쉽게 이루었을 터이다. 창힐의 조적서(鳥跡書)를 통해 서기전 4700여 년
전에 기술력에 의한 권력 구도의 형성 양상을 희미하게나마 짐작할 수
있다.

한편 창힐과 똑같이 문자를 만들어 환웅과 단군왕검이 다스리던 동방
의 상고사회에서 여러 사람에게 큰 은혜를 베풀어, 역시 사황으로 숭상되
었던 신지를 되뇔 필요가 있다. 신지가 남긴 탁본 글자와 칠힐 탁본의 글
자가 거의 같은 점을 통해, 창힐의 조적서에 담긴 문무겸전적 정서는 바로
동방 상고사회인들이 지닌 세계관을 반영하는 것일지도 모르기 때문이다.

천하를 구하는 법식을 드러낸 자부 선인의 삶[105]

《태백진훈》에 따르면, "자부(紫府, 자부선생)가 있었는데, 더욱 뛰어나고 열렬하고 위대하여 서쪽으로 헌원(軒侯,軒轅)를 가르쳤으니 천하를 구하고 자 하는 방식"[106]인 것으로 밝히고 있다. 자부 선생은 《포박자》라는 책에서 헌원에게 '삼황내문'이라는 진귀한 기록을 통해 지혜를 가르쳤다고 전해지는 인물이다. 《태백진훈》의 문장을 통해 자부 선인이 헌원을 가르쳤고, 결과적으로 《삼황내문(三皇內文)》을 전해 준 행위의 본질은 '천하의 법식됨(式求天下)'에 있었음을 알 수 있다. 그런데 《태백속경(太白續經)》에 따르면, 자부선생이 헌원에게 삼황내문을 건네 준 근본 원인은 놀랍게도 치우에 의한 것이었다고 밝혀 있어 매우 주목되는 바이다. 해당 문장을 보면, "환웅님이 처음으로 천경과 신고의 훈을 창제하시고 치우님의 때에 자부 선생을 명하여 삼황내문의 가르침을 전하시고 단군왕검님께서 황제중경의 도를 서술하였으니 이로부터 선인 건자가 기술함만이 있고 지어내지 않았음이라."[107]인데, 치우가 헌원을 가르치고자 자부 선생을 통해 삼황내문이 전달된 경위를 이해할 수 있다. 따라서 자부 선생에 의한 '式求天下'의 의도는 본래 치우로부터 비롯된 것임을 알 수 있다.

어떻든 이임은 뒤이어 자부 선생을 두고 "왕성한 떨침[108]과 신령한

---

105 이 부분의 자부 선인에 관한 논고의 상당 부분은 박선식의 논문, 〈동북아상고 및 고대시기 尙武的 世界觀의 태동과 尙武文化의 전개양상〉《동북아 상무정신의 태동과 전개》(2015 한국전통무예진흥학회 추계학술학술발표회 자료집, 한국전통무예진흥학회, 2015)에서 재인용하거나 부분 수정을 한 것임을 밝힘.

106 有紫府益烈而大西教軒侯式求天下, 《太白眞訓》, 中篇

107 桓雄肇制天經神誥 蚩尤之時命紫府先生 傳三皇內文教 檀君王儉 叙述黃帝中經之道 自是 仙人健者 有述而不作, 《太白續經》, 二十七章.

108 자부(선생)의 사회적 신분이 과연 임금의 반열이었는지는 좀 더 고민해 볼 점이다. 하지만 자부가 공손헌원(뒷날의 黃帝)의 내방을 기꺼이 허락하고 그에게 도를 전했다는 여러 전승 기록은 의미심장하게 여길 만하다. 당시 일세의 정치 지도자로 나서고자 했던 공손헌원(黃帝)을 마치 제자처럼 교도한 점을 통해 임금을 가르친 王師의 품격을 분명히 알 수 있다. 그에 따라 임금을 가르치던 '임금보다 더 한, 王 이상의 존재'의 의미를 담아 자부가 '王奮神武'의 기품을 지녔다고 표현한 의도를 읽을 수 있다.

무위는 빛나고 빛났으며, 밝고 밝았다. 자부(인물, 자부선생)께서는 핵실(覈實)케 하고 계승하였으며 아름답고 큰 그 덕[109]은 교화를 베풀었다.(중략) 요점을 구획하였으며, 밝힘(彰明)으로써 환웅의 가르침을 모범되게 삼았다."[110]고 표현했다. 또한 덧붙이길, "지식으로써 뭇 사람들을 인도했고 덕으로써 강포함을 복종시켰으며, 용맹함으로써 사나움을 절제시켰고, 은혜로써 가난한 이들에게 베풀었으며, 힘써서 기울어진 곳을 부추겨 세웠으니, 신령함과 사람이 화합함으로써 천하가 저절로 편안하였다."[111]고 했으니, 행촌 이암은 자부 선생에 대해 격찬을 한 셈이었다.

행촌 이암이 그토록 칭송한 자부 선생은 과연 어떤 인물이었을지 사실상 구체적 자료를 찾아내기란 쉽지 않다. 다만 앞서 거론했듯《포박자(抱朴子)》라는 책을 보면, 지금으로부터 대략 4700여 년 전에 전설적인 설화적 영웅인 황제헌원(黃帝軒轅)이 당시 최고의 지성적 인물로 추앙되던 자부 선인에게서 이른바《삼황내문(三皇內文)》을 전해 받았고, 그것으로써 온갖 신령함을 핵소(劾召)하였다고 한다.[112]

그런데《태상현사멸죄자부소재법참(太上玄司滅罪紫府消災法懺)》이란 글을 보면, "재앙이 횡행하던 자부의 시절에 재앙은 안개를 따라서 흩어

---

109 자부 선생이 숭상하였던 그 덕의 실체는 본 내용이 전개되는 문장의 문맥상 '桓雄之訓'이었음을 자연스럽게 추정하게 된다.
110 桓桓皇皇 王奮神武赫赫明明紫府核承嘉尚厥德宣化以從奉教以矩圈點以彰法桓雄之訓.《太白眞訓》, 中篇
111 以知引衆以德服强以勇除暴以惠施貧以力扶傾 神人以和天下自安.《太白眞訓》, 中篇
112 昔黃帝東到青丘, 過風山, 見紫府先生, 受三皇內文, 以劾召萬神. 葛洪,《抱朴子》이 해당 문장에서 보이는 풍산에 관해서는 '長洲는 일명 '靑丘'라 한다. 남해의 辰巳之地에 있다. 땅은 사방 오천 리이고, 해안으로 가면 20만 리이다. 첫째의 풍요가 산천이다. 또 큰 나무가 많다. 나무는 2천 둘레가 있다. 한 지역 위에 오로지 숲과 나무이다. 그런 까닭에 일명 푸른 언덕(靑丘)이다. 천고 이래 선초와 영약이 있고, 달콤한 물줄기는 옥과 꽃부리 같다. 또 風山이 있는데 산에 항상 천둥소리가 났고, 紫府宮이 있었다. 天眞仙女가 이 땅에서 노닐었다.'는 내용이 참고가 되는데 해당 원문은 다음과 같다. 長洲一名青丘, 在南海辰巳之地,地方五千里, 去岸二十萬里,上饒山川, 又多大樹,樹乃有二千圍者,一洲之上, 專是林木, 故一名青丘.天有仙草靈藥, 甘液玉英, 又有風山, 山恒震聲,有紫府宮, 天眞仙女遊於此地《雲笈七籤》卷之二十六 · 十洲三島

져 씻어지니"[113]라는 내용도 있어 눈길을 끈다. 이 부분을 통해서 자부 선인이 생존하며 활동하던 시기가 의외로 재앙과 환란이 펼쳐지던 난세였을 가능성도 조심스럽게 추정된다. 따라서 자부 선인이 혼란한 세상사의 풍파 속에서 자신의 학문적 진리와 인격적 덕성을 융합하여 고통에 시달리던 세인을 달래주고 치유하고자 수고를 다한 문무겸전의 인물로 추론되기도 한다.

자부 선인이 청구(靑丘) 땅의 풍산(風山)에 거주하던 동방 상고사회의 선지자였다고 알려졌기에, 한국의 상고인들은 자부 선인을 통해 문무겸전의 고상한 세계관과 기풍을 따라서 배웠을 것으로 여겨진다.

실용적 문무겸전의 전형을 이룬 지위(蚩尤)와 단군왕검

신지와 자부 선인의 풍모를 문무겸전적 인사로 언급했지만, 지우와 단군왕검 역시 논외로 할 수 없는 측면이 강하다. 먼저 지우를 말하고자 하는데, 그가 설화적 기록 속에서 흔히 치우(蚩尤)로 알려져 있는 사정에 관해 언급코자 한다.

치우로 일러진 대표적 기록이 《사기》인데 ㄱ 기록 속에서 치우는 신농 씨쇠(神農氏衰)를 맞아 그 기회를 틈타 마치 반역을 꾀한 난군(亂軍)의 우두머리 정도로 취급한다. 그러나 《태백진훈》을 통해, 산(汕) 땅에서 다락집(閣)을 마름질 하게 하고, 삼천주에 이르는 대도회를 이룩하여 모두 넉넉한 삶을 누리도록 노력한 대도회 경영자로 거론한 점은 인상적이다. 이암은 덧붙이길, 치우가 바람을 보아 빗물을 측정하고 땅을

---

113 行災紫府之時, 災隨霧掃.《太上玄司滅罪紫府消災法懺》

나누어 경작케 하였다고 했다. 바람을 본 다는 것이 너무 추상적이지만 실상 농경에 중요한 요소인 풍량을 살폈다는 이야기인데, 천문 관련 측정 행위를 주도했음을 알 수 있다. 그것은 빗물을 측정했다는 내용과 짝을 이룬다. 또한 땅을 나누어 주었다고 했는데, 일정한 토지 측량 기술이 동원되었을 테고 그에 따른 수리적 산술이 활용되었을 터다. 그러므로 치우의 그 같은 농경과학적 기술 주도 행위와 대도회 건설을 추진한 점으로 일정한 기술적 안목과 지식이 있었다고 추정함은 억지가 될수 없다. 따라서 황제 헌원과 싸우게 되면서 온갖 군비를 개선하고 완비코자 하면서 의관대검(衣冠帶劍)했다는 그의 풍모는 단순한 무력적 강자의 위대성에 머물지 않고 문무겸전의 인물이었다는 적극적인 표현도 가능케 한다.

한편 조선조에 치우를 지위라 했고, 근대기 저술 속에서도 역시 치우가 아닌 지위, 또는 지우라고 지칭한 이유는 따로 살필 이유가 있다. 온갖 기술적 난제를 회피하지 않고 주도적으로 감당하며 건축 조영이나 무기 개발 등을 몸소 주도한 그가 '짓는 이'로서의 풍모와 자질을 갖춘 점이 그의 휘하 백성들에게 '짓는 일의 천재'라는 인상은 강했을 테고, 결국 그러한 의미로서 '지위', 또는 '지우'로 굳어진 것으로 여겨진다.

한편 단군왕검 역시 단순하게 환웅의 정통성을 고스란히 승계한 일개 통치자로서 바라보는 것은 너무 편협한 시선의 결과라 할 수 있다. 《오계일지집》에 따르면 단군왕검은 유람낭자(遊覽娘子) 비서갑녀를 구월산 자락에서 만났고 그녀와 혼인의 연을 맺고 가정을 이룬 것으로 전해진다. 그런데 《고촌선생문집》을 보면 단군(왕검)은 다시 남해를 순행했는데, 일설에는 자리산을 거치기도 했다니 단군(왕검)은 자신이 경영하는 나라의 곳곳을 마치 순례하듯 돌아다니며 지역적 특색의 파악의 물론 적재적소에 임용할 인재를 물색하기도 한 측면이 있다. 《배씨세덕록》

을 보면 단군(왕검)이 남해 바닷가에서 신이한 비천생이란 아이를 소중하게 맞이하였다는 일화가 그러한 점을 뒷받침하고 있다. 어린 아기에 지나지 않는 비천생을 두 후녀에게 맡겨 소중하게 양육하게 했고, 마침내 그 아기가 장성하자 남해를 지키는 남해장(南海長)에 임명하였다는 일화는 당시의 단군(왕검)이 인재를 구하는 데 얼마나 세심할 정도도 예민했던가를 잘 알 게 하는 사례라 할 수 있다.

또한 《태백진훈》을 보면 단군왕검은 불함지산(不咸之山)에서 몸소 농사를 짓기도 했고, 신시구규(神市舊規)를 받들어 치법(治法)으로 삼았다고 전하니, 그가 옛 전통의 규범을 잘 갈무리하여 전체 사회 경영의 요체를 수용했음을 알 수 있다. 따라서 단군왕검도 문무겸전적 인사로 평가한다고 해서 큰 무리는 없을 듯하다.

위난을 물리쳐 한국 역사상 정통 대맥(正統大脈)이 된 문무겸전 인사들

앞서 사황(史皇)으로 숭상되던 신지(神誌)와 창힐(蒼頡)의 설화적 사례를 거론했고, 동방 사고시기 내선인으로 칭송되는 사부 선인(紫府仙人)노 살펴보았다. 하지만 그들은 실상 역사적 인물로 수용하기가 아직은 쉽지 않은 설화적 인물이라는 한계가 있다. 관련 자료의 보충이 뒤따라야 하는 인물들이기 때문이다.

따라서 한국 역사상 문무를 겸전한 인물의 구체적 사례를 살피는 데에는 문헌적 근거가 분명한 인물로 고찰의 방향을 옮길 필요가 있다. 하지만 역사상 문무를 겸전했다고 평가하기에는 여러 근거가 확인되어야 할 문제이기도 하여, 이 역시도 쉬운 일은 아니다. 그러나 한국사를 통괄적으로 바라볼 때, 각 위난의 시기를 극복하고 다시금 모든 국가 구성원에게 회생의 계기를 불러 온 인물들이 놀랍게 문무겸전의 인물이었음은 우연의 일치일까?

고구려의 유적지인 평양 대동강가의 모란봉 근처에 '을밀대'가 있다. 누구도 그 을밀대의 사연을 제대로 아는 이는 드문데, 사실 고구려의 숨은 영웅 '을밀'의 처소였다고 전한다. 을밀은 뛰어난 무장이었지만 집안이 한미하여 늘 조용했다고 한다. 그러나 그의 가슴에는 고구려 최고의 미인인 안학을 향한 애정이 언제나 이글대는 불길 같았다. 어느 날 안학 공주의 오라비인 안장왕이 한 때 백제를 은밀히 순행하면서 알게 된 백제 미인 한주 낭자를 구할 사람을 구했는데, 접경을 넘어 들어가 한주 낭자를 구하는 것에 자신이 없어 모두 뒤로 물러섰다. 그때 을밀은 당차게 고구려 국왕과 한 판 도박을 작정했다. 늘 마음속에 그리는 안학 공주와의 사랑을 받아주는 조건으로 적국에 잠입하겠다고 했으니. 아연한 안장왕은 고심을 거듭하다가 꿈에도 보고 싶은 한주 낭자를 어쩌지 못해 을밀의 제안을 받아들였고, 마침내 을밀 장군은 소수의 별동대를 이끌고 지금 경기도 고양시 고봉산 일대로 잠입, 마침내 안장왕의 소식을 한주 낭자에게 알리고 무사히 한주 낭자와 함께 모든 일행이 고구려로 복귀했다고 한다.

을밀에 관한 관련 기록은 미미하지만 단재 신채호는 그의 장부다운 기개와 문무겸전의 풍모를 높이 사서 소개한 일화를《조선상고사》에 특기하여 전함은 결코 예사로운 기록이 아닐 터이다. 게다가 이능화는《조선도교사》에서 역시 특기하기를, 을밀이 환인 이래의 도법의 정통성을 계승했다고 했으니, 을밀은 고구려를 뛰어 넘어 상고 조선 이래의 '현묘지도(玄妙之道)'를 실질적으로 후대에 전수시킨 대위인임에 분명하다.

그러나 을밀은 정치적 사변에 휘말렸고 그에 따라 사랑하는 안학 공주는 짧은 생을 마친 것으로 추정된다. 북한에서 발행된 《을밀대의 봄》이라는 사화집에는 을밀이 늙도록 제자들에게 문무를 가르쳤고, 외적이 성곽 가까이 몰려오는 어느 날 몇몇 제자에게 간곡하게 부탁을 하였다. 사람들이 많은 적군의 수효로 전의를 잃어 도망할지도 모르니 자신이 마치 끝까지 싸우는 모습으로 보이게 하고자 자기 몸을 말뚝에 결박케 하라는 말이었다. 눈물을 흘리며 몇몇 제자가 사람들의 눈을 피해 스승을 그렇게 성 위에 말뚝에 결박하고 마침내 치열한 접전이 벌어지는 밤사이에 늙은 을밀의 온 몸에는 적군이 쏘아대는 화살이 마치 고슴도치처럼 박히는 상황이 벌어졌다고 한다. 성의 주민들은 자신할 수 없는 싸움이었지만 을밀 장군이 노구를 무릅쓰고 모범을 보인다며 끝내 자리를 지켰다고 한다.

마침내 지겨운 밤사이의 전투는 끝났고, 전후 수습이 이어졌다. 그러나 새벽이 되어서 늙은 을밀 장군이 숱한 화살로 만신창이가 되어 있는 모습을 알게 된 주민들은 어찔할 수 없는 슬픔에 모두 울 뿐이었다고 전한다. 전해지는 을밀 장군의 설화는 비록 정사 속에서는 찾아지지 않아 북한 내에서 발행된 사화집의 진위는 의심의 여지가 있을 수 있다. 하지만 을밀은 신채호와 이능화가 모두 자신의 저서에서 특기한 인물이란 짐을 통해 을밀의 비범성은 인정해야 마땅할 터이다.

을밀과는 달리 뚜렷한 문무겸전의 일화는 무수히 많다. 고려의 강한찬이 그러했고, 윤관이 그러했고, 김취려가 그러했다. 또한 고려 후기 박신유는 익제 이제현이 자신의 문집인 《익재집》에 특기한 문무겸전의 고려 선비였다. 박신유가 세상에 알려진 계기는 이연년의 난이라는 지방 반란의 시기였다. 당시 이연년의 휘하에는 걸출한 무승(武僧)이 있었는데 장대한 그의 모습에 관군들은 모두 나서기를 꺼렸다. 더욱이 당시 명망이 드높던 김경손이라는 대무장조차 그들에게 직접 상대하지를 않고 있었음은 주목할 대목이다. 그렇게 관군들이 모두 난군의 위세에 짓눌려 있을 때 전혀 알려지지 않은 한 선비가 칼을 들고서 언급된 그 무승의 앞에 나섰다. 사람들이 어찌될까 숨죽여 보았고 마침내 두 장사는 격돌했다. 이제현은 마치 드라마처럼 그 광경을 묘사하여 오늘날까지 기록이 전해진다. 그에 따르면 박신유와 무승은 세차게 칼을 부딪쳤고 승부가 나지 않도록 격돌한 것으로 전해진다. 그러자 박신유가 그 거한의 몸을 발길로 넘겨 트리고 칼로 절명시켰다고 이제현은 기록하였다. 유학자 이제현의 글이기에 한 점 의심할 바가 없겠으나, 박신유는 당시에 검술은 물론 발을 다루는 육박 격투술의 동작까지 익숙한 말 그대로 문무겸전의 인물이 분명했던 모양이다 그러나 그의 또 다른 면모는 그가 자신의 아들들을 작명한데서 읽을 수 있다. 박신유는 첫 아들의 이름에 '문(文)'을 넣었고 둘 째 아들의 이름에는 '빈(彬)'을 넣었으니 문질빈빈을 강조한 공자의 그 뜻을 고스란히 이름으로 표현한 셈이었다. 그러나 박신유의 후대가 고려 말의 혼란기를 극복하고 조선 초 대마도 정벌에 무려 네 명의 절제사로 참전한 사실은 물론, 임진왜란 시 노량 해전에서 이순신의 최후가 있던 날 대장군 이순신이 전사한 가운데 끝까지 격전을 지휘하고 수습한 무장이 사실은 박인수 장군과 그 아들 박영조였다는 것이 《이충무공 전서》와 《호남절의록》에 고스란히 기록되어 전해 옴은 주목할 대목이다.

그림 84 천강홍의장군 곽재우(기록화)

한편 임진왜란시기 의병을 일으켜 위기로부터 새로운 전환점을 불러온 곽재우 또한 한국 역사상 걸출한 문무겸전의 인물로 길이 추앙될 위인이다. 곽재우는 어릴 때부터 산술(算術)에 뛰어났고, 성장하면서 지리산의 산천재를 중심으로 실천적 지식인의 길을 가르쳤던 남명 조식의 문하에서 경의론(敬義論)을 체득한 의기 넘치던 장부였다.

그랬기에 곽재우는 왜병이 침입했다는 소식에 부실이 혼인 때에 해 가지고 온 비단 이불보를 북 찢어 의병의 깃발로 만들었고, 발 빠르게 유격대식 의병대를 꾸려 적군들이 내습할 정암진 나루를 살폈고, 왜군들이 우리한 지형에 막대를 꼽은 것을 포착하고 거꾸로 진행하는데 장애가 많은 곳에 은밀히 바꾸어 꽂게 하고는 적을 유인하여 마침내 대승을 이루었으니 그는 그야말로 신출귀몰한 유격전의 천재였던 셈이다.

곽재우는 늘 적과 부딪쳐 싸울 때면 붉은 철릭으로 옷을 입었고, 흰 말에 올라탔으니 이리 번쩍 저리 번쩍 움직이는 그의 모습에 적병들조차 두려움에 떨면서도 경외롭게 바라봤다고 하니 대단한 의병장이 분명했다.

그러나 곽재우는 같은 의병장이던 김덕령이 무고하게 압슬형을 받고서 죽어간 것을 충격으로 받아들였고, 마침내 모든 벼슬을 마다하고 조용히 강변에 초막을 짓고 은둔하는 여유를 드러내기도 했다. 따라서 곽재우는 그저 싸움에만 능한 장군으로 그치지 않고 그야말로 물러날 때를 스스로 알고, 전통적인 수행 도법에 침잠하여 여생을 맑고 잔잔한 호수처럼 처신하며 참된 수행에 정진하는 모습을 드러내기도 했다. 어쩌면 그러한 목숨에 대해서는 그의 스승 남명 조식을 뒤따르는 한국 선비 정신의 진정한 모범의 태도였다는 평가가 가능하다.

10

언어에 담긴
한국 문화의 고갱이

씩씩하고 씩씩한 윗 임금님(桓桓上帝)

《태백진훈》의 중편에는 '환환상제(桓桓上帝)'가 언급된다. 그러나 이 桓桓上帝는 그 어떤 문헌 기록에도 용례가 찾아지지 않는 칭호이다. 다만 《태백진훈》 자체의 문장 속에서 '王一作桓'이라는 일종의 주(註)를 드러내고 있음이 한 단서가 될 수는 있다. 따라서 '桓桓上帝'는 소박하게 풀어 본다면, '임금님답고 임금님다운 상제'의 내용이거나, '임금님의 임금님이신 상제'[114] 정도로 풀이될 수 있다.

그러나 《모시주소(毛詩注疏)》나 남송(南宋)의 주희(朱熹)가 편술했다는 《시경집전(詩經集傳)》을 보면, '환환(桓桓)'이라는 표현은 '武貌', 곧 씩씩한 모습을 드러낸 것에 해당된다.[115] 따라서 주희의 논리를 전적으로 수용해 본다면, '桓桓上帝'는 '늠름(凜凜)한 윗 임금'이거나 '늠름(凜凜)한 상제

---

114 임금님의 임금님은 王中王의 의미와도 통할 수 있음에 흥미를 유발시키기도 한다.
115 傳 "桓桓, 威武貌". 正義曰《釋訓》云 : "桓桓, 威也." 故為威武貌《毛詩注疏》

(上帝)' 정도로 풀이가 달라질 수 있다.

그렇다면 이암이 어째서 '凜凜한 윗 임금(上帝)' 정도로 이미지 업이 되는 존재를 《태백진훈》의 중편에서 제시했는지 이유가 궁금해진다. 여기서 조선조의 이의백(李宜白)이 지었다고 전하는 《오계일지집(梧溪日誌集)》의 한 내용을 견주어 보고자 한다. 이의백은 자신의 소작인 《오계일지집》에서, '현묘결(玄妙訣)'을 거론했는데, 이 현묘결은 '상고 환웅성선(上古桓雄聖仙)이 지은 10餘章'으로부터 비롯됐다고 언급하고 있다. 그런데 구체적 내용으로 제1권은 '乘風御雲升天入地之符'였다고 밝혀 눈길을 끈다. 풀이하자면, 바람에 올라 구름을 몰고 하늘에 오르며 땅에 들어가는 부결서(符訣書)라는 뜻이다. 《삼국유사(三國遺事)》를 통해 환웅이 솔도삼천(率徒三千)하여 풍백(風伯)과 우사(雨師)와 함께 하늘에서 지상으로 이동한 점은 익히 알려진 내용이라 별로 특이할 것도 아니라고 할 수 있겠으나, 《오계일지집》에서 환웅이 아예 바람에 올라 구름을 몰고 하늘에 오르며 땅에 들어가는 부결서(符訣書)를 지었다고 전하는 내용은 읽는 이로 하여금 부지불식간에 실소를 이끌어낼 만하다 하겠다. 어떻게 사람이 바람에 올라 구름을 몰고 하늘에 오르며 땅에 들어갈 수 있단 말인가. 그러나 까마득한 상고시기에 최고 지도자를 마치 호풍환우(呼風喚雨)하는 영웅적 존재로 미화하고 찬양함은 오히려 그 시기에 자연에 극히 무력했던 당시 상고사회인의 자연관이나 세계관을 고스란히 노출시키는 것은 아닌지 의문이다. 관련 고고학자들의 연구 성과를 보면, 이미 신석기 후기를 전후하여 한반도를 포함한 동아시아 동북 지역에 거대한 자연 재해가 있었는데, 부산 동삼동 지역에서 확인되는 최대 8.6m 높이에 이르는 해수면 상승 흔적은 그 한 예에 해당

한다.[116] 엄청난 해수면의 상승은 물론 지표에서 일어난 거대한 홍수 따위의 지구 환경적 변화가 당시 거주 지역인들에게는 공포로 느껴졌을 터이다. 그 같은 환경 속에서 최고 지도자를 호풍환우하는 영웅적 존재로 미화하고 찬양함은 오히려 당연한 귀결로 이해되는 측면이 있다. 그러므로 《태백진훈》의 중편에서 '환환상제(桓桓上帝)' 곧, '씩씩하고 씩씩한 윗임금님'을 언급함은 상고 이래의 자연관과 세계관이 고려 후기 이암 당대까지 전승되었을 개연성을 강하게 드러내고 있다 하겠다.

아만

《태백진훈》에는 오늘날 이해하기 힘든 어휘들이 종종 드러나 읽는 이를 긴장시킨다. 그 기록의 '중편(中篇)'을 보면, "백성을 생겨나게 했다는 때가 아만으로부터였다고 듣는데, 아만(阿曼)은 현숙했고 나반을 따랐다."고 했다. 여기에서 행촌 이암이 전하는 이른바 아만은 도대체 어떤 의미로 고려 후기 당시의 지식인 사회에까지 전달되었을까를 잠시 고민하고자 한다.

어떤 어휘가 지니는 음운은 해당 언어 사용 세력이 겪어온 사회 문화 전통은 물론 역사적 맥락과 결코 무관하지 않다. 따라서 아만이란 어휘도 예외는 아니다. 그러한 견해의 한 전거로 신라 말 최치원이 지은 것으로 전하는 '진감선사대공탑비명'에 보이는 '아미(阿)'를 언급코자 한다. 이 아미를 적시하고 최치원은 친절하게 그 곁에 '方言謂母'라는 일종의 註를 병기하여 후인들에게 '아미(阿)'라는 어휘가 신라 방언으로 '어머니'를

116 이동주, 〈신석기 후·만기의 환경 변동과 그 현상에 대한 고고학적 검토〉, 《21세기의 한국고고학》(Ⅱ), 주류성출판사, 2009, p. 159

뜻한다는 소중한 어문학적 정보를 전하고 있다. 그런데 '라'는 한자의 본래 형태는 孃인데, '어머니'란 뜻을 지닌다. 결국 최치원이 '아미(阿)'라고 적시한 어휘는 阿孃인 셈이고 그 뜻은 '어머니'가 되며 그 음운이 본래 발음인 '아미'에서 '어미'로 바뀐 것을 쉽게 추론하게 된다. 여기서 한 발 더 나아가 도대체 우리 겨레는 아니 신라 당시인은 어머니를 어째서 '아미'라고 발음했는지를 고민해 보자.

거두절미하고 아미가 '암+이(접미어)' 곧 '암컷(여성?)'이란 뜻과 크게 다르지 않을 것이라고 여겨진다. 달리 연상되는 어원이 찾아지지 않은 까닭이다. 만약 본 연구자의 추론이 억설이 아니라면 아만이란 어휘 역시 같은 맥락에서 고민해 봄직하다. 따라서 아만은 '암+한(汗, khan, 우두머리)' 곧 암컷(여성) 우두머리라는 뜻을 지니고 그 음운은 연음화(連音化)과정을 거쳤다고 상정하여 '암한'에서 '아만'으로 바뀐 것일 가능성이 있고, 다시 이 '아만'이 신라인들에게는 범속어로 '아미'로 받아들여졌고, 이후에 '아미'에서 또 '어미'로 정착한 것으로 추정된다.[117] 결국 이제껏 추론한 논지대로라면 행촌 이암이 전하는 '아만'은 우리 겨레가 상고시기부터 여성의 지존적 존재감을 음운으로 상징화한 한 표상은 아니었을까 하는 생각에까지 이끌고 있음을 알게 한다. 그것은 은말 주초 시기 무왕에 의해 정립되었다는 《주역(周易)》 속의 '곤도(坤道)'라는 개념의 주체자일 것이다.

결국 은말 주초시기보다 한참 이전에 속하는 상고시기에 '환도(桓道)'를 펼치던 환도문화인(桓道文化人)들이 주창한 여성적 존체 인격으로 '암한(암+칸, 여성우두머리)'이 주창됐고 이 '암한'이 연음화 과정 내지 연철화 표기 과정을 거쳐 '아만'이 되었을 가능성이 있으며, 이것이 신라인들에

---

117 박선식, 〈'太白眞訓'에 반영된 東北亞上古邑落社會人의 世界觀과 生活相의 片貌〉, 《世界桓檀學會誌》, (3권2호), 세계환단학회,2016, p.96.

의해 '아미'라는 방언으로 사용되었고 이후 '어미'로 정착되었을 것으로 여기는 바가 본 연구자가 느끼는 추론의 대강임을 밝힌다. 해당 문장에서 환웅에게 시집을 간 당사자는 사실상 웅녀인 셈이지만, 정작 문장에서는 웅 임금(熊后)으로 표현된 점은 새로운 관점을 부른다. 웅족(熊族)의 여왕 정도로 인식될 여지를 전해 주기 때문이다.

고시[118]

《태백진훈》'중편(中篇)'을 보면, "고시는 우렁찼고, 영특한 지혜는 숙성하여 고시가 장성한 뒤 덕을 갖추었고 세상을 구할 만했다. 나무를 심고 불어나 자라게 했는데, 모든 것을 겪고 갖추는데, 그의 소리(소문)는 길에 가든지 들녘에 가든지 퍼졌다. 여러 사람의 의견이 글로 모아져 곧 천왕에게 추천되었다."[119]는 내용을 볼 수 있다. 이암은 까마득한 상고시기에 '고시'(高矢)라는 인물을 소개했고, 그가 "나무를 심고 불어나 자라게" 했음을 분명하게 밝힌 것을 알 수 있다. 그런데 상고시기의 고시가 어째서 '나무를 심고 불어나 자라게' 했던 것인지 그 이유를 확인하기란 현재로서는 쉽지 않다. 다만 부산 동삼동 지역에서 확인되는 최대 8.6m 높이에 이르는 해수면 상승 흔적 등을 비롯한 동북아의 신석기 후기를 전후한 대규모 지구 환경적 재앙과 연관하여 수해의 사전 예방 차원에서 고시가 인공 조림 사업(人工造林事業)을 대대적으로 앞장서서 전개했

---

118 이 부분의 '高矢'관련 일부 내용은, 박선식의 졸고, 〈탁록 戰鬪說話에 반영된 동북아 상고邑落社會內 집단적 갈등과 상고시기 旗幟鼓角의 군사적 운용〉(《학예지》(제21집), 육군사관학교 육군박물관, 2014)에서 상당 부분 재인용하였음을 밝힘.

119 高矢呱呱慧慧夙成高矢旣長德兼濟世種樹殖産悉驗而備厥聲乃彰于路于野衆口合辭乃薦天王,《太白眞訓》'中篇'

을 개연성을 조심스럽게 추정해 볼 수 있다는 점이다.

어떻든 이암의 소작에는 더욱 눈여겨 볼 내용들이 이어지는데, "고시(高矢)는 하루도 근심치 않음이 없이 산이며 들이며 오곡의 씨를 처음으로 뿌렸다. 이내 돌을 그러모아 익힌 밥을 얻었고, 금속을 녹이고 담금질하는 재주를 일으켜 만들고 지어서 공로(功勞)가 진보했다."[120]는 부분이 그러하다. 이 설화 부분에서 고시의 활동은 가히 신석기 시대의 특징인 농경의 실행 모습을 단면적으로 전하는 느낌을 주고 있다. 이암은 같은 《태백진훈》에서 곡식을 심어 얻기 전에는 사람들이 나무 껍질을 벗기고 과실을 탐하기(剝樹皮餡果)에만 빠졌던 바를 지적하고 있어 비교가 된다.

그런데 여기서 서울대학교 규장각 소장 고도서 자료의 하나인 《무당내력(巫黨來歷)》의 한 부분을 비교할 필요성이 있다. 해당 자료에서 '별성거리'가 보이는데, 이 부분에서 '고시례'가 언급되고 있기 때문이다. 이에 관한 관련 연구자(徐大錫, 서울대 국어국문학과 교수)는 "이 책의 저자는 별성신의 기원을 농경을 처음으로 가르쳐 준 단군(檀君)의 시신(侍臣) 고시례에 두고 있다."[121]고 언급한 점을 주목하게 된다. 실제 해당 영인 자료의 한문 원문을 보면, 고시례는 단군 시기의 한 대신(侍臣)으로 농경 관련 활동을 엿보게함을 확인할 수 있다.[122]

여기서 고시가 고시례(高矢禮)와 동일 인물인지는 확정할 수 없으나 내용상 거의 동일 인물일 가능성은 상당히 짙게 느껴진다. 그런데 고시례는 또한 별성이라 일컬어졌다는 것은 도대체 무슨 뜻일까? 혹여 고시가 꽃(花)의 중세 표현인 '고지'와 유사하고, 별성(別星)의 별(別)은 '비탈'

---

120 於是高矢無日不憂而山而野始播五穀乃搖之石始得火食鑄冶術興制作功進《太白眞訓》'中篇
121 서울대 규장각(서대석 해제), 《巫黨來歷》, 민속원, 2005, p.12
122 해당 원문 내용은 다음과 같다. 別星巨里 檀君侍臣高矢禮敎民稼穡故人民不忘其恩檀君請陪時謂之別
　　星 서울대 규장각(서대석 해제), 《巫黨來歷》, 민속원, 2005, p.34

(비알/비얄)의 한자식 표현[123]일 가능성이 있음에 유의해야 한다. 그뿐만 아니라 星은 '션'(남자의 뜻을 지닌 고전 한국어휘)과 음운상 너무 유사함도 주목되는 바이다. 따라서 성(星)은 역시 '남자'의 뜻으로 표현코자 동원된 한자로 여겨지는 측면이 있다.[124] 그러므로 고시(高矢), 또는 고시례(高矢禮)는 열매를 맺게 하는 식물의 성장 단계상의 한 모습인 '꽃'과 같은 사람이며, 또한 꽃이 핀 다음 열리는 열매를 열리게 하고자 애쓴 '비탈(에서 수고한) 사내'라는 뜻을 내포하는 추론을 가능하게 한다. 어떻든 이암의 소작인 《태백진훈》과 조선조 후기 한문 자료인 《무당내력(巫黨來歷)》의 기록 내용을 견주어 볼 때, 동북아 상고시기의 사회에서 농경을 통한 생활 안정의 노력이 얼마나 절실한 문제로 인식되었는지를 짐작해 볼 수 있다.

---

123 別이 비탈(비얄, 언덕)의 의미를 표현하는 한자로 활용된 예를 《三國史記》 '雜志 第六', '漢山州'에 보이는 '七重縣' 관련 기록 부분에서, 七重縣(사실상 七重城)을 難隱別로 언급하는 점을 통해 확인할 수 있다. 한국 고대 어휘인 '재'('잣', 또는 '고갯마루')가, 곧 城으로 표현되어 흔히 城이란 한자를 두고 '재('잣) 城'이라고 풀이하는데, 재('잣)는 城의 古語이기도 하면서 고갯마루이며 언덕 비탈이란 뜻이 있다는 점은 상식에 속한다. 따라서 김부식 등의 《三國史記》 기록자들이 일곱 겹의 재('잣, 城) 또는 비탈이란 뜻으로 難隱(일곱, 고구려어의 영향을 적지 않게 받아들여 구성된 일본어 어휘에서 일곱이 'なな'[七]로 표현되고 있는 사실을 통해, 難隱이 고구려 사회에서 일곱의 뜻으로 통용되었을 개연성을 추론하는 것은 그리 어렵지 않음.)과 別('잣, 비얄, 비탈, 비얄→별, 벼랑)이라는 한자를 조합하여 고래의 음운이 뒤섞여 구성된 옛 古音을 무시하지 않고서 별도로 難隱別이라는 한자어로 고스란히 밝혀 놓아 상당한 흥미를 일으킨다. 고구려어가 지금의 일본 열도로 유입된 정황은 이미 관련 언어 연구자들에 의해 거론된 바인데, 오늘날 일곱(七)을 표현하는 일본어 음운인 'なな'[七]가 어떻게 고대 한반도에서 難隱으로 존재했던 것이고, 다시 일본 열도에 영향을 끼쳐 음운이 'なな'[七]로 바뀌게 되었는지를 파악하는 것은 별도의 과제로 접어둔다 하더라도 難隱別을 통한 고대 한반도와 일본 열도 간의 어휘 교섭의 정황이 포착됨은 또한 상당히 흥미로운 점이다. 박선식, 〈탁록 戰鬪說話에 반영된 동북아 상고邑落社會內 집단적 갈등과 상고시기 旗幟鼓角의 군사적 운용〉 《하예지》(제21집), 육군사관학교 육군박물관, 2014, p.72의 각주 16의 내용을 재인용함)

124 음운 연구자인 崔玲愛가 "수컷의 생식기 모양의 '士'가 한반도로 전래되면서 독특하게도 이 글자의 음을 취하지 않고 글자의 자형을 풀이하는 방식으로 받아들여 '발기한 생식기'라는 뜻의 '션'이라고 받아들였으나, 그 뜻은 한자의 원래 뜻과 마찬가지로 여전히 '남자'를 나타낸다."고 언급한 점이 주목된다. (崔玲愛, 「中國 古代 音韻學에서 본 韓國語 語源 問題」 《東方學志》, 延世大學校 國學研究院, 1990, p326~328) 그런데 崔玲愛가 '션'을 두고 '남자'를 뜻하는 어휘임을 밝힌 것과 비교하여 '星'자를 역시 같은 '션'의 한 변형으로 보고자 하는 필자의 소견은 자칫 억측으로 비판받을 소지가 많음을 스스로 인정한다. 그러나 高矢禮를 '別星'이라고 일컬었다는 고서 《巫黨來歷》의 기록 내용을 좀 더 합리적으로 이해하고자 하는 과정에서 느껴지는 소회임을 거듭 밝히며 이 문제는 차후의 한 과제로 삼고자 한다.

지위(蚩尤)

지위는 앞서 언급한 것처럼 주로 중국 측 기록에서 보이는 '치우'를 우리 한반도 거주 기록자들 가운데 일부가 표현한 치우의 또 다른 표현이다. 물론 '지우(之尤)'도 있어 유의가 필요하다.

그렇다면 어째서 한반도 거주인들의 일부는 치우를 치우라 하지 않고 '지위' 또는 '지우'라고 음운을 달리 했을까? 지위의 '위'와 지우의 '우'는 일종의 인칭 접미어로 추론된다. 그것은 《사기》 등의 중국 기록이나 《태백진훈》 등의 우리 한민족 기록에서 치우를 모두 무엇인가를 만들었던 위인으로 표현하였던 공통적 요소와 관련이 있다. 치우가 황제 헌원의 군진과 싸워 이겼느냐 졌느냐 하는 문제도 해결 과제이기는 하지만, 적어도 중국 측이든 한국 측이든 치우가 무기를 만들고 대도회를 이룩하는 등의 기술 산업적 활동 양상은 인정할 점이기 때문이다. 곧 지위의 '지'나 지우의 '지'나 모두 짓는 일과 연관한 어근적 요소가 아니었을까 하는 의문이 들기 때문이다. 물론 좀 더 세심한 고찰이 뒤따라야 할 문제임에는 분명하지만, 지위나 지우는 모두 '짓는 이'라는 의미를 함축하는 것으로 이해되는 측면이 있다.

신시와 됴땅(都堂)

20세기 근대기에 이능화는 상고시기의 신시(神市)를 두고 지금의 도당굿(都堂祭)과 같은 것이라고 주장한 바 있다. 그런데 이능화의 주장을 바탕으로 다시 사(社)와 견주어 볼 여지가 있다. 왜냐하면 도당이라는 어휘를 두고 "주로 한강변으로부터 떨어져 있는 마을에서 모시는 신을 일

그림 85 우하량 원형제단 추정도

컫는다."[125]는 견해에 한정할 수 없는 이유를 도당이라는 음운에서 알 수 있기 때문이다. 물론 "도당은 마을 백성을 수호하고 마을의 안녕과 풍농을 관장하면서 마을 백성의 대동단결을 모색하며, 병환을 퇴치하고, 남녀의 성생활을 관장한다."[126]는 견해는 도당의 기원을 파악하는 단서가 되기도 한다. 남녀의 성생활을 관장한다는 의미는 마치 상고식 桑社의 풍속을 연상시키기 때문이다. 그런데 社의 본래 문자가 「土」字였고, 갑골문의 경우 「十」字가 사실상 墳土之型을 상징한다는 것을 견주어 보면, 社란 일정하게 땅을 돋운 곳일 수 있다는 추론이 가능하다. 왜냐하면 墳土之型이란 바로 무덤의 흙 모양이란 뜻이기 때문이다. 마치 무덤의 흙 모양으로 땅을 돋운 곳이 되는 것을 알 수 있다. 그런데 한국 고유어에 돋운다는 뜻은 그 자체가 무엇인가를 덧붙여 북돋게 하여 그 형상을 부풀린 것과 연관된다.[127] 그 같은 점을 도당이라는 한자어와 견주어 보면, 도당이라는 어휘가 한자의 뜻보다는 한국 고유어와 연관되

---

125 《한국민속신앙사전》, '민속신앙 1', 국립민속박물관, 2009, p. 211, '도당'
126 《한국민속신앙사전》, '민속신앙 1', 국립민속박물관, 2009, p. 210, '도당'
127 이를테면 "장독대는 동산처럼 땅을 돋우고 각종 화초를 가꾸는 화단과 나란히 있었고 한참 떨어진 후미진 곳엔 터주자리가 있었다."(박완서 작, 《미망》)에서처럼 "땅을 돋우"는 행위는 바로 땅을 덧붙여 모아 두둑하게 하는 행위이다.

어 쓰인 것은 아닌지 살펴볼 수 있다. 곧 '都堂'은 '돋운 땅' 또는 '됴땅'을 한자로 음역하거나 차음 표기를 한 것은 아닌가 하는 의문이 들 정도로 음운상의 유사성이 있다. 그런데 '도'라는 음운이 결코 '도'로만 국한하지 않고, '됴'로도 발음되었을 개연성이 《훈몽자회(訓蒙字會)》에서 확인되고 있다. 왜냐하면 《훈몽자회》에서 朝를 '조'가 아닌 '됴'로 표기하여, 그러한 현상은 20세기 무렵 독립 항쟁의 과정에서도 같은 표기 현상이 일반적이었음을 알 수 있다. 따라서 조선은 그 발음이 '됴선'으로 발음이 되기도 하였다는 움직일 수 없는 증거가 되는 것이다. 이러한 특이한 음운 현상은 놀랍게 한국의 상고시기의 정치체였던 이른바 '조선'에 대한 관점을 전혀 새롭게 해석하는 실마리로 작동한다.

됴선(朝鮮)

조선이 만일 그 음운이 본래 '됴선'이었다면, 어째서 그러한 음운이 발생했느냐는 해결을 요구하는 과제라 할 수 있다. 여기서 잠시 《훈몽자회》를 살펴보면, 놀랍게 조선조 사람들이 언덕을 2음절이 아닌 1음절인 '언'으로만 불렀다는 사실을 확인할 수 있다. 이는 실로 충격적인 결과를 부르는데, 朝鮮이 '됴선'이라면, 이는 '돈은(돋우어진) 언(언덕)'이 될 수 있기 때문이다.

그러나 '鮮'이 어째서 '언'과 상통할 수 있는지는 설명이 궁색해져서 문제의 소지가 있기는 하다. 그런데 새 따위의 조류가 모이를 먹는 모습을 흔히 모이를 '쪼다'고 표현한다. 그런데 이 '쪼다'의 어원이 《구급방언해》(1466)에서 밝혀는데, 엉뚱하게 '좃다'로 밝혀진다. 하지만 '좃다'라는 표현은 사실 살아 있는 말에 속한다. 왜냐하면, 부인들이 마늘 따위를 작은 용기에 넣고서 마치 절굿공이처럼 생긴 도구로 마구 짓찧는 모습을 두고, '좃는다'고 표현하고, 그 활용 예에 '마늘을 잘 좃아서(짓찧어서) 넣어요'라든가, '잘 조사(짓찧어서, 짓치어 뭉개어서) 넣어야 합니다'라는 표현이 가능하기 때문이다. 곧 'ㅅ'과 'ㅇ'이 서로 이어지는 경우 'ㅇ'이 탈락되면서 'ㅅ'만이 남는 음운 현상의 존재를 확인할 수 있다.

그뿐만 아니라 21세기 현재의 한국 산업 현장 각처에서 날카로운 송곳이나 정 땅위로 어딘가를 힘껏 깨는 작업을 두고, 흔히 '잘 조사내(좋게 짓찧어서, 좋게 짓치어 뭉개어서)고 그 다음에 그곳에 관을 넣으시오'라는 표현은 흔히 오가는 작업 대화 내용에 해당한다. 결국 '잘 좃아서(좋게 짓찧어서, 좋게 짓치어 뭉개어서)'라는 음운이 '잘 조사(좋게 짓찧어서, 짓치어 뭉개어서)'로 변질될 수 있다. 그러므로 朝鮮이 '됴선'으로 발음된 것을 두고, '돋우어진 언(언덕의 1음절어)'으로 풀이가 가능해짐을 추론할 수 있다. 곧 본래 '돈언(돋우어진 언덕)'이던 음운이 '됴선'으로 음운 변화를 거쳤을 가능성은 넉넉히 추정이 될 만한 것이다. 정리하면 돈언-돈선-됴선-조선(朝鮮) 등의 음운 변화 과정에 따른 표기의 변화와 정착 양상을 어렴풋이 헤아려 볼 수 있다. 여기서 《주례(周禮)》에서 말한 바, "兆(조), 이는 壇을 쌓고서 제사하는 명칭이다"[128]는 내용도 참고가 된다. 兆(조)는 朝(조)와 음운이 상통하기 때문인데, 어째서 제사를 지칭하는 명칭이 兆(조)인지는 분명치 않지만, 본 연구자가 거론한 '돋우어진(朝→됴)'의 뜻을 충분히 상상케 한다.

만일 거론된 음운 변화 과정에 따른 표기의 변화와 정착 양상이 타당한 추론이라면, 어째서 우리 상고시기에 선조들은 공동체 전체(大邑落社會)를 일컬어 '돋우어진 언(언덕의 1음절어)'의 뜻을 지닌 朝鮮이라는 표현을 사용했을까?

---

128 「兆山川丘陵墳衍, 各因其方.」兆 是築壇以祭祀的名稱. 《周禮》 小宗伯 說

그림 86 《訓蒙字會》
속의 朝(됴)와 都(도)

그림 87 《訓蒙字會》
에서 확인되고 있는
'언덕'의 1음절어 표
현인 '언'의 부분

그에 대한 나름의 실마리는 《산해경(山海經)》에 보이는 '朝鮮天毒'이란 표현에서 찾을 수 있다. 《산해경》을 보면 "동해의 안쪽이면서, 북해의 구석에 나라가 있는데 이름을 '朝鮮天毒'이라 불렀다. 그 사람들은 물에 기거했는데 다른 사람들을 가까이 하며 사랑한다."[129]는 내용을 확인할 수 있다. 이 문장에서 조선과 천독을 각각 분리해서 풀이하려는 연구자들이 의외로 많은데, 천독을 天竺으로 보아 지금의 인도에 비정하려는 경향이 적지 않다. 그러나 해당 문장의 말미에 서술하는 '其人'은 결코 두 부류의 사람을 설명하지 않고, 한 부류의 사람들을 설명한다고 보는 게 합리적일 터이다. 따라서 조선천독은 결코 두 부류의 사회를 말하기보다는 한 사회를 통칭한다고 풀이해야 마땅할 것이다. 그렇다면 어째서 朝鮮이라고 단일하게 표현하지 않고 '朝鮮天毒'이라고 했겠느냐가 문제가 된다.

그런데 여기서 또 《훈몽자회》를 살펴보면, 天을 두고 '천'이라고 표현하지 않고, '텬'으로 표현하였다는 사실을 알 수 있다. 따라서 天毒은 '텬

---

129 東海之內, 北海之隅, 有國名曰朝鮮天毒, 其人水居, 偎人愛之. 《山海經》 '海內經'

그림 88 "됴선독립만셰"(서울 세종로 대한민국 박물관의 광복 70년기념특별전에 전시된 태극기와 됴선독립만셰 유묵) 한국인이 朝를 '됴'로 발음하던 音韻 관행이 20세기까지 이어졌음을 확인시키는 증거가 될 수 있다.

독'이 될 수 있는데, 텬독을 두고 한국 고유어 '언덕' 또는 '둔덕'을 연상함은 억측이 될까? 텬을 언덕을 뜻하는 '언'의 변형적 음운이었을 것으로 추측은 해 볼 수 있거나, 언덕을 뜻하는 텬이 '둔'음으로 변질되었을 가능성이 모두 엿보인다. 여기서 "동해의 바깥, 커다란 황무지의 가운데에 산이 있는데 大言이라고 한다."[130]는 내용을 전하는 《산해경》의 '大荒東經' 내용이 비교가 된다. 大言을 反切로 처리하여 읽으면, '댠'이 되기 때문이다. 물론 '大言'을 反切로 처리해도 무방하다는 근거는 없다.

그렇다 해도 모든 음운이 늘어나거나 줄어드는 성격을 지니고 있음을 본다면, 大言을 축약하면 자연스럽게 댠이 되고, 추론의 근거로 삼고자 대언을 '댠'으로 일부러 반절로 처리한다고 해서 엄청난 억측은 아닐 터이다. 어떻든 大言을 反切로 처리하여 '댠'으로 읽는다면, 텬독의 '텬'과 유사음이 된다. 더욱이 '朝鮮天毒'이 거론된 《산해경》 '海內經'의 지역이 東海之內이고, 大言을 말하고 있는 《산해경》 '大荒東經'의 해당 지역은 東海之外임은 텬이 덕으로도 음운 변화가 있었을 개연성을 충분히 짐작케 한다.

그림 89 《訓蒙字會》에서 확인되고 있는 '天'(텬)의 부분

---

130 東海之外, 大荒之中, 有山名曰大言, 日月所出, 《山海經》 '大荒東經'

텬독, 그리고 됴선텬독

'독'이 돌의 유사어임을 생각하여 天毒(텬독)을 '언덕의 돌(돌덩이, 바위?)'이라는 뜻으로도 풀이가 가능해진다. 하지만 이러할 경우 조선을 두고 '돋우어진 언(언덕)'으로 추론한 앞서의 견해와 잘 어울리지 않는다. 조선일 경우에는 언덕이 鮮으로 표현되었을 것이라는 추론을 내세우고, 다시 또 언덕을 天과 연관시킨다면, 언덕이 鮮으로도 표현되고 天으로도 표현되었다는 구구한 의견으로 전락하기 때문이다.

그러나 천독은 '둔덕'의 표현이거나, '언(언덕)의 바위돌', 또는 그냥 '언덕(텬독)'이었을 가능성이 모두 있다. 그리고 그 모든 뜻으로 함께 풀이될 여지도 있다. 왜냐하면 한국인의 언어 관행을 보면 같은 뜻을 되풀이하는 경향이 엿보이는데 21세기 현재에도 '역 앞'이라는 말을 두고 '驛前 앞'이라는 표현을 왕왕 써 왔기 때문이다. 요약하자면 '朝鮮天毒'은 '돋우어진 언덕의 둔덕'이었거나, '돋우어진 언덕의 언덕 바위' 또는 '돋우어진 언덕의 언덕'이라는 다소 뜻이 겹쳐지는 의미로 사용되었을 개연성을 모두 느끼게 하는 표현이라고 여겨진다. 그것은 무궁화를 두고 '꽃 중의 꽃'이라고 표현한 노랫말의 경우처럼, 돋우어진 언덕이라는 뜻으로 지칭되는 정치와 신앙의 공간인 상고 당시의 대읍락 가운데에서도, 가장 신성한 언덕이라는 의미로 중첩된 표현이 이루어진 것으로 볼 수 있기 때문이다.

여기서 그렇다면 어째서 자꾸 언덕이 중첩되었을까 하는 의문을 설명할 필요가 있다. 그러나 앞서 밝힌 것처럼 社의 본래 문자가 示가 없는 「土」字였고, 「土」字는 墳土之型으로, 곧 무덤의 흙 모양처럼 돋우어진 땅이었다는 의미를 견주면 쉽게 이해된다. 결국 조선이라는 전체적 공간 개념 속에서 가장 신성한 의미를 부여할 수 있는 물가의 언덕을 지칭하여 朝鮮天毒(돋우어진 언덕 중의 언덕)이라고 표현되었을 가능성을 짐작할 수 있다. 더욱이 《산해경》의 '海內北經'에서 조선을 별도로 거론하기를, "조선이 열양의 북쪽에 있는데, 바다의 북쪽, 산의 남쪽이다. 열양은 연에 속한다."[131]고 했다. 앞서 거론한 조선천독이 분명하게 《산해경》의 '海內經'에 보이는 지역이고, 단순하게 조선을 거론한 기록은 《산해경》의 '海內北經'임을 통해, 전체 조선의 강역은 적어도 "동해의 안쪽이면서, 북해의 구석"은 물론, "열양의 북쪽" "바다의 북쪽, 산의 남쪽" 등 비교적 광범위하였음을 《산해경》의 기록만으로도 추정이 가능해진다. 어떻든 전체 조선이라는 광역의 지역 안에 신성한 물가의 언덕이라고 할 수 있는 '조선천독'이 속해 있었다는 풀이가 가능해진다. 다시 헤아려 보자면 거대한 정치체적 공간 개념으로 조선이란 이름이 쓰였고, 그 조선 안에서도 가장 신성한 제의 공간인 社의 성격을 지닌 天毒이 속해 운영되었을 것으로 추정함이 합리적일 터이다. 전체 공간으로서 조선 안에서 가장 신성한 제의를 중시하는 '언덕'(천독)의 뜻으로서 '朝鮮天毒'이라는 어휘가 표현되었다는 추론이 가능해지는 셈이다.

그러므로 이능화가 한국 상고시기의 신시를 지금의 도당(都堂)굿과 같다고 언급한 이유도 역시 도당이 한자의 뜻과는 무관하게 '돋우어진 땅'이라는 뜻으로 동원된 차음표기(借音標記)나 음사어(音寫語) 또는 음역(音譯)이었을 가능성과 연관된다. 신시는 신성한 제의가 치러지는 돋우어진 땅(도당)을 지칭하는 또 하나의 어휘였음은 물론, 동시에 신성한 제의였을 개연성이 있고, 그 제의의 집전자이자 주관자는 바로 당시의 최고 정치력을 장악한 군장이었을 터이다.

---

131 朝鮮在列陽東, 海北山南, 列陽屬燕, 《山海經》'海內北經'

됴쿠줌(吉凶)과 죽사리(死生)

길흉(吉凶)을 뜻하는 한국 고유어로는 '됴쿠줌'이 있다. 언뜻 외래어 같게도 느껴지는 이 '됴쿠줌'이라는 어휘는 됴움(좋음)과 궂음(나쁨)이라는 두 뜻을 조합하여 만들어진 말임을 알 수 있다. 그런데 한국어에서 좋다는 뜻은 무엇인가가 제대로 이루어진다는 속성도 담겨 있다. 용비어천가에서 보게 되는 '곶(꽃) 됴코(화려하게 잘 피어났고) 여름(열매) 하나니(많으니)'라는 구절을 거론해 보더라도 당장 알 수 있다.

삶에서 뜻한 바가 제대로 잘 이루어져, 열매 가득한 결과를 얻으면 얼마나 좋겠는가. 하지만 우리의 삶은 무엇인가 제대로 잘 이루어지느냐 마느냐 하는 '됴쿠줌'의 상황보다는 '생사'의 문제로 상황이 몹시 심각해지는 경우가 더 절대적이기도 하다. 좋은 옷 걸치지 못하고 맛난 음식 먹지 못해서 느끼는 슬픔에 비하여, 목숨이 경각에 달린 위험천만한 상황만큼 절박한 경우는 없기 때문이다.

생사를 뜻하는 한국 고유어로 '죽사리(死生)'가 있는데, '죽음'과 '살이'(삶)의 뜻이 조합된 것임을 쉽게 이해할 수 있다. 그렇다면 우리네 인간사에서, 죽사리의 문제는 과연 얼마나 해결이 가능할까?

사람이 펼치는 인간사에서 웃고 우는 대부분의 경우는 '됴쿠줌'과 '죽사리'의 상황이 빚어내는 결과이다. 그러나 그러한 길흉과 생사의 요소가 대체로 예측이 아주 불가능한 것도 아닌데 실제로는 마치 예기치 않은 것처럼 느껴지며 세상에 펼쳐진다. 아무 것도 그려지지 않은 흰 도화지의 옆에, 역시 무엇 하나 아직 쓰이지 않은 채 준비만 된 숱한 물감의 빛깔처럼 언제나 우리들 주변에 잠복해 있을 뿐이다. 그러나 준비된 물감이 붉은 색뿐이라면 적어도 흰 도화지에 펼쳐질 색감은 내용에 상관없이 붉은 빛깔을 띨 터이고, 푸른 색 물감만이 준비되었다면 도화지에는 푸른 빛깔만이 가득해질 가능성은 누구도 예견할 수 있음은 자명하다. 따라서 다양한 색채로 도화지를 채우려면 다양한 물감이 먼저 준비되어야 하는 전제가 따른다. 결국 인간사가 풍성한 빛깔로 다양해지려면, 외곬의 고집은 되도록 자제하고, 좀 더 절충이 가능한 소통의 분위기와 다양한 삶의 구조와 융통성을 갖추어야 한다는 소박한 진리를 되새길 수 있다.

하지만 지나간 숱한 인류의 역사와 문화는 허다한 정치적 대립과 군사적 충돌로 숱한 사람들을 '됴쿠줌'보다는 '죽사리'의 긴박한 상황으로 내몰았고, 저마다 타고난 최소한의 축복됨보다 못한 극악한 고난의 운명적 굴레로 이끌었다.

생각해 보면 한 개인의 됴쿠줌과 죽사리의 문제는 크게 보아 전체 사회와 국가의 운명과 떼어 놓고 볼 수 없는 것임을 알 수 있다. 그래서 인간사의 문제는 흔히 지겹게만 느껴지는 정치의 잘됨과 잘못됨에 깊은 관련을 지니고 작동되는 것이기도 하다.

따라서 21세기 현대에서 시기를 소급하여 까마득한 상고시기로까지 끌어올려, 우리의 인간사 속에 빚어진 됴쿠줌과 죽사리의 발생 원인을 고민하고자 기울인 노력은 의미가 적지 않다. 과거로 소급할수록 지금보다 인구는 적었고 物力은 풍성치 못했다는 견해는 상식에 속한다. 따라서 오래된 상고시기에노 벌어졌던 인간사 속 됴쿠줌과 죽사리의 경우를 분석한다면, 나름 세상사의 고단함과 지난함의 원형적 원인과 그 전개 양상의 메커니즘을 압축하여 示唆 받는 바가 적지 않을 터이다. 그래서 길흉에 얽힌 상고 역사의 이면 이야기들은 지금 당장 우리의 눈앞에서 또다시 펼쳐질 또 다른 됴쿠줌과 죽사리의 상황이 빚어낼 참혹한 파국의 경우를 예견하는 단서로 활용될 만한 가치를 지닌다. 우리의 소중한 삶을 궂음보다는 좋음으로, 죽음보다는 살림으로 전환하여 우리들 인간 세상이 좀 더 인간다운 터로 남도록 하려면 반드시 분석해 보아야 할 과거의 사고 사례(事故事例)이기 때문이다.

11

우리 문화의 참된 고갱이를 고민한다

한민족의 정체성 고찰, 간단치 않다

한국의 역사를 통괄적으로 바라보고 각 시기마다 펼쳐진 문화와 사상을 융합하여 간명하게 요약하기란 쉽지 않은 일이다. 각 시기마다 독특한 정치 군사적 여건이 달랐고, 경제 사정도 제각기 달라, 삶의 양상과 그에 따른 생활 문화 작동 메카니즘에 늘 변화가 거듭된 점에 주의해야 하기 때문이다. 따라서 당연히 민간 풍속과 시류마다 바뀔 수밖에 없던 대중의 정서마저 포착해야 하는 점을 생각하면 우리 한민족의 정체성을 몇몇 개념으로 함축하여 설명하기란 여전히 어려운 문제가 된다.

그림 90 신채호가 저술한 《조선사연구초》(1929)

하지만 한국의 역사에서 이른바 한민족이라는 개념으로 볼 수 있는 역사 공동 경험체에 관한 정체성의 규정은 여러 연구자에 의해 나름대로 시도된 바가 적지 않았다. 그들 선학의 학문적 견해는 상당히 독자적인 근거와 설득력을 지닌 것이기도 하여, 오늘날에도 중시할 바가 많다. 이를테면 단재 신채호가 언급한 낭가(郎家)의 정신과 그 문화상(文化像), 위당 정인보가 언급한 '조선의 얼', 그리고 육당 최남선이 역설한 '불함문화론' 따위가 그러한 의미를 지닌다 하겠다. 또한 이능화와 안확, 그리고 손진태의 경우에도 만만치 않은 국학 연구 저술을 쏟아내어 후인들의 손을 바쁘게 하는데, 한민족 고유의 문화와 문명의 전체상과 부분적 특수성을 함께 살피는 데에 적지 않은 참고가 된다. 그 밖에 여타의 연구 논저가 숱하게 존재하여 한국학 연구는 결코 단순한 몇몇 관점으로 정의되기가 어렵거니와, 그렇게 되어서도 안 된다는 소견에 도달한다. 더욱이 오늘날 각종 고고학 발굴로 말미암은 유적과 유물의 조사 연구 보고 자료가 그야말로 쏟아지듯이 노출되는 상황을 견주어 보면, 한국학의 연구는 그저 현재 진행형이라고 말해야 그나마 합리적일 수 있다는 생각이 들 지경이다.

동북아 제례 문화와 음양 사상의 연원

　동북아에서 기원 행위와 제의 풍속이 언제부터 존재했는지를 살피는 것은 적지 않은 고고학적 자료와 관련 문헌 기록으로도 충분한 추론과 확인이 가능하다. 고고학적으로 요하 지역의 우하량에서 드러난 제단 시설이 원형과 방형은 물론 여신묘 따위까지 구성되었던 점이 발굴로 드러난 점은 잘 알려진 모습이다. 또한 문헌 기록을 보면, 《예기(禮記)》에서 "동지에 하늘에 제를 올리기를 교(郊)라 했고, 하지에 땅에 제를 올리기를 사(社)에서 약속했다"[132]고 언급하고 있음이 참고가 된다. 동아시아에서 제의 행위가 그 대상이 크게 하늘과 땅으로 구분되었고, 그 행위가 또한 郊와 社라는 별도로 구분된 지역에서 이루어졌음을 알 수 있다.

그런데 사(社)를 두고 "사(社)는 땅을 제사 지내는데, 음기(陰氣)를 주관하다."[133]는《예기》기록과 관련하여, 이른바 상사(桑社)를 검토할 필요를 느낀다. 왜냐하면 상고시대에 사람들의 성생활은 매우 개방적이었고, 하늘의 햇볕이 내리 쬐는 아래에서 남녀가 자유롭게 결합했는데 이는 평상시의 거친(很) 사정을 반영한 것으로 이 사(社)가 '天然的交合場所'로 쓰였으며, 부르기를 '상사(桑社)'라 했다는 것이다. 더욱이 갑골문에서 보이는 「土」字가 사실상 분토지형(墳土之型)을 상징하고, 또한 社의 본래 문자가 「土」字였음은 시사하는 바가 있다. 「土」字에는 땅에서 나오는 젖을 상징한다는 견해와 연관되기 때문이다. 따라서 "살려냄이란 오로지 땅의 젖이라네. 상황(上皇)은 크게 기뻐하시고 우리에게 복됨을 주시니, 수명을 받음이 끝이 없다네"[134]라는《역림(易林)》의 기록 내용은 社라는 신앙적 공간이 땅의 기운을 신성시하던 곳임을 알 수 있고, 그 사에서 당시 사람들은 복됨과 수명의 연장 등을 소망했음을 추론하게 해 준다. 더욱이 상사(桑社)의 경우에는 남녀가 자연스럽게 만나 교합하기까지 하던 성적 행위의 장소로도 기능했다니, 상사가 생식 숭배의 신앙적 공간이자 그 실천의 현장이라는 이중성을 지녔던 점을 알게 한다. 한국의 속언에 "뽕(桑)도 따고 님도 보고"라는 말의 연원이 혹시 상사(桑社)에서 비롯된 것은 아닌지 의문이 들게 하는 내용이기도 하다.

132 '冬至祭天日郊、 夏至祭地約社'《禮記》, 郊特牲
133 社、 祭土而主陰氣也.《禮記》, 郊特牲
134 生直地乳、 上皇大喜.賜我福祉、 受命無極.《易林》

한국 상고 문화상의 특별함과 특이점

앞서 몇 번 거론했듯이 근대기의 국학 연구자로 이름이 높았던 이능화는《조선도교사(朝鮮道敎史)》를 저술한 바 있다. 이능화가 그 책에서 환인진인(桓仁眞人)이 대왕 씨(大往氏)를 시켜서 시서(始書)라는 글을 짓게 했고 그 시서 속에 '음식연양지도(飮食鍊養之道)'에 관한 내용을 담게 했다고 언급한 점이 흥미롭다. 물론 그 이상의 구체적인 내용이 없어 역시 아쉽기만 하다. 그럼에도 환인이 마시고 먹는 문제에 깊은 통찰이 있었고 그런 까닭이었는지 대왕 씨를 시켜 그에 관련한 내용을 글에 담도록 했다는 언급 그 자체는 삶을 대하는 상고시대 사회의 어른이 지닌 세계관의 한 면모를 읽을 수 있게 하여 소중한 느낌을 지니게 한다.

환인진인은 대왕 씨에게만 글을 짓게 한 것으로 그치지는 않았는데, 스스로 종서(終書)를 짓기를 그 속에 "일월성신과 천지산천의 이치와 성명의 근원과 신도묘덕의 교훈을 쓴 것"[135]이라고 이능화는《조선도교사》에서 밝혀 역시 깊은 흥미를 유발한다.

이능화의 언급을 뒷받침 할 흔적으로 북한의 평양시 순안 구역에서 발견된 고인돌은 특별히 눈길을 끌 만하다. 북한 당국은 2002년에 평양시 순안 구역 구서리에서 북두칠성 모양으로 분포된 고인돌 무덤군을 발굴했다고 한다.[136] 해당하는 고인돌들은 구서리의 리 소재지에서 동쪽으로 골짜기 350m 인근에 분포되었다고 하는데, 모두 9기의 고인돌은 일정한 깊이로 구덩이를 파고 작은 판돌을 쌓아 무덤 벽을 만든 다음 큰

---

135 終書者 主日月星辰天地山川之理 性命之源 神道妙德之訓.
　　李能和 著,《朝鮮道敎史》, '朝鮮壇君神話 最近於道家說' 中 紀錄內容.
136 (평양조선중앙통신=연합뉴스) 장용훈 기자가 2003년에 기고한 기사를 참고했음.

뚜껑돌을 얹은 형태라고 한다. 그런데 흥미로운 점은 하늘에서 바라보았을 때 고인돌 떼가 마치 북두칠성의 모습을 띤다는 점이다.

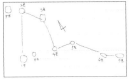 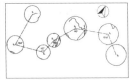 

그림 91 평양 순안 구역 구서리 북두칠성 모양 고인돌 떼(박선식 고고학 노트에서 옮김)

그림 92 운주산 운주사 칠성바위 배치 양상

그림 93 운주산 운주사 칠성바위와 석탑

구서리의 고인돌에서 각각의 덮개돌은 장방형과 타원형의 모양으로 길이 3m, 너비 2m, 두께 0.451m이며 시신이 안치된 무덤 칸은 대체로 길이 1.62m, 너비 0.81m, 높이 0.45m라고 한다. 이들 고인돌에서는 고조선 시기 것으로 추정되는 여러 가지 석기와 질그릇을 비롯한 20여 점의 유물도 함께 발굴됐다. 고인돌의 유적이 마치 북두칠성의 모습을 띰은 무엇을 뜻할까?

이 문제를 고심하면서 전리도 운주산의 운주사에 지금도 남아 전해지는 북두칠성 돌을 함께 견주어 볼 수 있다. 그런데 두 북두칠성의 모습은 칠성의 회전 방향이 서로 다른 점을 알 수 있는데 이는 관측하는 지점이 다른 데 따른 결과로 이해된다. 다만 두 유적을 통해 한국인이 오랜 상고시절부터 하늘을 외경하고, 또한 하늘을 인격적으로 숭앙하여 천신으로 높여 생각한 점을 주목해 볼 필요가 있다. 어쩌면 하늘의 북두칠성처럼 언제나 변함없는 국가의 운세와 개인의 평화가 지속되기를 간구하였던 마음이 빚어낸 결과로도 이해가 된다.

한편 고려의 개경이 있던 개성에 지금도 남아 전해지는 고려 천문대의 상판석 형상은 나름 한국 상고문화의 한 원형성을 읽어 내게 하는 단서가 되고 있기도 하다. 천문대의 상판석은 마치 의도적으로 만든 것처럼 주역

그림 94 정연식의 글(「『천문류초』의 중궁. 헌원」《朝鮮時代史學報. Vol.69》. 2014)에서 인용하였음을 밝힘

의 곤괘(坤卦)에 수직의 기둥 같은 모습으로 끼워 넣었기 때문이다. 쉽게 말해 곤괘는 여성적인 대지를 나타내는데, 그 안으로 마치 남성의 상징과도 같은 길쭉한 돌덩이를 끼워 넣은 것은 어떻게 이해해야 합리적일까?

지금도 시골 마을에 잔존해 있는 천하대장군과 지하여장군을 두고 한국의 전형적인 음양론적 조형물이라고 의미를 두는 데에 별다른 이견이 없다. 그러한 관점에서 본다면 무수한 별자리가 한 치의 오차 없이 돌아가는 대우주의 운행 원리에 음양의 적절한 조화가 그 바탕이 됨을 고려 천문대 상판석은 말하고 있다고 보면 무리가 될까?

사실 앞서 거론한 것처럼 남산근 지역에서 드러난 청동검이 음양 일체 지향의 내면세계를 담고 있듯이 우리의 모든 문화의 바탕에는 음양의 지극한 조화가 그 기본 이념으로 작동되고 살아 숨을 쉼은 너무 오래된 상식의 하나이다.

환도(桓道)를 고민해 본다

《태백진훈》을 보면 우리 한민족의 원형적 삶을 묘사한 것 같은 대목이 있다. 곧 "백성을 생겨나게 했다는 때가 아만으로부터였다고 듣는다. 아만은 현숙했고 나반을 따랐다. 환(땅) 사람의 생겨남은 웅 임금으로부터 비롯된 것이다. 웅 임금은 예쁘고 슬기로워 환웅에게 시집을 갔다. 옛날에 정해진 제도가 없어 무리지어서 깃들여 지냈다. 그때에 신령한 사람이 있어 사람이 단(壇)을 세워(북돋아) 제사를 지냄으로써 음복하였고, 중매하여 심정을 듣고서 혼인하였고, 나무를 얽어서 살고 풀을 제거하고 심게 하였다. 환(桓) 땅의 도(道)가 비로소 고르게 되어, 무리와 더불어 다 같이 이행됐다. 오직 임금인 환웅은 곧 신령하였고 곧 성스러웠다. 웅 임금(熊后)을 받아들여 몸소 맞았고 배필로 짝지으셨다. 자식이 없음에 빌었고 사람의 됨됨이를 이루어지도록 원하여서 출산하였고, 양육한 즉 장성하여 신시(神市, 신령한 저잣거리, 도읍지)를 가르쳤으니,[137] 명을 받아 세세토록 전하여 나라를 있게 했다.(化는 作는 이라고도 한다)"는 내용을 볼 수 있다.

우리는 이암의 언급을 통해 이암 자신의 저술 속에서 우리 고유의 문화적 요체를 '환도'라고 언명한 점을 분명히 알 수 있다. 그렇다면 환도의 본질은 무엇이라고 규정해야 마땅할까?

결코 간단치 않은 주제이지만 이암 스스로 앞서 거론한 대로 환도는 그저 행복하고 즐거운 나날 그 자체를 바라보고 만들어낸 말로 여겨진다. 그렇지 않고서야 무엇 때문에 환웅과 웅녀의 혼인으로부터 환도를 이야기했겠는가?

그런 관점에서 《참 精神으로 배울 일》이라는 아름으로 유통된 19세기 민중 신앙 관련 자료는 나름 읽어볼 만한 대목들이 있다. 그 기록에

---

137 '教神市'의 주체는 모호하나 문맥상 웅 임금(사실상 熊女―본 논고 필자 주)이 환웅과 혼인하여 낳은 자식인 점을 쉽게 알 수 있다. 그런데 웅후의 몸에서 출산한 환웅의 자식이 성장하여 신시를 가르쳤다는 의미는 본래 환웅이 마련한 신시를 그 자식 대에 이르러 여전히 관리했다는 의미를 내포한다고 할 수 있다. 곧 환웅에 이은 그 자식 때에 이르기까지 신시의 경영이 대를 이어 이루어진 점을 짐작할 수 있다.

는 놀랍게 삼인부(三印符)에 관한 내용이 전해진다. 그 내용을 보면 ①천부인(天符印) ②지부인(地符印) ③인부인(人符印)을 각각 구분하여 설명되어 있다.[138]

해당 기록 가운데 '삼인부(三印符)'의 부분을 보면 기존에 《삼국유사》의 '왕검조선'조 기록을 통해 잘 알려진 천부인의 내용과는 전혀 다른 또 다른 상고시기의 표상에 관한 내용이 소개된다. 그 구체적인 내용을 약간 살피면 천부인(天符印)의 경우에는 한 번 인(印)을 들어 생명이 있기를 부른다(一擧印而吽有生)고 했고, 지부인(地符印)의 경우를 보면, 한 번 인(印)을 들어 멸망됨이 없기를 부른다(一擧印而吽無滅)고 했으며, 마지막으로 인부인(人符印)의 경우에는 한 번 인(印)을 들어 대길하고 창성됨을 부른다(一擧印而吽吉昌)고 하였다. 다시 말해 상고시기에 세 개의 상징적 표상으로서의 인(印)이 있었고, 제 각각의 인들은 그 성격이 "유생(有生)", "무멸(無滅)", 그리고 "길창(吉昌)"이라는 저마다 다른 목적으로 소망을 빌던 상징이었다는 내용으로 요약된다. 삼인부를 써서 맞이하고 싶은 상황이 바로 생명이 있기를 바랐고, 멸망됨이 없기를 바랐으며, 또한 너무 행복한 길창의 세계를 지향했다는 논리는 앞서 언급한 이암의 환도(桓道)가 견지하는 삶의 모습과 거의 일치한다.

그 같은 삶 속에서의 행복과 유쾌한 즐거움의 지향! 그것이 한민족 전체 구성원이 오래전 상고시기부터 지향해 온 문화의 핵심 고갱이였고,

---

138 한편 세 가지 인(印)의 설명과는 별도로 천지인(天地印)에 관한 내용이 덧붙여 있어 그 해석에 신중함을 느끼게 한다. 원문은 "人能用於天地印 三印明於天下善"이다. 그리고 그 풀이는 "사람은 천지인(天地印)으로써 임용하고, 세 인(印)은 천하의 착함에서 밝았다."는 의미임을 누구나 어렵지 않게 이해할 수 있는데, 문제는 앞서 언급한 세 印(天符印, 地符印, 人符印)과는 달리 天地印이라는 인이 별도로 사용되었다는 것인지 의문이다. 만약 천지인이 따로 있어 문장의 내용처럼 사람의 임용에만 쓰인 것인지 문맥상 의미를 확정하기가 쉽지 않다. 만일 천지인이 별도의 인이었다면 한국 상고시기에 쓰인 표징적 인(標徵的 印)은 네 개가 되는 셈이다. 그 같은 내용은 사실 여부를 떠나 한국 상고시기의 문화상과 사회상을 좀 더 풍부하게 고찰하는 데 문학적 상상력을 자극한다는 점에서 가볍지 않은 가치를 드러낸다고 평가가 가능하다.

지향하던 세계관의 최말단에 놓인 가치였으리라 생각한다.

남명 조식의 신명사도(神明舍圖) 속에 담긴 의미[139]

　　조선조 중기의 거유(巨儒) 남명 조식은 자신의 학문관과 세계관을 융
합하여 한 장의 그림으로 표현하였는데 바로 '신명사도(神明舍圖)'이다.

　　그런데 남명 조식은 신명사도를 설명함에 그 첫 머리에서 '태일진군
(太一眞君)이 명당(明堂)에서 정사를 베푼다.'[140]고 밝혀 신명사도가 그저
철학적 도상으로 그치고 있지 않음을 엿볼 수 있다. 그렇다면 명당(明堂)
은 무엇을 말하는가. 여기서 말하는 명당은 최고 통치자인 임금이 하늘
에 기도와 제를 올리는 공간을 말한다. 따라서 《대대례(大戴禮)》에 이르
기를, 명당(明堂)은 모두 아홉 집이다. 한 집에 네 문과 여덟 개의 들창이
있다. 36개의 문과 72개의 들창인 셈인데, 띠풀로 집을 덮었다. 위는 둥
글고 아래는 모가 졌고, 띠풀은 깨끗한 뜻을 취함'[141]이라고 소개한 《로
사(路史)》의 내용을 참고할 수 있다.

　　또한 신명사명(神明舍銘)에 보이는 '태일진군(太一眞君)'이란 어휘에서

---

139 이 글은 도란도란인문연구회가 2015년 3월 15일(일)에 개최한 인문 토론 세미나에서 박선식이 발표한 자
　　료를 재구성한 것임을 밝힘.
140 太一眞君, 明堂布政
　　曺植 지음, 《南冥集》, '銘'
　　神明舍銘의 전문은 다음과 같다.
　　太一眞君//明堂布政//內家宰主//外百揆省//承樞出納
　　忠信修辭//發四字符//建百勿旂//九竅之邪//三要始發
　　動微勇克//進教廝殺//丹墀復命//堯舜日月//三關閉塞
　　淸野無邊//還歸一//尸而淵//國無二君//心無二主
　　三千惟一//億萬則仆//閑邪存//修辭立//求精一
　　由敬入//心聲如響//其跡如印
141 大戴禮云 明堂凡九室. 一室有四戶, 八牖. 三十六戶, 七十二牖. 以茅蓋屋, 上圓下方茅取潔義. 《路
　　史》卷二十一

의문을 느낀다. 다만 태일(太一)이 달리 인일(人一)이라고도 바꾸어 표현이 가능한 점을 두고 볼 때, "태일은 원래 '대도(大道)' '원기(元氣)'의 뜻으로 만물을 총섭하는 것에 대한 명칭"[142]이라는 설명이 도움을 준다. 또한 진군(眞君)은 "신명한 마음을 가리키는 말로, 김우옹(金宇顒)의 《동강집(東岡集)》에 실린 '천군전(天君傳)'에 나오는 천군(天君)이다."[143]란 설명에 따른다면, 곧 마음임을 알 수 있다.

그림 95 위에서 내려다 본 참성단 모습

그림 96 남명(南冥) 조식(曺植)이 작성한 것으로 전해지는 신명사도 (神明舍圖)

그렇다면 명당의 의미를 내포하는 신명사도의 중앙 핵심부에 마치 제단처럼 표현된 신명사(神明舍)의 가운데에 명시된 태일군은 강화도에 조영되어 실질적 제단으로 사용된 참성단(塹星壇)의 상부 방형 제단의 의미를 추론하는 데에 참고가 된다. 곧, 강화 참성단의 방형 제단이 천하사방의 온 세계를 주관하는 신명(神明)의 참된 의지를 헤아리는 공간으로 추론하는 단서를 이끌어낼 수 있다. 어쩌면 참성단의 네모진 제단 터는 지극한 마음을 드러내는 자리였을 개연성이 있다.

한편 남명 조식이 신명사도에 관한 기록인 신명사명에서, '아홉 가지

142 조식 지음, 경상대학교 남명학연구소 편역, 《南冥集》, 이론과 실천, 1995, p. 121
143 조식 지음, 경상대학교 남명학연구소 편역, 같은 책, p. 121

로 엿보는 사악함이 세 군데 요처에서 비로소 일어나니, 기미가 일면 용감하게 이겨 내고, 나아가 가르치고 가르어 베어 낸다. 붉은 마룻바닥에서 되돌아와 명령 이행을 보고하니 요순(堯舜)의 나날이로다. 세 관문을 닫아 두니 맑은 들판은 끝없어라. 하나에로 되돌아가니, 시동(尸童)인 듯하고 연못인 듯 하다.'고 읊조린 점은 신명사(神明舍)를 조형성과 사상성을 함께 지닌 공간으로 추론하게 유도한다. 무엇보다 삼요(三要)와 삼관(三關)의 공간적 부분이 바로 사악함이 발동하고, 닫아 두면 청야(淸野)를 향유하는 조건으로 제시된 점이 주목된다. 또 사악함에 맞서는 태도가 1)진교(進敎)와 2)시살(廝殺)이란 개념으로 구분되며, 붉은 마룻바닥으로 와서 복명하니 요순(堯舜)의 나날이라고 한 점은 남명 조식의 이상세계가 요순시절로 지향됨을 엿볼 수 있다. 요순시절이 한국 사상 단군왕검의 치세와 상관성이 있는 점은 역시 신명사의 도상적 조형성이 참성단의 조형성과 유사하다는 특징을 비교할 수 있다.

12

동북아 여성성의 연원과
여성 문화의 뿌리[142]

142 이 글은 조숙진(한국예술협회 학예위원)·박선식(한국인문과학예술교육원 대표)의 공동 논문인, 〈동북아 상고시기 女媧의 상징성과 한국 상고문화 속의 '於我'노래와 后土祭儀〉, (《恩鄕》, 2015년.)의 내용을 일부 바꾸어 인용했음을 밝힘.

울주에서 수습된 토제 여성상과 우하량 여신상의 의미

동북아 역사에서 여성을 중심에 두고 그 가치성을 부각하려 고찰한 연구 성과는 그리 많지 않다. 다만 중국의 경우 흔히 여와를 복희와 함께하여 중국사의 시원을 연 설화적 존재로 거론하고 있음은 상식에 속한다. 한국의 경우에도 비슷하게 웅녀(熊女) 정도가 개천절을 진후하여 언급되고, 일본의 경우에는 아마테라스 오미카미(天照大神)가 흔히 거론됨을 알 수 있다.

그러나 한편으로는 중국과 한국의 경우에 살펴보는 '마고'에 관한 전승 설화의 내용도 동북아 여성 문화의 연원을 추적하는 데에 중요한 대상이 될 수 있다. 물론 중국에서 거론되는 마고는 여자 신선의 한 사람으로 시기적으로는 상고시기가 아닌 고대의 인물일 가능성도 있다. 그러나 《신선전(神仙傳)》의 '왕원(王遠)'부분을 보면, 마고는 3월 3일의 서왕모(西王母) 생일날에 초청받은 여성으로, 그 행사에 "영지를 이용하여 술을 빚어 왕모(王母)에게 바친" 신이한 존재로 묘사되어, 문화적으로 상고시기 여성 인물인 듯이 전승됨을 확인할 수 있다. 그에 비해 한국의 전승 설화에서 찾아지는 마고는 각 지역에 퍼져 있는 축성(築成) 설화의 여주인공으로 힘센 여성의 이미지가 강하고, 마고 할미의 경우에는 신이한 주력(呪力)을 지니고 드러낼 수 있던 일종의 샤먼과도 같은 인물 전형이다. 또한 지금의 평양 지역에 전래되는 마고 할미

그림 97 울주 신암리에서 수습된 토제 여성상

설화는 단군왕검 세력과 쟁패를 겨루던 정치 군사 세력으로 한국의 상고시기 여성 세력의 상징성을 지니고도 있다. 일설에는 마고는 까마득한 태고 적의 여신으로도 거론되지만 관련 자료의 보충으로 뒷받침되어야 할 여지가 있다.

한편 한국의 여성성의 시원은 고고학적으로 울주의 신암리에서 드러난 토제 여성상이나 우하량의 눈 안에 흰 옥이 박힌 여신상과도 견주어 거론해 볼 만하다. 울주의 토제 여성상은 매우 아름다운 신체의 곡선미가 뛰어나 신석기 시대인의 솜씨가 매우 탁월한 수준이었음을 알게 하는데, 부푼 배 부위를 통해 다산 신앙의 시원적 모습을 전하는 의미를 건네 준다. 또한 우하량의 여신상은 동북아 상고시기에 이미 여성을 신격으로 추앙했고, 그러한 신격을 숭배코자 일정한 건축물을 조영하여 신전의 주인으로 모셨다는 사회상을 알게 하여 매우 주목할 조형물이라고 평가가 가능하다.

여와와 여와 신앙이 지닌 문화적 성격

그림 98 '麻姑獻壽'(중국 회화)

동북아에서 여와에 관한 신앙적 흔적은 중국은 물론 한국, 그리고 일본에 까지 퍼져 있었다는 점에 유의하지 않을 수 없다. 그뿐만 아니라 중국의 여와는 과연 중국만의 상고적 神人이라고 단언할 수 있는지 의문을 제기할 여지까지 있음에 주목해야 할 터이다. 《태백진훈》에 나오는 '어아(於我)'는 무엇인가? 그 알맹이가 있음을 있게 함이고, 그 이름의 사라짐을 사라지게 함이니, 바람과 빛은 옛날에 따르지만 강과 산은 제각각인 바가 있다. 즐거움은 다른 이에게서 얻음이나니 함께함이 착함이다.'라는 내용은 여와 설화와 그 신앙에 반영된 속뜻이 무엇인지를 고민하는 데에 적지 않은 단서를 제공한다. 곧 어아(於我)라는 어휘가 지닌 의미가 설화적 영웅으로 거론되는 여와의 삶에 담긴 치유와 회복의 이미지와 상통함에 주목할 여지가 있다. 하지만 한민족의 순수 어휘에 속하는 '어우야'라는 말이 오늘날 우리가 흔히 발음하는 '아아!'라는 감탄사의 옛 말[145]인 점을 생각하면 느낌은 또 달라진다. 어아가 어쩌면 그냥 단순하게 '아아!' 하며 내지르던 감탄사 이상도 이하의 말도 아닐 개연성도 있기 때문이다. 그러할 경우 행촌이 이암이 《태백진훈》을 통해서 소개하는 이른바 '어아(於我)'의 개념적 의미를 여와 신앙과 결부시키는 것에는 일정한 한계가

---

145 이숭녕 감수, 《표준 국어대사전》, 민중서관, 1985년. p. 827

있기도 하다.

한편 《고촌선생문집》(乾)을 보면 '단군이 바닷가를 순행하고 후토(后土)에 제사 지냈다.'(君巡于海上祀后土)는 기록 내용을 확인하게 된다. 이 기록에서 보이는 후토(后土)란 바로 여와를 지칭한다.[146] 《고촌선생문집(孤村先生文集)》(乾)이 비록 조선조의 문집이기에 상고 역사를 적확하게 증명할 단서라고 보기에는 무리가 따르긴 한다. 그럼에도 조선조의 한 유사(儒士)의 문집(文集)에서 한국 상고시기에 후토(后土)에 대해 존숭의 사례가 거론되는 내용이 보인 점은 결코 쉽게 무시할 만한 내용이 아니다.

그뿐만 아니라 고구려 오회분 4호묘 벽화(중국 길림성 집안현)에는 달의 신으로 표현된 여와가 그려져 있고, 그 그림의 당사자는 지물이 아닌 달의 형상을 다루고 있어 매우 특이한 감흥이 들게 한다. 따라서 중국 내에서 흔히 보는 여와의 도상적 이미지보다 좀 더 거대한 이미지를 구현하고 있는 고구려 오회분 4호묘 벽화만을 거론하고서라도 동북아 상고시기의 여와 신앙의 정체성에 관한 탐구는 조심스럽게 다시 추진되어야할 이유를 지닌다. 이에 본 연구자들은 동북아 상고시기의 여와 신앙의 의미와 한국 문화사상 여와 신앙이 지닌 상관성을 소략하게나마 언급하고자 한다.

여와 설화에 담긴 상징성

예로부터 중국에서는 복희와 여왜(女媧)에 관한 설화가 전해진다.

---

[146] 后土祠所祭祀的是后土女媧
　　인터넷 검색사이트 '華夏經緯網'(big5.huaxia.com/)의 '后土即女媧' 부분 참조함.

그런데 복희(伏戲:伏犧)는 복희(宓羲)·포희(庖犧)·복희(虙犧)·포희(炮犧) 등으로도 쓰여 그의 본명이 무엇인지조차 제대로 알 수 없다. 어떻든 복희는 진(陳) 땅에 도읍을 정하고 150년 동안 제왕의 자리에 있었다고 한다. 그런데 그의 몸은 뱀과 같고 머리는 사람의 형태였다니 역시 믿기 어려운 내용이다. 그렇기 때문에 복희를 역사적 인물이라기보다는 여전히 설화적 존재로 인식하는 경향은 오히려 당연할 것이다.

그런데 복희는 이후 중국 역사에서 이른바 삼황오제(三皇五帝) 가운데 으뜸의 자리에 놓이고, 《역경(易經)》〈계사전(繫辭傳)〉에는 팔괘(八卦)를 처음 만들었으며, 그물을 발명하여 어렵(漁獲)·수렵(狩獵)의 방법을 가르쳤다고 전하는 기록이 전해지고 있어 쉽게 무시할 존재가 아님을 알 수 있다.

한편 복희의 아내인 여왜(여와) 역시 대단한 존재로 묘사되어 전해진다. 《회남자(淮南子)》 권6의 남명훈(覽冥訓)을 보면, '지난 옛 시절에 네 귀퉁이의 기둥이 허물어지고 구주(九州)의 땅은 찢어지며, 하늘은 모두 덮지 못하고, 땅은 다 싣지 못하며, 불은 무시무시하게 타면서 퍼지고 꺼지지 않으며, 홍수는 끝없이 퍼져 나가면서 멎지를 않고, 맹수는 거주민을 마구 잡아먹으며 사나운 새는 노인과 어린 아이들을 덤벼들었다. 이에 여와는 오색 돌을 다듬어 창천을 기우고, 자라의 다리를 잘라 네 귀퉁이의 기둥을 세우고 흑룡을 죽이어 기주 땅을 수재에서 구해 냈고 갈대를 태워 그 연기로 홍수를 멎게 했다. 창천은 보수되었고 네 귀퉁이는 정비되었으며 홍수는 말랐고 기주 땅은 평온하게 되었으며 간교한 조수는 죽어 사라졌고, 거주민은 다시 삶을 되찾았다. 사람들은 대지를 밑으로 하고 하늘을 위로 껴안으며, 화창한 봄에도 무더운 여름에도 만물이 시드는 가을에도 만물을 저장하는 겨울에도 네모진 베개와 새끼줄 침상에서 잠잘 수 있었다. 음양의 기가 막히어 침체되면 구멍을 뚫어 소통되기를 꾀하고 난기가 물체에 충돌하여 백성의 축재(蓄財)를 범하는 일이 있으면 이것을 끊어서 방지한다. 이때 사람들은 잠을 자도 깊게 자려 하는 일이 없었고 일어나도 교지(巧知)를 짜내는 일이 없었다. 어떤 사람은 말처럼 행동하고 어떤 사람은 소처럼 행동하며 어슬렁거리면서 걸어 다니고 멍청하게 바라본다.

우직, 그 자체 속에서도 부드러움을 유지하고 더구나 그것으로 인하여 생기는 바를 알 수도 없다. 안개처럼 무엇을 찾아야 할는지도 모르고 움직이는 그림자처럼 행선지를 아는 바도 없다. 이때가 되자 조수(鳥獸)는 그 발톱과 어금니를 감추고 충사는 그 독을 숨기며 덮치거나 물어뜯고자 하는 의지도 없었다. 그 공업의 굳셈을 헤아려 보면 위로는 구천에 이르고 아래로는 황천 밑에 이르며, 명성은 후세에 들리고 그 빛은 만물을 비춘다. 번개 수레에 올라 응룡에 끌리어 가되 청룡을 좌우에 대동하고 손에는 무상의 서옥을 잡고, 상서로운 도장의 부서를 좌석으로 삼으며 황운(黃雲)을 말머리 장식으로 삼고, 백리(白螭, 흰 교룡)를 앞세우며 분사(奔蛇)를 뒤따르게 하고, 하늘을 소요하는데 귀신을 따르게 하여 구천에 올라가 천제를 영문에서 배알하고, 청정 평화로운 가운데 태조 밑에서 휴식했다.

하지만 그 공적을 자랑하거나 그 명성을 세우고자 하지 않았고, 안으로 진인의 도를 지키며 천지의 자연 그대로를 따를 뿐이었다. 왜냐하면 도덕이 높아서 하늘에 통하고 끔찍스러움이

그림 99 중국 허베이 성 한단시 서현의 여와신상

사라져 버렸기 때문이다.'[147]는 내용을 볼 수 있다.

설화 기록에서 '네 귀퉁이의 기둥을 세우고', '연기로 홍수를 멎게 했다'는 부분은 가히 비상식적 내용임에 분명하다. 그러나 동북아의 상고시기에 홍수와 수륙 변동에 따른 자연 재앙이 존재했음은 익히 알려진 내용이다. 따라서 여와가 하늘 밑에 기둥을 세우고 홍수를 멎게 했다는 과장된 내용은 상고시기에 존재했을 자연 재앙의 극복 과정에서 여와가 드러낸 적극적이고도 강력했던 고난 극복의 행위를 지나치게 묘사한 측면으로 이해하면 무리가 없을 듯하다.

그런데 《십팔사략(十八史略)》에 따르면, '여와 씨(女媧氏)는 풍성(風姓)이고 목덕(木德)으로서 왕이 된 것으로 전해진다. 또한 처음으로 생황(笙簧)을 만들었다. 제후(諸侯)인 공공 씨(共工氏)가 축융(祝融)과 싸워 이기지 못하여 분노하여 부주산(不周山)을 머리로 들이 받아 무너졌고 하늘 기둥(天柱)이 부러졌다. 땅의 벼리(地維)가 흠집이 나서 여와 씨는 단련된 오색석(五色石)으로 하늘의 기웠고(補天)하였고, 자라의 다리를 잘라 네 기둥을 세웠다. 갈대꽃을 모아서 넘치는 물을 그치게 했다. 이에 땅은 평안해졌고 하늘이 이루어졌으며 옛 물건들이 고쳐지지 않았다.'[148]는 내용이 있다. 《십팔사략》에서 거론된 여와 씨 관련 레퍼토리로 이야기되는

---

147 往古之時, 四極廢, 九州裂, 天不兼覆, 地不周載, 火爁炎而不滅, 水浩洋而不息, 猛獸食顓民, 鷙鳥攫老弱, 於是女媧煉五色石以補蒼天, 斷鼇足以立四極, 殺黑龍以濟冀州, 積蘆灰以止淫水. 蒼天補, 四極正, 淫水涸, 冀州平, 狡蟲死, 顓民生, 背方州, 抱圓天, 和春陽夏, 殺秋約冬, 枕方寢繩, 陰陽之所壅沈不通者, 竅理之; 逆氣戾物, 傷民厚積者, 絶止之. 當此之時, 臥倨倨, 興眄眄, 一自以爲馬, 一自以爲牛, 其行蹎蹎, 其視瞑瞑, 侗然皆得其和, 莫知其所由生, 浮游不知所求, 魍魎不知所往.當此之時, 禽獸蝮蛇, 無不匿其爪牙, 藏其螫毒, 無有攫噬之心.考其功烈, 上際九天, 下契黃壚, 名聲被後世, 光暉重萬物.乘雷車, 服駕應龍, 驂青虬, 援絶瑞, 席蘿圖, 黃雲絡, 前白螭, 後奔蛇, 浮游消搖, 道鬼神, 登九天, 朝帝於靈門, 宓穆休於太祖之下.然而不彰其功, 不揚其聲, 隱真人之道, 以從天地之固然.何則道德上通, 而智故消滅也.
   《淮南子》卷六의 〈覽冥訓〉
148 女媧氏, 風姓, 以木德王, 始作笙簧, 諸侯共工氏與祝融戰而不勝, 乃怒以頭觸不周山, 崩, 天柱折, 地維缺;女媧氏乃鍊五色石補天, 斷鼇足立四柱, 聚蘆花以止滔水, 於是地平天成, 不改舊物.
   《十八史略》

내용상의 특색은 하늘 기둥이 무너진 이유가 공공 씨와 측융의 권력 쟁탈전으로 말미암았음을 알게 하고, 여와 씨가 생황을 만들었다는 점으로 여와 씨의 문화 예술적 풍모를 엿보게 하고 있다.

한편 《보사기(補史記)》에는 '여와 씨는 풍(風)으로 뱀의 몸에 사람의 머리(蛇身人首)이다. 신성지덕(神聖之德)이 있어 복희(宓犧)를 대신하여 (임금 자리에)서게 됐다. 일컫기를 여희 씨(女希氏)라 했고, 일찍이 생황을 만들었다. 일설에 말하길 목덕(木德)으로써 임금이 되었으니 대개 복희(宓犧)의 뒤이다. 수 세대가 지난 이후 금(金)과 목(木)은 바퀴처럼 고리 지어져 두루두루 처음으로 되돌려졌는데, 특별히 여와를 거론하니 그 공업(功業)이 높고 삼황(三皇)을 덮을 만하였다. 따라서 누차 목왕(木王)으로 되었다. 그 말년을 당하여 제후에 공공 씨(共工氏)와 축융(祝融)이 있었는데 싸워 이기지 못하고 노여워하여 머리로 주왕산을 들이받아 무너뜨려 하늘 기둥(天柱)이 부러졌고, 땅의 벼리(地維)는 흠집 났다. 여와는 곧 단련된 오색석으로써 보천(補天)하였고, 자라의 다리를 잘라 네 귀퉁이를 세웠으며, 흑룡을 죽여 기주(冀州)를 구제했다. 갈대의 재를 모아 넘치는 물을 그치게 했으니, 이에 땅은 평안해지고 하늘은 이루어졌고, 옛 물건은 고쳐지지 않았다.'[149]는 다소 차이가 느껴지는 내용들이 거론된다. 《보사기》를 통해 여와가 오라비인 복희의 뒤를 이어 임금이 되었음을 알 수 있고, 자신의 치세 기간에 공공 씨(共工氏)와 축융(祝融)이 반목하여 그 물리적 충돌의 결과로 하늘의 기둥이 부러져 여와가 몸소 하늘 기둥을 세우고, 홍수를 그치게 했다는 내용으로 요약된다.

---

149 女媧氏, 風, 蛇身人首, 有神聖之德, 代宓犧立, 號曰女希氏;曾作笙簧, 一曰以木德王, 蓋宓犧之後, 已經數世, 金木輪環, 周而復始, 特舉女媧, 以其功高而充三皇, 故頻木王也.當其末年也, 諸侯有共工氏, 與祝融戰, 不勝而怒, 乃頭觸不周山, 崩, 天柱折, 地維缺, 女媧乃鍊五色石以補天, 斷鰲足以立四極, 殺黑龍以濟冀州, 聚蘆灰以止滔水, 於是地平天成, 不改舊物
《補史記》

결국 여와를 거론한 설화 내용을 간추려 보면 여와가 자신의 오라비이자 전왕인 복희의 뒤를 이어 왕권을 장악했고, 생황과 같은 악기를 만들어 문화 예술 활동을 실천했으며, 제후들의 반목으로 빚어진 천하 대혼란의 난세에 몸소 자연 질서 회복을 위한 보수 담당자로 활약했고, 그결과 옛 것이 하나 손상되지 않고 바뀌지 않게 하는 대위업을 이루었다는 내용이 된다.

치우 군진 내 군사 악무와 생황, 그리고 '어아'의 의미

그림 100 笙篁

여와에 의해 만들어졌다는 악기가 바로 생황인데, 이 생황과 연관된 문화 축제가 지금도 묘족 사회에 전승되는 점은 주목할 점이다. 묘족에 관한 설화를 기록한 《묘족사(苗族史)》를 보면, 운남성(雲南省) 문산(文山)의 마관(馬關) 등지에서는 매년 전통절에 '채화산(踩花山)'이란 연희를 베푼다고 소개한다. 이 연희의 내용을 보면, '채화산'은 치우를 제사하고자 베풀어졌다고 한다. 그런데 생존 당시에 군사 수장이던 치우는 황제족(黃帝族)과 싸우다 실패하여 동쪽으로 나아갔고, 깊숙한 산 빽빽한 숲 속에 후퇴하여 들어서 각처로 흩어져 간 묘족 무리를 소집했다고 한다. 그래서 묘족 두령이 산 위에 뿌리가 긴 나무 장대를 세워 일으키고, 그 위에 붉게 채색된 허리띠를 매었고, 청년 남녀로 하여금 꽃 장대(花杆)를 돌고 생(笙)을 불고 뛰며 춤추게 했다고 한다. 그래서 이에 각 지역 부락 사람들이 전해 듣고서 찾아오기를 시끌시

끌했고, 대가(大家)에
서는 깃발과 북(旗鼓)
을 무겁게 떨치었고,
황제 부족(黃帝部族)
과 전투를 진행했다
고 한다. 그러므로
꽃 장대(花杆)를 돌고
笙을 불며 뛰어 춤

그림 101 지금의 묘족 사회에서 흔히 베풀어지는 집단 가무 모습

추는 악무(樂舞)가 뒤에도 이어져 '채화산(踩花山)'이라는 풍속을 이루었
다는 게 설화의 골자이다.[150]

황제 헌원의 군진에 맞서 전투를 벌인 것으로 전하는 치우의 군진 안
에서 전세 회복과 사기 진작의 의도로 베풀어진 군사 악무에 생황이 동
원된 점은 치우 세력이 문화적으로 여와에 맞닿고 있었던 것인지 조심스
럽게 고민하게 이끈다.

한편 설화 속에서 위업을 드러낸 여와의 위난 극복과 치유 활동(治
癒活動)에 따른 적극적 개선과 회복의 정신을 함축하는 듯한 표현이 있
어 주목된다. 곧 '어아(於我)'는 무엇인가? 그 알맹이가 있음을 있게 함이

---

150 蚩尤領率其部族與黃帝族作戰失敗後東進, 退入深山密林中, 爲召集散往各處的苗族群衆, 苗族頭領
便在山上立起一根長樹杆, 繫上彩色紅腰帶, 令靑年男女繞花杆 吹笙跳舞, 於是各地部衆聞迅後紛紛
來, 大家重振旗鼓, 繼續與黃帝部族進行戰鬪. 而繞花杆 吹笙跳舞亦相延成俗. (龍伯亞 著,《苗族史》,
四川民族出版社, 1993년 8월. 黃逢時 편집,《工業始祖蚩尤帝》, 台灣鬼谷子學術研究會, 中華民國
九十四年 十二月. p166~167에서 재인용함.)
한편 묘족의 '芒蒿節' 풍속도 주목되는데. '짚으로 엮은 옷을 입고 탈을 쓴 이들이 긴 장대를 들고 춤을 추
며 마을을 위해 재앙과 사기를 몰아 낸다.'(王兆乾 저, 吳秀卿 역,「무풍・나속・연극 중국의 향촌 제사와
가면 문화」,《마을굿과 가면놀이》, 국립극장, 2000, p.47)는 내용이 그러하다. 묘족 사회에서 '芒蒿節' 기
간 동안의 풍속과 '踩花山'이란 연희 풍속이 속성상 유사성이 있음을 쉽게 추론해 볼 수 있다. 더불어 한
반도 내의 端午節 풍속 행사에서 마을 윗산에서 산 나무를 베어다가 마을 洞祭를 시작하는 점 또한 연관
되어 있어 조심스럽게 묘족 사회 풍속과 한반도 일부 洞祭문화를 비교를 통한 상관성 여부를 검토할 수도
있어 흥미롭다.
졸고, 〈탁록 戰鬪說話에 반영된 동북아 상고邑落社會內 집단적 갈등과 상고시기 旗幟鼓角의 군사적 운
용—防禦 聚落 遺蹟과 樂器 遺物을 비교하여—〉《학예지》(제21집), 육군사관학교 육군박물관, 2014년.

고, 그 이름의 사라짐을 사라지게 함이니, 바람과 빛은 옛날에 따르지만 강과 산은 제각각인 바가 있다. 즐거움은 다른 이에게서 얻음이나니 함께함이 착함이다.'[151]라는 내용이 그러하다. 이 부분은 여와설화와 그 신앙에 반영된 속뜻이 무엇인지를 고민하는 데에 소중한 실마리를 제공하기에 충분하다. 여와가 설화 내용 속에서 제후들의 권력다툼의 결과 하늘의 기둥이 부러지고, 홍수 따위의 자연 대재앙을 겪는 난국에 꿋꿋한 치자(治者)의 의지로 네 기둥을 세우고 찢겨진 하늘도 보수하여 마침내 '있음을 있게 함'을 실현한 측면은 《태백진훈》에서 말하는 '있음을 있게 함'과 '사라짐을 사라지게 함'을 고스란히 알려주기 때문이다.

한국 상고시기의 후토 제의(后土祭儀)가 지닌 의미

후토(后土)로 지칭되는 여와는 현재 중국 각 지역에 후토사(后土祠)라는 사당의 조형물 안에 모셔 있어 일반인들이 그 전통적 맥락을 가시적으로 느끼는 데에 무리가 없는 상태이다. 그렇다면 한국의 경우에는 어떠한가.

지금 한반도의 지역에서 후토사의 모습을 찾기란 쉽지 않다. 다만 《태백진훈》에는, 치우가 바로 한민족의 선대 조상의 하나로 거론됨에 주목된다. 더욱이 치우와 그 사회의 성원들은 '가을에 교(郊)에서 신(神)을 맞이했는데 아홉 맹서로써 나라는 하나가 되었다.'[152]는 내용도 주목된

---

151 於我何哉 存存其實 去去其名 風光依舊 江山有殊 樂取於人 同爲之善
　　李嵒, 《太白眞訓》, '中篇'
152 秋薦神于郊九誓同國
　　李嵒, 《太白眞訓》, '中篇'

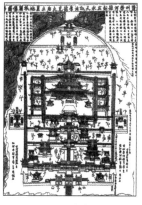

그림 102 포주영하현후토황지기묘상
도의 탁본

그림 103 포주영하현후토황지기묘상
도의 모사도

다. 딱히 후토에 대한 제의인지는 분명치 못하지만 치우와 그 세력이 교 (郊)에서 신(神)을 맞이하였다는 내용임에는 분명하기 때문이다. 따라서 후토에 대한 제의와 연관된 제의로 볼 수 있는 여지를 조금이나마 느낄 수 있다. 또한 치우를 한민족의 선대 조상의 한 갈래로 파악하는 《태백진훈》 등의 내용을 보면 생황을 사기 진작과 구성원 간 단결의 목적으로 사용한 점에 주목할 필요를 느낀다. 생황이 여와가 만든 악기이고, 그 악기를 치우의 군진에서 적극 활용했고, 한민족 역시 치우 후예의 한 갈래로 인식한다면 여와의 상징성은 한민족에게도 연관된다고 추정함은 큰 억지는 아닐 터이다. 더불어 단군의 손길에 의해 조영되었다고 전해지는 강화도 '참성단 중수비'를 근거로 말한다면 참성단이 후토에 대한 제의와 연관되었을 개연성이 조금 있기도 하다.

한편으로 《고촌선생문집(孤村先生文集)》(乾)을 보면 '단군이 바닷가를 순행하고 후토(后土)에 제사지냈다.'(君巡于海上祀后土)는 기록 내용을 확인할 수 있다. 해당 《고촌선생문집》(乾)을 보면, 단군이 바닷가를 순행하고 후토(后土)에 제사 지냈는데, 두 붉은 용이 있어 바닷가에 드러냈고, 두 신녀(神女)가 푸른 공중으로부터 와서 자주 빛 금합(金櫶)을 전

그림 104 《孤村先生文集》
(乾)에 보이는 단군시기의
后土관련 부분

하였다. 이에 바닷가 언덕에서 단군은 놀라고 기이하게 여겨 나아가 열어 보니 붉은 비단 옷의 사내아이가 있었다는 내용이다. 이 아이를 본 단군은 돌아보며 신하와 백성들에게 말하길, '이는 반드시 황천(皇天)과 후토(后土)가 정성과 공경함에 감동되어 이 신이한 아이로써 영명하고 기이한 자취를 보이는 것이다'고 하며 삼가 후녀(厚女)로 하여금 길렀다. 나이가 15세에 이르러 체모가 장대해지고 기력이 웅건해졌다는 내용이 보여 단군 당시의 정신세계와 제의 문화가 지닌 성격의 일부를 추정케 하는 단서를 보인다.[153] 곧 단군이 황천과 후토에게 제사를 지내면서 남방으로 순행을 다녔는데, 해안가에서 두 적룡(赤龍)과 두 신녀(神女)를 만났고 그 과정에서 신이한 사내아이를 얻어 그 아이를 후녀(厚女)를 통해 양육케 하였던 점을 알 수 있다. 해당 전승을 통해 단군 당시에 황천(皇天)과 후토(后土)에 대한 제의가 이루어졌고 단군은 당시의 한 신이한 세력으로 존재했던 신녀 세력과 만났고, 신아(神兒)의 양육을 위해 후녀(厚女)에게 임무를 맡긴 점은 당시 사회에서 여성의 역할이 적지 않았음을 추정케 하는 대목이기도 하다. 황천(皇天)은 남신(男神)이고 후토(后土)는 동북아 역사상 한 여신(女神)으로 추앙받는 여와를 일컫는다. 여와를 모신 사당이 바로 후토사(后土祠)인 점

153 東方初無君神人降于太白山檀木下國人立爲君乃檀君也 君巡于海上祀后土有二赤龍見於海中又有兩
   神女降自靑空捧紫金榼遺之 海岸君驚異就而開視中有緋衣男子君顧謂臣民曰此必皇天后土感於誠敬
   降此神兒以示靈異之跡 使謹厚女養之 年及十五體貌壯大志氣雄健 君乃以所着緋衣命緋字去絲從衣
   以襄爲姓名曰天生乃拜相國封南海長
   《孤村先生文集》(乾) '檀君朝衷氏得姓上系'

을 통해 그 같은 점은 쉽게 확인된다. 따라서 왕검 조선의 사회에서 남성 위주가 아닌 여성성의 존중 경향성이 존재하였음을 감지할 수 있는 대목이다.

고구려 오회분 4호묘 벽화 속의 월신(月神, 여와)

지금 길림의 집안현에 있는 고구려 오회분 4호묘에는 여와 그림이 그려져 있음은 잘 알려진 바다. 해당 무덤의 널방 천장 고임부 하단 삼각고임 중 북서쪽 측면에는 가운데에 천정을 받치는 용을 사이에 두고, 왼쪽에는 용을 탄 신선, 오른쪽에는 달의 신이 그려졌다. 그 가운데 달의 신이 그려진 모습이 바로 여와의 모습이다. 이 신상은 흰 얼굴에 입술을

그림 105 고구려 오회분 속의 해의 신(복희)과 달의 신(여와)

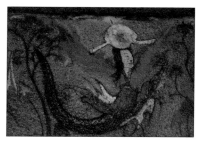

그림 106 고구려 오회분 속의 달의 신(여와)

그림 107 복희와 여왜(여와)를 그린 그림(7세기 중국 투르판 발견)

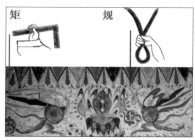

그림 108 여와 복희가 표현된 미술 유물에 빠짐없이 보이는 곱자(矩)와 그림쇠(컴퍼스,規)

붉게 칠한 여자로 묘사되었는데 긴 머리카락을 휘날리며 머리 위로 둥근 달을 받쳐 들었다. 달 한가운데에는 두꺼비가 있다. 해의 신과 마찬가지로 하반신은 용의 모습이다. 용의 몸이 오색으로 빛나며, 발을 앞뒤로 힘차게 뻗어 나갔다.

우리는 고구려 오회분 벽화에서 볼 수 있는 달의 신(여와)의 모습을 통해, 중국의 여타 지방에서 드러나는 여와도상과 부분적 차이를 발견할 수 있다. 무엇보다 중국 측의 여와도상에서 보이는 지물(持物,그림쇠 혹은 曲尺)이 보이지 않고 달의 둥근 형상이 묘사된다는 점이다. 맞은편의 해의 신(복희)이 해의 형상을 다루는 점과 비교가 되는 모습이다. 또한 달의 신과 해의 신은 그 하부의 뱀 꼬리 부분이 서로 꼬이지 않은 점도 중국 측 여와 복희 도상과 다른 점이다. 더욱이 달의 신이 걸친 복식은 그 옷깃이 한복의 일반적 형태와 매우 닮아 있고, 옷소매는 그야말로 새의 날개처럼 그 갈기의 모습이 완연하다. 이러한 모습은 일제강점기에 유통된 단군왕검의 어진에서 보게 되는 풀잎이 마치 날개의 깃털로 연상됨과 맥을 같이 한다고 하겠다. 물론 단군의 엉정에서 보이는 풀잎의 이미지는 신농 등의 여타 신인상에서도 발견되어 결코 단군왕검의 경우에만 해당되는 특징은 아니다. 도리어 풀잎 등으로 날개나 깃털의 이미지를 연출코자 했다면 그것은 상고시기 동북아사회의 보편적 양상으로 이해할 측면일 터이다.

한편 고구려 벽화 속에서 복희는 해의 신으로, 여와는 달의 신으로 각각 묘사된 점은 동북아 사회에서 음양이론을 과연 누가 주체적으로 구현하며 문화에 적용했는가 하는 문제에 심각한 재고찰을 고민하게 한다. 중국 측의 도상에서 음양의 주인공이라기보다는 천지 만물의 주재자로서 지물을 들고 그 위업을 집행하는 존재였다면, 고구려 벽화에서 복희와 여와는 남성신과 여성신, 그리고 밝은 태양과 어두운 밤의 달 등으로 이원적 의미를 대표하는 이미지를 드러낸다.

여와는 상고 이래로 동북아 지역 여성성의 뿌리였다

이제껏 동북아 상고시기 여와(女媧)의 상징성과 한국 상고문화 속의 '어아(於我)'노래와 후토 제의(后土祭儀)에 관해 소략한 검토를 전개해 보았다. 결론적으로 동북아의 상고 이래 태동한 여와 신앙은 중국은 물론 한국과 일본에까지 퍼진 점을 알 수 있고, 한국의 경우에는 단군 시기의 후토에 대한 제의가 이루어진 점을 언급한 《고촌선생문집》(乾)의 내용을 주목할 필요성을 제기했다. 후토(后土)가 여와에 대한 별도의 지칭인 점을 두고 볼 때 그러한 견해는 자연스럽다 하겠다. 따라서 한국 상고 역사에서부터 후토 제의(后土祭儀)는 존재했을 개연성이 있다.

《태백진훈》을 보면, 치우(蚩尤)가 한민족(韓民族)의 한 선대 조상으로 언급되고 치우가 교(郊)에서 신(神)을 맞이했다는 내용은 치우 당시 후토 제의와 연관한 제의가 존재했을 개연성이 있기도 한 점을 거론하였다. '어아(於我)'의 의미를 설명하길, '그 알맹이가 있음을 있게 함이고, 그 이름의 사라짐을 사라지게 함'이란 내용을 여와가 훼손된 세계를 적극적 행위로 치유와 회복을 달성한 열정과 그에 담긴 사상적 의미를 해석하는 데 한 바탕으로 거론한다. 그러므로 '於我'의 의미가 바로 여와의 삶을 정의 내려 줌을 은연중에 드러낸 셈이다. 결국 여와(女媧)를 '어아(於我)'와 같은 맥락에서 헤아릴 수 있는 여지는 충분히 논의가 가능하다.

더욱이 고구려의 오회분 4호묘의 벽화에서 보이는 달의 신(여와)의 경우, 중국의 전통적인 여와도상과 차이가 존재하는데, 우리 고구려의 도상에서는 음양적(陰陽的) 관념에서 그 특징을 드러낸다고 볼 여지를 느낄 수 있는 것이다. 해당 여신(여와)이 여성성을 지니고 있는 달(月)의 형상을 다루고 있음을 통해 그러한 견해를 밝혔다.

그러나 양적으로 많은 후토사(后土祠)가 시기를 달리하며 조영되어 온 중국 현지의 사정을 고려할 때, 과연 한국과 일본의 경우 여와 신앙의 주체로 자리매김할 수 있는가는 상당한 회의감을 들게 한다. 따라서 역사적으로 후토(여와)에 대한 제의 행위의 다괴(多寡)를 논하자면 한국과 일본은 그 존재감 정도나 겨우 거론할 입장임을 숨길 수 없다.

하지만 한민족(韓民族)의 태동 공간이 반드시 지금의 한반도에 국한할 수 없음을 두고 볼 때, 자연 재앙의 대위기 속에서 치유와 회복을 위한 열정적 투혼을 드러낸 여와의 정통성이 반드시 중국에만 한정되어 거론되는 것에는 결코 동의하기 어렵다.

13

한국사 속의 여성 위인 특론
-'웅녀'를 말하다

환인(桓因) 가문의 왕녀였던 웅녀, 혹시 '곰의 여왕'은 아니었을까

우리는 흔히 《삼국유사》 속의 단군왕검 관련 설화에 보이는 '곰'의 이야기를 두고, 정말 "어떻게 곰이 사람이 되었다고 할 수가 있겠나!" 하곤한다. 말이 되지 않기 때문이다. 그래서 곰을 결국에 토템의 흔적으로여기고 그에 관한 깊은 고민의 수렁에서 벗어난다.

여기서 곰이 아닌 사람, 곧 거친 들녘과 동굴을 찾아다니며 지내던한 여인을 상상해 보자. 얼마든지 가능하지 않겠는가. 상상 속의 여인은무엇인가를 먹기 위해 수렵을 하거나 들의 열매를 따야 했을 터이다. 그런데 그녀는 혼자 다녔을까?

웅녀와 같은 선사시대의 여성이 드러낸 생활상을 알아볼 수 있는 자료는 의외로 많다. 지금의 중국 땅 동북지방의 태자하(太子河) 상류 지역에는 동굴 유적이 여럿 있는데, 그 가운데 여성의 시신이 발견된 곳도 더러 있어 눈길을 끈다. 그 가운데에는 다리뼈에 화살촉이 박힌 40대 내지 50대로 여겨지는 여성도 발견되었다.[154] 그 같은 발굴 조사로 청동기시대에 전쟁의 와중에 동아시아의 여성들은 전쟁의 국외자(局外者) 또는 도피자가 아닌 전쟁의 당사자나 피해자로 적과 맞섰거나 또는 몸을 다쳤던 것을 어렵지 않게 짐작할 수 있다. 여기서 웅녀를 마치 다리뼈에 화살을 맞은 여성처럼 일정한 군사적 활동을 하거나 군사적 지휘권을 지녔던 여성 수장으로 볼 여지는 없을까 고민해 봄직하다. 처녀 지도자 '곰의 여왕' 정도로 말이다.

처녀 지도자 '곰의 여왕'은 무리를 이끌고 때때로 굴속에서 지냈을 터이다. 그런데 그 굴이 문제였다. 굴에는 심심찮게 다른 세력도 함께 지내는 경우가 있었기 때문이다. 어느 날 범(호랑이)을 숭배하는 무리와 함께 굴에서 지냈다. 그 굴에서의 삶은 지겨움 자체였을 터다. 같이 지내던 범을 숭배하는 무리가 거친 성격을 지녔기 때문이었다.

처녀 지도자 '곰의 여왕'은 괴로웠을 터이다. "어떻게 하면 나를 따르는 무리를 안전한 곳에서 지내게 할 수 있을까" 바로 그 점이 곰 처녀 여왕의 걱정거리였을 것이다.

태백산 신단수 지역에는 실용주의 생활 문화가 움트고 있었다

처녀 지도자인 '곰의 여왕' 아가씨가 자신의 무리에 닥친 삶의 문제에 고민할 때, 태백산 신단수의 아래 지역을 중심으로 새로운 문화가 태

---

154 하문식, 〈중국 동북 지역 청동기 시대 동굴 유적:태자하 상류 지역을 중심으로〉《우리나라 선사시대의 동굴 유적과 문화》, 2004년 연세대학교 박물관 추계학술세미나 자료집, 71쪽 참조.

동했다. 그것은 《삼국유사》 속의 단군왕검 관련 설화를 통해 너무나 잘 아는 상식적 내용이기도 하다. 당시 태백산 지역에서 이루어지던 새로운 문화는 신농경 문화라고 요약할 수 있다. 숱한 사람이 일시적으로 많아진 것을 통해 인구의 급속한 증가를 추정해 볼 수 있는데, 인구 증가의 가장 큰 원인으로 농업의 발전을 꼽는 터이다. 어떻든 당시의 신농경 문화의 중심에 바로 환웅이란 인물이 있었음을 알 수 있다. 그런데 고려 후기의 이승휴가 지은 《제왕운기》를 보면, 단수신(壇樹神)이 거론되는데, 그 단수신은 바로 《삼국유사》에서 밝히는 환웅과 동일한 인물로 여겨진다.

환웅은 본래 자신의 부친으로부터 농경에 필요한 지식인들과 그에 따른 숱한 일꾼을 데리고 태백산 지역에 정착한 터였다. 풍백과 운사, 그리고 우사는 모두 농경 생활의 절대적 요소인 바람과 구름, 그리고 비를 상징적으로 나타내 주고 관련 전문인의 존재를 암시해 주기도 하다.

그런데 환웅은 무엇보다 당시 동아시아에 퍼지던 새로운 패러다임에 눈을 뜬 인물로 여겨진다. 그것은 환웅이 태백산에 도착하자, 곧 신시(神市)를 펴고 운영한 것으로도 넉넉하게 헤아려진다. 그렇다면 신시란 무엇일까. 그대로 풀이한다면 신령스러운 저자인 셈이다. 저자란 제각기 필요한 물자를 구하거나 사기 위해 펼쳐진 일종의 장터나 가게 거리를 뜻한다. 환웅은 바로 그 장터나 가게 거리를 조성한 것이다. 하지만 환웅의 장터 운영은 누군가로부터 성공의 선례를 충분히 따져본 결과로도 추정된다. 바로 환웅보다 조금 앞서 일찍이 신농이란 인물이 펼친 익괘(益卦)의 통치 패러다임을 깊이 헤아리고, 마침내 그러한 통치 스타일로 태백산 지역에서 새로운 실용주의 문화를 꽃 피우려던 의도가 있었던 듯싶다. 그렇다면 익괘란 또 무엇인가. 중국 고전에 속하는 《주역》에 따르면 익괘(益卦)란 위를 덜어내고 아래를 보태는 상(象)으로, 쉽게 말하면 고위층은 다소 곤궁할지언정 아래의 백성들은 풍요롭게 한다는 의미를 지닌 것으로 전해진다. 따라서 공자도 오죽하면 "손익의 도리야말로 왕 노릇을 하는 이가 지켜야 할 바"[155]라고 했겠는가.

그렇다면 신농이 펼친 익괘의 통치 패러다임이란 구체적으로 어떤 내용이었을까. 그것은 바로 "나무를 휘어서 극젱이를 만들어 극젱이와 보습의 이익으로 천하를 가르쳐서 모든 이가 이익을 얻게 함"[156]이었고, 또한 "한낮에 시장을 열어 천하의 백성을 모이게 하고, 천하의 재화(財貨)를 모아 교환하여 가지고 물러가서 그 처소를 얻게 함"[157]이었다. 극젱이[158]란 마치 모습이 쟁기와 비슷하게 생겨서 주로 밭갈이하는 데 썼던 농업 도구를 말한다. 또한 보습[159]이란 쇠붙이로 삽처럼 만든 모양의 농업 도구를 말한다. 따라서 신농이 펼치려던 문화는 모든 백성이 실질적으로 이익이 되는 풍요 지향의 위민(爲民) 정치였던 듯싶다. 환웅은 바로 그와 같은 신농의 위민 정치 패러다임을 깊이 살피고 본받고 싶은 의도를 지니고, 마침내 동북아시아의 태백산 신단수 지역을 중심으로 새로운 실용주의 정책 방향인 홍익인간 세상의 구현을 추진한 것이었다. 물론 태백산이 도대체 어느 지역이었는지 분명치 않지만.

어떻든 환웅은 이웃한 세력이 이루고 쌓은 문화적 경험과 성과들을

---

155 《회남자》 권 18, 인간훈
156 유정기(柳正基) 감수, 《合本 四書三經》, 도서출판 동아도서, 1982, 744쪽~745쪽. '주역' '계사전'하
157 유정기(柳正基) 감수, 《合本 四書三經》, 도서출판 동아도서, 1982, 744쪽~745쪽. '주역' '계사전'하
158 언뜻 보기에 쟁기와 비슷하나 보습 끝이 무디며 대체로 술이 곧게 내려가고 몸체가 빈약한 점이 다른 농업용 도구이다. 보습도 쟁기보다 덜 휘었고, 볏이 없다. 극젱이는 소 한 마리가 끌거나 사람이 지게를 지고 지게가지에 끈을 매어 끌게 하는 도구이다. 주로 밭에서 바닥이 좁고 험한 곳을 얕게 갈 때 쓰며, 쟁기로 갈아놓은 논밭의 골을 타는 데에도 썼다. 감자밭 등을 맬 때 편리하다.
159 따비 · 쟁기 · 극젱이 등의 술바닥에 박아 사용하는 쇳조각으로 된 삽 모양의 농업용 연장이다.

소중하게 여기고, 그것을 적극적으로 받아들여 창조적 문화 변용[160]을 꾀하던 인물로 여겨진다. 따라서 환웅의 주위에는 농경에 절대적으로 필요한 천지 자연의 이치에 밝은 지식인들과 그에 따른 기술자가 많이 필요했을 터이다. 그러므로 《삼국유사》에서 보이는 풍백과 우사, 그리고 운사라는 인물들이 바로 그 같은 실용주의 통치 패러다임의 실질적 추진 세력이었음을 미루어 짐작할 수 있다.

'곰의 여왕' 아가씨, 웅녀의 새 거점 찾기, 그리고 이어진 고난도 수련

자신이 이끄는 족속의 안위와 평안을 얻고자 '곰의 여왕' 아가씨는 환웅의 덕이 높음을 듣고서 마침내 그에게 찾아가고자 하였다. 그녀는 무리를 이끌고 환웅에게 찾아가서 아주 적극적으로 자신의 요구 사항을 말했던 것으로 추론된다. 짐작하건대 웅녀는 환웅의 덕이 있는지 없는지를 살폈을 터이고, 더불어 자신을 믿고 따르는 무리를 안전한 곳으로 이동시켜 끝까지 전체의 이익을 지켜내고자 하는 참된 리더십을 드러냈을 것이다. 따라서 웅녀가 환웅을 만난 순간에 당당하게도 자신과 자신

---

160 문화 변용(文化變容)이란 이질적인 문화가 서로 직접적으로 접촉하여, 그 한쪽이나 또는 쌍방이 원래의 문화 형태에 변화를 일으키는 현상을 일컫는다. 문화의 접촉 변화라고도 한다. 근래에 와서 이른바 근대화 또는 산업화 문제와 결부되어 문화 인류학의 중심적 연구 과제가 되기도 한다.

한편 문화 변용의 내용은 다양하게 거론될 수 있지만, 문화 변용이 이루어지는 조건으로서는 접촉하는 문화 체계가 가지는 상호간의 성질과 각기 지닌 문화 수준의 차이, 그리고 문화의 접촉 방법이나 접촉의 속도 따위가 거론될 수 있다. 또한 문화 변용의 결과는 부분적 요소의 도입에 그치는 경우, 전체에 걸쳐 재조직되어 때로는 전적으로 서로 비슷한 문화 체계가 이루어지는 경우, 그리고 반발적으로 접촉 문화를 거부하는 과정에서 변용해 가는 경우 등으로 나타나는 경우로 각기 구분된다. 《두산백과사전》을 참조함.

환웅이 추진한 신시(神市)를 두고 문화 변용의 한 현상으로 파악한 것에 대한 구체적 근거를 요구한다면 실로 난감할 듯싶다. 그럼에도 환웅의 통치 패러다임을 이웃한 세력의 문화를 수용한 문화 변용의 현상으로 이해하고자 하는 데에는, 그간의 관련 연구들이 지나치게 민족주의적 관점에 머무는 한계를 벗어나지 못하고 있는데 따른 일종의 전향적 관점의 하나로 이해하여 주기를 소망할 뿐이다.

이 이끄는 무리에게 필요한 요구 사항을 기꺼이 밝히고 또 얻어내는 다부짐을 드러냈을 것을 여겨진다.

환웅이 한창 태백산 신단수 지역을 중심으로 백성들에게 참된 이익을 부르게 하는 통치를 행하고자 할 무렵이었다. 그때 불현듯이 찾아온 '곰의 여왕' 아가씨와 그 무리에게 환웅은 그들의 애로를 듣고서 모두를 편안하게 받아들였다.

한편 환웅은 백성을 위한 위민적 홍익인간의 세상 건설에 적지 않은 인재가 필요했을 터였다. 더욱이 질병과 죽음의 문제는 여전히 피할 수 없는 심각한 고민거리였을 것이다. 그런 가운데 환웅은 차분하고 꿋꿋한 여성을 골라서 우선 마음을 올바르게 하고, 더욱 건강한 몸을 갖춘 상태에서, 모든 이들에게 도움이 될 약을 만드는 기술을 체득하게 하려던 계획이 있었던 것으로 추정된다. 《제왕운기》에 따르면, 환인의 손녀에게 약을 마시게 함으로써 여성으로서의 몸을 원숙히 하여 마침내 단수신과 혼인케 한 것으로 나타나 그 같은 추정을 가능하게 한다.

환웅이 적정한 여성 후보자를 찾고 있을 때, 때마침 찾아온 '곰의 여왕' 아가씨는 곧바로 수련의 과정에 들어갔다. 그런데 '곰의 여왕' 아가씨는 수련 과정에서 뜻밖의 상황을 맞이했다. 자신의 무리에게 언제나 껄끄러운 대상이었던 범 숭배 무리에서도 한 후보자가 함께 수련 과정에 참여한 까닭이다. 원수는 외나무다리에서 만난다는 말이라도 증명하듯이.

하지만 '곰의 여왕' 아가씨는 위기의 순간에 침착했고, 태연하게 환웅이 제시한 수련 과정에 응했다. 환웅은 쑥과 마늘을 주고서 다른 것은 먹지 않은 채 햇빛을 바라보지 않고 백일을 버티는 과정을 제시했다. 실로 그것은 고난도 수련 과정이며 트레이닝 코스였던 것으로 추정된다.

여기서 쑥과 마늘이 지니는 성질과 효능에 관해 잠시 살펴보겠다. 쑥은 그 잎의 맛이 맵고 쓰다. 또한 마늘도 맵고 아려 익히지 않고 먹을 경우, 적지 않게 고통을 일으키는 식물이다. 그 잎이 약으로 쓰이는데, 추위를 없애고 통증을 멈추게 하며 지혈 작용을 한다고 한다.[161] 또한 마늘의 경우, 그 속에 알리신이라는 요소가 있어 결핵이나 이질, 그리고 임질에 따른 세균을 죽이는 강력한 살균 효과가 있어 가히 페니실린에 비길 만하다는 것[162]이 식품영양학적 견해이다. 게다가 마늘에는 노화 방지의 효능까지 함께 있다[163]고 하니, 마늘은 그야말로 사람의 생로병사와 연관된 성질을 지닌 셈이다.

그런데 환웅은 어째서 '곰의 여왕' 아가씨와 범의 무리에서 뽑은 후보자에게 모두 그같이 섭취하기 곤란한 식물을 건네 주고 먹게 한 것일까. 여기서 그에 관한 해답을 구하기란 쉽지 않다. 그러나 《장자》의 '재유(在宥)'편에 따르면, 일찍이 광성자(廣成子)는 자신을 찾아온 황제 헌원에게 "지극한 도의 정수는 깊숙하고 까마득하며, 지극한 도의 극치는 어둑하고도 고요하오. 보이는 것도 없고 들리는 것도 없이, 정신을 간직하고 고요히 있으면 육체는 자연히 올바르게 될 것이오."라고 황제에게 가르친 것으로 전해진다. 짐작컨대 환웅은 바로 광성자가 말한 대로 지극한 도의 깨우침을 위해, 두 후보자에게 어둑하고 고요한 동굴 속에 있게 하고는, 지극한 명상을 통한 이치의 깨달음이 가능하도록 이끌었던 것으로 풀이된다. 문제는 광성자가 제시한 논리가 갑자기 어떻게 환웅의 일화와 연결될 수 있겠는가 하는 점일 터이다.

여기서 일제강점기에 이능화가 지은 《조선도교사》의 내용과 《청학집》 등의 내용을 견주어 보면 사정은 달라진다. 먼저 《조선도교사》

161 예태일 · 전발평 편저, 서경호 · 김영지 역,《산해경》, 안티쿠스, 2009, 444쪽.
162 李盛雨 저,《韓國食品文化史》, (주)敎文社,, 1997, 83쪽.
163 李盛雨 저,《韓國食品文化史》, (주)敎文社, 1997, 84쪽.

의 '조선 단군신화 최근 어도 가설' 부분을 보면, 환인은 단순한 신화적 인물로 머물지 않고, 문명적 인물의 이미지를 드리우고 있어 놀랍기만 하다. 환인이 종서(終書)라고 하는 글을 지었는데 그 내용은 일월성신과 천지산천의 이치와 본성과 운명의 근원, 그리고 신이한 도와 기묘한 덕에 관한 가르침이었다고 한다. 당시에 글이 있었고, 그 글로 자연계의 운행 이치를 적었다는 말이 된다. 믿기지 않은 말로, 허황된 말로도 여겨진다. 그러나 환인의 사상과 지적 수준은 다시 그의 스승격에 해당하는 명유(明由)에게서 물려 받았다고 하며, 명유는 또한 광성자(廣成子)에게서 물려 받았다는 내용이 적힌 《청학집》을 보면 더욱 놀랍다. 《청학집》은 조선 후기의 수련하던 선비들의 일화가 전해지는 조선 후기의 한문 저술이다.

결국 광성자로부터 명유에게 그리고 다시 명유에게서 환인에게 천지 자연의 이치가 전해졌음을 헤아릴 수 있다. 따라서 환인의 후예인 환웅이 일찍이 예전의 광성자가 황제에게 제시한 가르침을 알았음은 도리어 당연한 것이라고 할 수 있다.

'곰의 여왕' 아가씨는 마침내 환웅이 제시한 고난도 코스를 이수하고 통과하기에 이르렀다. 하지만 범의 무리에서 뽑힌 후보는 그만 괴로움을 견디지 못하고 이탈한 것으로 전해진다. 범의 무리가 이탈한 것을 두고 오늘날에까지 한반도의 곳곳에 보이는 산중의 산신도(山神圖)에 등장하는 범을 거론하고 있는 일부 연구자들의 견해는 매우 흥미롭다.

그런데 '곰의 여왕' 아가씨가 거친 과정에는 독특한 임무도 있었던 듯싶다. 바로 약을 만드는 일이었다. 도대체 어떤 약을 왜 만들게 했을까? 《제왕운기》를 보면 환인의 손녀가 약을 마셔 원숙한 여성의 몸을 이루었다고 전한다. 환인의 손녀는 곰의 여왕 아가씨로 추정되는데, 그녀가 만들고 마신 약이 무엇인지는 전혀 알 수 없다. 다만 그녀가 그 약을 마시고 원숙한 여성의 몸을 이룬 점으로 보아, 여성의 몸을 더욱 건강하고 충실하게 하는 약이었을 개연성이 느껴진다. 짐작컨대 쑥과 마늘을 먹으면서 느낀 여러 가지 경험적 효과를 미루어서 새로운 약을 만들었을 테고, 그녀가 직접 체험한 육감은 실로 신의(神醫)가 지닌 신령함과 같은 것일 터이다.

결과적으로 '곰의 여왕' 아가씨는 그와 같은 과제를 모두 원만하게 통과하였다. 실로 거듭된 난코스를 이수하고 환웅이 제시한 과정을 모두 겪은 일종의 통과의례이기도 한 셈이었다.

웅녀의 정체와 환웅의 인간적 풍모

《삼국유사》에서 보이는 웅녀는 《제왕운기》에서 보이는 환인의 손녀와 동일 인물로 여겨진다. 만일 그러한 추정이 합당하다면 '곰의 여왕', 곧 웅녀는 사실상 환인 가문의 왕녀(王女)인 셈이다. 쉽게 말해 공주의 신분인 것이다. 그렇다면 어떻게 공주였던 웅녀가 환웅이 새로운 세상의 건설을 추진할 때 바로 곁에 있지 않았을까?

추정컨대 당시 환인의 후예는 의외로 많았을 것이다. 오죽하면 환웅조차도 《삼국유사》에 장자가 아닌 서자(庶子)였다고 기록되었겠는가. 웅녀는 환웅처럼 환인의 후예로서 일정한 정치력을 물려 받아 들녘을 떠돌던 한 여성 지도자였고, 같은 환인의 후예인 환웅이 신시를 추진한다는 소문을 듣고서 마침내 그에게 귀의하는 모양새로 찾아갔던 것으로 풀이된다. 웅녀가 아직 혼인하지 않은 상태에서 '곰의 여왕'이 되어 곰을 숭배하던 무리를 이끌었던 점은 그녀가 전통적으로 일정하게 승계된 정치력을 지녔던 인물임을 넉넉히 짐작하게 한다. 결혼도 하지 않은 아가씨가 어떻게 한 무리를 장악할 수 있었겠는가. 전통적인 권위를 갖추지 않고서는 불가능한 현상이다.

한편 웅녀는 혼인하지 않은 상태에서 한 무리를 이끌고 있었기에, 무엇보다 다부진 체력의 소유자였을 터이다. 또 명민하고 지혜로운 사고력으로, 언제나 족속의 안위를 위협하는 세력과 맞설 수 있는 방안을 강구했을 것이다.

그렇다면 그녀의 외모는 어땠을까? 하지만 그녀의 외모가 어땠는지를 짐작할 만한 실마리는 보이지 않는다. 다만 그녀가 무리를 이끌고 환웅의 처소로 찾아들었을 때, 환웅은 기꺼이 그녀의 무리를 편안하게 맞았고, 그녀에게 새로운 수련의 과정으로 이끌었던 점으로 보아, 보기에 민망하거나 거북한 불쾌감이 들 정도의 외모는 아니었을 것으로 여겨진다. 거꾸로 그녀가 빼어난 외모를 지녀, 환웅이 한 눈에 반하여 고강도 수련 과정을 거친 뒤에 황후로 맞으려고 한 것인지도 알 수 없다. 물론 그녀가 같은 환인 가문의 후예란 점을 알았어도 마찬가지다. 복희와 여와에 관한 설화 속에서 둘이 오누이인 점을 견주어 보면 동아시아의 상고시기에는 신성성을 유지하고자 족내혼의 풍속이 존재했을 개연성을 짐작할 수 있기 때문이다.

한편 《제왕운기》에 단수신으로 표현된 지도자 곧, 《삼국유사》의 환웅은 실제로 어떤 인간적 면모를 지닌 인물이었는지도 궁금해진다. 그에 관해 '하늘에서 떨어진 사람'에 관한 전설은 우습기도 하지만, 일면 환웅의 속된 면모를 짐작하게 하여 그냥 무시할 수는 없을 듯하다. 평생 민속을 연구했던 임석재의 민속설화 조사 자료에 따르면, '하늘에서 떨어진 사람'은 그 몸의 신(腎, 여기서는 남성 생식기를 뜻함)[164]이 "예순 댓발이 되어 모든 동물이 마다하는데, 곰이 그 신을 받아 단군을 낳은"

---

164 민중서림 편집국 편, 《漢韓大字典》, 民衆書林,, 2003, 1694쪽, '腎'

것으로 전해진다.[165] 여기서 말하는 '하늘에서 떨어진 사람'은 곧 환웅을 지칭하는 인물로 여겨진다. 하늘에서 태백산 신단수 아래로 내려왔다는 《삼국유사》의 환웅을 그렇게 표현한 것으로 짐작된다. 여기서 주목할 점은 하늘에서 떨어진 사람의 신(腎)이다. 그 신(腎)이 무려 예순댓 발의 규모였다고 표현될 만큼 거대했음이 예사롭지 않다. 짐작컨대 환웅은 남성적 기운이 매우 강하고 씩씩한 영웅적 지도자였던 것으로 추정된다. 그것은 환웅이란 말 자체가 '수컷(雄)'이란 의미를 드리우고 있는 점과도 통한다. 곧 환한 수컷 다시 말해 '잘생긴 수컷'이란 의미와 이미지가 바로 단수신, 곧 '하늘에서 떨어진 사람'인 환웅을 말하는 것임을 헤아릴 수 있다.

환인 가문의 왕녀인 웅녀, 그녀가 지닌 상징성은 무엇인가

여기서 잠시 익숙하게 알려진 《삼국유사》의 설화에 보이는 '웅녀'에 관해 고민해 보고자 한다. 그것은 《제왕운기》에서 보이는 '손녀'라는 표현과 아주 다르기 때문이다. 웅녀와 손녀가 동일한 존재라면 웅녀는 여자가 되기에 앞서 한 마리의 곰이었을까 하는 의문을 파헤치고자 하는 까닭이다.

먼저 곰에 관해 살펴본다. 곰은 육지에서 최대의 육식류로, 그 가운데에서도 알래스카 큰 곰은 몸길이 280센티미터, 몸무게는 800킬로그램 가까이 되는 것이 있다. 이것은 사자나 호랑이와 비할 바가 아니다.

---

165 권태효 지음, 《한국의 거인설화》, 도서출판 역락, 2002, 82쪽.

그런데 곰은 그 무거운 몸집과 둔한 듯한 움직임에도 불구하고, 지칠 줄 모르고 돌아다니며 기다란 발톱을 이용하여 굴을 파기도 하고 나무 오르기도 하며 적을 때려누이기도 하고 수영도 잘한다. 그리고 필요하다면 그 풍채로서는 상상도 할 수 없을 만큼 경쾌하고 스피드 있게 달린다. 그래서 사람들은 석기시대부터 정교하게 만든 곰의 형상을 우상으로 숭배하던 것으로 여겨진다.[166]

다음으로 호랑이에 관해 살펴본다.

호랑이는 지금으로부터 500만~200만 년 전에 시베리아·중국 북동부 및 한반도 등 동북아시아 지방에서 처음 나타난 것으로 보인다. 흔히 호랑이는 한 골짝이게 한 마리만 산다는 말이 있는데, 이것은 그 고립성을 표현한 말이다. 신빙성 있는 연구 결과로는 볼 순 없으나 우리나라 호랑이는 하루에 80~100킬로미터를 걸으며 영역을 순찰한다는 기록이 있다. 그런데 호랑이는 야행성 동물이다. 낮에 활동하기도 하지만 황혼이나 새벽에 사냥을 한다. 호랑이는 멀리 뛰기 4–5미터, 높이뛰기 2미터 정도, 때로는 10미터의 절벽을 뛰어내리는 능력도 있으며, 전력 질주를 할 수 있는 거리는 300미터 정도로 지구력에서는 떨어진다. 호랑이는 저보다 작은 동물은 강력한 앞발의 일격으로 쓰러트린 다음 목통을 물고 눌러 질식케 하는 방법을 쓴다. 큰 동물은 앞발로 치면서 올라타고 덜미에 송곳니를 깊숙이 박아 머리뼈와 목뼈 사이로 척수(脊髓)를 질러 무력하게 만든다. 그리고 저항이 없음을 기다려 강력한 목의 힘으로 마구 내둘러 목뼈와 척수를 완전히 끊어 버린다. 그래도 못미더우면 이번에는 목통을 물고 눌러 확인 교살을 하는 것이다.[167]

---

166 成裕錫 저, 《사슴과 곰》, 內外出版社, 2001, 308쪽, 325쪽.
167 오창영, 〈호랑이의 생태와 종류〉《호랑이의 생태와 관련 민속》, 제33회 국립민속박물관 학술발표회 자료집, 국립민속박물관, 1997년 12월 22일(월), 2쪽–10쪽 참조.

관련 연구자들의 견해를 통해 몸집은 곰이 호랑이에 견주어 훨씬 클 수 있고, 속도도 빠른 짐승임을 알 수 있다. 그런데 곰에 관한 숭배는 사실상 동아시아의 선사시기에 보편적인 습속으로 자리를 잡았음에 주목할 필요가 있다. 더욱이 곰의 모습을 새긴 조각상은 흔했고, 이후 역사시대에도 민속적으로는 악귀를 물리치는 방상 씨가 곰의 가죽을 덮어쓴 점은 곰 가죽을 악귀 축출의 한 수단으로 사용한 점을 뚜렷하게 읽게 해 준다.

한편 동아시아의 오랜 여신 신앙의 한 주체로 여겨지는 서왕모(西王母)의 경우 그녀가 호랑이 꼬리를 했다고 기록된《산해경》따위의 기록은 우리의 웅녀 문제를 푸는 하나의 실마리로 작용할 수 있다. 짐작컨대 환웅과 관련하여 한 굴속에 있었다는 곰과 호랑이는 신앙 습속을 주관하던 당대 최고의 주술가나 사제 곧 샤먼이었을 개연성도 있다. 물론《제왕운기》를 견주어 보면 약을 만드는 비법을 깨우치던 의술을 수련하던 여성들로도 추정이 가능하다.

여기서《삼국유사》의 한 대목도 결코 지나칠 수 없다. 환웅이 곰과 호랑이에게 굴속에 들어가게 하고는, 쑥과 마늘을 건네 주며 '너희들이 이것을 먹고 백일 동안 햇빛을 보지 않으면 곧 사람이 될 것이다'라고 한 말이다. 분명히 환웅은 두 존재에게 몸짓으로 한 게 아닌 말로써 대화를 하듯이 했다는 점이다. 짐승은 사람과 대화를 할 수 없다. 또한 두 존재는 육식이 아닌 채식을 강요당했다. 결코 육식을 주로 하는 맹수에게 취할 조치가 아닌 것이다.

결국 요약하면《삼국유사》속에 드러나는 두 짐승은 곰과 호랑이의 상징을 덧입은 당시 두 부류의 사제 또는 여성 의술인 같은 이미지의 여성이었다고 보아 합리적인 것이다.

웅녀, '홍익인간'의 이상을 펴는 세상 건설에
중심 인재가 되다

환웅은 태백산 신단수 지역을 중심으로 모든 이가 행복할 세상을 이루고자 언제나 좋은 방안을 찾았을 것이다. 따라서 이미 추진하던 신시의 운영은 그에게 가장 중요한 정책 실현의 현장이요, 그 자체가 정치적 시험대였다고 여겨진다.

그런데 일부 연구자들은 신시를 신이한 굿터로 풀이하기도 했다. 사람들의 고통을 풀기 위한 푸닥거리를 펼치던 제의 장소 정도로 이야기하고자 했음을 알 수 있다. 물론 그 같은 견해는 적지 않은 민속학적 가치를 느끼게 해 주고 있어 소중한 견해라 할 수 있다.

그러한 관점과 더불어 신시가 신령스러운 장터의 의미도 함께 지닌 것이라면, 신령한 분위기와 함께 거래가 이루어진 실용적 의미가 어우러지던 곳으로 헤아려진다. 따라서 신시는 그저 관념적이고 철학적 의미에만 머물지 않는다. 결국 세상의 사람들에게 실용적 이익을 느끼게 한다는 게, 바로 크게 사람 사이를 이롭게 한다는 뜻이 아니겠는가. 말 그대로 '홍익인간(弘益人間)' 말이다. 그런데 홍익인간이란 표현을 구태여 한학적(漢學的) 개념으로 풀이해 본다면 '人'은 문맥상 내가 아닌 남, 곧 남(타인)이다. 그러므로 홍익인간이라는 말은 정확하게 '내가 아닌 다른 사람들에게 크게 더할 바가 됨'이란 뜻이 된다. 곧 이타적 공익(利他的 公益)을 표현한 셈이다.

사람의 사이에 이룩된 장터는 소통과 거래의 긴요한 공간이 되었을 터이다. 그 공간에서 사람들은 곰 털가죽도 팔고, 호랑이 털가죽도 팔았을 것이다. 파는 쪽이나 사는 쪽이나 손해남이 없이 거래하기 위해서는 마음이 매우 곧은 이가 사이에 중재하지 않으면 안 됐을 것이다. 바로 그런 역할을 환웅이 주도했을 것으로 짐작된다. 그러한 분위기에서만 모두 이익을 누릴 수 있었을 것은 너무도 당연하다.

한편 신시의 운영에서 의술에 뛰어난 인물도 했을 터이다. 아프거나 다친 사람을 치료할 누군가가 당연히 필요했을 터이다. 바로 그 같은 목적에 부합하는 인물이 웅녀였다고 여겨진다. 따라서 웅녀는 환웅에게 홍익인간 세상의 건설과 운영을 하는 데에 절대적으로 필요한 인재요 여성 지도자의 성격을 지닌 존재로 자연스럽게 헤아려진다.

웅녀가 천하 최고의 사내와 멋진 혼인, 행복한 가정을 모두 이루다

웅녀는 환웅이 제시했던 고난도 수련 과정을 성공적으로 마치고 나서, 더욱 원숙한 여성의 몸을 갖추었다. 그러한 변화에는 약(藥)을 마셨던 점이 적지 않은 요소가 되었을 터이다. 그런데 문제가 생겼다. 너무나 훌륭하게 달라진 그녀에게 아무도 혼인하려 들지 않았다. 너무 예쁘고 충실해진 몸매에 모든 사내가 자신감을 잃은 까닭일까?

이유야 어떻든 혼인할 배우자를 찾기가 어려워진 웅녀는 마음속으로 고민했다. 그러다가 환웅의 정치적 이념의 현장인 신단(神壇)이 있는 나무 아래에서 마음의 고민을 털어놓고 간절하게 기원했단다. 아이를 갖게 해 달라고. 웅녀가 아이를 갖게 해 달라고 한 점은 아무래도 이상하다. 어째서 훌륭한 낭군을 맞이하게 해 달라고 하질 않고, 앞질러 아이를 갖게 해 달라고 기원한 것일까? 아마 그녀는 사내를 그리워하고 있음을 드러내기가 못내 쑥스러웠던지, 아니면 정말로 아이를 갖고 싶어 그렇게 기원한 것인지 알 수 없다.

어떻든 그녀의 기원 행위는 마침내 환웅의 눈에 발견되었다. 여기서 곰씹어 볼 점은 당시 웅녀의 속마음이다. 혹시 그녀의 마음에 환웅을 낭군으로 맞고 싶은 소망은 없었을까? 앞서 밝힌 대로 임석재의 민속 설화 조사 자료에 따르면, 환웅은 그 몸의 신(腎, 남성 생식기)이 무려 "예순 댓 발이 되어 모든 동물이 마다"할 지경이었다는 농담까지 불렀던 인물인 것으로 전해진다. 비록 민속 설화에 지나지 않지만 그 같은 민속설화의 내용은 환웅이 매우 사내다운 기품과 체모를 갖추고 있었음을 일깨워 준다. 그 같은 설화적 분위기가 사실과 부합된 것이라면, 웅녀는 사실상 당시에 가장 건장하며 멋있는 사내인 환웅을 몹시 그리워했을 가능성도 있다.

어떤 사내조차 감히 넘보지 못할 미모와 체질을 갖춘 여인과, 당대 가장 건장하고 멋진 사내의 혼인은 누가 생각해도 자연스러운 결합이 될 터이다. 결국 웅녀의 기도가 지닌 속내를 눈치 챈 환웅은 잠시 여가를 내 어 그녀와 한 부부가 되기를 마다치 않았다. 따라서 웅녀의 몸에 이내 아 기가 생겼고, 열 달이 되어 태어난 그 아기가 바로 단군왕검이었다는 게 《삼국유사》 속의 단군 관련 설화의 요지다. 결국 웅녀는 당시 천하 최고 의 사내에게 속마음을 고스란히 드러내고, 그 천하 최고의 사내를 낭군 으로 맞은 셈이었다.

웅녀의 간절한 기원과 그에 호응한 당대 최고의 사내 환웅의 하나 되 는 혼인은 이후 가장 훌륭한 치적을 이룬 아들을 낳음으로써, 극적이고 화려한 절정을 이룬다. 모든 게 차분하면서도 의지가 강했던 웅녀의 간 절한 소망이 낳은 결과일까? 이후 웅녀의 삶은 훌륭한 아들인 단군왕검 의 양육으로 이어지고, 그 결과 조선이라는 나라의 개국으로 확대된다. 따라서 웅녀의 삶은 초기에 거친 들녘의 한 여성 지도자로 리더십을 쌓 았고, 이어 환웅과의 만남으로 동아시아의 전래 지식이었던 지극한 도의 정수를 깨우침과 더불어 신약(神藥) 제조에 관한 비법의 체득으로 한결 발전하였고, 마침내 당대 최고의 남성 영웅인 환웅의 배우자가 되어 개국의 주도자인 단군왕검을 출산함으로써 대단원을 맞이하였던 것으로 요약된다. 실로 웅녀가 드러낸 삶의 자취를 미루어 보아, 그녀는 동아시아의 어느 여성보다 성공한 삶을 보여준 사례를 만들었다고 평가할 만하다.

웅녀의 덕성은 홍익 세상을 다졌고, 단군왕검은 덕치로 그 뒤를 이었네

조선시대 후기의 기록인 《청학집》을 보면, 환웅의 아들인 단군왕검에게는 네 명의 아들이 있었다고 한다. 웅녀가 환웅의 왕비인 점을 생각할 때 모두 웅녀의 친아들인 단군왕검이 낳은 아들로 여겨진다. 그런데 웅녀의 네 손자에게는 제각기 특징이 있었다고 한다. 부루는 단군왕검의 명령을 받고 하후(夏后)라는 중국 임금이 도산에서 회의를 열고자 할 때 찾아갔고, 《오월춘추》를 견주어 보면, 중국인들에게 홍수를 다스리는 비법을 전해 주었다고도 추정된다. 또한 부여는 군사를 다루는 데 대단한 능력을 드러냈고, 부우는 의술과 약술로 백성을 돌보았다고 한다. 그리고 부소는 불을 일으켜 사냥하여 짐승들을 몰아냈으니 수렵 기술이 뛰어났던 모양이다. 네 왕자 모두 제각기 뛰어난 전문적 능력으로 세상에 필요한 일들을 펼쳤던 것이다.

짐작컨대 의술과 약술로 백성을 돌보았다고 하는 부우는 네 왕자 가운데 가장 할머니인 웅녀의 영향을 많이 받았을 것으로 여겨진다. 일찍이 굴속에서 쑥과 마늘을 바탕으로 하는 비약(秘藥)의 제조 수련을 거쳤던 여인이 바로 웅녀가 아니었던가. 웅녀의 약을 다루는 기술이 손자들인 네 왕자 가운데 부우에게 건네졌을 가능성은 쉽사리 짐작 할 수 있는 바다. 물론 그런 의술과 약제 기술이 웅녀에게서 직접 건네진 것이라고 하기에는 무리가 있고, 중간에 다른 이를 통해 전수되었을 가능성이 더 높다.

한편 오늘날 한국의 배 씨(裵氏) 가문에 비밀스럽게 전해 내려오는 설화에는 단군왕검이 바닷가에서 두 신령스런 여인을 만나 그녀들로부터 한 '신이한 아기'를 얻었다는 내용이 있다. 그런데 단군은 그 아이를 잘 양육케 하여 장차 그 아이가 남쪽 바닷가를 맡아 다스리는 '남해장(南海長)'에 오르게 했다고 한다. 아마 그러한 설화가 거짓이 아니라면 '신이한 아이'는 사실상 단군왕검의 아내가 자칫 질투를 느낄 수 도 있었기 때문이다. 하지만 별다른 말썽이 있었다는 이야기가 전해지지 않는 것은 단군왕검의 왕비가 따뜻한 품성의 소유자였음을 짐작케 해 준다. 그러한 단군왕검 왕비의 품성이 단군왕검의 어머니이면서도 곧 왕비의 시어머니요, 네 왕자의 할머니인 웅녀에게서 비롯되었다고 추정한다면 지나친 것일까. 확언할 수는 없으나 따뜻한 성품을 지녔을 웅녀의 마음씨가 왕실의 기풍으로 이어졌다면, 그러한 덕성은 넉넉히 단군왕검의 왕비에게도 전승되었을 터이다. 따라서 처음 보는 '신이한 아이'는 잘 길러질 수 있었던 것으로 여겨진다.

우리는 그저 전설적 기록으로만 치부되는 단군왕검 관련 설화들을 통해 환인 가문의 한 공주인 웅녀가, 이후 드러낸 품성을 추정해 볼 수 있었다. 웅녀가 왕비가 되기에 앞서 제시된 수련 과정을 이겨 내고, 신이한 약물을 만들어 마셨던 점은 그녀의 뛰어난 의술과 약제 기술을 읽게 하는 대목이다. 또한 그녀가 마침내 훌륭한 단군왕검을 낳고, 뒤이어 다시 손자가 태어나 무난한 치세를 열도록 한 데에는 웅녀가 지닌 뚝심이 의지와 자애로움으로 뒤섞여 아름답게 빚어진 결과로 풀이될 수 있을 것이다. 마치 배가 아프게 된 어린 손주의 배에 손가락을 펴서 살그머니 문지르며, '내 손은 약 손이다!' 하시던 우리네 할머니의 따뜻한 푸근함으로 말이다.

더욱이 지금의 평양 지역에 전해 오는 구빈 마을의 전설은 웅녀의 덕성이 아들인 단군왕검에게 이어진 결과로 풀이할 만하다. 구빈 마을에 퍼진 전설에 따르면, 단군왕검에게 권력 투쟁을 불사하던 마고 집단이 마침내 패하자, 단군왕검은 여성 지도자인 마고를 죽이지 않고, 그녀와 그 무리에게 새로운 거처를 마련하고 새로운 세상 건설에 함께할 것을 제안한 것으로 전해진다. 거친 투쟁의 지속을 피하고 상생적 패러다임을 추구한 점은 자기가 이끌던 무리의 안녕과 평화를 지켜내고자 고단함을 잊고 활동했던 지난날 '곰의 여왕' 웅녀로부터 비롯된 아름다운 덕성이 베풀어진 결과가 아닐까?

웅녀가 여신의 이미지로 남다

조선 숙종 원년인 1674년경에 저술된 것으로 알려진 《규원사화》에는 아주 주목할 만한 내용이 보인다. 고려 때에 서경, 곧 지금의 평양에 팔성당이란 신앙 건축물이 들어섰고, 그 가운데 웅녀를 상징하는 두악 천녀(頭嶽天女)가 모셔졌단다. 비록 위서라는 시비가 일고 있는 《규원사화》지만, 같은 부분에 웅녀의 다른 표현인 두악 천녀의 존재를 두고서, "땅 위의 선악을 관장하니 곧 예전 신시 씨의 황후이며 환검 신인의 어머니이다"[168]는 내용이 보인다. 여기서 신시 씨는 환웅이고, 환검 신인은 단군왕검을 뜻한다.

《규원사화》의 위서성 여부에 관해 더욱 분명하게 밝혀야 하겠으나, 적어도 웅녀를 두고서 땅위의 선함과 악함을 맡아 관리하는 존재로까지 치켜세웠다는 내용은 웅녀가 얼마나 위대한 여신적 존재로까지 바뀌었는지를 알려준다. 선함과 악함을 맡아 그 시비를 가릴 만한 존재라면 그 당사자는 누고보다 의롭고 곧은 성품이어야 한다는 전제가 따르기 때문이다.

웅녀! 그녀는 한국 역사상 가장 신비한 신화적 여성으로 남아 성공한 여성의 한 전형으로 언제나 거듭되는 이야기 속에 살아 숨 쉴 것이다.

그런데 웅녀의 겉모습은 어땠을까?

웅녀의 겉모습을 알기란 결코 쉽지 않다. 하지만 단군왕검과 관련한 설화 내용을 종합해 보면 반드시 불가능한 것도 아니다. 무엇보다 웅녀가 굴속에서 지낸 것을 생각하면, 밤에는 무엇보다 추위에 견딜 수 있는 털가죽 옷을 걸치고 있었다고 여겨진다. 또한 마늘과 쑥을 다듬기 위한 최소한의 연모를 지니고 있었음이 분명하다. 곧 작은 칼이나 갈판 정도의 연모 말이다. 또한 쑥과 마늘을 다리기 위해서는 약 그릇의 용도로 쓰일 그릇을 지녔을 테고, 물 그릇 또한 지니고 있었다고 여겨진다. 그뿐 아니라 《삼국유사》에는 "백일 동안 햇빛을 보지 않았다"는 내용을 통해,

168 《揆園史話》〈檀君紀〉

굴속에서 나름대로 빛을 낼 수 있는 발화 도구도 지녔을 것으로 여겨진다. 불을 일으키기 위한 구멍이 뚫린 나무판자와 불쏘시개 말이다. 물론 판자의 구멍에는 마른 쑥 잎 따위를 넣고는 다시 불쏘시개를 두 손바닥으로 감싼 뒤 힘껏 비벼댔을 터이다. 서서히 일어나는 연기와 불기운에 두 처녀는 콜록거렸을 터이다. 여기서 관련된 기록 내용이 햇빛을 보지 않도록 한 것이지, 모든 빛을 못 보게 한 내용은 아닌 점을 주목할 필요가 있다. 따라서 두 여성의 발바닥은 뜨거운 불기운에 견딜 수 있는 재질의 신발로 보호되었을 것이다. 물론 당시 신발을 신었는지는 분명치 않다. 그러나 털가죽을 옷처럼 걸칠 수 있었다면 적어도 털가죽으로 발바닥을 감싼 뒤 끈으로 묶을 수는 있었다고 추정해 볼 수 있다. 뜨거운 불씨에 데지 않기 위해서라도 말이다.

다음으로 곰 계집으로 숭배된 웅녀와 범 계집으로 숭배된 또 다른 여인이 함께 기거한 점도 눈여겨 볼 점이다. 두 여성은 소녀라기보다는 임신이 가능한 처녀로 여겨진다. 따라서 두 여성은 각기 월경에 대비한 물품을 지니고 있었을 것이다. 이를테면 최소한 마른 풀 따위로 천 조각을 대체할 수 있는 물품이 있었다고 여겨진다. 게다가 쑥과 마늘만을 먹고 버티려면 고약한 냄새에도 견뎌야 했을 터이다. 그러므로 냄새를 중화시키거나 막기 위한 도구가 별도로 마련되었을 가능성도 있다. 한편 거북한 백일 동안의 굴속 생활에서 치렁치렁한 머리카락은 불편했을 터이다. 따라서 두 여성은 모두 자신의 머리카락을 묶어 머리채가 흐트러뜨리지 않도록 했을 것이다. 또한 두 여성은 움직이는 데에 불편하지 않게 허리춤을 덩굴이나 또는 가죽 끈으로 질끈 여몄을 터이다. 이제껏 추정한 대라면 굴속 수련에 참여했을 두 처녀는 머리채를 단정하게 묶은 모습에 마치 마스크와 같은 용도로 쓸 수 있도록 얼굴 가리개를 목 부위에 마치 목도리처럼 둘렀고 털가죽으로 몸을 보호했으며, 허리춤을 끈이나 덩굴로 묶었을 것으로 여겨진다. 발바닥은 불기운이나 찬 냉기에 견딜 수 있도록 털가죽으로 여며 보호한 채로 말이다.

동아시아 선사시대의 동굴 생활과 당시 공동체 내 상위 여성들의 치레걸이는?

지금 중국의 동북 지방에 흐르는 태자하 상류 지역에는 50세 내지 55세 정도로 여겨지는 여성의 뼈가 묻힌 동굴이 발견되었다. 그런데 그 동굴 유적은 청동기 시대의 유구로 조사되었고, 발견된 여성의 시신을 조사하던 중 그녀의 다리뼈에 화살촉이 1점 박혀 있는 것이 확인되어 놀라움을 느끼게 한다. 그러한 고고학적 발굴 조사의 결과로 이미 청동기 시대부터 동아시아의 여성들 역시 전쟁의 당사자로 관련되어 있음을 확인할 수 있다. (하문식, 〈중국 동북지역 청동기 시대 동굴 유적 : 태자하 상류 지역을 중심으로〉《우리나라 선사시대의 동굴 유적과 문화》, 2004년 연세대학교 박물관 추계학술세미나 자료집, 71쪽 참조)

한편 같은 태자하 상류 지역의 장가보 A동굴 유적에서는 여러 무덤이 역시 발견되었는데, 그 가운데 39호 무덤에서는 성년 여성의 시신이 조사되었다. 그 조사 내용을 보면, 시신의 목 부분에 피조개 조가비로 만든 구슬 14점과 돌 구슬 705점이 함께 찾아져 당시의 치레걸이를 이해하는 자료가 된다.(하문식, 〈중국 동북 지역 청동기 시대 동굴 유적 : 태자하 상류 지역을 중심으로〉《우리나라 선사시대의 동굴 유적과 문화》, 2004년 연세대학교 박물관 추계학술세미나 자료집, 76쪽. 참조)

우리는 태자하 지역 동굴 속의 여성이 다리뼈에 화살촉을 박힌 채 묻힌 점을 통해 이미 청동기 시대부터 동아시아의 일부 여성들이 전쟁의 당사자로서 전투를 지휘하거나 통제를 했던 지도자로 활동했을 개연성을 짐작할 수 있다. 비록 위서로 치부되는 《삼성기》이지만, 자료의 내용을 고스란히 받아들인다면, 웅녀 군은 이른 시기에 무리를 이끌며 조직을 관리하고 통제하며, 때에 따라서는 갈등의 국면에서 전투를 지휘하던 처녀 영웅이자 집단 내의 정치력을 장악한 최고 지도자였을 것으로도 짐작된다. 또한 태자하 상류 지역의 장가보 A동굴 유적에서 발견된 성년 여성의 시신과 그녀의 몸 주변에 발견된 치레걸이 유물을 통해 청동기시대의 동아시아 여성들이 드러낸 장식 생활상의 면모도 짐작할 수 있다. 역시 웅녀 등과 같이 청동기시대 상류사회 여성들의 일상을 추정하는 단서로 활용될 수 있을 듯싶다.

14

한국사 속의 여성 위인 특론
-'사소'를 말하다

'사소(娑蘇)'라고 불리는 뜨거운 자유연애주의자가 있었다

《삼국유사》를 보면 기원 1세기를 전후한 무렵에 지금의 경주 땅에 한 여성 지도자와 그녀를 뒤따르던 여성 세력이 존재했음을 알 수 있다. 그녀의 이름은 '사소'라고 한다. 그런데 흥미로운 점은 함양 박 씨 문중의 《함양 박 씨 문헌록》등에는 그녀의 이름이 일명 '파사소(婆娑蘇)'라고도 표현되어 있음이 눈길을 끈다. 여기서 파사소라는 이름이 지닌 뜻은 각별한 듯 싶다. '파사(婆娑)'는 '파사(婆沙)'와 비슷한데, 불교 어휘로 쓰일 경우, '바사'로 발음되고, 실제로 '비바사(毘婆沙)'와 통하는데, 넓은 말씀이라는 광설 또는 승설로 풀이된다. 따라서 파사소로 불린 사소는 어쩌면 당시 불교 이론을 접한 일종의 시대적 선각자였을 가능성도 느껴진다.

그런데 그녀를 두고 《삼국유사》에는 중국 황실의 딸, 곧 중국 황실의 공주라고 표현되어 있다. 그런데 일각의 재야 역사 기록에는 부여 황실의 공주라고 표현된 점이 다르다. 두 기록물 모두 공통적으로 사소가 남편 없이 아이를 밴 점을 분명히 한다. 남편 없이 아기를 가진 점은 유학적 윤리관으로는 따질 일은 아니다. 왜냐하면 기원전 1세기 전후한 무렵에 동아시아에 유학적 생활관이 굳건하게 자리를 잡았다고 볼 수 없기 때문이다. 물론 유학은 한 대에 동중서를 비롯한 걸출한 학자들에 의해 기초를 다졌던 점은 부인할 수 없다. 일상 주민들의 삶에 깊숙이 침투했겠는가의 문제가 별개라는 점을 거론하는 것이다.

사소가 남편 없이 아이를 가진 것은 그녀가 활달하고 개방적이고 자유로운 연애를 추구한 점을 읽게 한다. 그렇다면 그녀에게 일종의 방탕기가 있었던 것일까? 하지만 그 것에 관해 누구도 자신감 있게 답변할 일은 아닌 듯싶다. 경우에 따라서 애초에 있던 남편이 일정하게 건재했는데, 불의의 사고로 죽거나 다쳐 더 이상 동행할 수 없었던 상황도 고려될 수 있는 까닭이다.

그런데 선도 성모(仙桃聖母)라고도 알려진 사소에 관한 내용은 《삼국유사》에 기록되어 전해진다. 《삼국유사》에 따르면, 선도 성모의 겉모습은 "아름답고 구슬로 머리를 장식한 한 선녀"[169]인 것으로 전해진다. 당시에 구슬은 일종의 고급 사치품으로 옥구슬 제작 능력을 지닌 기술 세력과의 연관성을 생각하게 한다. 한편 《북사》를 보면, 신라 여인들의 "복색은 그림을 그린 것, 흰 색을 고상하게 여겼다. 부인들은 머리카락을 땋아 목에 두르고, 온갖 비단과 구슬로 장식한다."[170]고 전하고 있어, 선도 성모, 곧 사소 공주가 구슬을 사용하여 치장한 이래 관련 풍속이 신라 여인의 전통적 외양 꾸미기로 이어진 점을 읽을 수 있다. 그런데 중국의 하가점 11호 묘로 알려진 무덤에서 산융(山戎)의 여인이 드러났는데, 그

---

169 일연 저, 《삼국유사》, '감통' 제칠
170 《북사》, '신라'

여인의 머리 부분과 목 부분에 구슬 모양의 구리 합금 장식물(珠狀銅飾)이 있었다는 발굴 보고가 있다.[171] 그 같은 점은 사소 공주가 머리에 구슬로 장식하였다는 설화 내용과 상관성을 느끼게 한다. 사소 공주가 활동했을 당시에 사로국 건국 초기 세력의 고위 여성들이 갖추었던 외양과 치장이 다분히 북방 풍속과 연관된 것임을 짐작하게 한다.

한편 사소 공주에 관한 전승 설화 속에서 등장하는 구슬이란 실제로는 비취로 만든 경옥이란 점을 주목할 수 있다. 왜냐하면 경옥은 조개껍질과 함께 모두 "피안 세계에서 좋은 운명을 받도록"[172] 해 주는 역할을 한다는 견해가 있기 때문이다. 따라서 중국의 《도홍경》이란 책에 따르면, 경옥은 조개껍질과 함께 죽은 이의 주검과 함께하게 하여 그 부패를 막게 하는 놀라운 기능까지 지녔다는 내용이 전해지기도 한다. 사소 부인이 주검의 부패까지 지연시키는 효과를 지닌 것으로 알려진 경옥을 머리에 치장하고 다닌 점은 어떻게 이해되어야 할까. 짐작컨대 그녀는 죽은 이의 원기를 회복시키는 주술 능력을 지녔거나, 죽은 이의 원혼을 달래 주는 신녀(神女)의 이미지를 지녔을 개연성이 있다. 더욱이 상고시대의 무속서와 같은 성격을 담은 것으로 평가되는 《산해경》을 보면, "괴산신에게 제사 지낼 때 여자 무당과 남자 무당이 함께 춤을 춘다. 웅산신(熊山神)에게 제사 지낼 내에는 간무(干舞)를 추고, 병으로 재앙을 물리치는 의식을 거행하며, 구옥을 바치고 면복(冕服)을 입고 춤을 춘다"[173]는 내용이 있어 주목된다. 역시 구옥이란 광물질로써 재앙을 물리치는 의식을 치렀음을 알 수 있다.

---

171 전광금 · 곽소신, 《원원류장적북방족청동문화》, 과학출판사, 131쪽. ※도(圖)2, 하가점11호 관련 그림
172 미르치아 엘리아데, 《이미지와 상징》, 이재실 옮김, 까치, 2007, 150쪽.
173 《山海經》《中山經》

사소를 뒤따른 세력은 당대 최고의 선진 기술 소유 집단이었나

한편 사소 공주 곧, 선도 성모는 "일찍이 신선 지술(神仙之術)을 배워 해동(海東)에 와서 머물러 오랫동안 돌아가지 않았다"[174]고 한다. 여기서 말하는 신선 지술은 아마도 한(漢)나라 시기의 황로지학(黃老之學)과 연관되는 술법으로 여겨진다. 고래의 황제와 노자에 관련한 술법 체계를 공부한 것이 바로 황로지학이고, 한(漢) 당시에 그것은 보편 학문으로 보급된 점을 생각하면 사소 공주가 황로지학을 접하지 못할 까닭은 없어 보인다.

그런데 선도 성모가 머문 곳인 해동이란 다름 아닌 신라를 일컬음이다. 사소가 하필이면 지금의 경주 지역에 있는 한 곳의 산(山)으로 도착했는지는 아무래도 소벌도리의 세력과 견주어 고민해 볼 점이다. 여기서 소 씨 가문의 이른바 〈소 씨 상상계(蘇氏上上系)〉나 〈동근보서(東槿譜序)〉라는 글의 내용을 견주어 볼 필요가 느껴진다. 소 씨 가문의 대동보(족보)의 앞부분에 자리한 〈소 씨 상상계〉나 〈동근보서〉라는 글에는 매우 흥미로운 내용들이 적지 않다. 특히 〈소 씨 상상계〉에서, 소 씨의 먼 조상이 '당장경으로 도읍을 옮길 때에 공로가 있었다'는 내용이며, 〈동근보서〉의 경우, '휘(諱) 백손(伯孫)'이 천하가 크게 혼란하기 때문에 임진년 봄에 조선(朝鮮)에서 나와 진지(辰地)로 이사하여 후진한주(後辰韓主)가 되었다'는 내용이나, '휘(諱) 백손(伯孫)' 임금의 호칭은 도리(都利)요' 따위의 내용이 그렇다.

추정컨대 사소 일행이 만난 소벌 도리 세력은 소벌을 임금(도리)으로 삼던 세력이며 그 먼저의 조상은 조선(위만조선?) 땅에서 의 땅으로 이주한 세력임을 알 수 있다. 사소가 이끈 세력이 본래 황실로부터 비롯된 점

174 일연 저, 《삼국유사》, '감통' 제칠

을 두고 볼 때, 남방의 정착 세력과의 결합은 일종의 타협과 같은 과정이 전제된 것으로 이해된다. 따라서 타협의 내용이 궁금해지는데 현재로서는 추정이 쉽지 않다. 다만 사소가 낳고 소벌의 세력이 보호하여 이후에 거서간이란 왕위에 오른 박혁거세가 황금으로 된 자(尺)를 신인(神人)으로부터 받았다는 금척(金尺)의 설화가 《동경잡기(東京雜記)》에 보이는 점은 한 실마리를 느끼게 할 뿐이다. 그에 따르면 박혁거세는 왕위에 오르기에 앞서 꿈에 어느 신인으로부터 금척을 얻었는데, 그것으로써 쇠붙이와 그릇 따위를 바로잡으라고 한 것으로 전해진다. 그러한 전승의 의미는 쇠붙이와 그릇 등의 생활용 자재와 용기를 통해 부정 부패를 엄정히 다스리라는 뜻을 담은 것으로 여겨진다. 그런데 같은 《동경잡기》에 역시 금척 관련 설화가 보이는데, 박혁거세가 금척을 얻어서 그것을 죽은 이에게 자를 대면 살아나고, 병든 이에게 대면 소생했다는 내용이다. 믿기지 않는 이야기이고 허황할 뿐이다. 그러나 그러한 전승이 담은 의미는 박혁거세를 중심으로 하며 정치력을 장악한 세력이 다름 아닌 금속과 연관된 선진 기술을 확보한 것임을 엿보게 한다는 점일 터이다. 따라서 박혁거세를 낳은 사소 공주 일행 또한 같은 맥락에서 보아도 크게 무리는 없을 듯싶다. 그러므로 고급의 금속 처리 기술을 습득한 사소 세력을 이미 정착한 소벌 세력이 맞이하여 그 기술을 전수받는 조건으로 소벌 세력의 관할 영지의 일부를 분할하여 건네 준 것은 아닌지 조심스럽게 고민해 볼 만하다고 할 수 있다.

사소의 뒤에는 정신적 멘토 부왕(父王)이 있었다

선도 성모 사소가 소벌 도리의 세력과 만나 일정한 타협 속에 정착지를 얻고는 한 일은 자신의 아버지에게 소식을 전한 점이다. 먼저 사소의 아버지는 소리개의 발에 매달아 선도 성모에게 보낸 편지에 "소리개가 머무는 곳에 집을 지으라"고 전했다. 사소 공주는 편지를 보고 소리개를 놓아 보내니, 선도산(仙桃山)으로 날아가서 멈추었다고 한다. 여기서 알 수 있는 점은 사소가 결코 자신의 본거지였던 황실과 무관한 입장이 아니었다는 점이다. 특히 사소가 부왕과 연락을 주고받은 수단이 놀랍게도 소리개, 곧 새인 점은 많은 점을 생각하게 한다. 그들이 새를 이용한 사냥 행위에 익숙한 수렵 생활권의 정치 권력층이었을 개연성이다. 그런데 사소 공주가 마침내 집을 짓고 기거했다는 내용에서, 바로 이 집이 의문시된다. 도대체 어떤 집일까. 아마도 오랫동안 나라를 평안하게 보살필 만한 곳의 기능을 다할 집일 터이다. 짐작컨대 신당의 기능을 갖춘 신전(神殿)과도 같은 신앙 공간으로 여겨진다.

한편 사소가 소리개에 매단 편지를 통해 소식을 주고받은 점은 일정한 문자나 기호 인식의 체계를 갖춘 문명화된 세력임도 아울러 짐작게 한다. 먼저 황제가 성모에게 글을 써서 편지를 매단 것으로 보아, 성모의 왕실은 일정한 지력을 지니고 문필로서 교통을 할 능력을 갖추었던 점을 추정할 수 있다. 더욱이 소리개에 매단 것이 죽간이나 목간이 아닌 편지라는 점은 그들이 매우 비싼 종이를 통신 매개체로 썼음을 알게 하는 것이다. 또한 사소가 부왕과 소식을 주고받은 점은 더불어 당시 자신에게 조언할 정신적 멘토로서 부왕이 일정하게 영향력을 끼치고 있었던 점을 알게 한다. 그것은 한편으로 먼 이국땅을 여행하면서도 사소의 세력이 황실의 황제로부터 자유롭지 못한 원격 통제 상황에 놓여 있음도 알 수 있다. 특히 원격지에서 새로운 정착지를 찾는 주도자가 남성이 아닌 여성인 점은 매우 주목할 대목이라고 여겨진다. 어쩌면 당시 사소가 신녀와 같은 사제적 기능을 갖춘 신앙의 주도적 위치에 있던 인물임을 반증하는 것은 아닌지 모를 일이다.

소리개를 익숙하게 다룬 사소는 북방 유목민적 기질의 여성 리더

사소 공주의 설화에서 그녀가 솔개(소리개)를 통해 글을 주고받았음을 곱씹어 볼 점이다. 적어도 사소 공주가 훈련된 솔개를 운용했다는 점을 알 수 있고, 또한 새가 지닌 상징성을 생각하지 않을 수 없다. 야쿠트의 전설을 보면, "북방에는 거대한 전나무가 자라고 있는데, 이 전나무 가지에 수많은 둥지가 있다. 상급 샤만은 가장 높은 곳의 둥지, 중급 샤만은 중간에 자리한 둥지, 하급 샤만은 낮은 곳의 둥지에 깃들인다. 독수리 머리에 쇠 깃털을 단 맹금(猛禽)의 어미가 이 나무에 날아와 알을 품는다고 이야기한 사람도 있다. (생략)알에서 샤만의 영혼이 부화하면 맹금모는 이 영혼을 외눈박이에다가 외팔이에다 통뼈인 마녀무(魔女巫)에게 맡겨 가르친다. 마녀무는 이 샤만의 영혼을 쇠로 만든 요람에 넣고 굳은 피를 먹여 기른다."[175]는 내용이 전해진다.

우리는 북방 야쿠트의 전설에 보이는 맹금모와 마녀무의 설화를 통해 언뜻 《삼국유사》의 '선도성모수희불사'조의 솔개와 사소 공주, 곧 선도 성모를 견주어 보게 된다. 결코 무시하기 어려운 유사성을 느끼면서, 사소 공수와 박혁거세 설화가 혹시 북방 야쿠트족 설화를 빗대어 재구성된 것은 아닌지 의문에 빠져들게 된다.[176] 그뿐만 아니라 사소 공주가 활동했을 당시의 한(漢) 대의 화상석(畫像石)을 보면, "장우관(長羽冠)을

---

175 미르치아 엘리아데, 이윤기 옮김, 《샤마니즘》, 까치, 2007, 54쪽.
176 황패강은 선도산 성모인 사소를 달리 서술 성모(西述聖母)로 표현한 것에 착안하여, "서술은 '수리' 즉 '소리개'이다. 서술(西述)이 야구드(Yakut)인의 무조신화(巫祖神話)에 나타난 소리개와 무조적(巫祖的) 신모(神母)의 상징이라는 점에서 서로 일철(一轍, 하나의 바퀴자국)이다."라는 견해를 밝힌 바 있다.
黃浿江 著, 《韓國敍事文學研究》, 단국대출판부, 1990, 138쪽.
尹敬洙 著, 〈朴赫居世神話의 原型性象徵〉, 《韓國文學思想의 現代性 研究》, 태학사, 1994, 102쪽에서 재인용함.

쓰고 깃털로 된 새의 꼬리를 하고서 해와 달을 배에 품고 있는"[177] 중국의 상희(常義)가 드러낸 모습을 통해서 한(漢)나라의 문화가 한반도 땅으로 유입해 들어온 것과 관련한 설화의 태동도 고려해 봄직하다. 어떻든 사소공주의 설화에 보이는 솔개는 지상과 천상을 잇는 메신저로 기능한 점을 분명하게 읽을 수 있다. 어떻든 사소 공주는 솔개로 표현된 일종의 영매를 운용할 줄 알던 일종의 신녀이자 무녀와 같은 여사제적 인물인 점도 지적하지 않을 수 없다. 또한 사소 공주는 거친 들녘과 산악을 거칠 것이 없이 솔개를 따라 나가던 야전형 여성 리더였다고도 평가해 볼 만하다. 따라서 사소 공주와 그녀를 뒤따른 집단은 적어도 북방의 유목 집단적 성향을 아주 강하게 지녔다고도 할 수 있다. 더불어 사소 공주(성모)를 달리 서술 성모(西述聖母)라고 하는 점을 근거로 하여, 사소 공주(선도신모) 신화에 반영된 "박혁거세 설화의 요소는 농경적이기보다는 유목적, 북방적인 것으로 보인다."[178]는 견해가 설득력이 있다.

어떻든 앞서 살핀 점과 같이 사소가 이끈 세력은 사소 공주 자신이 사제적 인물임과 함께 그녀의 세력이 금속 처리 기술은 물론, 문자나 기호 사용, 그리고 종이 사용에 걸쳐 고급스럽고 다양한 문화 행위를 구현할 줄 알던 당대 최고의 문화 능력을 갖춘 집단임을 알 수 있다.

사소가 새로운 이상 사회의 바탕을 일구다

선도 성모 사소 공주는 아버지가 보낸 편지의 내용에 따라 소리개가

---

177 동아시아고대학회 편, 《동아시아여성신화》, 집문당, 2003, 62쪽.
178 黃浿江, 〈朴赫居世 神話 硏究〉, 華鏡古典文學硏究會 편, 《說話文學 硏究(下)》, 檀國大學校 出版部, 1998, 105쪽.

머물게 된 산에 정착했다. 그리고 지선(地仙)이 되었다고 한다. 지선이 되었다는 내용은 그녀가 지상을 장악한 선인적 위치에 이르렀다는 것을 뜻한다.

그 뒤에 사람들은 사소가 머문 산을 일컬어 서연산(西鳶山)이라고 했다고 전한다. 또한 선도 성모는 서연산에 오랫동안 머물면서 나라를 진호(鎭護)했는데, "신령스럽고 이상한 일이 매우 많았다"고 한다. 신령스럽고 이상한 일이 구체적으로 무엇인지는 알 수 없다. 짐작컨대 그것은 선도 수련과 같은 수행에 관련한 행사를 주관한 것으로 여겨진다.

사소 공주가 선도 수행과 연관된 행사를 주관한 점은 그녀가 정신적 지도자이면서, 주술적 기원 행사의 중심에 놓였을 개연성을 느끼게 한다. 머나먼 곳으로부터 날아드는 소리개에 매달린 편지를 읽고 다시 그 편지에 따라 일을 주도한 그녀의 풍모는 언뜻 새로운 정착지 사회를 설계하며 새로운 준비 사항을 점검하는 개척 집단의 우두머리 같은 풍모를 연상시키기에 넉넉하다.

그런데 《삼국사기》에 따르면, 신라에서는 시조인 혁거세 거서간이 즉위하기에 앞서 "먼저 조선 유민(朝鮮遺民)들이 이곳에 와서 산곡 간에 헤어져 살면서 여섯 마을을 이룬" 것으로 전해진다. 다시 말해 해동인 신라의 땅에 사소 공주의 발길이 닿기 전에 조선 유민들이라는 선주 정착 세력이 있었음을 알 수 있다. 바로 그 같은 점을 견주어 본다면, 사소 공주의 일행은 선진 기술력을 주요 수단으로 하여, 이미 정착한 세력에게 우월한 입장을 확보해 나가는 과정을 거쳤다고 여겨진다. 그런 점에서 사소 공주는 이미 정착에 성공한 남성 지도자들과의 갈등과 대립의 국면에서 매우 신중하고 합리적인 처신을 할 수밖에 없었을 것이다.

한편으로 서연산, 곧 선도산을 근거지로 하는 사소 세력의 정치력 강화는 주변 세력이 모두 공감하는 이념과 방식을 드러내며 확대되고 강화되었을 것이다. 마침내 그녀가 지향하는 이상 사회의 건설은 그같이 극히 조심스럽고 이성적이며 기술 우위적인 상황 속에서 형성되었다고 볼 수 있다.

사소가 자신의 소생자(所生子)를 건국의 주체로 나서게 하다

한편 《삼국유사》의 찬자인 일연은 혁거세 거서간이 즉위하기에 앞서, "어느 날 고허촌장 소벌공이 양산(楊山)의 기슭을 바라보니 나정(蘿井) 곁의 숲 사이에 한 말이 무릎을 꿇고 울고 있어서, 그곳으로 가 보니, 갑자기 말은 보이지 아니하고 다만 큰 알만이 남아 있으므로, 이를 깨 보니 그 속에서 한 어린아이가 나왔"다고 전한다.

그리고 《삼국유사》의 다른 기록을 보면 선도 성모가 "처음에 진한(辰韓)에 와서 성스러운 아들(聖子)을 낳아 동국의 처음 임금이 되었으니 필경 혁거세와 알영 두 성인(二聖)을 낳았을 것이다"고 한 점이 눈길을 끈다. 그렇다면 여기서 곱씹어 헤아릴 점은 사소 공주가 해동인 신라의 땅에 이르러 누군가와 혼인을 치르거나, 이미 혼인을 치른 상태에서 임신을 하고 있었을 개연성을 느낄 수 있다. 그러나 당시 사소 공주와 혼인 관계에 있던 사람이 누구인지는 뚜렷하지 않다. 왜 밝혀져 있지 않은 것일까? 다시 《삼국사기》의 기록과 견주어 본다면 여기서 고허 촌장 소벌공에 관한 검토가 뒤따라야 한다. 왜 사소 공주나 그녀의 남편이 거론되지 않고, 엉뚱하게 소벌공이 등장하는지는 적지 않은 의문이 생긴다.

먼저 양산이라는 지명이 갖는 뜻을 헤아려 보면, 버드나무 산이라는 뜻임을 쉽게 알 수 있다. 그런데 버드나무는 그 속성이 여성성을 지 닌 나무로 일컬어지기도 하는 점이 주목된다. 그렇다면 양산이란 여성 성이 중시되는 신이한 공간으로도 짐작될 수도 있다. 따라서 소벌공은 그 같은 신이한 공간의 관리를 책임진 일종의 신성 지역 관리자였을 개 연성이 있다.

한편 《삼국사기》의 거듭된 내용에 따르면, 소벌공은 알 속에서 나온 아이를 데리고 돌아와서 잘 길렀는데, 10여 세가 되자 유달리 숙성한 것 으로 전해진다. 육부 사람들은 그 아이의 출생이 신기하므로 모두 우러 러 받들게 되었는데, 이때에 이르러 그를 세워 임금으로 삼았다"고 한다.

《삼국사기》의 내용만을 두고 볼 때, 혁거세의 등장에는 많은 점이 생략되어 있음을 알 수 있다. 첫째 혁거세의 생모, 곧 사소 공주의 출 산 과정이 생략되어 있는 점이다. 다음으로 혁거세가 알 속에 든 신이 한 존재로 꾸며진 채로 '양산'이란 산기슭의 숲에 버려져 있던 점이다. 그 다음으로 다른 사람도 아닌 육촌의 한 촌장인 소벌공의 눈에 발견 된 점이다. 그뿐만 아니라 소벌공은 아이를 데리고 돌아와서 살 기르기 까지 했다.

여기서 그냥 지나칠 수도 있는 혁거세 등장 설화를 두고 적지 않은 추측이 가능하다고 여겨진다. 먼저 혁거세 등장 설화는 무엇보다 정교하 게 짜인 사전 기획에 맞추어진 수순에 따른 일종의 연극적 절차를 통해 한 영웅적 인물이 등장하고 양육되는 과정이 소개된 성장 이야기일 것 이란 점이다.

또한 《삼국사기》의 기록을 통해 사소 공주가 낳은 혁거세가 전한(前 漢) 효선제(孝宣帝)인 오봉(五鳳) 원년 갑자(서기전 57)년의 4월 병진에 즉위 한 점을 알 수 있다. 당시 혁거세의 나이가 겨우 13세였던 점은 많은 의 혹을 느끼게 한다. 무엇보다 혁거세의 나이로 미루어 짐작컨대 그에게 정치적 후원 세력이 없다면 과연 그 같은 어린 나이에 즉위가 가능했을 터인가 하는 점이다.

결론적으로 사소 공주는 자신의 소생자인 혁거세를 자신의 세력과 정치적으로 결합한 소벌 세력의 지원을 받아, 마침내 정치력을 장악한 실세로 즉위시켰다고 여겨진다. 그것은 일종의 사회 통합 과정이 전제되는 결과로 보아 마땅하다. 따라서 혁거세의 즉위는 사소 공주가 선도산에 정착한 이래 줄곧 추구한 이상 사회 건설의 든든한 첫 걸음이었다고 평가할 수도 있을 법하다.

사소가 서라벌의 잡거(雜居) 사회를 보듬는 여신의 존재로 남다

《삼국유사》의 찬자인 일연은 거듭 "성모는 일찍이 여러 하늘의 선녀(諸天仙)에게 비단(羅)을 짜게 해서 붉은 빛으로 물들여 조복(朝服)을 만들어 그 남편(夫)에게 주었으니, 나라 사람들은 이런 까닭에 비로소 신비스러운 영험을 알게 되었다"[179]고 밝힌다. 여기서 사소가 여성 집단에게 집단 노동을 시킨 점은 이후 신라 사회에서 등장하는 왕녀에 의한 길쌈놀이와 견줄 만하다. 신라 사회 최초에 이루어진 집단 노동 행위가 사소에 의해 주도되었다고 볼 수가 있기 때문이다.

여성 집단의 집단 노동 행위를 이끌던 사소는 강력한 여성 리더십을 여전히 발휘했던 것이다. 먼저 사소 공주가 선녀들을 시켜 비단을 짜게 하고 붉은 물감을 들여 조의를 만들게 했다는 부분을 검토해 보자. 사소

---

179 일연 저, 《삼국유사》, '감통' 제칠

가 시종 세력이라 할 수 있는 선녀들을 시켜 비단을 짜게 했다는 내용은 일반 여성보다 우월한 직라술(織羅術)을 체득했음을 알게 하는 단서로도 볼 수 있다. 따라서 "사소를 비롯한 허황옥과 세오녀는 당시 선진문물이 었던 직라술을 통해 신모, 또는 지모신의 지위에 올랐다."[180]는 견해는 눈길을 끈다. 우월적 기술 능력의 확보는 그렇지 못한 사람들에게 존엄성을 획득하는 소중한 능력이었음을 생각할 때, 사소 공주와 그녀가 이끈 여성 세력은 분명히 뛰어난 여성 기술 집단의 성격을 지녔다. 더불어 그러한 상태에서 신모나 지모신 같은 여신적 위상을 차지했음은 도리어 당연한 것이었다고 풀이된다.

그런데 사소 공주 일행이 짜던 비단에 물들여지는 색상이 붉은 빛깔인 점은 많은 것을 생각하게 한다. 붉은빛 또는 주칠(朱漆)은 사악한 기운을 몰아내는 벽사(辟邪)의 색깔이라는 속성이 있음은 너무나 잘 알려진 상식에 속한다. 사소 공주와 그녀의 시종 세력은 벽사 행위와 연관된 옷을 짓고 있었던 것으로 여겨진다.

사소는 남편을 알 수 없는 상황에까지 직면할 정도로 자유 연애를 향유했고, 그 결과 혁거세와 알영이란 두 소생자를 잉태했던 것으로 추정된다. 혹시 사소 공주는 두 아이를 인맥 관계에 있던 유력 가문에 맡기고 그녀는 전체 사회의 복락과 평화를 이끄는 주술적 무속 행사를 집전하거나 그에 관한 예언적 언술로써 당시 사회의 주요 정신 지도자로 활동한 것으로 추정된다. 그런 관점에서 사소가 새로운 지아비에게 지어 입히려 하였던 조복(朝服)은 각별한 의미가 있는 것으로 보인다. 《논어》에 보면, "마을 사람들로 이루어진 대나(大儺)의 무리가 그의 집에 오면 곧 조의(朝衣)로 갈아입고 아주 경건한 자세로 집 사당 동쪽 계단에 서

---

180 김문태 지음, 《되새겨보는 우리 건국신화》, 보고사, 2007, 178쪽.

서 이들을 맞이하였다"[181]는 내용을 볼 수 있다. 여기서 보이는 대나란 귀신을 크게 쫓는 행사로, 일종의 무속 행사라고 할 수 있다. 그 같은 거대한 벽사적(辟邪的) 대행사를 맞이하여 입는 옷이 바로 조의, 곧 조복이었음을 쉽게 이해할 수 있다. 따라서 사소 공주가 새로이 지아비에게 지어서 입히고자 했던 조의는 고스란히 벽사 행위가 치러질 거대한 무속 행사요 제전에 참여할 예복, 또는 무복과도 같은 의미를 지녔음을 짐작할 수 있다. 결국 사소 공주가 자신이 이끄는 여성 집단을 통해, 사악한 기운을 내쫓는 대제전을 기획했고, 그 행사에 자신의 지아비를 경건한 참예자 내지 집전자로 내세웠을 개연성이 있다. 사소공주는 그렇게 두 아이를 서라벌 사회를 이끌 지도자로 내세웠고, 자신은 새로운 지아비를 맞아 신사회의 안녕을 소망하고 기원하는 이면적 기능에 헌신적으로 참여하였음을 알 수 있다. 사소 공주는 그렇게 서라벌 사회를 건강한 이상 사회로 이끈 여신적 존재였던 것이다.

한편 사소 공주의 서라벌 정착 시기에 지금의 경주 일원에는 옛 조선의 유민은 물론 진(秦) 나라의 후예까지 뒤섞인 잡거(雜居)의 사회였음을 여러 사료를 통해 짐작할 수 있다. 계통과 내력이 제각기 다른 여러 부류의 사람이 뒤섞인 사회를 누군가 중심이 되어 이끌어 나간다는 것은 매우 어려운 일이었을 터이다. 그런데 그 같은 복잡한 사회 속에서 사소 공주는 신앙적 중심이 되었고, 그의 아들과 딸은 초대 국왕 부부가 되어 정치의 중심이 된 점은 주목할 만하다. 사소 공주와 그의 자녀를 중심으로 하는 앞선 선진 기술력과 지력이 강한 매력으로 인식되지 않았더라면 불가능한 상황이라고 여겨진다.

181 《論語》〈鄕黨〉

손자와 손녀로 이어진 신이한 기풍

사소 공주에 의해 신라 건국의 굳건한 주체로 서게 된 박혁거세와 알영의 뒤를 이어, 주목할 인물이 있다. 왕자인 남해차차웅(南解次次雄)과 공주인 아로(阿老)이다. 남해차차웅은 그 이름이 기이한 뜻을 지녔는데 차차웅(次次雄)이란 바로 '무당(巫堂)'이란 뜻을 지니기 때문이다. 더욱이 차차웅은 '자충(慈充)'이라고 했다는데, 자충이란 말도 결코 예사롭지 않다. 곧 반절로 표시할 경우 '중'이란 발음이 되기 있기 때문이다. 중은 지금까지도 승려를 뜻하는 말로 쓰인다. 따라서 승려라는 뜻의 중이란 말의 어원을 짐작케 하는 단서가 되기도 한다. 그것은 신라 건국의 숨은 공헌자인 사소 공주의 신이한 품격을 고스란히 이어받은 한 증거가 될 터이다. 사소 공주가 선도산의 성도로 마치 수도하는 승려처럼 지냈던 점과 연결되는 까닭이다.

한편 남해차차웅은 즉위한 지 3년 되는 서기 6년에 선대 국왕이자 친아버지였던 박혁거세의 묘당을 세우고 사시사철 제사로써 모시게 했다. 그런데 남해차차웅은 제사에서 자신의 친 여동생인 아로 공주로서 그 제의를 도맡아 치르게 했다는 《삼국유사》의 '잡지' 기록이 주목된다. 박 씨 가문이 이룬 초기 신라 왕실의 성격을 뚜렷하게 인식시켜 주는 대목임에 틀림없다. 나라를 이루어 첫 임금이 된 박혁거세를 모시는 제자를 남성이 아닌 여성이 주관했고, 더욱이 왕실의 공주인 아로를 통해 맡게 한 점은 초기의 신라 왕실에서 제사를 담당하는 역할을 전통적인 모계적 유풍에 따라서 뒤따르게 한 점을 분명하게 확인시켜 준다. 모든 게 신이한 풍모와 행적을 드러낸 사소 공주가 남긴 유풍이라고 여겨진다.

15

한국사 속의 여성 위인 특론
-'허황옥'을 말하다

신성성을 지닌 김수로의 선대 가문

한국의 고대 역사서의 하나인 《삼국유사》에는 한반도 남부에 가락국의 세력이 있었음을 전해 주는 설화가 실려 있다. 가락국은 서기 42년경에 귀지(龜旨)란 곳에서부터 거론된다. 귀지라고 일컫는 봉우리에 자줏빛 줄에 묶여진 붉은 보자기 속의 금 궤짝이 나타났는데, 그 안에서 무두여섯 알이 나왔단다. 그런데 그 가운데 한 알에서 수로(首露)라는 아이가 태어나 그를 왕으로 삼은 데에서 가락국은 비롯되었다는 게 설화의 요지다.

그런데 신라 말의 학자인 최치원이 찬했다고 알려진 《석리정전(釋利貞傳)》을 보면, "가야 산신 정견모주(正見母主)가 천신(天神) 이비가지(夷毗訶之)에게 감응되어 대가야 왕 뇌질주일(惱窒朱日)과 금관국 왕 뇌질청예(惱窒青裔) 두 사람을 낳았다 뇌질주일은 이진아시왕(伊珍阿豉王)의 별칭이고, 청예는 수로왕의 별칭이다"는 내용이 보인다. 그 같은 내용으로 보아

수로왕의 선대 조상이 천신과 산신의 결합을 상징적으로 받아들인 신성한 가문임을 짐작할 수 있다. 물론 그것은 수로왕 가문의 후손이 부풀려서 이룬 신화적 내용임을 아울러 느낄 수 있다. 하지만 적어도 김수로왕 가문이 천신과 산신의 신격(神格)들을 숭배하고 있었다는 실마리를 얻기에는 부족함이 없다.

가락국 초기 왕실의 고민과 긴장(1)
―어떻게 선진 기술을 확보할 수 있을까

한반도의 김해를 중심으로 하여 점차 확대를 꾀하던 가락국과 금관국은 초기에 주변 세력과 충돌을 피하면서 발전을 꾀한 것 같다. 그것은 세력의 각 추장이 제각기 100호씩을 다스려 모두 7만 5,000명의 사람이 있어 그들을 위압적으로 통제하기에는 어딘가 불안했기 때문이었을 터이다. 따라서 신성성을 내세운 김수로 가문은 각 추장에게 적절한 예우를 소홀히 할 수 없을 것으로 여겨진다.

하지만 주변 세력을 잘 다독인다고 하여 언제까지나 세력이 유지되는 것은 아니다. 한 예로 기원 1세기를 전후한 무렵에 지금의 경주 지역에는 북방 지역에서 사소(娑蘇)라고 하는 여성 지도자와 그녀를 뒤따르던 여성 세력이 자리를 잡았다. 앞서 이야기한 대로 그녀의 이름은 일명 '파사소'라고도 표현되었다. 그런데 파사소의 아들인 혁거세가 금척(金尺) 따위의 신이한 물건으로 백성들을 돌보았다는 일화는 선진 금속 기술의 보유라는 의미를 찾을 만하다. 따라서 가락국 초기 왕실에서는 선진 기술을 익혀 자신들 왕실 가문에 겉으로 충성하는 듯이 붙어 있던 세력에게 주도권을 잃지 않고, 권위도 지켜낼 수 있다고 여겼을 터이다.

따라서 가락국 초기 왕실의 치세에 경주의 사로국 땅에서 정치 주도권의 조정자로 움직이던 파사소, 곧 사소 공주의 대중적 여망과 견주어, 가락국의 정견모주 또한 사로국의 파사소와 유사한 인물로 대응시켜 볼 만하다. 《삼국유사》 속의 '가락국기'의 내용대로 서기 42년경에 귀지란 곳에서 김수로가 태어났다면, 그가 즉위 2년째였다는 43년은 그의 나이 겨우 2세에 지나지 않는 것으로 말이 되질 않는다. 따라서 실제 '가락국기'에 보이는 김수로의 즉위 초기 기록은 사실상 그의 치세가 아닐 가능성이 있는 셈이다.

가락국 초기의 치세가 사실상 김수로왕의 집권기가 아니었다면 누가 그 자리를 대신했겠는가. 매우 조심스러운 추정에 지나지 않겠으나, 앞서 밝힌 바와 같이 최치원이 찬했다고 알려진 《석리정전(釋利貞傳)》에 보이는 가야산신 정견모주(正見母主)와 그 남편으로 여겨지는 천신(天神) 이비가지(夷毗訶之)의 공동 통치로 이루어졌을 가능성이 높다. 따라서 그 부부의 아들 뇌질청예(惱窒靑裔), 곧 수로가 형식적인 임금인 양 내세워졌을 가능성이 있다. 어린 아기를 임금처럼 내세우고, 산신으로 지칭된 정견모주와 천신으로 지칭된 이비가지가 실질적으로 통치했을 개연성은 매우 높다.

따라서 사로국의 파사소에 맞서 가락국 안에서는 정견모주와 이비가지의 연합 공동 통치가 이루어졌다는 추정은 그저 허황된 억측으로 무시될 수는 없을 터이다. 짐작컨대 두 부부는 신성성이 강조된 자신들의 어린 아들을 내세운 상태로, 가락국 백성에게 좀 더 우월한 기술력이나 지식을 갖추고 장악한 왕권을 잃지 않고자 전전긍긍했을 터이다

가락국 초기 왕실의 고민과 긴장(2)
- 김수로는 결코 예사 가문과 쉽게 혼인해선 안 된다

가락국 초기 왕실 세력은 더욱 강력한 세력과 혼맥(婚脈)을 이루고 싶었던 것 같다. 아무래도 뛰어난 금속 기술이나 장거리 해양 기술 따위의 선진 기술을 지닌 세력과 혼인한다면, 그에 관련한 이득을 당연히 얻어낼 수 있지 않았겠는가. 또한 당시 이미 인도 땅에서 크게 일어난 불법의 묘리 따위에 해박한 지식을 갖추었거나 장거리 항해 기술을 바탕으로 하는 대규모 무역 활동을 펴던 집단과의 연결도 매우 바람직한 혼맥 관계라고 여겼을 터이다. 그런데 가락국 초기 왕실 세력이 정말로 그처럼 선진 기술 세력이나 거상 세력과의 연합을 꾀하거나 시도했는지는 분명치 않다. 다만 《삼국유사》의 '탑상 제4'에 보이는 '어산불영(魚山佛影) 내용은 김수로를 중심에 두고 이룩된 가락국 초기 왕실 세력이 기존의 여성 세력과 우호적이지 못했음을 짐작케 하여 그들의 혼인 관념을 추정할 단서가 보인다. 그에 따르면, 김수로왕 시절에 나라 안에 옥지(玉池)가 있던 것으로 전해진다. 여기서 옥지는 말 그대로 옥빛 연못일 수도 있으나, 연못은 우물과 통함에 주목할 필요가 있다. 따라서 우물이 "태모(太母)의 자궁"을 상징하며 또한 "지하 세계와 접촉하기 때문에 우물에는 종종 치유력과 소원 성취의 힘을 가지는 마법의 물이 있다"[182]는 견해를 결코 무시하기 어렵다. 어쩌면 옥지란 가락국 초기 왕실의 치세에 일찍부터 존재하던 재래의 여성 신앙 연고지의 성격을 담고 있지는 않을까 생각된다.

어떻든 그 옥지에는 독룡(毒龍)이 살았는데, 주변의 만어산에는 역

---

182 진 쿠퍼/이윤기 옮김, 《그림으로 보는 세계 문화 상징 사전》, 까치, 1994, 400쪽.

시 다섯의 나찰녀가 살았다고 한다. 문제는 독룡과 다섯의 나찰녀는 오가면서 서로 통했다고 한다. 그런데 그들이 오가며 통할 때면 "번개가 치고 비가 와서 4년이 지나도록 오곡이 영글지 않았다"고 한다. 따라서 김수로왕은 "주술로 막고자 했으나 하지 못하고 머리를 조아려 부처님에게 청하여 설법을 한 연후에야 나찰녀가 오계를 받아 이후로는 폐해가 없게 되었다"는 내용이다. 모두 《삼국유사》 속에 전해지는 설화적 내용이다.

거론한 내용을 통해 김수로왕이 이른바 다섯 나찰녀로 지칭된 악녀 세력과 불화를 겪었고, 그에 따른 폐해를 줄이고자 처음에는 주술로 대응했고, 이후에는 불법으로 대처하여 그들을 교화했다는 게 설화의 요지다. 그 같은 설화 내용을 통해, 당시 가락국 왕실을 장악하던 김수로왕 중심의 집권 세력은 주술력은 물론, 불법에 의한 통치를 희망하고 있었음을 짐작할 수 있다. 따라서 당시 가락국 왕실 세력이 적어도 나라의 통치에 도움이 될 불법 전문가를 꿈에도 바라고 기원했다는 추론은 얼마든지 가능하다.

따라서 김수로를 중심에 두던 왕실 세력은 김수로왕을 결코 아무 가문의 딸과 혼인시킬 수는 없었을 터이다. 우월한 기술력을 갖추었거나 불법 등의 선진 신앙 지식 또는 장거리 항해술을 바탕으로 활동을 펴던 거상 세력 가문과의 결합을 오매불망 꿈꾸었을 터이다. 그래서 수로왕은 오죽하면 이후에 가락국의 조정에서 주요 신하들인 구간(九干)들이 자신들의 딸들 중에서 제일 훌륭한 처자를 골라 배필로 삼으라는 청원조차 들은 체 만 체 하였겠는가.[183]

---

183 《삼국유사》기이 제2, '가락국기'

김수로의 고민과 긴장(3)
– 신출 세력의 권력 도전 막아 내기

　　가락국 초기 왕실 세력이 어린 김수로를 왕으로 내세운 상태에서 느끼는 고민은 또 있었다. 새로이 출현하는 권력 도전 세력을 막아 내는 일이었다. 《삼국유사》의 '가락국기'를 보면, 44년 곧 김수로왕 즉위 3년째에 1,500보 둘레의 성곽과 궁궐, 그리고 관청과 무기 창고 등 나라의 공공건물을 대대적으로 축조하고 난 뒤였다. 급작스럽게 탈해라는 인물이 나타나 수로왕에게 왕위를 빼앗고자 권력 도전을 하는 사건이 벌어졌다. 탈해는 완하국 임금인 함달왕의 왕자로 바다 건너 가락국에 도착한 상태였다. 뜻밖의 사태를 맞아 김수로는 도전자에 맞서, 술법 겨루기로 간신히 물리쳤다고 기록되어 있지만 기이하기만 하다. 이를테면 탈해가 매로 변하여 위협하자 수로왕은 독수리가 되어 맞섰고, 탈해가 참새로 바뀌자, 수로왕은 새매로 다시 바뀌어 맞섰다는 내용이다. 숨 가쁜 술법 대결에서 탈해는 가까스로 항복하고서 나갔는데, 그는 나루터에서 중국 배가 오가는 물길을 따라 달아났고, 가락국 왕실은 급히 수군 500척을 동원하여 추격했으나, 탈해를 잡지 못했다고 한다. 수군 500척을 동원했음에도 탈해를 잡지 못했다는 설화 내용은 탈해의 재빠른 행동을 설명해 주는 동시에, 가야 수군의 무력함을 반증하는 듯도 하다. 500척의 배를 동원하고도 잡지를 못했음은 당시 가야 수군의 무능함을 말하는 것이 아니고 무엇인가. 그런데 이 동화 같은 이야기는 심각한 문제를 지닌다. 44년은 수로왕이 겨우 네 살 때가 된다. 어찌 네 살의 어린 아기가 술법으로 권력 도전자를 물리쳤다는 말인가. 따라서 탈해의 권력 도전이 있었던 때에 그에 맞선 당사자는 앞서 거론한 논리대로 천신으로 지칭된 수로의 아버지 이비가이거나, 산신으로 지칭된 수로의 어머니인 정견모주였을 터이다. 어떻든 기이한 술법 대결 이야기를 통해 우리는 몇 가지 소중한 단서를 얻어낼 수 있다. 무엇보다 멀리 떨어진 곳으로부터 권력 도전자가 나타났는데, 그들이 원거리 항해 기술을 갖춘 인물임을 알 수 있다. 또한 권력 도전자가 변화무쌍(變化無雙)한 날렵함으로 위협했는데, 그것은 다양한 재주로써 왕실을 위협한 것으로도 풀이가 가능하다. 더불어 권력 도전자들이 중국 선박들의 항로 요충지를 자세하게 알아채고 수로와 육로를 제 집 드나들듯이 하며 설쳐댄 점이다.

탈해의 권력 도전 사건은 가라국 초기 왕실 세력에게 커다란 위기감을 불렀고, 절박한 과제의 해결에 매달리게 하는 계기가 되었을 것이다. 하루바삐 장거리 항해술을 갖추거나 뛰어난 항해에 따른 지리 지식을 갖춘 세력이 필요했을 터이다. 더불어 생산 기술력, 그리고 선진 신앙 지식을 갖춘 세력과 연합하고자 주변 곳곳이나 혹은 바다 멀리 떨어진 국가의 유력 집단의 동태를 파악하고자 했을 것은 너무도 자연스러운 추정이 된다.

몰락한 아유타국의 후예 허황옥, 그녀는 예쁘고 씩씩했다

가락국 초기 왕실 세력이 더욱 강력한 가문과의 결합을 소망할 무렵, 지금의 중국 땅 사천성의 한 지방에 한 소녀가 하늘을 바라보며 소망을 빌었다. 그녀의 이름은 허황옥(許黃玉)이었다. 바로 뒷날 가락국의 김수로와 혼인한 아유타국의 후예였다. 김병모 교수가 밝혀 전하여 잘 알려진 보주[184] 땅에는 지금까지 신정(神井)에 관한 기록이 전해져 놀라

---

184 지금의 중국 사천성 안악현 보주(晋州) 땅이 허황옥과 연관된 지역임을 거론하고 그곳의 신정(神井) 기록을 소개한 연구자는 김병모 교수로 저서인 《김병모의 고고학 여행 2》(고래실, 2007)은 그에 관련하여 잘 알려진 역사 대중서의 하나이다.

움을 금할 수가 없다. 신정의 기록이 김수로의 배필이 된 허황옥에 가문에 관한 소중한 사실을 전해 주기 때문이다. 신정의 기록에는 "동한 초에 허 씨 딸인 황옥이 있었는데, 자태와 용모가 빼어났고 고왔으며 지혜와 용기가 뛰어났다"는 내용이 뚜렷하다. 또한 허황옥은 "어렸을 적에 할아버지의 말씀을" 듣고 자랐다고 한다. 허황옥이 가문 대대로 전해 오는 과거사에 흥미와 관심을 지닌 인물이었음을 알게 하는 대목이다. 짐작컨대 허황옥은 가문의 과거사를 전해 들으면서 자신이 아유타국의 왕조 혈족으로 공주와 다를 바 없는 신성 가문의 후예란 점을 인식했을 듯싶다. 더불어 강렬하고 드높은 자기 자존감이 형성되는 계기를 맞이하였을 터이다. 그러한 자존감의 형성은 뒷날 가락국에 도착하기까지 유지되어 자신을 아유타국의 공주라고 밝히는 데에 거리낌이 없는 내적 명예심의 바탕이 되었을 것으로 추정된다.

어떻든 신정(神井)의 기록에는 다시 비참하게 몰락한 허 씨 가문의 실태가 적나라하게 이어져 전해진다. 곧, "정묘년에 기근이 있어 많은 사람이 고향을 떠났을 때, 마침 어머니(허황옥의 할아버지 기준으로 증조모)가 산기가 있어 떠나는 사람들과 헤어져 남게 되었다. 아버지(허황옥의 할아버지의 기준으로 증조부)가 구걸을 해서 살아갔다."는 내용이 바로 그것이다. 신정(神井)의 기록은 이후에 가락국의 왕 김수로의 배필이 된 허황옥의 가문이 중간의 선대 조상 시절에 몹시 고단한 삶을 겪었음을 잘 알게 한다. 그렇다면 허황옥의 원 조상은 어디서 왔으며, 그녀는 왜 한반도 남부의 가락국 땅으로 이어지는 혼인길에 나서야 했던가.

김병모 교수의 연구에 따르면, 허황옥의 먼 조상은 두 마리 물고기가 마주 보는 이른바 쌍어문을 상징적으로 쓰던 인도의 아유타국인 것으로 추정된다. 《대당서역기(大唐西域記)》에 보이는 아유타국은 "농업이 성대하고 꽃이나 과일이 풍성하다. 기후는 온화하고 풍속은 선량하다. 복된

일 행하는 것을 즐기며 배우는 것과 예술에 힘쓴다."는 내용으로 소개한다. 본래 아유타국에서 풍요를 구가하던 허 씨의 먼 조상이 대략 1세기경에 강성해진 북방의 월지족 지배하에 들어갔고, 그 와중에 지배층은 쫓겨나 중국 서남의 고원 지대를 거쳐 중국 사천 지역인 촉나라 보주 땅에 정착하였다는 게 김병모 교수의 요지이다. 지난한 과정을 거친 허 씨 가문은 비록 중국 땅에 정착했지만 그들 뿌리가 북인도의 풍요로운 땅 아유타국임을 잊지 않았고, 아유타국 후예로서 자긍심을 잃지 않은 듯싶다. 더욱이 소녀 허황옥은 신정의 기록에도 남아 기록된 점으로 보아, 전통적인 아유타국 왕실의 적손녀(嫡孫女)일 가능성이 있다. 왜냐하면 그녀가 이후 한반도 가락국 땅에 도착하면서 자신의 신분을 아유타국 공주라고 밝힌 까닭이다.

지혜로운 소녀 허황옥,
오빠와 함께 새로운 천하를 꿈꾸다

중국의 사천성 안악현에 자리한 보주(普州) 땅은 아유타국 후예들이 새로운 삶의 거점으로 개척한 희망의 신천지였다. 그러나 한(漢)나라는 아유타국 후예가 사는 곳에 남군(南郡)이라는 식민지를 세웠고, 엄청난 세금을 물리기까지 하는 사태가 이어졌다. 그러자 보주 땅의 허 씨 가문은 분노감을 억제치 못했다. 그 결과 허 씨 문중의 허성이란 인물이 서기 47년경에 세력을 모아 반란을 꾀했다고 한다. 당시 허 씨 가문의 지혜로운 소녀였던 허황옥은 불과 15세의 나이였다고 전한다.

허성의 반란은 의도와는 달리 한나라 진압군에 패하는 결과를 불렀고, 아유타국 후예들은 황급히 피난 보따리를 챙겨 새로운 도피처를 찾아야 했다. 때는 서기 48년, 나이 16세가 된 아유타국 왕실의 후손인 허황옥은 그렇게 스산한 난세를 느끼며 새로운 희망의 땅을 찾아 나서야 했다. 그 무렵 그녀의 부모는 일찌감치 한반도의 가락국 땅에 관한 정보를 얻었던 것으로 짐작된다. 앞서 《삼국유사》의 '어산불영' 설화의 내용대로 가락국 안의 지독한 여성 세력을 못마땅하게 여기던 김수로왕은 선진 기술력을 지녔거나 장거리 그에 따른 사전 준비를 서둘렀을 터이다. 당시 허황옥의 심경은 어떠했을까. 찬란한 옛 전통과는 달리 비참한 유랑의 신세를 그저 한탄했을까. 아니다. 그녀는 용기를 느끼며 오빠와 함께 길을 떠날 사람들을 모았을 테고, 그에 따른 새 희망의 설계안을 구성했을 것이다. 새 땅을 찾아나서는 멋진 계획을 말이다. 부모가 일러준 대로 가락국의 김수로왕을 찾아나서는 계획을 지닌 허황옥과 그 오빠는 무엇보다 김수로왕이 무엇을 소망하는지를 고민했을 법하다. 특히 가락국의 동북 지역에 이미 정착한 파사소 공주의 활동에 관한 소문도 얻어 들었을 개연성이 있다. 가락국 왕실은 파사소에 뒤지지 않는 광범한 불교 신앙의 지식을 많이 갖춘 인물들이 속한 세력과 사돈을 맺고 싶어 했을 것이다. 짐작컨대 가락국 왕실 세력은 보주 땅의 허 씨 가문과 어떤 식으로든 서로 연락을 취했다고 여겨진다. 그렇기에 《삼국유사》에서 보는 것처럼, 허황옥의 부모는 "꿈에 상제를 보았는데, 상제께서 가락국의 임금인 수로가 하늘이 내려 임금이 되었으니, 신성한 사람"이란 점이며, 상제는 또 말하기를, 가락국의 김수로가 "새로 나라를 세웠으나 아직도 배필을 맞이하지 못했으니, 모름지기 공주(허황옥)를 가락국으로 보내라는 말을 마치고 하늘로 올랐다"는 내용으로 허황옥에게 꿈 이야기로 새로운 삶의 시작을 준비해야 한다고 했던 것이리라.

《삼국유사》에 보이는 허황옥의 부모 꿈 이야기는 지극히 작위적인 냄

새가 느껴지는 내용임에 틀림없다. 그만큼 당시 허황옥의 부모가 허황옥 일행을 가락국으로 보내고자 소망했음을 오히려 반증하는 대목으로 여겨진다. 부모의 꿈 이야기를 듣고 딸인 허황옥은 가락국의 김수로에게 시집을 가는 것이 숙명인 듯이 여겨졌을 터이다. 물론 반란의 실패로 암울해진 당시 보주 땅의 분위기를 생각해 보면, 가락국으로의 이동은 새로운 희망을 향한 새 도전이자, 삶의 전환점이 될 수 있었을 것이다. 부모의 꿈 이야기를 전해 들은 허황옥은 같이 갈 인물로 오빠와 몇몇 사람을 동행 승선단으로 구성했고, 마침내 새로운 신천지에서 좀 더 희망찬 삶을 펼치리라 다짐했을 터이다. 오빠가 동행한 까닭은 그가 불교적 지식이 풍부한 인물이란 점 때문으로 여겨진다. 특히 가락국 왕실 사람들에게 무엇보다 불법이 지닌 교화력이 소중했을 것임을 안 허황옥과 그 오빠는 출항에 앞서 불법의 학습에도 더욱 매진했을 개연성이 있다.

위기에 굴하지 않는 이유타국의 후예 허황옥, 동아시아 최초의 소녀 항해가로 변신하다

허황옥과 오빠, 그리고 몇몇 승선 일행을 태운 거대한 목선이 마련되었다. 짐작컨대 그 가운데에는 장거리 항해에 뛰어난 항해 기술을 지닌 항해 전문가도 있었을 터이다. 어쩌면 허황옥과 그 오빠인 장유 화상이 사실상 뛰어난 원거리 항해 기술의 전문가인지도 알 수 없다. 그리고 모든 게 준비가 되었고 드디어 출항의 닻을 올렸다. 부푼 가슴을 진정하며 아유타국 후예의 공주 허황옥은 오빠와 승선 일행과 함께 마침내 항해의 길에 올랐다.

그러나 뜻밖의 난관이 그들을 기다리고 있었다. 미친 듯이 부는 바람이 그들의 배를 휘청거리게 할 만큼 거세게 불었던 것이다. 모든 사람이 두려움이 떨었으나, 허황옥은 침착했고, 그녀의 부모도 잠시 진정했다. 허황옥의 아버지는 수신(水神)의 진노가 있었던 것으로 여기고는 무엇인가를 건네 주며 배에 싣도록 했다. 파사 석탑(婆娑石塔)이었다. 파사는 앞서 말했듯이 비비사라는 말과 통하는 의미를 지녀, 지혜의 광설(廣說) 또는 승설(勝說)의 뜻을 담고 있다. 부처의 드넓은 지혜의 말씀이란 의미를 담은 돌로 된 탑으로 풀이된다. 그런데 파사 석탑은 "배의 중심 조절용"[185]이란 견해도 있어 주목된다. 그 같은 견해가 온당한 것이라면 허황옥의 아버지는 사실상 항해 전문가적 기량과 감각을 지닌 인물이었다고도 짐작된다.

《삼국유사》 등 가락국과 관련한 기록을 견주어 볼 때, 허황옥은 보주에서 출항할 때 상당한 경제적 능력을 갖춘 것으로 짐작된다. 또한 그들의 출항 시점은 48년 5월이었는데, 불과 약 3개월도 채 넘기지 않은 같은 해 7월 말에 가락국 땅으로 도착한 것을 통해 추정되는 사항이다. 그 짧은 기간에 허황옥 일행은 결코 가락으로만 항해한 것이기 아니기 때문이다.

《삼국유사》에 보이는 '가락국기'를 꼼꼼히 읽어 보면, 허황옥 일행은 1차 출항에 실패하고 다시 허황옥 부친의 조언에 따라 파사 석탑을 목선에 설치하고 2차 출항에 나섰다. 그런데 허황옥 일행은 곧바로 가락국으로 오지 않았는데, "저(허황옥)는 바다에 떠서 멀리 찐 대추를 찾았고, 하늘 아득히 반도(蟠桃) 복숭아가 있는 곳으로 옮겨가기도 하며, 외람되게 반듯한 얼굴을 꾸며서 가락국 임금님의 얼굴을 이제 가까이 하게" 되었다는 내용을 보아 알 수 있다. 다시 말하면 허황옥 항해 선단은 멀리 원

---

185 李鍾琦, 저, 《駕洛國探查》, 一志社, 1977, 75쪽.

거리 항해를 했는데, 그 결과 1. 찐 대추(蒸棗)와 반도 복숭아 따위의 귀한 약재를 구했고, 2. 허황옥 스스로 세련된 자태(螺首)를 갖추고자 준비했음을 알 수 있다. 어째서 그러했던 것일까. 추정컨대 허황옥 항해 선단은 가락국 임금의 궁중으로 떠나는 신혼 길의 혼수품 가운데 시가의 두 어른에게 장수를 기원하는 의도를 담아 찐 대추[186]와 반도 복숭아[187]를 구하였고, 그동안 고난을 겪은 허황옥 스스로도 용모를 아름답게 치장하기 위해 여러 화장용품이나 의상을 세련되게 갖추었음을 말한 것으로 생각되는 내용이다. 또한 허황옥 항해 선단은 금수능라(錦繡綾羅)의 비단과 의상필단(衣裳匹段)의 각종 옷과 옷감, 그리고 금과 은의 구슬(珠玉)과 옥제품(瓊玖) 및 옷에 꾸미는 장신구(服玩器) 따위를 엄청나게 마련하였는데, "이루 다 기록할 수 없을 정도"였다는 내용은 그 수량의 규모를 짐작하게 한다. 그런데 역시 《삼국유사》에 보이는 '가락국기'를 보면 그 모든 물품을 '한(漢)나라 양식의 저잣거리에 있던 여러 물품

---

186 대추[date]는 대추나무의 열매이다. 뻘갛게 익으면 단맛이 있는데, 과실(열매)은 생식할 뿐 아니라 채취한 뒤 푹 말려 건과로서 과자 · 요리 및 약용으로 쓰인다. 대추는 생활 속에서 가공하여 대추술, 대추차, 대추식초, 대추죽 등으로도 활용된다. 한방에서는 이뇨 · 강장 · 완화제로 쓰인다. 대추는 '손발이 싸늘해지면서 토하는 증상을 보일 때' 무엇보다 좋은 약이 된다. 또한 대추는 신경 완화 작용을 하여 긴장을 풀어 주고 흥분을 가라 앉혀 주기도 한다. 대추는 또한 내장 기능을 강화시킨다. 곧 대추는 비위(소화기 계통)를 튼튼하게 하여 내장 기능을 회복시켜 준다. 더불어 식욕 부진이나 소화불량인 사람이 복용하면 속이 편안하고 위장의 기운을 북돋워 주며 식욕을 촉진시킨다. 대추는 또한 감기와 불면증에 좋다. 한편 대추 씨에는 신경을 이완시켜 잠을 잘 오게 하는 성분이 다량 함유되어 있다. 한마디로 천연 수면제라 할 수 있는데, 통째로 삶아 먹거나 씨를 가루 내어 물에 타 먹는 것도 효능이 있다. 또한 대추는 성질이 따뜻한 음식으로 여자의 냉증에 치료가 되는 음식이다. 말린 대추를 달여 먹으면 몸이 훈훈해질 뿐만 아니라 피부를 윤택하게 해 주기도 한다.
한편 대추는 양기를 보강하고 비위(脾胃)를 튼튼하게 한다. 오래 먹으면 안색이 좋아지고 몸이 가벼워지며 장수할 수 있다. 대추는 '위장을 튼튼히 하는 힘이 있어 항상 먹는 것(常食)이 좋고 경맥을 도와서 그 부족을 낫게 하며 온갖 악의 성질을 조화시키며 비장을 보하고 진액과 기운 부족을 낫게 하며 온갖 약의 성질을 조화시킨다'는 견해와 '오래 먹으면 몸이 가벼워지면서 늙지 않게 된다'는 견해가 있다.
187 복숭아[peach]는 복숭아나무의 열매로 중국이 원산으로 알려져 있다. 한자로는 도자(桃子)라고도 표현된다. 맛은 달고 시며 성질은 따뜻하다. 중국 원산으로 실크로드를 통하여 서양으로 전해졌으며, 17세기에는 아메리카 대륙까지 퍼져 나갔다. 주성분은 수분과 당분이다. 알칼리성 식품으로서 면역력을 키워 주고 식욕을 돋운다. 발육 불량과 야맹증에 좋으며 장을 부드럽게 하여 변비를 없애고 어혈을 풀어 준다. 껍질은 해독 작용을 하고 유기산은 니코틴을 제거하며 독성을 없애 주기도 한다. 한편 반도는 선경에 있다는 큰 복숭아라는 뜻으로, 장수를 비는 데 쓰이는 어휘이기도 하다.

(漢肆雜物)'이라고 표현한 것이 눈길을 끈다. 그런 기록으로 보아 허황옥 일행은 당시 중국 땅의 주요 상업용 항구 도시를 오가며 가락국 왕실에 선물할 혼수 물품을 대량으로 구입한 것으로 짐작된다. 결과적으로 약 3개월에 가까운 기간에 허황옥과 그 일행은 숨 가쁘게 돌아다니며 가장 귀한 약재는 물론, 진귀한 금은보화를 구하는 데 신경을 썼음을 알 수 있다. 그런 과정을 두 눈으로 지켜 본 허황옥은 당시 동아시아 최고의 물질 문화 수준을 파악하는 안목을 길렀을 테고, 더불어 장거리 항해에 관련한 상식적 체험을 경험하였다고 여겨진다. 물론 그녀의 곁에 있던 오빠 장유화상 역시 불교 지식인으로서 해외 물산의 규모와 해당 지리를 파악하는 국제적 감각을 갖추었음은 당연한 추정이 될 터이다. 허황옥은 당시 겨우 16세의 소녀로서 동아시아 최초의 여성 항해가 다운 기품을 갖추고, 그 항해 일정을 성공적으로 소화한 굳은 의지의 국제인인 것이다.

당당한 허황옥, 공주의 신분으로서 가락국의 안주인이 되다

　약 3개월에 가까운 항해를 마치고 드디어 가락국왕 김수로에게 혼인한 허황옥의 심정은 어땠을까. 일찍이 자신의 허 씨 가문 내 허성이란 사람이 보주 땅에서 반란을 일으킨 뒤, 아유타국 후예들은 자존심이 심하게 상처받았을 터. 허황옥과 그 오빠 역시 우울한 청소년기를 보냈다고 추정된다. 그러나 이제 새로운 가락국에 정착했고, 그녀는 당당하게 자신을 아유타국의 공주라고 밝혔다. 실제로 그녀가 아유타국의 후예로 그 왕실의 적통 공주였는지는 지금도 알 수는 없다. 어떻든 가락국의 왕실과 김수로는 허황옥 일행이 겪은 그간의 사정을 다 알고 있었던 듯이 따뜻하게 맞아들였다고 한다. 허황옥 일행으로서는 얼마나 고맙고 또한 기뻤을까. 하지만 정작 허황옥의 남편인 김수로는 비록 임금이었다고는 하지만 허황옥 자신보다 9세나 어린 아동이었다. 실제 일곱 살의 꼬마인 셈이다. 그러나 허황옥은 어린 남편에 실망할 겨를이 없었을 터이다. 또한 그녀는 어린 남편보다는 시어른이 되는 김수로의 두 부모에게 따뜻한 환대를 받았으리라 짐작된다. 그것은 허황옥이 가락국 땅에 내리자 자신이 입던 바지를 벗어 신령에게 제사를 지냈다는 《삼국유사》의 내용으로 보아 추정된다. 천신으로 지칭된 김수로의 아버지와 산신으로 지칭되던 김수로의 어머니가 아니었던가. 배에서 내려 허황옥이 신령에게 제사를 올린 것은 아마도 김수로 부모가 보기에 마음에 흡족한 신성한 모습으로 비추어졌을 터이다.

한편 16세였던 허황옥은 자신을 당당하게 아유타국의 공주라고 밝혔는데, 이미 역사 속에서 사라진 아유타국을 거론한 것은 허황옥이 지니고 있던 드높은 자기 자존감의 표현으로 읽혀진다. 어떻든 가라국 왕실은 그녀와 그녀의 오빠 일행을 따뜻하게 맞았다. 짐작컨대 허황옥은 장거리 항해를 통한 국제적 경험을 지녔고, 그에 따라 가라국의 사람들이 보기에 누구 못지않은 당차고 굳센 여장부의 기품을 지닌 여성이었을 터이다. 더욱이 독룡과 친했다는 다섯 나찰녀의 설화를 견주어 볼 때, 허황옥은 나찰녀와 상대가 되지 않을 고품격과 당당함을 지닌 여성으로 강한 매력을 끌었을 것이다.

허황옥은 자기보다 한 참 어린 김수로왕을 잘 내조하였고, 그 둘 사이에는 10남 2녀의 자녀가 태어났다고 한다. 어여쁜 아내를 맞은 김수로왕의 정치 행태에도 변화가 찾아왔다. 《삼국유사》의 '가락국기'에 따르면,

김수로왕은 허황옥을 황후로 맞아들인 뒤에 정치의 변화를 보인 것으로 전해진다. '가락국기'는 그 사실을 혁고정신(革古鼎新)의 변화로 기록하여 전해 준다.

혁고정신이란 옛 것을 갈아내고, 새 것을 드리운다는 뜻이다. 김수로왕은 무엇보다 기존의 구간 명칭을 바꾸었다. 김수로왕은 말하기를, "구간들은 모두 여러 벼슬아치의 우두머리인데, 그 지의와 이름이 모두 소인이나 농부의 호칭이지 결코 고관 직위의 호칭이라 할 수 없다"고 했다. 그러고는 부분적으로 명칭을 고쳤는데, 그것은 아무래도 정치력을 갖춘 상태에서 나오는 자신감의 결과로 풀이된다. 짐작컨대 김수로왕은 막대한 경제 물자를 지니고 혼인하러 찾아온 아유타국 후예 허황옥 공주를 아내로 맞은 뒤의 보충된 권위에 왕으로서의 추진력을 강하게 얻은 듯 싶다.

더불어 김수로왕은 모두 세 나라의 제도와 시스템을 융합하여 국정 운영의 길을 아주 새롭게 구성하고자 했다. 첫째 계림, 곧 신라의 직의(職儀, 직제와 의례로 풀이됨)를 받아들였고, 둘째 일찍이 예전의 주(周)나라 제도를 뒤섞으며, 셋째 한(漢)나라의 제도 역시 부분적으로 혼합하는 제도 개선을 단행했다. 따라서 김수로왕의 제도 개혁은 모두 세 나라의 장점을 취하는 문화 융합적 조치였다고도 풀이된다. 그와 같은 개혁의 기본 방향은 아무래도 중국 현지에서 고단한 삶을 체험한 허황옥과 그의 오빠인 장유화상이 머리를 함께 하며 짜낸 굿 아이디어로 추정된다. 명실 공히 허황옥은 가락국 왕실의 안주인으로 자리를 잡은 셈이었다.

허황옥이 수도(修道)적 신앙 기반을 다지고
이상화된 선불(仙佛) 융합의 세계관을 향유하다

　가락국의 황후로 자리 잡은 허황옥은 자신이 낳은 아들 가운데 무려 일곱이나 되는 왕자를 자신의 오빠인 장유화상의 처소로 보내는 특별한 조치를 취했다. 그런데 '김해 김 씨 선원 세계'에 따르면, 일곱 왕자는 사실상 "세상이 싫어 보옥선사를 따라 칠불암에 들어가서 신선이 된" 것으로 전해진다. 기록을 고스란히 받아들인다면, 일곱 왕자가 염세주의에 빠진 듯하다. 그러나 일곱 왕자가 드러낸 염세(厭世)라는 모습은 단순히 세상을 싫어하는 것이 아닌, 신선의 세계를 전제한 구도적 속세 이탈로 느껴진다. 그들이 끝내 신선의 모습이 되었다는 설화적 내용이 그 점을 분명하게 뒷받침해 준다.

　그렇다면 일곱 왕자의 입산 과정과 이후의 신선적 승화는 어떻게 풀이해야 마땅할까. 여기서 허황옥이 가락국에 도착하여 자신의 지난 항해 과정을 밝히던 내용 가운데, "저(허황옥)는 바나에 떠서 멀리 찐 대추를 찾았고, 하늘 아득히 반도 복숭아가 있는 곳으로 옮겨가기도 하며, 외람되게 반듯한 얼굴을 꾸며서 가락국 임금님의 얼굴을 이제 가까이하게" 되었다는 점을 되뇌일 필요가 있다. 허황옥이 구태여 반도 복숭아를 거론한 점은 아무래도 그녀가 신선도와 연관된 세계관을 지녔음을 반증하는 것은 아닐까?

　더욱이 허황옥의 시어머니는 가야 산신 정견모주였고, 시아버지는 천신 이비가지가 아니었는가. 그뿐만 아니라 허황옥의 신선적 풍모는 그녀의 오빠인 장유화상과도 연관된다는 점을 곱씹을 필요가 있다. 허황옥이 수로왕과 혼인한 뒤, 출산한 왕자 가운데 무려 일곱 왕자를 자신의 오빠인 보옥 선사, 곧 장유화상에게 보내, 결국 그들이 신선으로 되었다는 점은 허황옥의 오빠가 겉으로는 불가의 풍모를 드러냈지만, 실상 내면적으로는 선가(仙家)의 풍모를 아울러 지니고 있었음을 넉넉히 짐작하게 한다. 허황옥의 오빠는 가히 선불(仙佛) 융합적 기질을 지닌 인물이었고, 그의 여동생인 허황옥 역시 다분히 그러한 선불 융합적 세계관을 지닌 여성임을 짐작할 수 있다. 따라서 허황옥은 신선도의 가풍을 지닌 김수로 왕실에 며느리가 되어, 출산한 왕자 가운데 무려 일곱이나 되는 왕자를 기꺼이 자신의 오빠가 있는 수행 도량으로 보낼 수 있었던 것이다.

허황옥의 선불 융합적 세계관은 이후 김수로왕과의 삶에서도 추정된다. '숭선전비'에 따르면, 김수로왕의 첫째 왕자인 거등왕은 서기 162년경에 부왕의 전위를 받았다고 전한다.[188] '김해 김 씨 선원 세가'를 보더라도 거등왕은 신라 아달라왕 9년(162)에 부왕으로부터 명을 받아 국정을 대리했다는 기록이 보인다. 김수로왕과 허황후는 첫째 왕자에게 국정을 대리케 하고 방장산에 별궁을 짓고 편안한 삶을 누렸다고 하는데, 별궁은 지금의 산청군 금서면 일대였다고 한다.[189] 그런데 방장산(方丈山)은 봉래산(蓬萊山)과 영주산(瀛洲山)과 함께 옛날부터 중국에서 신성시한 신산(神山)의 하나였다.[190]

결국 허황옥이 일곱 왕자를 오빠인 장유화상의 수행 도량으로 보낸 점이 애초 지니고 있던 선불 융합적 세계관에 따른 수도적인 신앙관의 기반을 마련하고자 함이었음을 추정할 수 있다. 더불어 허황옥과 김수로왕 부부가 마치 산신으로 지칭된 정견모주와 천신으로 지칭된 이비가지처럼 방장산에 별궁을 짓고 살았던 점을 통해 두 사람이 선불 융합적

---

188 김종간 편저, 《역사속의 김해인물》, 원킴, 2000, 14쪽.
189 김종간 편저, 《역사속의 김해인물》, 원킴, 2000, 10쪽.
190 《列子》에 따르면 발해의 동쪽 수억만 리 저쪽에 다섯 신산(神山)이 있는데, 그 높이는 각각 3만 리, 금과 옥으로 지은 누각이 늘어서 있고, 주옥(珠玉)으로 된 나무가 우거져 있으며, 그 나무의 열매를 먹으면 늙지 않고 죽지 않는다고 한다. 그곳에 사는 사람은 모두 선인(仙人)으로서 하늘을 날아다니며 살아간다. 오신산은 본래 큰 거북의 등에 업혀 있었는데, 뒤에 두 산은 흘러가 버리고 삼신산만 남았다고 한다.

세계관에 따른 일상의 모델로 그 극치를 드러낸 점을 뚜렷하게 알 수 있다. 두 사람은 신선과 불가의 삶을 뒤섞어 아름답고 기품이 있으며 신비로운 삶을 향유한 셈이었다.

허황옥의 정신세계가 국제적 신정 문화(神政文化)의 바탕을 이루다

허황옥과 김수로왕의 선불 융합적 세계관은 이후 또 한 명의 왕자에게 아주 강한 자의적 삶을 가능케 했다. 김수로왕과 허황옥이 낳은 열명의 왕자 가운데 선(仙)이라는 왕자가 있었다. 그런데 선 왕자는 신비한 기풍을 지닌 여자와 함께 지낸 듯하다. 그녀는 오늘날까지 그저 신녀(神女)라고만 전해질 뿐이다. 선 왕자는 어느 날부터 가락국을 벗어나 바다 건너 좀 더 새로운 땅에 가서 뜻을 펼쳐보겠다고 포부를 밝힌 모양이다. 그런 모습을 지켜본 허황옥은 마치 자신이 어린 16세의 소녀로서 미나먼 가락국 땅을 찾아 나서고자 오빠와 함께 준비하고, 노력하던 옛날이 연상되었으리라.

허황옥은 선 왕자의 뜻을 막지 않았고, 선 왕자는 마침내 새로운 세계를 향한 준비에 들어갔다. 그러한 준비 과정은 김수로왕의 뒤를 이어 선 왕자의 맏형(제2대 가락국왕 거등왕)이 왕위에 오르자 본격화했다. 그리하여 선 왕자는 신녀와 함께 구름을 타고 있는 듯이 하고서 떠나갔다고 《김 씨 왕 세계》라는 김수로왕 가문 내 전승 자료는 밝히고 있다.

그런데 선 왕자와 함께 구름을 타고 있는 듯이 하고서 떠나간 신녀를 두고, 《삼국지》 '왜인전'에 보이는 왜국 땅 최초의 여왕인 히미코로 보는 견해도 있다. 그리하여 "천어중주(天御中主)라 한 초대왕 비미호(卑彌呼)는 가락의 왕녀였"다는 결론을 밝힌 점은 주목된다.[191] 히미코로 발음되는 비미호(卑彌呼)가 귀도(鬼道)를 섬긴 신이한 여성으로 기록되어 전하기 때문에 선 왕자와 동행한 신녀가 바로 비미호일 개연성은 없지 않다. 그러나 '김해 김 씨 선원 세계'에 따르면, 김수로왕과 허황옥 사이에 태어난 두 공주는 영안 공주와 신라의 석태자(昔太子)에게 태자비가 되어 혼인한 두 번째 공주가 각각 명시되어 전해지는 점을 무시할 수 없다. 또한 1919년에 발행된 것으로 파악되는《배 씨 세덕록》에 따르면 김수로왕의 영안 공주는 이름이 옥환(鈺環)으로, 배열문(裵烈文)에게 혼인하였다는 내용이 보인다. 그 같은 점은 '김해 김 씨 선원 세계'에도 보여 김수로 왕실이 배 씨 일가와 혼맥을 이루었음을 알게 한다. 따라서 가라국 수로왕의 공주가 왜 땅에 건너 갔다고 주장하는 것에는 무리가 있고, 신녀(神女)가 선 왕자와 동행하여 왜 땅에 갔다는 점을 주목해야 할 터이다. 그러나 허황옥은 선 왕자가 신녀와 함께 길을 떠나기 10년 전인 189년의 음력 3월 1일에 세상을 떠났으니 당시 황후의 나이는 157세였다고 한다. 실로 동아시아 역사에서 장수한 경우의 한 사람으로 특기할 만하다. 짐작컨대 선 왕자가 새로운 세상에서 펼쳐 보이려던 생각은 백성들의 평화로운 삶을 위해 따뜻한 마음을 베풀고, 때로는 김수로왕에게 국제적 안목을 넌지시 제시했을 어머니 허황옥의 선녀 같은 삶과 결코 무관하지 않았을 터이다.

따라서 선 왕자와 신녀의 왜국행은 일찍이 국제적 시야를 지닌 채 폭넓은 세계관을 지니고 굳건하게 자신의 앞날을 개척했던 허황옥의 정신세계의 연장으로 보아 큰 억측은 아니라고 생각된다. 그러므로 허황옥의

---

191 李鍾琦, 저,《駕洛國探査》, 一志社, 1977, 263쪽.

열린 사고와 적극적인 생활관이 동아시아적 고대 신정 문화(神政文化)의 국제적 네트워크를 이루게 하였다는 평가가 가능할 것이다.

16

고구려 백제, 그리고 신라의
각축과 빛나는 문화 경쟁

고구려 벽화 속에서 소중하게 이끌어 낼 문화적 다양성

5-6세기경 북조 및 고구려의 벽화에 보이는 불교적 소재와 비불교적 소재가 뒤섞어 있는 현상의 검토를 통해 무엇보다 그 같은 소재적 혼재 양상에 의문을 제기하고자 한다. 그것은 당시의 시대상을 헤아려 보고자 하는 일종의 의도된 문제 제기이기도 하다. 따라서 북조와 고구려의 벽화에 보이는 불교적 소재와 비불교적 소재가 지닌 미술사적 성격의 검토와 함께, 역사적 시대상을 더불어 검토하는 방식을 취하고자 한다. 그 같은 관점에서 돈황의 막고 굴 등의 불교 석굴 사원과 고구려의 5-6세기경 고분 벽화 내 벽화 내용을 상호 비교하는 방식은 나름 그 의미가 깊다. 그러나 비교 대상으로 내세운 북조의 석굴 사원 내 벽화와 고구려의 고분 내 벽화가 근본적으로 건축 성격이 전혀 다른 상태에서 출발한 점은 문제가 된다. 따라서 상호 비교의 모순점이 있다는 비판을 피할 수는 없다.

하지만 고구려의 5-6세기경 불교 석굴 사원이 현재로서는 전혀 존재하지 않은 까닭에 똑같은 대상을 가지고 상호 비교하기에는 근본적으로 불가능한 애로점도 도외시할 수는 없을 듯하다. 따라서 이 글은 결코 대등한 비교 대상을 상호 견주는 방식이 아니지만, 문화 양상의 이해와 접근이라는 대의를 찾기 위해 어설픈 작업의 걸음을 떼어 본다는 심정으로 전개하고자 한다.

이 글에서는 결과적으로 고구려의 5세기 및 6세기 대에 이루어진 대내외적 발전 양상의 숨은 바탕이 외래 문물의 적극적인 수용 자세와 일면 상관성이 있을 것이라는 추론을 지니고서 검토를 진행하였음을 밝힌다. 그러한 관점은 북위의 효 문제 등이 추진한 거대한 불사 추진과 한화(漢化) 정책이 지니는 성격과 크게 다르지 않다는 의미를 담고 있다. 곧 5-6세기에 고구려 고분 벽화와 북조의 석굴 사원 벽화 속에서 모두 드러나는 불교적 소재와 비불교적 소재의 혼재 양상은 각기 국가 발전을 꾀하던 가운데 수용된 신앙의 다양성이 담겨진 것으로 풀이하고자 하며, 아울러 그 같은 미술적 성격은 문화의 융합을 꾀하려던 당시 왕실과 집정 세력의 세계관과 맞물려 있었다고 추정코자 한다.

안악 제3호분 벽화 그림의 의미, 그리고 5세기 고구려의 발전

일찍이 고구려는 고국원왕 12년(342)에 전연왕 모용황의 대대적인 침공으로 수도가 거의 파괴되고 남녀 5만여 명이 포로로 잡혀 가는 등 심한 군사적 타격을 입었다. 그뿐만 아니라 모용 씨 세력은 고구려의 재도전을 막기 위해서 미천왕의 시신을 실어간 후 그 다음해에야 돌려보내고, 왕모인 주 씨를 끌고 가 13년 동안이나 인질로 잡아둠으로써 고구려로 하여금 굴욕적인 외교를 감수하게 했다.

왕실의 권위가 추락하고 민심이 동요할 수 있는 절체절명의 상황 속에서 고구려 왕실이 펼쳐야 할 대내외적 정책은 당연히 강력하면서도 포용적인 정치·문화 질서의 구축이었으리라 여겨진다. 그 같은 와중에 주목되는 것으로, 오늘날까지 전해지는 안악 3호분의 벽화이다. 우리는 안악 3호분 벽화에서 고구려 군의 정연한 편제 양상을 뚜렷하게 짐작할 수 있다. 이 벽화는 고구려 고국원왕 27년인 서기 357년에 해당하는 영화 13년[192]명(銘)을 남기고 있어 고구려의 4세기 대 문물의 일단을 파악하는 데에 더없이 소중한 자료가 된다. 특히 이 안악 3호분의 벽화 내용을 보면, 건물의 지붕 중앙에 보이는 연화. 또 묘주와 묘주의 건물 구석 장식에 보이는 연화의 봉오리, 묘주 부인의 것에 배치된 세 잎의 연화 등이 있는데, 그 같은 모습을 두고 불교적 색채를 보이는 것이란 견해가 있었다.[193] 만일 거론된 바와 같은 견해가 타당하다면 고구려는 이미 4세기 대에 불교적 상징 문화를 일상화하고자 하였다고도 생각해 볼 수 있다.

한편 이 안악 제3호분 벽화 그림 가운데 행렬도(수레 그림)를 보면 당시 고구려 군이 강력한 군사력을 질서 있게 구사했었음을 뚜렷하게 알 수 있다. 물론 그 이전에도 고구려의 군사력이 발전되어 왔을 터이다. 다만 안악 3호분의 내용을 통해 그간 발전해 온 고구려의 군사적 편제 양상이 좀 더 구조적인 양상을 갖추었음을 알 수 있다. 그런데 이 무덤의 주인공을 두고 외래인인 동수(冬壽)라는 설과 고구려인이라는 설 등이

---

192 永和는 東晉의 연호인데 영화 13년은 고구려 고국원왕 27년인 서기 357년에 해당함
193 深津行德, 〈고구려 고분벽화를 통해서 본 종교와 사상의 연구〉《고구려고분벽화》(사단법인, 고구려연구회 편), 학연문화사, 1997, 432쪽 참조.

있어, 아직도 논란의 여지를 남긴 상태다. 하지만 이 글에서는 묘 주인공의 실체를 언급하는 것은 논외로 접어두고자 한다.

어떻든 안악 3호분의 행렬도에서 엿보는 고구려 군의 군사 의장 복식의 특징은 대체로 다음과 같다.

▶곡병산 기수(曲柄傘騎手) : 곡병산은 굽은 우산 자루에 박쥐 날개 천을 씌운 것을 말하는 것인데, 곡병산 기수는 그 곡병산을 쥔 기수를 말한다.

▶정절 기수(旌節旗手) : 정절이란 긴 자루에 3층으로 털을 붙인 깃발대를 말한다. 정절 기수는 정절을 쥔 군사를 말한다.

▶궁전수(弓箭手) : 각궁을 쥐고, 화살을 허리에 찬 전사를 말한다.

▶부월수(斧鉞手) : 도끼를 쥐고 싸우는 군사를 말한다.

▶창수(槍手) : 창을 갖고 싸우는 군사를 말한다.

▶환도수(環刀手) : 고리 달린 칼을 갖고 싸우는 군사를 말한다.

▶개마 기수(鎧馬騎手) : 말머리에는 마주를 씌우고, 말 몸에는 계갑(桂甲?)을 통치마처럼 만들어서 둘러씌운 채로 말을 탄 기수를 말한다.

▶등롱수(燈籠手) : 기름진 초롱을 든 사람을 말한다.

▶장폭기(長幅旗)·거치형 기수(鋸齒形旗手) : 넓은 리본처럼 생긴 깃발, 그리고 발과 변두리가 마치 톱날처럼 생긴 깃발을 든 기수(旗手)를 말한다.

정연한 군사 행렬의 광경을 보면서 강력한 고구려의 무위를 쉽게 알 수 있다. 하지만 고구려는 다시 서기 371년에 남방의 백제로부터 평양성을 공격당하며, 고국원왕이 전사하는 등의 심각한 군사적 압박을 느끼던 상태였다. 그렇다면 '영화 13년' 명이 있는 서기 357년경의 안악 3호분 벽화의 고구려 군사 행렬의 강력함이란 도대체 어떻게 해석을 해야 할 것인가.

만일 일부 논자들의 견해대로 안악 3호분의 묘 주인이 외래인인 동수였다면, 안악 3호분 내의 군사 행렬도상에 드러나는 무위(武威)는 더욱 선진화된 외래 군사 지휘 체계의 일단이 수용되었을 개연성이 보인다. 하지만 선진적 지휘 체계의 수용 과정이 짐작되는 고구려 군이 다시 백제의 군사적 침공에 어이없게 무너져 내린 점은 아무래도 당시의 정세를 다른 각도에서 재해석해야 할 것을 느끼게 한다. 짐작컨대 좀 더 새로운 세계관의 도입과 그에 따른 대내외적 정치 질서의 쇄신이 필요하진 않았을까.

광개토태왕 대의 구사(九寺) 조영과 문화 융성

고구려는 백제로부터 군사적 침공을 당한 직후, 새 임금으로 소수림왕이 즉위하였고, 그 이듬해인 서기 372년에 국학의 수립과 함께 불교라는 외래 종교의 적극적인 도입을 실현하였다. 짐작컨대 절실하게 요구된 인재 양성의 요람이 필요했고, 위기감에 젖은 백성의 마음을 다잡기 위한 국론 통합의 매개체로 불교를 도입한 것으로 여겨지는 대목이다. 여기서 한 가지 곱씹어 볼 점은 고구려가 감숙 지역의 불교 문화를 신속하게 받아들였다는 것이다. 그 같은 발 빠른 불교 도입은 "4세기 후반에서 5세기 전반의 동북아시아 정세와 고구려의 활발한 대외 정책에서 그 원인을 찾을 수 있을 것"[194]이란 견해가 눈길을 끈다.

같은 시기에 율령의 반포가 병행된 점은 당시 왕실 내부에서 강력한 국정 질서의 수립이라는 의지를 추슬렀음을 반영한다. 곧 당시 고구려는

---

194 김진순, 〈5세기 고구려 고분벽화의 불교적 제재와 그 연원〉, 《동북아의 평화와 역사서술》(제50회 전국역사학대회 자료집), 歷史學會, 2007, P. 499.

대내외적 정치 질서와 문화 체계의 정비를 꾀한 것이다. 한편 지금의 강화도에는 고구려 소수림왕 11년인 372년에 고승인 아도화상(阿道和尙)이 전등사를 축조했다고 전해진다. 창건 당시에는 진종사(眞宗寺)라고 불렸다고 한다. 그런데 진종사, 곧 뒷날의 전등사는 본래 단군의 세 아들이 쌓았다는 전설이 서려 있는 삼랑성 안에 자리하고 있음이 주목된다. 짐작컨대 4세기 후반의 고구려 당시 아도화상이 창건했다는 진종사란 사찰은 전통적인 재래 신앙의 터전 위에 새로 이입된 외래 종교의 정착 과정이 어떤 입지 조건 속에 펼쳐졌는지 추정케 한다.

한편 광개토태왕릉비에 따르면 태왕은 392년에 무려 아홉 개의 절(九寺)을 평양에 세우게 한 것으로 전해진다. 아홉 개나 되는 절을 한꺼번에 짓도록 한 것도 눈길을 끌지만 그 절들을 모두 평양이란 한 곳에 세우도록 한 점은 많은 것을 생각하게 한다. 왜 그렇게 했던 것일까? 미루어 짐작컨대 당시 광개토왕 대에 이룩된 구사의 건설은 목적 동일시와 일치단결 꾀하기가 아니었을까?

동양 사상으로 보나 우리 민속적으로 볼 때, 아홉이란 숫자는 남다른 뜻을 지닌다고 한다. 하늘을 뜻하기도 하고 완전함을 뜻한다고도 한다. 392년에 세워진 절의 수가 모두 아홉인 점은 그 같은 우리네 정서를 담은 상징적 건조물일 개연성이 였보인다. 또한 절들을 모두 평양에다 짓게 한 것은 아무래도 그 절이 갖는 기능과도 맞물려 헤아려 볼 점이다. 짐작컨대 광개토태왕은 장차 평양을 국정 수행의 중심지로 정비할 생각이 있었던 모양이다. 그런 생각 속에서 아홉이나 되는 많은 절을 평양에 밀집시킨 것으로 여겨진다.

한편 평양에 밀집한 아홉 개의 절은 광개토태왕의 통치 이념을 백성들에게 널리 스며들게 하는 국정홍보처였는지도 알 수 없다. 물론 겉으로는 부처의 덕을 기리는 사찰이었겠지만 말이다. 짐작컨대 광개토태왕이 아홉 개의 절에 자신의 통치 이념을 따르던 고승 대덕들을 모셔 숱한 백성을 하나 된 신앙심으로 이끌고자 했던 것으로 여겨진다.

오늘날까지 전해지는 중흥사 당간지주는 짐작컨대 서기 393년경에 세워진 평양의 아홉 절과 관련된 것으로 추정된다. 중흥사의 당간지주의 돌기둥의 높이는 4미터이고, 돌기둥의 밑면 너비는 59센티미터에서 66센티미터 사이다. 또한 두께는 46센티미터에서 53센티미터에 이르는 규모였다고 한다.[195]

또한 서기 395년경 담시(曇始,4세기-5세기의 중국 동진의 승려)의 활동[196]이 눈길을 끈다. 당시 담시는 불경 수십 부를 가지고 고구려에 들어와 삼승(三乘, 중생을 태우고 생사의 바다를 건널 때의 3가지 교법)을 전하고 불법을 가르치다가, 405년에 귀국했다고 한다. 《고승전》에는 이것을 두고 고구려 불교의 시초라고 되어 있다. 그런데 고구려에는 그보다 25년 전에 순도가 와서 불교를 전했다고 하는 기록이 있음에 유의해야 한다.

또한 4세기 말 내지 5세기 초의 유물로 여겨지는 평양 대성산성에서는 아주 주목되는 유물이 발견되기도 했다. 성내 북서쪽에 자리한 국사봉 남쪽 성벽 근처에서 소상(塑像) 2좌가 발견되었는데, 청동에 도금한 8.5센티미터의 남상(男像, 대좌 높이 2센티미터)과 앞면은 순금 판이고 뒷면은 순은 판으로 되어 있는 5센티미터 높이의 여상(女像, 대좌 높이 1.9센티미터)으로서, 이 둘은 5x4.3센티미터 크기의 입구를 통해 내부를 8x7.5센티미터x11센티미터 크기로 토막(土幕)내지 동굴처럼 판 15.7센티미터x11.8센티미터x15.3센티미터 크기의 석회석 내부에 안치되어 있었다. 둘 다 연꽃 대좌 위에 앉아 있는 고구려 시대 불상 조각으로서, 제작 연대는 4세기 말-6세기로 추정된다.

195 북한에서 발행한 《조선유적유물도감》을 참조했음.
196 김덕기 펴냄, 《학생백과대사전-15(세계의 인명)》, 중앙문화사 발행, 1985, P.75. 참조

거론된 중흥사 당간지주와 대성산성 내에서 드러난 소상 2좌는 모두 발전하는 고구려 사상의 한 바탕으로 불교가 작용한 것임을 부정하기 어렵게 만든다. 한편 5세기경에 만들어진 것으로 짐작되는 평양의 정릉사 유적도 눈길을 끈다. 정릉사는 '역포 구역 무진리에 위치한 5세기 고구려 사찰'이라고 한다. 그동안 절터만 남아 있다 최근 복원됐다고 한다. 이곳에서는 남북 132킬로미터, 동서 223미터에서 18채의 집터, 10개의 회랑터가 발굴됐다고 한다.[197]

결국 고구려는 4세기경에 맞이한 국가적 위기의 타개 과정에서 외래 문물의 적극 도입을 한 방편으로 삼고자 했음을 넉넉히 짐작할 수 있다. 그러한 국가 위기 타개와 발전적 몸부림의 와중에 불교 사상이 중요한 기능을 하였음을 다시 느낄 수 있는 대목이다.

한편 서기 416년경에 조영됐다고 전해지는 고구려의 사찰로 거론되는 백련사(白蓮寺) 역시 주목할 만하다. 백련사는 오늘날 경기도 강화군 하점면 부근리 고려산에 있는 절인데, 416년(장수왕 4)에 천축(天竺)이 개산(開山)했다고 한다.(고려 때에는 대장경을 보관했다고도 전해진다)[198]

그런데 고구려의 투구는 5세기 중반 이후부터 좌우로 뿔(角)이 솟아 있는 형상을 띠기 시작했다는 견해가 있다. 투구의 뿔이 만약 전투시의 접촉을 고려한 외에도 종교 사상적 의미가 담겨 있는지의 여부가 궁금하다.

5-6세기경 고구려 벽화 속에 보이는 불교적 상징성

고구려는 4세기 후반경의 위기를 극복하고 5세기를 전후한 시점에서

---

197 이광표 해설, 《북한의 문화유산》, 동아일보사, 1997, P. 22 참조
198 이동술, 《한국사찰보감》, 우리출판사, 1997, P. 134 참조

국력 회복과 그에 이은 대내외적 국운 융성의 계기를 맞이했다. 그 같은 변화 양상의 한 가운데에 불교 사상과 그 문화는 뚜렷하게 자리를 잡았다. 당시의 불교와 그 문화는 "동아시아 사회의 공통분모였고, 특히 중국의 북조(北朝)에서는 사회 통합력을 증대시키는 이념 체계로 기능했다"[199]는 견해는 설득력을 지닌다. 더불어 5세기경부터 드러난 고구려 문화에 "남북조에서 중국 문화와 잘 버무려진 인도 및 서아시아 문화, 막북(漠北)의 유연을 다리로 삼은 비중국적 외래 문화가 지속적으로"[200] 유입됐다는 평가는 매우 일리 있다 하겠다. 한 예로 고구려의 5세기 고분 벽화 가운데 중요한 제재로 등장한 불교와 관련된 상징적 도상 소재들의 연원이 멀리 감숙 지역과 닿아 있고, 구체적으로는 북량 시기에 유행한 미륵 신앙과 연관된다는 견해들은 매우 주목되는 바다.[201] 특히 5세기의 고구려 고분 벽화 가운데 장천 1호분의 경우, 천장에 묘사된 기악천인, 비천, 연화, 연화화생, 예불도 등이 모두 미륵 신앙의 도솔천을 묘사하고 있다는 주장이 있어 주목된다.[202]

다음은 해당 시기의 몇 가지 사례를 요약한 내용이다.

〈장천 1호분〉

▶예불 장면이 그려 있다. 여래에 절을 하는 남녀는 귀족 부부로 추정되

---

199 塚本善隆, 〈華北豪族國家の佛教興隆〉, 《中國佛教通史》卷1, 東京:春秋社, 1979.
　　전호태 지음, 《고구려 고분 벽화의 세계》, 서울대학교 출판부, 2004, 180쪽에서 재인용함.
200 전호태 지음, 《고구려 고분 벽화의 세계》, 서울대학교 출판부, 2004, P. 180.
201 최연식, 〈삼국시대 미륵 신앙과 내세의식〉《강좌한국고대사》8, 駕洛國史蹟開發硏究院, 2002. PP. 232~236.
　　김진순, 〈5세기 고구려 고분 벽화의 불교적 제재와 그 연원〉, 《동북아의 평화와 역사서술》(제50회 전국 역사학대회 자료집), 역사학회, 2007. PP. 491~499. 참조.
202 최연식, 〈삼국시대 미륵 신앙과 내세 의식〉《강좌한국고대사》8, 駕洛國史蹟開發硏究院, 2002, PP. 232~236.
　　김진순, 〈5세기 고구려 고분 벽화의 불교적 제재와 그 연원〉, 《동북아의 평화와 역사 서술》(제50회 전국 역사학대회 자료집), 역사학회, 2007, P. 495에서 재인용함.

며, 예불자의 정체를 드러내기 위해 절을 하는 두 사람의 얼굴을 옆으로 돌려 놓았다. 예불자 위의 비천들은 연꽃잎을 뿌려 여래의 덕을 기리고 있다.

▶보살들의 모습이 그려 있다. 화공은 보살들 머리의 두광 내부를 번갈아가며 색을 바꾸어 채색하는 등의 방법으로 화면에 변화를 주고 있다. 보살들 어깨 아래로 흘러내린 천 자락 끝이 넓고 날카롭다.

▶활 쏘는 걸음새로 날아오르면서 윗몸을 돌려 오른쪽 아래편을 바라보는 비천의 모습이 그려 있다. 상투를 하였고, 바지를 입었다. 어깨 좌우로 천의가 휘날린다.

▶불꽃에 휩싸인 보주(寶珠) 향해 두 비천이 날아오르는 모습이 그려 있다.

▶남녀로 보이는 두 어린이가 연꽃으로 화생하는 장면이 그려 있다.

▶보주 화생의 모습이 그려 있다. 두 비천이 꽃잎을 뿌리며 기리는 모습에서 마니주 또는 여의주로 불리는 보주가 깨달음 혹은 정토를 상징하는 의미인 점을 알 수 있다.

〈안악 2호분〉

▶비천이 그려 있다. 산화 공양(散花供養)을 위해 연화반(蓮花盤)을 받쳐들고 하늘을 나는 전형적인 비천 모습이다. 하늘을 나는 방향에 맞추어 비천의 천의 자락이 부드럽게 휘날리고 있다.

▶무덤 주인 부부의 공간을 향한 공양 행렬이 그려 있다. 아름다운 비천들과 공양자들이 그려 있다.

〈강서대묘〉

▶연꽃을 뿌리는 자세를 한 비천이 그려 있다.

〈삼실총〉

▶완함을 연주하는 천인의 자세가 탄력적이면서 자연스럽게 그려 있다.

▶노인인 듯한 사람이 연꽃으로 화생하는 장면이 그려 있다.

〈오회분 4호묘〉

▶휘날리는 천의 자락과 구름의 흐름이 장고를 두드리는 천인의 자세와

하나가 된 모습이 그려 있다.

▶천인 화생(天人化生)의 모습이 그려 있다.

〈진파리 1호분〉

▶주형(珠形)에 해당하는 보주가 그려 있다.

〈쌍영총〉

▶널방 왼벽 벽화에 승려의 모습이 있는 공양 행렬이 그려 있다.

5세기 중반경에 펼쳐진 한반도 남북부 지역의 불교 문화

《삼국유사》의 '기이 제2'의 '가락국기'에 따르면 421년에 즉위한 가야 임금 취희왕은 451년에 죽은 것으로 알려졌다. 따라서 그 뒤를 이어 질지왕(銍知王)이 즉위했는데, 그는 이듬해인 452년에 "시조와 허왕옥 왕후의 명복을 빌기 위하여 처음 시조와 만난 자리에 절을 지어 왕후사(王后寺)라 하고 밭 10결을 바쳐 비용에 쓰게 했다"고 한다. 그런데 《삼국유사》의 '탑상 제4'의 금관성(金官城) 파사 석탑 부분을 보면, "제8대 질지왕 2년 임진(곧 452)에 이르러 그곳에 절을 세우고 왕후사(王后寺)를 세워 지금에 이르기까지 복을 빌고 있다. 또 겸해서 남쪽의 왜(倭)를 진압시켰으니, 《가락국본기》에 자세히 실려 있다"란 내용이 보인다. 그런데 덧붙여진 찬(讚)의 내용은 허황옥이 가져온 파사 석탑이 가야가 남쪽의 왜(南倭)를 견제하려고 했던 정치 노선과 관련되어 있음을 엿보게 한다. 《삼국유사》에 실려 있는 찬은 다음과 같다.

석탑을 실은 붉은 돛대도 가벼운데,

신령께 빌어서 험한 물결 헤치고 왔네

어찌 황옥(黃玉)만을 도와서 이 언덕에 왔으랴

천년 동안 남왜(南倭)의 노경(怒鯨)을 막고자 함일세

한편 안국사 사적비에 따르면, 서기 503년에 고구려에 안국사란 사찰이 건립된 것으로 전해진다. 이 사찰은 지금 평북 평성시에 있다. (지금 전해지는 9층 석탑은 고려시대의 유물로 알려져 있다.)[203]

6세기에 들어 고구려를 비롯한 삼국에 각기 사찰의 조성이 적극적으로 이루어졌음을 짐작할 수 있다. 그 같은 까닭의 이면에는 바로 해소되지 않는 삼국 간 긴장 국면과 연관된 것으로 풀이해 볼 만하다. 여전히 상호 대립적 상태가 해소되지 않은 터에 각국의 조정은 민심의 동요를 차단하거나 결집을 위한 구심점으로 사찰은 더없는 매개체가 되었을 듯하다.

6세기 전반의 무용총과 벽화에 그려진 현악기, 그리고 문화 융합

고구려의 무용총 벽화에 그려진 연주자가 연주하는 악기는 17개의 괘 위에 4현이 걸려 있는 현악기라고 할 수 있다. 이 악기가 16괘 6현으로 된 현행 거문고의 원형으로 헤아려진다. 그런데 《삼국사기》의 진흥왕 12년(551)의 기록에 따르면 가야금이 6세기 중엽에 만들어진 것임을 알

---

203 이광표 해설, 《북한의 문화유산》, 동아일보사, 1997, 91쪽 참조

수 있다. 당시 가야금은 지금의 풍류 가야금처럼 12줄과 양이두(羊耳頭)를 갖추었다고 한다.

한편 서기 552년에 고구려의 왕산악은 당시(양원왕8) 제2국상으로 진(晉)나라에서 들어온 칠현금(七絃琴)을 개조하여 1백여 악곡을 지어서 연주하자 현학(玄鶴)이 날아와 춤을 추었다고 한다. 이 개조한 칠현금이 현학금(玄鶴琴)으로 오늘의 거문고(玄琴)이다.[204]

제2국상으로 직임을 맡은 왕산악이 진(晉)나라에서 들어온 칠현금을 개조하여, 1백여 악곡을 지어 연주했다는 내용은, 당시 고구려가 펼친 대외적 문화 교류와 그에 따른 창조적 문화 수용과 문화 융합의 노력이 가히 직위고하를 떠난 적극적인 차원이었음을 뚜렷하게 인식케 하여 주는 사례가 된다. 더욱이 거문고의 원형으로 추정되는 현악기가 그려진 무용총에는 삼각형 화염문과 연화문 등이 그려 있기도 하고, 승려로 보이는 두 손님을 맞이하는 주인의 접객 장면도 보인다. 화염문과 연화문이 역시 불교적 도상 소재인 점은 물론, 불교 승려로 추정되는 인물들이 묘사된 점 따위를 종합해 볼 때, 무용총 또한 불교적 제재가 다분히 바탕을 이루고 있다고 하겠다.

무용총을 종합적으로 볼 때, 널방 벽과 잇닿는 평행 고임 1단에는 삼각 화염문을 잇달아 그렸고, 2단에는 하늘로 떠오르는 연꽃 봉오리와 연꽃을 번갈아 묘사하였다. 이러한 표현은 이른바 '연화화생'이라는 불교식 하늘 세계 탄생 원리를 나타낸다고 한다. 3단에는 각종 상서동물과 선인(仙人)을 그렸다. 동남 면에는 혀를 길게 내밀고 오른쪽을 향하여 달려가는 백호와 거문고와 같은 현악기를 타는 두 인물이 그려 있다. 또한 서북 면에는 청룡과 나무, 평상에 앉은 인물들이 묘사되어 있다. 게다가

---

204 한국인명대사전 편찬실(이희승 · 박종홍 · 이상백 · 백철 · 한우근 · 정병욱) 편찬, 《한국인명대사전》, 신구문화사, 1992, 485쪽 참조

동북 면에는 힘이 느껴지는 두 역사가 무예를 겨루고 있어 눈길을 끈다. 이어 5단 이르는 팔각 고임부에는 해와 달을 비롯한 각종 별자리와 상서 동물들, 피리를 불거나 현악기를 타는 선인들이 자리 잡고 있다.[205]

결국 무용총에는 사신을 비롯한 동아시아적 신수(神獸), 연화화생 등과 같은 불교적 세계관, 그리고 숱한 별자리와 기운 넘치는 고구려인들의 일상적 생활상 등이 빼곡하게 뒤섞여 있음을 알 수 있다. 가히 동아시아적 문화적 소재들이 혼재되어 있다 하겠다. 그러한 문화 융합은 왕산악과 같은 당시 6세기 고구려의 최고 집정 세력으로부터 일반 백성들에게까지 함께한 것이었음을 알 수 있다.

고구려와 백제 그리고 신라, 각축과 문화 경쟁을 함께하다

성장세를 거듭하던 신라는 아울러 군사 기술의 진흥도 일궈냈다. 한 예로 진흥왕 19년(558)에 내마 신득이 포(砲)와 노(弩)를 제작해 조정에 바친 일로 잘 알 수 있다. 그런데 같은 시기인 558년경(백제 위덕왕 치세 기간인 554년-597년 안에 드는 시기임)에 만들어진 것으로 여겨지는 충남 태안의 백제 '마애불'(보물 432호)은 많은 역사적 의미를 지닌 것으로 알려져 있다. 미술사가인 최완수의 견해에 따르면, 6세기경의 백제는 서해안 곧 아산만과 삽교천 일대에서 재해권과 선단 재건에 힘을 기울인 것으로 알려졌다. 그런 정치적 배려 속에서 백제 수도에나 있을 법한 거대 불인 마애불이 당시 백제의 서북 변경에 해당하는 태안 등지에 이룩된

---

205 《고구려 고분벽화, 고구려특별대전》(도록), 한국방송공사, 1994, PP. 50~51 참조.

것으로 헤아렸음이 주목된다. 이를 테면 최완수(불교미술사)의 경우에, 한 개의 작은 불상이 좌우에 있는 두 개의 거대 불상의 틈에 끼어 있듯이 만들어진 까닭을, 두 거대 불상을 백제 성왕으로 여겨진다고 풀이하기도 한 점이 역시 주목된다(EBS플러스, 우리 미술 바로 보기, 2002.4.12〈금〉 방송 내용 중)

그뿐만 아니라 "태안반도 북쪽 당진만에서 역천(驛川)을 따라 상류로 올라가서 그 물길의 발원처에 가까운 가야협(伽倻峽)에 더욱 세련된 마애 삼존불을 조성해 내어 이 시대 이곳의 문화 역량을 과시"[206]했음이 주목된다.

그래서일까. 서산 마애삼존불은 "백제가 제해권을 탈환하여 중흥의 기치를 높이 들던 성왕과 위덕왕 시대 어름"이거나, 또는 "위덕왕 말년경이나 위덕왕이 돌아간 직후의 제작으로"[207] 여기는 견해는 적잖은 설득력이 있다.

한편 신라는 지증왕 대(재위:500-514)에 국호 및 왕호를 제정하여 국가 규모를 좀 더 권위적인 틀로 재편성코자 했다. 그뿐만 아니라 지방 제도를 주군을 축으로 다져, 행정 명령을 각처에 파급케 했다. 그 같은 상황 속에서 군주라는 지방관은 국가 통치력을 지방으로 확산케 하는 중핵적 관료로 기능한 점이 돋보인다. 한편으로 주군제는 군사적 성격을 띠고 있음을 주목할 필요가 있다. 주군제가 넓게 보아 일종의 군관구로써, 군주의 활동 영역이라고 이해되는 측면이 있기 때문이다. 따라서 주군은 군주의 직할 통제 하에 놓인 행정 구역이자 군사 지휘 영역인 셈이다. 그 같은 주군제의 특성은 국세 확장을 위해 불가피하게 요구되는 군사력의 양적 확대를 가능케 한 기반으로 작용한 점은 매우 주목된다 하

---

206 최완수 저, 《〈한국 불상의 원류를 찾아서 (1)〉》, 대원사, 2002, P. 283 참조.
207 최완수 저, 《〈한국 불상의 원류를 찾아서 (1)〉》, 대원사, 2002, P. 283쪽 참조.

겠다. 특히 신라 군제 발전상 주군제의 정착은 6개정 출현 이전의 사전 정지 작업과 같은 성격을 갖는 것이라 할 수 있다. 그런데 신라의 지증왕과 같은 6세기 초 무렵의 국가 주도 세력의 자취가 보이는 유적으로 천마총(155호 고분)은 특기할 만하다. 이 천마총은 출토된 유물로 미루어 5세기 말에서 6세기 초의 능으로 추정되는 터이기 때문이다. 천마총은 그 봉분의 높이가 12.7미터이고, 봉분의 밑지름이 47미터나 된다. 그런데 천마총에서 출토된 금관은 경주 시내에 있는 금관총, 금령총, 서봉총 등에서 드러난 금관보다 크고 장식이 한층 호화로운 것이다. 또한 자작나무로 만든 말다래(말이 달릴 때 튀는 흙을 막는 마구)에 하늘로 날아오르는 천마가 그려 있어 고분 이름을 천마총이라 부르게 되었다. 이는 신라의 회화 예술을 알 수 있게 해 주는 귀중한 실물 자료이다. 목관 안에는 금제 허리띠를 두르고 금관을 썼으며, 둥근 고리 장식의 자루가 붙은 칼을 차고 팔목에 금팔찌 및 은팔찌 각 1쌍, 그리고 손가락 마다 금반지를 낀 주검이 누워 있었다.[208]

신라는 또한 법흥왕 대(재위:514-540)에 다시 율령을 반포하고 골품에 의한 관등 체계의 확립 과정을 이뤄 내, 더욱 강력한 통치 체제를 갖추게 됐다. 그런 과정에서 신라는 다시 법흥왕 4년(517)에 병부를 신설했다. 더불어 법흥왕 8년(梁 普通 2년, 521)경에는 백제 사신을 따라 남조의 양(梁, 502-556)에 입공하는 대외 교섭을 펼쳤다. 이 일은 그 뒤 신라가 중국 대륙과의 무역 확대에 획기적 계기가 되었다는 의미를 지닌다.

신라는 지리적으로 한반도의 동남부에 자리하기 때문에 중국 대륙과 끊임없이 접촉할 수 있었던 고구려나 백제에 견주어 볼 때 발전 과정이 완만하였다고 할 수 있다. 그런데 신라는 6세기 중반 이후 "남조의 중심

208 한국 문화 유산 답사회 엮음, 《답사 여행의 길잡이-2, 경주》, 돌베개, 2002, PP. 215~219 참조.

국이었던 양(梁)과 직접 교류함으로써 동아시아 세계의 문화·경제의 큰 흐름 속에 동참할 수 있었다. 그 당시 양으로부터 의복과 향을 받은 신라 조정이 그 이름과 쓰임을 알지 못하여 향을 가지고 국내를 돌아다녔던 일을 미루어 생각하면 후진국 신라에 던져진 문화 충격이 어떠하였는지 알 만하다.[209]

6세기경 신라의 발전에는 풍류도가 숨 쉬고 있었다

신라는 법흥왕 10년(523)에 감사지를 두었고, 동왕 11년(524)에 군사당주 등의 예하 지휘 체계를 갖추는 등의 군사 체계를 개편하였다. 그뿐만 아니라 신라는 지방군적 군단인 법당 체계의 수립으로 비약적인 군사력 확장을 이뤄냈다. 그 같은 무력 강화는 이후 삼국 병합 쟁패의 중요 기반이 됐다고 이해된다. 한편으로 신라 조정은 이차돈의 순교를 계기로 불교를 공인하며 이후 불교를 왕권 강화라는 의노로써 더욱 일반화하고자 노력했다. 그것은 국세 확장 기간에 자칫 발생할 국론 분열 양상을 사전에 차단하는 역할을 했다는 데에 의의가 있다고 풀이된다. 이후 신라는 인접한 가야의 가락국 왕족을 평화적으로 수용하여 여타의 가야 열국 간의 연합을 깨는 데에 주력했다. 그 와중에 가야계의 무인과 문화 예술인들이 귀순하여, 신라의 무력과 문화 수준을 한 층 고양시킨 점은 신라 발전에 적지 않은 영향을 끼쳤다. 또한 내마 신득이 포노를 개발하는 등 자체 국방 기술력을 향상하는 등 산업 기술력의 개선 작업도 병행했다. 그 때문에 황룡사의 장육상을 주물로 만드는 데에 엄청난 구리와

---

209 金文經, 〈해상 활동〉《한국사 9, 통일신라》, 국사편찬위원회, 1998, 306쪽

도금을 투입할 수 있었다고 이해되기도 한다.

그런데 《해동고승전(海東高僧傳)》에 따르면, 신라승 각덕(覺德)이 양(梁, 502~556)으로 건너 간 사실과 진흥왕 10년(549)에 양의 사신과 함께 불사리(佛舍利)를 가지고 온 것으로 알려졌다.[210] 당시 신라 승려 각덕이 이용한 해로를 두고서 신라가 남방 해로를 활용한 점을 들 수 있다. 더욱이 "신라가 중국 제왕조에 대한 이른바 조공 무역을 활발하게 전개한 것이 남조의 진부터였다는 점을 감안한다면, 이 시기의 신라는 남방 항로를 더욱 많이 활용하였을 것"[211]이란 견해가 주목된다.

신라가 중국 대륙과의 무역을 본격적으로 행한 것은 진(陳, 557~589)과의 교역에서이다. 진흥왕 28년(567)부터 시작된 이 교역은 진흥왕대만 해도 전후 4차례에 이르며, 진지왕 3년(578)에도 방물(方物)을 바쳐 교역하고" 있었다는 사실이 헤아려진다.[212]

한편 미술사가 최완수의 견해에 따르면, 6세기경의 백제 땅인 지금의 아산만과 삽교천, 그리고 주변 근처에는 물이 찼던 연안인 것으로 알려졌다. 더불어 당시 백제 무령왕은 선단의 재건을 위해 아산만 일대를 크게 활용했을 것이라고 했다(EBS플러스, 우리 미술 바로 보기, 2002, 4, 12〈금〉 방송 내용 중) 따라서 백제 성왕 5년인 서기 527년경에 세워진 백제의 '사

---

210 《海東高僧傳》〈권2, 각덕(覺德)〉
　　金文經,〈해상활동〉《한국사 9, 통일신라》, 국사편찬위원회, 1998, 297쪽에서 참조함
211 金文經,〈해상활동〉《한국사 9, 통일신라》, 국사편찬위원회, 1998, 298쪽.
　　거론한 논고에서 김문경은 "진과의 교역은 진흥왕대에만 해도 전후 4차나 되었으며 진지왕(576~578)·진평왕(579~631)대에 오면 더 많은 사람이 왕래하였다. 진평왕 7년(585)의 고승 지명(智明)의 입진(入陳)이나 9년의 대세(大世)와 구칠(仇柒)의 이야기도 남방 해로로 남중국의 오(吳)·월(越)에 이르렀던 당시 신라 사람들의 정황을 반증한 예에 지나지 않는다"고 설명하고 있다.
　　그런데 거론한 논고에서 김문경은 더불어, "진평왕 대(579~631)에는 조공 형식의 공무역만이 아니라 상인들에 의한 상거래도 행해지고 있었던 흔적이 곳곳에 나타난다. 고승 지명(智明)집과 원광법사(圓光法師)의 입진(入陳)은 비록 불법을 구하러 간 승려에 관한 기사이지만 선박의 왕래가 빈번하였다는 반증이며 특히 남해안에서 배를 타고 남중국으로 들어간 대세와 구칠의 이야기는 그 당시 민간인들의 중국 내왕이 손쉽게 이루어지고 있었다는 증거"라고 설명하고 있기도 하다.
212 金文經,〈해상활동〉《한국사 9, 통일신라》, 국사편찬위원회, 1998, 306쪽

면불'(보물 794호, 충남 예산군 봉산면 소재)은 주목된다.

여기서 신라가 당시에 이룩한 대규모 문화 사업의 의미를 살피고자 한다. 신라는 진흥왕 14년(553)에 황룡사를 세우는 대위업을 이루었기 때문이다. 그러나 그러한 대문화 사업의 조영과 완성에 숨은 공로자들이 있었음에 유의가 필요하다.《보한집(補閑集)》에 따르면, "黃龍寺雨花門 是古仙徒所創"[213]이란 내용을 통해, "황룡사의 우화문이 선도에 의해 창건되었음"을 알 수 있는 견해가 있는 것으로 전해진다. 곧 풍류도를 수행하던 화랑과 낭도들이 황룡사 창건의 역사(役事)에 참여하여 우화문을 건축한 것으로 해석할 수 있다는 견해다.[214] 일찍이 법흥왕 대에 불교를 수용한 터에 여전히 기존의 재래적 신앙 세력인 선도(仙徒)의 영향력 또는 활동 양상은 무엇을 뜻하는가. 6세기 신라 사회에 여전히 재래의 신앙 세력이 잔존하거나 그 영향력을 잃지 않았음을 알게 하는 개연성이 드러나는 대목이라 할 수 있다. 달리 말해 당시 6세기 신라 사회의 선불(仙佛) 혼재 양상이 보인다는 점이다.

한편 부흥을 꾀하는 백제의 발걸음이 바빠질 무렵인 562년(신라 진흥왕 23)의 9월, 신라는 이사부가 지휘하는 토벌군을 시켜 가야를 토평했다. 당시 신라 전투 부대를 승리로 이끈 인물은 진골 계통의 사다함이 있다. 그런데 그 무렵의 사회상을 엿볼 수 있는 자료로써, 이른바 필사본 《화랑세기(花郎世紀)》가 있어 눈길을 끈다. 이 자료의 인맥 관계 진위 논쟁은 끝나지 않았지만, 그 내용을 통해 나름대로 당대의 인맥 관계 파악에 도움을 얻을 수 있는 것 같다.

필사본 《화랑세기》에 따르면, 진지왕이 폐위됨에 따라 외가가 가야계인

---

213 崔滋, 《보한집(補閑集)》上
214 전기웅, 《여말 선초의 정치 사회와 문인 지식층》, 혜안, 1996, 37쪽

문노(文努)가 8세 풍월주에 오른 것으로 전해진다.[215] 다시 말해 가야의 피가 흐르는 문노가 진흥왕 원년(579)에 신라의 청년 문화계를 장악한 셈이다. 역시 필사본 《화랑세기》에 따르면, 문노는 칼 쓰기의 달인으로 일찍이 사다함을 가르친 바 있고, 다른 여러 수행자에게도 칼 쓰기를 가르친 것으로 전해진다. 그의 발탁은 그같이 뛰어난 칼 쓰기 등의 무예와도 관련 있는 듯하다. 당시 신라 왕조 입장에서 뛰어난 전투 요원이 무엇보다 소중했던 점을 비추어 본다면, 당연한 현상으로 이해될 수 있다.

그런데 여기서 문노(文努)의 공식적 부각과 함께 곱씹어 볼 만한 인물이 있다. 바로 김유신이다. 김유신은 금관국(가락국)의 후예로 그의 조부가 바로 김무력(金武力)이며, 문노와 비슷한 가야계 혈통이다. 필사본 《화랑세기》에 따르면, 문노는 8세 풍월주였고, 김유신은 15세 풍월주인 것으로 알려졌다. 그런데 필사본 《화랑세기》와 《삼국유사》, 그리고 《동사강목》 등에 모두, 김유신이 칼 쓰기를 수련(修劍得術)하여 국선(화랑)이 되었다고 한다. 한편 《삼국사기》에서 김유신의 칼 쓰기 과정에 관한 기록에 따르면, 그의 보검(寶劍)에 마치 별(허성과 각성)의 기운이 배어 스민 듯한 표현이 있는 것으로 전해진다. 또한 《임영지(臨瀛誌)》를 보면, 김유신은 문무왕 4년(664)에 여진족 방비를 위해 명주(강릉) 지역에 군사를 이끌고 주둔하였는데, '선지사(禪智寺)'에서 검(劍)을 주조했다고 한다. 김유신의 칼에 관련한 여러 일화를 볼 때, 김유신의 칼이 김유신의 출세와 관련된 듯한 느낌을 지울 수 없다. 그것은 마치 문노의 경우와 비슷한 점을 엿보이게 한다. 문노는 모계(母系)가 가야계인 점에 위축되지 않았다. 오히려 신라 사회에 칼 쓰기를 전수하면서 점차 출세의 길에 들어섰던 점이 눈길을 끈다. 문노의 그 같은 행적과도 같이 김유신도 가야계 후예로

---

215 김대문 저, 조기영 편역, 《화랑세기》, 도서출판 장락, 1997, 57쪽 참조

서 칼 쓰기는 물론, 도검 제조 기술을 전수하면서 유명세와 출세의 기회를 얻은 것은 아닌지 모르겠다. 만일 그 같은 추정이 옳다면, 김유신은 금관국(가락국)의 무예는 물론, 무기 제작 기술을 바탕으로 입신 출세한 일종의 '기술 엘리트'였다고도 이해할 수 있을 법하다. 결국 문노와 김유신의 경우를 볼 때, 신라 발전의 또 다른 배경을 헤아릴 수 있다. 가야계의 기술 문화와 무예가 신라 발전 과정의 성장 요소로 적잖이 녹아들었음을 넉넉히 짐작할 수 있다. 어떻든 문노의 공적 부각은 사다함과 같은 신라 진골 출신이 아닌 여느 청년으로서는 매우 크나큰 사회적 위상 변화라고 생각된다. 그리고 신라 내부에 건강한 기풍이 조성되면서, 신라의 제도도 거듭 변했다. 진평왕 5년(583) 정월에, 병부에 선부서(船府署)를 둔 것을 한 예로 들 수 있다. 당시 선부서의 설립은 한강 유역은 물론 동해 북부까지 확보한 신라의 확대된 해양 정책 과정으로 이해된다. 그뿐만 아니라 그에 따른 수군력 강화의 필요성이 작용했고, 신라 수군 부대의 증가가 뒤이었음을 짐작할 수 있다. 그 같은 과정에 가야의 수군 역량이 부분적으로 결합됐을 개언성도 있다고 이해된다.[216]

결국 신라는 법흥왕 대부터 군사 제도를 충실화하며, 가야계 인재들의 수용에 적극적이었음을 알 수 있다. 그 무렵을 전후하여 풍월도 등

---

216 《삼국유사》의 「기이(紀異)」제2」를 보면, 수로왕 대의 기사 가운데 다음의 내용을 볼 수 있다. 곧 "탈해는 문득 왕께 하직하고 나가서 이웃 교외의 나루터에 이르러 중국에서 온 배가 대는 수로(水路)로 해서 갔다. 왕은 그가 머물러 있으면서 반란을 일으킬까 염려하여 급히 수군 500척(舟師五百艘)을 보내서 쫓게 하니 탈해가 계림의 땅 안으로 달아나므로 수군은 모두 돌아왔다."는 내용이다.
혹자에 따라서는 거론된 내용의 일부를 믿을 수 없다고 할 수도 있을 것이다. 하지만 필자는 거론된 기사를 몹시 중시하고자 한다. 특히 기사 내용의 가운데 '수군 500척(舟師五百艘)' 부분에 주목한다. 물론 당시 가야 수군력이 과연 그 정도로 대규모였겠느냐에는 깊은 검토가 있어야 할 것이다. 그렇지만 가야의 경우, 남해 연안에 걸쳐 이루어진 열국 체제인 점을 놓고 볼 때, 그만한 선단 규모는 충분한 개연성이 보인다. 문제는 수군선으로 동원된 선박의 크기가 될 것이다. 그 크기는 분명히 확언할 수는 없겠지만, 인용문에 중국 배의 왕래에 관한 내용을 통해 나름대로 추정은 가능하리라 생각한다. 당시 가야 수군선에는 적어도 소형 무역선으로 쓰일 만한 크기의 선박은 포함돼 있었을 것이다. 그 밖에도 크고 작은 선박들이 혼합되어 있었을 것이다. 그런데 가야의 수군력은 나름대로 발전했을 것이다. 그리하여 그 같은 수군력은 신라와의 병합 뒤에, 다시 신라 수군 역량으로 편입됐을 것이란 추론이 가능하다.

청년 수행 조직이 활성화됐고, 그들은 전란기의 전투 요원으로 나설 만큼 다부지게 교육됐다. 창, 검술과 기마술, 그리고 궁술 등은 그들의 주요 무예 조련 과목이었다. 뒤이어 청년 조직은 신라 관군과 유기적으로 결합됐고, 전장에서 때로 전투를 주도하기까지 했다. 그리하여 맞이한 한강 유역의 확보는 당연한 것인지도 모른다. 이후 신라는 북진을 거듭하며 국세 확장에 성공했고,[217] 그 과정에서 내마 신득과 같은 인재가 포(砲)와 노(弩)를 제작한 점은 금속 생산 및 가공 기술이 뛰어난 금관가야계의 투항 시점과 결코 무관치 않아 보인다. 그뿐만 아니라 거듭 치열해지는 인접국과의 공방전 과정에서 무엇보다 원거리 무기의 가치성이 부각된 까닭으로 여겨진다. 한편 진흥왕 원년에 외가가 가야계인 문노가 8세 풍월주에 오른 것은, 가야계 무예인들의 영향력 확대로 이해된다. 그것은 일찌감치 투항한 김무력 가문과도 연장선에 놓인 가야인들의 신라 내 정착 과정이자, 세력권 확보 과정으로 짐작된다.

백제, 문화의 꽃을 피우고 국력 강화를 꾀하다

신라는 법흥왕 대부터 진흥왕 대에 걸쳐 중흥의 기반을 다졌고, 그 뒤를 이어 백제의 내부 혼란을 부채질하면서 당과 연계한 북진 전략을 추진코자 했던 것으로 이해된다. 그 같은 신라의 발전에 바짝 긴장을 하

---

217 신채호는 자신의 《조선상고사(朝鮮上古史)》 제9편에서, 진흥왕과 관련한 견해를 밝혔다. 그에 따르면, "함흥 초방원(草坊院)에도 진흥왕의 순수비가 있으니 이것은 왕이 고구려를 쳐서 성공한 유적인데, 진흥왕 본기에 이 같은 큰 사건이 다 탈락되지 아니하였는가?"라며, 넌지시 삼국사기가 부실한 것으로 지적했다. 또한 "만주원류고(滿州源流考)의 길림유력기(吉林遊歷記)에 의하면, 길림은 본래 신라의 땅이요, 신라의 계림으로 하여 그 이름을 얻은 것이라고 하였으니, 이것은 또한 진흥왕이 고구려를 쳐서 땅을 개척하여 지금의 길림 동부까지도 차지하였다는 한 증거다"라는 견해를 밝혔다. 만일 신채호가 거론한 바가 옳다면, 진흥왕 대의 신라 국세는 이미 상당히 확대된 것임을 알 수 있다. 따라서 당시(6세기 중반~후반)의 신라는 고구려를 넉넉히 압박할 수 있던 상황이었다고도 추측해 볼 수 있을 것 같다.

던 나라가 백제였다.

그 무렵 백제는 성왕 전사 이후, 혼미를 거듭하다 무왕 대부터 다시 중흥을 위한 내실화에 박차를 가했다. 567년경에 만들어진 것으로 여겨지는 백제 금동 대향로가 그 같은 역사 상황과 맞물려 헤아려지는 유물이다. 이 금동 용봉 봉래산 향로는 1993년에 능산리 고분군과 부여 나성 사이의 백제 때 집터를 발굴하던 국립 부여박물관 사람들에 의해 발굴되었다. 공기가 통하지 않는 진흙 속에 파묻혀 있었기 때문에 거의 녹슬지 않고 제 모습을 간직하고 있었음이 놀랍기만 하다.

그 높이가 61센티미터나 되는 이 큼직한 향로는 머리를 들어 올린 용을 받침으로 삼아 피어나는 연꽃 위에 봉래산이 솟아나고 그 꼭대기에는 봉황이 한 마리 앉아 있는 모습을 하고 있다. 향로의 뚜껑 부분을 이룬 봉래산은 예로부터 동해의 신산(神山)을 상징하는 의미로 그 부분이 신선의 세계임을 드러낸다. 74개나 되는 산봉우리 사이사이에는 온갖 진기한 기화요초와, 호랑이, 코끼리, 원숭이 등 실재하는 짐승과 상상의 짐승들 39마리가 조각되었고, 사람도 16명이나 있다. 봉황의 이래쪽에는 악사 다섯 사람이 빙 둘러가며 앉아 천상계의 음악을 연주하는데, 입체적인 부조인 악사들 바로 뒤에 작은 구멍을 뚫어 향이 피어 나오도록 했다. 또 산 골골마다 숨은 듯이 있어 낚시를 하는가 하면 머리를 감거나 사냥을 하는 신선들은 그 모습이 매우 자연스럽다. 향로의 몸체는 피어 나는 연꽃 모양으로 사이사이에 두 사람과 물고기 등 수중 생물 26마리가 새겨 있다. 이런 몸체를 고개를 바짝 쳐든 용 한 마리가 세 발을 틀어서 굳건히 받치는데, 한 발은 번쩍 쳐들어 틀에 갇히지 않은 자유로운 상상력을 보여준다. 여기서 한나라 때 만들어진 중국 봉래산 향로를 견주어 보고자 한다. 중국의 봉래산(중국식으로는 박산) 향로는 이미 한 나라 때부터 만들어져 왔으나 고대로부터 현대에 이르기까지 백제의 대향로처럼 정교하고 섬세하며 상징적인 향로가 만들어진 예는 없다. 백제의 금동대향로는 7세기 초의 것으로 여겨지며 백제 사람들의 사상을 보여준다. 더불어 그 사상을 이처럼 섬세하고도 자신 있게 조형적으로 형상화해 낼 수 있었던 백제 문화의 자신감을 새삼 일깨워 준다.[218]

그런데 거의 같은 곳에서 드러난 '창왕명사리불감' 유물도 역시 567년경에 같이 만들어진 것으로 여겨진다. 백제 대향로를 보면, 그 향로에 새겨진 문양 가운데 두 기마 무인상이 있다. 그 가운데 한 기마 무인상을 보면, 투구를 쓴 듯한 모습이다. 또한 말은 앞발을 쳐들고 달리는 모습이 경쾌하고 퍽 사실적으로 표현되어 있다. 이런 기마 인물상은 고구려 고분 벽화 중 쌍영총, 약수리 벽화 고분 등에도 나타나 서로 비교된다.[219]

한편 백제는 일찍이 6세기 전반 경인 성왕(聖王, 재위 523-553) 때부터 6세기 후반 경인 위덕왕(威德王, 554-597) 때에 걸쳐 "제해권을 탈환하여 중흥의 기치를 높이" 들었을 것으로 여겨진다.[220] 그것은 지금의 서산에 조성되어 전하는 마애삼존불의 지역적 성격과 불상이 갖는 미술사적 가치와 관련하여 헤아려진다. 또 백제 법왕 원년(서기 599)에 백제에서는 지금의 전북 김제 지역에 금산사를 지었다고 한다.[221] 금산사는 백제 임금의 복을 비는 사찰로 처음 지어졌고, 창건 당시에는 소규모의 사찰이었다고 한다. 모악산 남쪽 자락에 자리 잡은 금산사는 그 이름 속에 큰 산을 뜻하는 고이 엄뫼, 큼뫼에서 비롯됐다고 한다. 한자가 들어오면서 엄

---

218 한국문화유산답사회 엮음, 《답사여행의 길잡이-4, 충남》, 돌베개, 2001, 194쪽 참조.
219 국립 부여박물관 편저, 《백제 금동대향로와 창왕명석조사리감》통천문화사, 2000, 21쪽 설명문 참조
220 최완수 저, 《한국 불상의 원류를 찾아서(1)》, 대원사, 2002, 283쪽 참조.
221 《금산사사적(金山寺事蹟)에 따르면, 금산사(金山寺)는 서기 600년에 창건된 것으로 전해진다. 곧 백제 법왕이 그의 즉위년(599)에 칙령으로 살생을 금하고, 그 이듬해에 금산사에서 38인의 승려를 득도시킨 것으로 되어 있다. 그러나 당시는 그 규모나 사격(寺格)으로 볼 때 별로 큰 사찰이 아니었을 것이다. 1492년에 쓴 〈금산사오층석탑중창기〉에 따르면 과거불(過去佛)인 거섭불(迦葉佛) 때의 고기(古基)를 중흥한 것으로 되어 있다.
한국정신문화연구원 편찬부 편집, 《한국민족문화대백과사전4》, 한국정신문화연구원, 1991, 267쪽.

뫼는 어머니 뫼라는 뜻의 모악으로, 또 큰은 금(金)으로, 뫼는 산(山)으로 적었다는 것이다.[222]

여기서 금산사와 비교적 가까운 지역이라고 할 수 있는 보원사(普願寺)에 관련하여 언급코자 한다. 보원사는 지금의 충남 서산군 운산면 용현리 상왕산(象王山)에 있던 절로 알려져[223] 있다.[224] 본래 보원사는 6세기 세워진 백제 사찰로 알려져 있다. 보원사는 "가까이 있는 백제 시대의 서산 마애 삼존불상의 본사라고도 하고, 한 때 고란사라는 이름이 었다"고도 한다.[225] 그런데 보원사 터에서는 금동여래입상이 출토된 바 있다. 비록 "9.3센티미터로 자그마하지만 6세기에 조성된 금동불로서는 몇 안 되는 귀중한 예"로 꼽힌다. 구체적인 모습을 보면, "도톰한 볼에 살짝 머금은 미소, 뚜렷하게 솟은 소발의 육계, 두꺼운 통견 옷, 시무외 여원인의 손 모양, 양쪽으로 힘차게 뻗은 옷자락이 모두 백제 불상의 특징을 잘 드러낸" 작품으로 평가된다.[226]

그런데 고구려는 600년에 정양사란 절을 세웠다. 지금의 강원도 금강군 내강리에 자리했던 것으로 알려진 절터에는 정양사 3층탑이 전해진다. 정양사 3층탑은 강원도 금강산에서 가장 오래된 석조 건축물로, 당대 최고 수준으로 드물게 상륜부가 남아 있다. 탑의 높이는 3.97미터.[227] 그 무렵에 창건된 절은 숨이 가쁜 고구려 주민들을 다소 안정시키는 기능을 했을 터다.

---

222 한국문화유산답사회 엮음, 《답사여행의 길잡이-1, 전북》, 돌베개, 2000, 61쪽 참조.
223 李東述 편저, 《한국사찰보감(韓國寺刹寶鑑)》, 우리출판사, 1997, 164쪽 참조.
224 보원사 터에서는 일찍이 거구의 철불 좌상 두 구가 나와 지금의 국립중앙박물관에 소장되어 있다. 한 구는 높이 1.5미터의 철불좌상이며, 또 한 구는 무려 2.57미터의 거대한 상이다. 이들 두 철불은 법인국사(900~975, 법호는 탄문(坦文)가 광종의 즉위를 기념해 발원하여 조성한 철불로 보여 조성 연대를 고려 광종 원년인 949년으로 여기고 있는 터다.(※한국문화유산답사회 엮음, 《답사여행의 길잡이-4, 충남》, 돌베개, 2001, 111쪽 참조)
225 한국문화유산답사회 엮음, 《답사여행의 길잡이-4, 충남》, 돌베개, 2001, 105쪽 참조.
226 한국문화유산답사회 엮음, 《답사여행의 길잡이-4, 충남》, 돌베개, 2001, 111쪽 참조.
227 이광표 해설, 《북한의 문화유산》, 동아일보사, 1997, 60쪽 참조

고구려의 강력한 성장,
그리고 불교 및 기타 다양한 신앙 의식의 종합

　　고구려는 일찍이 이미 5세기 후반기에 최대의 영역을 확보한 데에 이어서 6세기 전후에 이르러서는 그 호수가 1백여 만 호에 이르는 대국으로 발전하였다. 이러한 호구수를 배경으로 군사력의 주력을 이루던 기병 부대는 북방 계통의 우수한 말을 타고 기병용 궁시와 장창을 주무기로 사용하였다. 그리고 보병 부대는 창검과 같은 근거리 무기 이외에도 사거리가 각각 3백여 보에서 1천 보에 달하는 궁시와 쇠뇌를 휴대하면서, 투석기인 포차와 차노. 충차. 운제 등 공성 및 수성 장비를 보유함으로써 강력한 전투력을 유지한다.[228] 그 같은 고구려의 강성함은 전통적으로 안정화된 야철 기술 기반에서 비롯됐다고 이해된다. 이웃한 거란이 쇠가 없어 고구려로부터 빌어다 썼다는 《수서(隋書)》의 기록[229]을 통해 지속적으로 발전한 고구려의 금속 기술의 생산력을 짐작할 수 있다. 고구려의 벽화 가운데 이른바, '오회분 4호묘'를 보면, 익히 잘 알려진 단야신(鍛冶神대장장이 신)과 제륜신(製輪神수레만드는 신)이 각각 묘사돼 있다. 관련 연구자들의 견해에 따르면 '오회분 4호묘'는 대체로 6세기의 사신계 벽화인 것으로 알려져 있다.[230]

　　만일 '오회분 4호묘'가 정말 6세기경의 벽화라면, 단야신과 제륜신은 당시 왕성하게 발전하던 고구려의 산업 생산력을 여실히 드러내는 징표라 할 수 있다. 그 때문에 모루의 위에 올려놓은 쇠붙이를 노려보는 단야신의 눈초리와 모두 16개나 되는 바퀴살을 다부진 모습으로 만드는

228《한민족전쟁통사—1, 고대편》국방군사연구소, 1994, 173쪽
229《수서(隋書)》〈북적전(北狄傳)〉의 계단(契丹, 거란)조.
230 전호태, 《고분 벽화로 본 고구려 이야기》, 풀빛출판사, 1999년 발행, 45쪽~47쪽 참조

제륜신의 손놀림은 결코 예사롭게 지나칠 장면이 아니다. 고구려를 동북아의 대제국으로 떠오르게 한 역대의 모든 고구려 장인들의 모습을 고스란히 상징한다 느껴지기 때문이다. 5회분 4호묘 벽화 속에 보이는 연꽃 위의 인물들은 중국 남북조 국가들 간의 활발한 문화 교류를 짐작하게 한다. 널방 각 벽 모서리에는 짐승 머리 사람 몸의 괴수와 교룡(交龍)이 천장부의 하늘 세계를 떠받는 형상을 하고 있다. 윗몸에 아무 것도 걸치지 않은 괴수는 오른 쪽 다리를 뒤로 빼고 왼쪽 다리는 약간 구부린 자세로 두 팔로 위에서 내려진 교룡의 머리를 받치고 있다. 널방과 천장부가 잇닿는 벽 상단부에는 위아래에 연속된 마름모꼴 무늬 사이로 용들이 서로 얽힌 용무늬를 그렸다. 고임 제1단에는 서로 마주보며 머리 위로는 해와 달을 떠받든 복희, 여와형 해신과 달신이 그려 있다. 그리고 수레바퀴를 다루는 제륜신, 쇠마치질을 하는 단야신, 불씨를 지닌 수신(燧神) 등 여러 천신(天神)을 묘사하여 놓았다. 고임 제2단에는 여러 가지 악기를 연주하는 기악 천인들, 해와 달 별자리를 표현하였다. 그리고 가운데 천정석에 새겨 있는 황룡은 오행 신앙에서 드러나는 중앙을 알려주는 신수이자 황제를 상징하고 있음을 알 수 있다.[231]

고구려 내 신앙 요소적 융합 시도와 화려한 문화의 다양성

고구려는 일찍이 4세기 후반에 외래인으로 여겨지는 '동수'가 귀화하였고, 그를 국가 운영의 한 군사 관료로 발탁하였으며, 그의 무덤 벽화 속에 드러나는 행렬도의 모습은 정연하게 구조화된 고구려의 군사 편제

231 《고구려 고분 벽화–고구려 특별 대전》(도록), 한국방송공사, 1994, 168쪽–169쪽 참조함.

를 짐작하게 해 준다. 물론 안악 3호분의 묘 주인을 과연 '동수'로 단정할 수 있는지 근거가 완전하진 않다. 가장 빈번하게 제기되던 문제가 벽호 내용 묵서 가운데 보이는 '聖上幡'이란 문구로서, 귀화한 인물인 동수에게 과연 '성'자를 붙일 만한 것이냐 하는 것이다.[232] 고구려가 4세기 후반부터 동북아시아의 정세 속에서 활발한 대외 정책을 펼쳤고, 그런 가운데 감숙 지역의 불교문화를 신속하게 접할 수 있었다는 최근의 견해[233]를 적극적으로 검토한다면, 안악 3호분의 묘 주인공을 '동수'로 헤아릴 경우 고구려 문화의 국제적 교류성을 이해하는 데에 적지 않은 실마리를 찾을 수 있다.

5세기 및 6세기에 거친 고구려 고분 벽화의 숱한 예를 통해, 불교적 신앙의 흔적인 연꽃 무늬를 비롯한 기악천, 비천 그리고 예불도와 공양 행렬도를 포함하여, 괴수와 선인들이 뒤섞인 모습이나, 사신(四神)의 등장을 확인할 수 있다. 특히 고구려 벽화 가운데 5회분의 4호묘의 경우, 제륜신과 단야신 그리고 수신 등의 기술과 관련된 신들의 등장이 주목된다. 그 같은 특별한 신들의 등장 시기는 고구려가 강력한 군사력을 갖추고 신흥 통일국가인 수 제국에 도리어 선제공격을 가하는 당찬 모습과도 연관된다고 보인다.

고구려와 견주어 본다면 북조의 경우, 5세기 후반의 통치자인 효문제의 국정 운영 실상과 비교된다. 북조 시기에 효 문제에 의한 운강 석굴과 같은 대형 불사의 추진과 문화 면에서의 적극적인 한화 정책의 병행 등이 실현됐는데, 그 같은 성격을 반영하고 있는 것이 돈황의 막고굴 285굴 등이다. 285굴의 벽화 내용을 보면, 중국적 고대 신화의 내용과 불교

---

232 최무장 · 임연철 편저, 《高句麗古墳壁畵》, 신서원, 1992, 503쪽 참조.
233 김진순, 〈5세기 고구려 고분 벽화의 불교적 제재와 그 연원〉, 《동북아의 평화와 역사 서술》(제50회 전국역사학대회 자료집), 歷史學會, 2007, 499쪽.

적 소재의 혼재 양상이 뚜렷하다. 그러한 소재의 혼재 양상은 마치 고구려의 벽화상에서 느낄 수 있는 소재의 다양성과 맥을 같이한다.

우리는 고구려의 대내외적 발전 시기와 북조 시기에 벌어진 거대한 불사와 함께한 이른바 한화 정책(漢化政策)의 병행을 함께 헤아려 볼 필요가 있다. 확언하긴 어렵지만, 적어도 두 나라의 경우, 대외적 문화 교류를 소홀히 하지 않고, 발전의 바탕으로서 그 어떤 문화적 특성도 도외시하지 않으려던 적극적 문화 수용의 자세를 갖추었다는 평가를 내릴 만하다. 따라서 5세기와 6세기에 드러나는 고구려와 북조 시기의 벽화 속에 보이는 소재의 혼재 양상은 의미가 있는 문화 융합의 모습이었다고 헤아릴 수 있을 것이다. 고구려와 북조의 5-6세기 벽화는 바로 그 같은 뜨거운 문화 융합의 결과로 해석이 가능한 것이다.

수나라의 제국적 위세에도 굳건하던 고구려의 힘

고구려는 농업이나 목축업에 종사하는 일반 백성까지도 대체로 전사로서의 기본적 소양을 갖추게 했다. 송경습사(誦經習射)를 학습의 주과목으로 하는 경당(扃堂) 제도와 춘추로 거행되던 대규모의 공식적 수렵 행사 등이 고구려인들을 언제나 전투 가능한 상태로 만들었다. 그뿐만 아니라 2백여 개에 이르는 성곽은 평상시에는 행정적 연락 거점이었고, 유사시에는 전투 거점으로서 중요한 군사 시설물이었다. 고구려는 30여 년에 걸친 평원왕의 치세(559-589)를 통해, 국력 내실화를 추구할 수 있었다. 뒤이어 영양왕 대(590-617)에 이르러서는 수세적 방위 태세를 공세적인 방위 전략으로 전환할 수 있었다.

중국 지역의 새 강자로 떠오른 수나라는 복잡해지는 정세 속에서 동쪽에 자리한 고구려의 발전에 위기를 느끼던 터였다. 수나라는 내적 안정을 거듭하는 고구려의 형편을 주시하며, 동북아 질서를 거머쥐기 위해 부심했다. 그 같은 움직임은 고구려 침공의 조짐으로 드러났다. 이에 고구려는 수의 팽창 노선에 긴장했고, 거꾸로 수의 침략 거점을 선제공격한다는 계획을 수립했다. 그리하여 영양왕은 598년 2월을 기해 1만에 이른 말갈 기병 부대를 움직여 수의 북방 진출 거점인 영주(營州,조양)를 공격하는 작전을 폈다.

일종의 예방 전쟁 차원으로 벌어진 영주 공격 작전은 원거리에 걸쳐 이루어진 탓에 별 소득 없이 회군하는 것으로 매듭지어졌다. 하지만 수나라는 고구려의 군사 작전에 크게 자극됐고, 이내 고구려를 근본적으로 무력화할 작정으로 치밀한 원정 준비에 매달렸다. 더불어 수나라는 국서(國書)를 통해 고구려에게 외교적 협박을 가하기도 했다.

그런데 수의 국서에는 당시 고구려의 군사적 행동의 일면을 엿보게 하는 내용들이 있어 눈길을 끈다. 곧, "고구려 왕은……지난해 비밀리에 중국인 무기 제조 기술자를 재물로 매수하여 데려가고, 활 쏘는 사람을 국경에 매복시켰다. 또 고구려가 병기를 수리·제조하는 것은 올바르지 못한 뜻을 품고 있는 것이다. 그것은 소문을 두려워하여 은밀하게 군사력을 강화하는 것이 아니냐……"[234]는 내용이 그러하다. 또한 "고구려의 소추는 혼미하여 공손치 못하고……변방에 충만하여 자주 봉후를 괴롭히므로(充斥邊垂 呕勞烽候) 관문을 지킴은 이로 해서 안정되지 못하고, 생민은 이 때문에 생업을 폐하게 됐다……"[235]는 내용은 당시 수나라가 고구려를 얼마나 부담스런 존재로 느끼는지 역력하게 보여주는 기록이다.

거론된 국서의 내용을 통해, 고구려가 수의 침공에 대비하여 무엇보

234 《수서(隋書)》동이전 고려(고구려를 뜻함-필자 주)을 참조할 것.
235 《삼국사기》〈고구려본기〉제8, 영양왕 23년조를 참조할 것.

다 적측 군사 정보 수집에 발 빠르게 대처했음을 엿볼 수 있다. 수나라의 무기 제조 기술자를 영입하려 한 것은, 적측 군사 기술의 실태를 가늠키 위한 것으로 이해된다. 또한 수나라의 변경에 배치된 봉후(烽候,봉수와 척후 등의 군사 정보 전달 시설)를 괴롭힌 점은, 전쟁 전에 군사 첩보를 전달하는 통신 시설의 파괴를 꾀했음을 쉽게 헤아릴 수 있다. 대규모 침공의 정보를 접한 고구려로서는 당연한 조치라 할 수 있다. 하지만 수나라 조정은 고구려의 기민한 군사 행동에 적잖은 우려를 느꼈고, 국서를 통해 항의한 것을 알 수 있다.

어떻든 수나라는 일찍부터 고구려를 침공키 위해 준비한 상태였고, 고구려의 영주 공격전이 있고 난 직후부터 원정 계획은 숨 가쁘게 실천으로 이어졌다. 그리하여 598년 2월부터 4개월에 걸친 준비 기간을 걸쳐 그해 6월에 수의 침략군은 탁군을 출발했다. 수나라 원정군은 동진하여 마침내 임유관(臨渝關)에 이르렀다. 그런데 그 무렵은 지극히 불순한 우기(雨期)였다. 그리하여 수의 침공군은 기상 불량의 악조건을 무릅쓰고, 강행군을 계속해야 했다. 그러나 수나라 보급 문제와 질병의 만연으로 이내 회군하기에 이르렀다.[236] 결국 고구려가 치른 수 제국과의 전

---

236 임유관(臨渝關, '유'는 '투'로도 읽혀질 수 있다고 함) 지역에서 수(隋)의 수군이 비바람 등의 기상 악조건 때문에 회군했다고 기록한 역사 기록물로 《삼국사기》와 중국 측의 《수서(隋書)》 등을 들 수 있다. 하지만 신채호는 그의 저서 《조선상고사》의 「제10편, 고구려와 수의 전쟁」에서 다음의 내용으로써, 다른 견해를 밝혀 주목되는 바가 크다. "강이식(姜以式)으로 병마원수를 삼아서 정병 5만을 거느리고 임유관(臨渝關)으로 향하게 하고, 먼저 예(濊,수서의 말갈) 군사 1만으로 요서에 침입하여 수(隋)의 군사를 유인케 하고 거란 군사 수천 명으로 바다를 건너가 지금의 산동반도를 치게 하니 이에 두 나라의 첫 번째 전쟁이 시작됐다....이듬해 고구려의 군사가 요서에 침입하여 요서총관 위충과 거짓으로 패하여 임유관에서 나오니, 수의 문제가 30만을 들어 한왕 양양을 행군대총관을 삼아 임유관으로 나오고, 주나후는 수군총관을 삼아서 바다로 나아가게 했다. 주나후는 평양으로 향한다는 말을 퍼뜨렸으나 실은 양식 실은 배를 영솔하여 요해(遼海)로 들어와 양양의 군량을 대어 주려고 했음이었다. 강이식이 수군을 거느리고 바다 가운데 들어가 이를 맞아 쳐서 배를 격파하고, 군중에 영을 내려 성책을 지키고 나가 싸우지 마라 하니, 수의 군사는 양식이 없는 데에다가 또한 6월의 장마를 만나 굶주림과 전염병에 숱한 사람이 낭자하게 죽어가 퇴군하기 시작했다. 강이식이 이를 추격하여 전군을 거의 섬멸하고 무수한 군기를 얻어 개선했다." 인용문의 내용대로, 당시의 고구려가 수군을 활용하여 수나라 군대를 격파했다면, 고구려의 수군 역량이 만만치 않은 해상 세력으로서, 황해의 제해권을 거머쥐고 있었음을 알 수 있다.

쟁은 고구려의 승전으로 마감됐음을 알 수 있다. 고구려 군이 수 제국을 먼저 공격한 점을 깊은 고민이 요구되는 부분이다. 고구려의 선제공격이 지닌 근본 바탕이 궁금한 까닭이다. 짐작컨대 6세기경 고구려가 수 제국을 먼저 공격할 수 있던 자신감의 바탕을 이룬 요소에는 앞서 언급한 것처럼 인접 문화 수용의 적극성과 그에 따른 문화 융합 내지 기술 축적의 결과는 아니었을까? 수나라 황제가 드러낸 대외적 외교 서한에서도 드러나듯이 고구려는 인접 동맹 가능 세력을 규합하는 데에 정성을 기울였음은 주목되는 사항이다. 그와 같은 전방위적 외교와 마찬가지로 고구려는 국가 발전을 위한 바탕의 조성을 꾀하고자 노력했음을 알 수 있다. 그 같은 노력의 바탕에는 역시 다양한 신앙 의식의 결집을 통한 국력 강화 의지가 자리하고 있었을 것이다. 그러한 점을 명징하게 잘 알려 주는 근거로 오회분 4호 묘는 더없이 소중한 자료라고 여겨진다.

7세기경 백제의 서산 마애삼존불에 담긴 의미

백제는 무왕 대(재위:600~641)에 들어서자 신라 압박에 총력을 쏟아 붓는 모습을 보였다. 무왕 3년(서기 602)에 무려 4만 대군을 움직여 소타성·외석성·천산성·옹잠성 등 신라의 4성을 들이친 사실이 그 한 예가 된다.

그런데 일찍이 성왕과 위덕왕 시대 어름이거나, 또는 위덕왕 말년경이나 위덕왕이 죽은 직후인 7세기경에 만들어진 것으로 보아 큰 무리가 없을 듯한 서산의 마애삼존불은 7세기 초 백제의 대외 활동 양상을 짐작케 하여 주목된다. 백제는 일찍이 6세기 무렵부터 "제해권을 탈환하여 중흥의 기치를 높이" 들었다는 견해가 있다. 그 같은 백제의 정책 노선은

7세기 초에 조성된 서산의 마애삼존불로 짐작해 볼 수 있다는 견해로 뒷받침된다.[237]

서산의 마애삼존불은 "가야협의 내수구(內水口)에 해당하는 암벽이 동서로 솟아 있는 중에 동편 암벽의 남면에 높은 돋을새김으로 새겨"[238] 있다. 서산의 마애삼존불은 "보주(寶珠)를 두 손에 마주 잡은 〈봉보주보살입상(奉寶珠菩薩立像)〉을 본존으로 하고 좌우에 불 입상이 서 있는데 그중 왼쪽 불상은 뚜껑이 달린 약함을 들고 있어 약사여래(藥師如來)로 추정"[239]된다. 좀 더 구체적으로 살펴보면, 주불(主佛)의 경우, "얼굴 윤곽이 살아나서 〈태안마애불〉의 오목한 특성을 극복하였고 이목구비가 모두 시원시원할 정도로 분명하게 통 크고 명랑 쾌활하며 넉넉한 인품을 가진 대장부의 기상을 드러내게 하였"으며, "크게 뜬 눈, 넓은 눈두덩과 수려한 눈썹, 들창코에 가깝게 드러낸 콧구멍과 넓은 콧망울, 한껏 긴장시킨 아래 위 입술과 양볼 근육, 이런 표현들이 정말 반가워 미소 짓는 애정 어린 얼굴 표정을 짓게 하였"[240]음을 알 수 있다.

그런데 당시의 백제는 신라는 물론 고구려에게까지 적극적인 견제책을 실행했다. 무왕 8년(서기 607) 3월에 좌평 왕효린을 수나라에 보내 고구려의 토벌을 종용한 사실이 그 같은 점을 확인시킨다.

---

237 최완수 저, 《한국 불상의 원류를 찾아서(1)》, 대원사, 2002, 283쪽 참조.
238 최완수 저, 《한국 불상의 원류를 찾아서(1)》, 대원사, 2002, 283쪽 참조.
239 김리나(金理那), 〈조각〉, 《한국사-8(삼국의 문화)》, 국사편찬위원회, 1998, 233쪽 참조.
240 최완수 저, 《한국 불상의 원류를 찾아서(1)》, 대원사, 2002, 283쪽~284쪽 참조.

17

새로운 소망 꿈꾸기와
이상 세계의 지향

신시, 기원(祈願), 그리고 이화세계

한국의 정신을 탐구하는 데에 더 없이 소중한 《삼국유사》를 통해 한국의 오래된 신정공동체(神政共同體)가 있던 공간이 바로 신시(神市)였음을 알 수 있다. 물론 신시를 풀이하는 데에는 숱한 연구자마다 제각기 다른 견해를 드러내 골치가 아플 지경이지만, 《삼국유사》는 적어도 우리 겨레에게 아주 오랜 상고시기에 신령스러운 공간이 있었고 그것을 한자로 옮겨 '神市'라고 했음은 분명하다고 전하는 셈이다. 그래서 어쩌면 삼한시기 한민족의 생활 습속을 옮겨 적어 전하는 《위서》, '한(韓)' 전 등에 보이는 이른바 '소도(蘇塗)'라고 하는 신성 공간의 오래된 원형이 '신시'가 아닐까 짐작되기도 한다. 그러나 신시가 됐든 소도가 됐든 그 신성 공간에 살던 이들의 마음속에는 희망이 존재했고, 그 희망은 바로 '이화세계(理化世界)'의 건설이라는 슬로건으로 요약될 수 있을 터이다.

사실 한민족의 상고 이래 홍익인간의 세계관이나 이화세계 건설이라는 사유관은 모두 너와 내가 하나가 되어 즐겁고 행복하게 다 살자는 취지에 크게 다를 게 없다. 따라서 한민족에게 자리한 신산(神山)에 대한 이상적 관념도 그 이상적 세계관의 추구라는 문화 양상의 하나인 것으로 이해된다. 이미 앞서 살핀 바처럼 김수로왕의 어머니와 아버지가 각기 산신이었고 천신이었다는 설화적 내용이 그러한 점을 잘 알게 하는 한 사례가 될 터이다. 그래서 《조선상고사》에서 소도가 사실은 '숲'과 연관됨을 밝힌 것으로 여겨진다.

숲을 소중하게 여기는 태도는 이미 환웅이 신단수에 내려와 신시를 경영한 점을 비롯하여 신라의 풍류도(風流道)를 수행하던 화랑과 낭도들이 '산과 물가에서 노닐고 즐겼다(遊娛山水)'고 전하는 《삼국사기》의 기록으로도 확인되는 점이다. 그래서일까. 전설 같은 마고의 설화를 보면 그녀는 "꽃과 과일을 먹어 향기가 안팎으로 퍼지고" 있던 미녀였고, "영지를 이용하여 술을 빚어" 왕모(王母)에게 바칠 줄 알던 숲의 여성이기도 했던 점은 눈여겨 볼 부분이다. 그래서 단군왕검의 배필이 됐다는 비서갑녀가 산세 수려한 구월산의 팔대(八臺)의 산등성이를 노닐던 여성이었다고 한 《오계일지집(梧溪日誌集)》 속의 일화나, 단군께서 지리산과 해변 등을 순력(巡歷)하고 돌아다녔다고 전하는 《달성 배 씨 가승보(達成裵氏家乘譜)》 속의 조각과도 같은 기록 내용은 너무 소중한 정신문화의 한 광채를 전하고 있기도 하다.

예로부터 서로 돕고 살기를 큰 덕으로 삼았던 한민족이기에, 서로 손을 맞잡고 추는 강강수월래(강강술래) 같은 민속 무용도 그러한 관점에서 다시 살펴야 할 민족 예술이다. 단독 무용이 아닌 강강수월래가 어째서 강강수월래라는 반복 후렴구가 되풀이되는지부터 의미가 예사롭지 않기 때문이다. 또한 여성들의 집단 무용이란 점에서 어쩌면 화랑 이전에 있었던 원화의 습속을 반영하는 무용 의례의 과정에서 추었던 의례 무용의 결과로도 볼 여지가 있음에 유의할 바가 있다. 의례가 무엇인지 소망하며 집단적으로 치러진 축전적 성격을 지닌 것이라면 그 축전의 시공간에서 가장 소중한 행위는 기원 그 자체였을 터이다. 따라서 한국 문화 속에서 기원의 핵심적 행위에 속하는 '굿'은 그래서 엄청난 가치성을 지니는 민족 문화의 핵심 고갱이의 하나라는 평가가 가능하다. 따라서 조선조 후기에 기록으로 남겨진 《무당 내력》에서 초기에 무당의 제의적 행위(굿)로 모셔지고 기려진 인물이 다름 아닌 고시 씨였음은 많은 사유의 주제가 될 수 있다. 고시 씨가 농사를 장려하고 실천한 인물이란 점을 통해 한민족이 상고시기부터 간절히 소망하고 강렬하게 이루려던 소원이 탈 없이 결국 잘 먹고 잘 살고자 하던 소박한 생활관에서 결코 벗어나지 않는 것이었음을 알려주기 때문이다.

하지만 역사가 펼쳐지면서 우리 나름의 희망을 향한 기원과 애틋한 소망의 정신문화는 외래 신앙과 결합하거나 수용되는 과정을 거듭하면서 그 정체성에 상처를 입기도 한 점은 안타까운 일이다. 그러나 시기를 달리하면서 그 같은 문화적 상처를 극복하면서 새로운 희망의 고리를 찾아내려고 끈질기게 애를 썼고, 그 과정에서 정신문화의 또 다른 파편들이 세상에서 작동되었음은 또 다른 문화사적 가치를 지닌다 할 수 있다. 이에 몇 가지 사례를 거론하고자 한다.

신(神)이여! 나를 살리시라! 가여운 우리 민중을 살리시라!

이미 앞서 상세하게 소개한 바 있는 상고시기의 '어아' 노래는 한민족의 정의를 향한 강한 공동체적 결의를 전하는 음악 유산이라 할 수 있다. 바로 절대적인 신적 신성성을 함께 지닌 집단적 의사 표현이기도 한 그러한 점이 독특한 사상사적 전승 자료로서 가치를 지닌 것이다.

그리고 이후에 고대시기를 거쳐 고려와 조선에 이르면서도 신을 향한 간절한 기원과 고난 극복을 위한 의지가 여러 형태의 주문이나 노래로 드러났다. 또한 그러한 시대적 고민과 염원은 다시 비밀스럽게 책자로 만들어 유통되기도 했다. 이를테면 19세기 후반에 전통 풍수가들에 의해 이리저리 입맛에 맞추어져 개별적으로 저술된 책자인 《홍연결(洪烟訣)》이 그러했고, 민족 신앙 계열의 한 세력이 비밀리에 작성한 문건으로 여겨지는 종교 통합적 민간 포교서의 성격을 띠고 있는 《참 精神으로 배울 일》이 또한 그러한 유형의 문건이었다.

먼저 《홍연결》을 보면 '인주(釼呪)'가 보이는데, 사실 인주는 앞서 짧은 문장의 인주가 나오고, 다시 이후에 좀 더 긴 문장의 인주가 다시 나온다. 따라서 편의상 짧은 인주를 단인주(短釼呪)라 표현하고, 긴 문장의 인주를 장인주(長釼呪)라 표현하여 살펴보고자 한다.

단인주의 내용은 "나의 칼은 흔한 칼이 아니고 아홉 번 단련하여 강철을 이루고 열 번을 단련하여 쇠가 되었으니, 위로 음양을 다스리고 아래로 싫은 독(毒)을 누른다. 북두칠성별공께서 철녀를 내게 보내어 칼과 지팡이를 가지고 칼날로 땅을 그어 숱한 병사를 거두었으니 달아나든지 숨지 말라. 규율대로 빨리빨리 하라!"[241]고 하였다. 언급한 주문은 칼을 두고 하는 주문으로 언뜻 혼란한 근대기의 동학도들이 칼 노래라고 하며 외우고 춤을 출 때 읊조렸다는 '검결(劍訣)'을 견주어 볼 수 있다. 그런데 검결을 유포시킨 수운 최제우가 대구장대에서 목이 잘리는 중죄인이 되었고, 그의 죄목을 이루는 구체적 증거가 바로 검결을 유포시킨 점이었다고 하는 점은 많은 것을 생각하게 한다. 따라서 《홍연결》 속의 칼 주

---

241 吾釼非常之釼九鍊成鋼十鍊成鐵上理陰陽下除厭毒. 北斗七星罡公鐵女遣吾持刀杖釼晝地收攝萬兵勿令逃藏唵唵如律令.

문인 짧은 '인주' 역시 관청의 입장에서는 매우 불온한 글로 느껴졌고, 위험한 주문으로 느껴졌을 터이다.

한편 단인주(鈂呪)의 내용은 겉으로는 사사로이 만들어진 괴이한 주문처럼 들리지만 그 내용을 찬찬히 살펴보면, 마치 황제 헌원의 설화 속에서 흔히 등장하는 구천 현녀의 설화 이미지를 차용한 흔적을 살필 수 있다. "철녀가 내게 파견되어 와서 나는 칼과 지팡이를 가지게 된" 정황이 표현되었음이 그러하다. 그것은 치우의 군진과 싸우다 승산을 얻지 못하고 잠시 실의에 빠진 황제 헌원에게 구천 현녀가 나타나 인검(印劍)을 주었고, 현녀 병법(玄女兵法)을 가르쳐 주었다는 설화적 레퍼토리를 함축한 듯하다. 여기서 언급되는 인검은 사실 인(印)과 검(劍)으로 구분이 가능하게 느껴지는데, 그럴 경우 인은 지엄한 지휘권의 옮겨 받음을 증명하는 표징으로, 검(劍)은 상대 군진을 깨는 위력한 무력의 상징으로 각기 해석이 가능하다. 따라서 《홍연결》 속의 칼 주문인 '인주(鈂呪)'는 수운 최제우 이후에 수그러지고 변화되어 가던 동학도들의 신앙적 변모 양상과 궤를 함께 하며 나타난 '변종의 칼 노래'라는 성격을 지녔다고 해도 크게 억측은 아닐 터이다. 그러한 변화된 신앙적 주문의 생성 사유는 이미 상고 이래로 익숙한 설화적 레퍼토리를 차용하여 누구ㅏ 쉽게 이해가 가능한 내용이 되도록 노력한 결과로 여겨진다. 그뿐만 아니라 '인주(鈂呪)'의 내용 속에 황제 헌원과 구천 현녀의 일화를 삽입한 것은 조선 후기 내지 구한말의 사회 속에 아직도 상고시기와 연관된 동북아의 설화적 레퍼토리가 익숙하게 유통되었음을 반영하는 측면을 읽게 한다. 한 예로 조선 후기에 빙허각 이 씨의 손에 저술된 《규합총서》 속에 치우와 헌원의 싸움이 있던 상고시기에 검술로 치우에게 맞섰다고 알려진 '섬소랑'이라는 여 검객이 표기된 점을 통해서도 조선 후기 내지 구한말의 시기에 이르는 동안 상고시기와 연관된 동북아의 오래된 설화상의 일화 내용은 여전히 조선 민중 사회에 흔하게 유통됨을 알 수 있다.

칠성(七星)을 옆에 끼고 하늘을 가리키어

다음으로 장(長, 긴 문장으로 쓰인)인주(釼呪)를 살펴보겠다. 그 내용은 우선 "나의 칼은 흔한 칼이 아니고 아홉 번 단련하여 강철을 이루고 열 번을 단련하여 쇠가 되었으니, 위로 음양을 다스리고 아래로 싫은 독(毒)을 누른다."고 하고 있어, 앞서의 단인주 앞부분과 같다. 그러나 이어서 "칠성(七星)을 옆에 끼고 하늘을 가리키어 하늘을 기울이고 땅을 가리키어 땅을 가르고 산을 가리키어 산을 깨뜨리며 나무를 가리키어 나무를 꺾고 돌을 가리키어 돌을 부수고 귀신을 가리키어 귀신을 멸망시키고 사람을 가리키어 사람을 살리고, 북두북신(北斗北辰) 굳은 공께서 철녀(鐵女)를 나에게 보내어 칼과 지팡이를 가지고 땅을 그어 만 가지 귀신을 거두어 통섭하니 나로 하여금 달아나고 숨을 지니 빨리빨리 규율대로 하라."[242]고 풀이된다.

장인주는 단인주와 그 내용이 비슷하지만, 칠성을 옆에 끼듯이 하늘의 영험한 기운을 마치 옆구리에 끼듯이 받고서 하늘과 땅, 그리고 산과 나무 다시 돌과 귀신은 물론 사람마저 좌우하는 권세를 부리는데, 다른 사물과 대상을 모두 제압하거나 무너뜨려 없애는 조치를 기원하지만 사람에게는 위해나 공격하지 않고, '살리는' 것에 있다는 점이 매우 주목되는 부분이다. 뒤이어 북두북신 굳은 공께서 나에게 철녀를 보내어 칼과 지팡이를 가지고 칼날로 땅을 그어 숱한 귀신을 거두어 통섭했으니 나로

---

242 吾釼非常之釼九鍊成鋼十鍊成鐵上理陰陽下除厭毒. 七星挾傍 指天天傾 指地地裂 指山山推 指木木折 指石石碎 指鬼鬼滅 指人人生 北斗北辰剛公 鐵女遺吾持刀杖釼畫地收攝萬鬼令我逃藏隱隱如律令.

하여금 달아나고 숨을 지니 빨리빨리 규율대로 하라!"고 한 부분은 단 인주와 비슷하면서도 약간 다르다.

《홍연결》을 보면 또 '옥녀주(玉女呪)'가 보이는데, 그 내용은 "옥녀여 옥녀여 천신(天神)은 지극히 영명하여 나를 지키고 나를 보살피고 나를 모시고 나를 지켜주고 돌아다니다가 어느 곳(某處)에 이르면 아득하고 아득하고 고요하고 고요하게 남이 그 모습을 보지 못하고 남이 그 소리를 듣지를 못하고 귀신이 그 정황을 보지 못하며 나를 사랑하는 자는 복되고 나를 미워하는 자는 재앙이 있고 온갖 사악함과 귀신과 도적으로 나에게 부딪치는 자는 없어지며 나를 막아서는 자는 망하고 천만 사람 가운데 나를 보는 자는 길하여 날아오를 것이니 빨리 빨리 규율대로 하라."[243]고 풀이 된다.

옥녀주에 담긴 벽사 정신과 희망의 기원

'옥녀주'를 보면 천신에게 나의 가호를 기원하는데, 모두 12가지나 되는 주문 사황이 구체적으로 밝혀 있다. 그에 관한 내용을 다시 정리하면 전신께서 기본적으로 "護我保我侍我衛我"의 네 가지 베푸는 바가 있다고 명시하고 있음을 알 수 있다. 그런데 어째서 부르기는 옥녀를 부르면서 막상 기원은 천신이 다해 주기를 기대하는지 의문이다. 이 부분은 아무래도 옥녀가 강한 힘을 발휘한다고 여기지 않고 천신의 강력한 힘을 드러내게 하는데 옥녀가 고충을 들어주는 이, 곧 상담자로 인식하고 있음을 알게 한다. 그래서 옥녀는 주문을 하는 이에게 실질적인 위력과 징

---

[243] 玉女玉女天神至靈護我保我侍我衛我 行到某處杳杳寞寞人莫見其形 人不得聞其聲 鬼不得視其情 愛我者福 惡我者殃 百邪鬼賊當我者滅 阻我者亡 千萬人中見我者吉亢 唵唵如律令.

험을 발휘하는 천신을 움직이도록 하는 중간적 존재이면서도 영매자의 역할을 지니는지 알게 된다. 옥녀가 상담자이면서 일종의 샤먼 역할을 하는 측면이 있다는 얘기다.

그런데 주문을 하는 이는 옥녀를 통해 천신께서 주문을 하는 이를 남이 보지 못하게 하거나, 듣지 못하게 하며, 정황을 보지 못하도록 해 달라고 하고 있다. 나는 남을 보아도 남은 나를 보지 못하고 듣지 못하도록 해 달라는 데에는 그만한 사정이 숨어 있을 터이다. 은밀하게 내 뜻대로 움직이고 싶은 배타적인 은밀성을 추구하는 것이다. 배타적인 은밀성의 추구는 동북아시아의 도가 계열에서 흔히 말하는 '은신법(隱身法)'이나 '장신법(藏身法)'을 연상시킨다. 그러나 옥녀주가 그러한 도가 계열의 은신법과 장신법의 전통을 수용했는지 여부는 더 확인해 보아야 한다. 다만 옥녀라는 어휘 자체가 이미 도가 계열의 기록에서 흔히 보이는 점을 생각해 본다면 충분히 전통 도가 문화와 연관되어 생겨났거나 그 영향을 입은 결과로 보아 무리는 없을 듯하다.

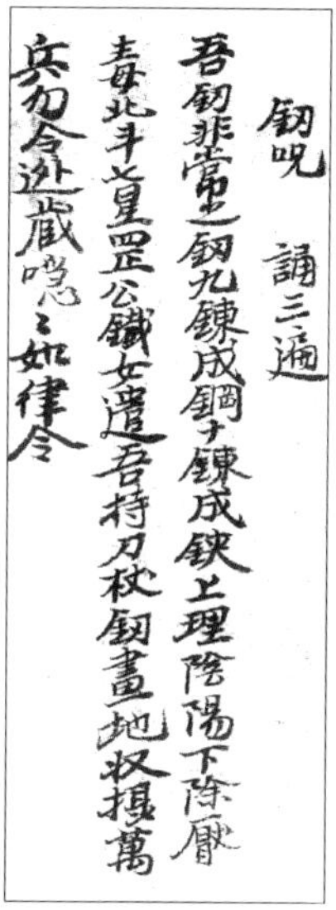
釼呪 誦三遍
吾釼非常之釼九鍊成鋼〻鍊成鉄上理陰陽下除厭
毒北斗黃罡公鐵女遣吾持刀杖釼畫地収摄萬
兵刀令逆藏唵急〻如律令

그림 108 '인주(釼呪)'(짧은 문장의 주문) 《홍연결(洪烟訣)》, 古佛禪院 本(19세기말)

다음으로 《홍연결》 속 '금위주문(金威呪文)'을 보겠다. 그 내용은, "해가 동방에서 나와 빛나고 빛나 불같이 빛나는 영신(靈神)은 나의 원문(轅門)을 지키나니 군막을 세우고(立帳) 풍채를 갖추며 은혜로 보듬어 베풀지 않고도 굳센 별을 잡고 가지고서 구제하고 부두칠성을 통섭하여 붙들어서 광정케 하나니 나를 모략하는 자는 죽고 나를 음해하는 자는 망하고 영명한 동자(靈童)와 옥녀(玉女)는 항상 나의 곁에 있어서 황노부명(皇老符命)을 빨리하여 온갖 싸움을 샅샅이 끌어당겨 먼 곳에 벗어나게 하고 상서롭지 못한 바를 모두 없앨지니 나는 노군을 받들겠나니 빨리 빨리 규율대로 경계하라.”[244]고 풀이된다.

이 금위주문(金威呪文)은 군사 부문에 처한 당사자가 영신의 가호를 받고, 자신의 군영의 배비(配備)상태를 엄정히 하면서, 은혜로 보듬어 주변을 공정하게 함으로써, 자신에게 불만을 지닌 자가 없게 하면 군사적 위난으로부터 안전하며 위기를 벗어날 수 있다는 희망을 담고 있음을 알 수 있다.

또 《홍연결》을 보면, ‘이십팔수별[245]을 부름(呼二十八宿)’이 있는데 아래에 ‘높이 소리 낼 것(高聲)’이라고 부기한 점을 볼 때 언뜻 일종의 주문으로 오해할 수 있는데, 사실은 일종의 방법을 서술한 글이다. 그 내용은 “동쪽을 향해 부르니 각성(角星) 항성(亢星) 저성(氐星), 방성(房星), 심성(心星), 미성(尾星), 기성(箕星)이라. 북쪽을 향해 부르니 두성(斗星), 우성(牛星)·여성(女星)·허성(虛星)·위성(危星)·실성(室星)·벽성(壁星)이라. 서쪽을 향해 부르니 규성(奎星),루성(婁星)·위성(胃星)·묘성(昴星)·필성(畢星)·자성(觜星)·삼성(參星)이라. 남쪽을 향해 부르니 정성(井星), 귀성(鬼星)·유성(柳星)·성성(星星)·장성(張星)·익성(翼星)·진성(軫星)이라.”하고 세 번을 소리

---

244 日出東方赫赫火光靈神衛爲我轘門立帳采存拱驫不用秉剛罡持飢濟驫驫扶匡謀我者死害我者亡靈童玉女常在我傍皇老符命急避遠方百攝百戰攙除不祥吾奉老君隐隐如律令敕.

245 28수는 다음과 같이 구분한다.
 ① 동방 7사 : 28수 중 춘분날 초저녁 동쪽 지평선 위로 떠오르는 각수(角宿 : 첫째 별자리의 별들)를 필두로 하여 시간이 경과되면 차례로 동쪽 지평선 위로 떠오르는 항(亢)·저(氐)·방(房)·심(心)·미(尾)·기(箕) 등 7개의 수가 차지하는 성수(星宿)들을 말한다.
 ② 북방 7사 : 28수 중 하짓날 초저녁 동쪽 지평선 위로 떠오르는 두수(斗宿 : 여덟째 별자리의 별들)를 필두로 하여 시간이 경과되면 차례로 동쪽 지평선 위로 떠오르는 우(牛)·여(女)·허(虛)·위(危)·실(室)·벽(壁) 등 7개의 수가 차지하는 성수들을 말한다.
 ③ 서방 7사 : 28수 중 추분 날 초저녁 동쪽 지평선 위로 떠오르는 규수(奎宿 : 열다섯째 별자리의 별들)를 필두로 하여 시간이 경과되면 차례로 동쪽 지평선 위로 떠오르는 루(婁)·위(胃)·묘(昴)·필(畢)·자(觜)·삼(參) 등 7개의 수가 차지하는 성수들을 말한다.
 ④ 남방 7사 : 28수 중 동짓날 초저녁 동쪽 지평선 위로 떠오르는 정수(井宿 : 스물둘째 별자리의 별들)를 필두로 하여 시간이 경과되면 차례로 동쪽 지평선 위로 떠오르는 귀(鬼)·유(柳)·성(星)·장(張)·익(翼)·진(軫) 등 7개의 수가 차지하는 성수들을 말한다.
 (한국민족문화대백과사전, 한국학중앙연구원 발행)‘이십팔수[二十八宿]’항목 참조함.

내라고 하고 있다. 또 뒤를 이어서 거듭 암송하기를 "나는 이제 문지방을 닫으니 쇠로 된 성이 되어 도적이 들지 않고 악기가 침투하지 않을 지니 암(唵)! 빨리빨리 규율대로 하라."고 하였다. 그렇게 한 번 되 뇌이고서 뒤에 '이십팔수부(二十八宿符)'를 설치하여 세우며 먼저 각부(角符=角星에 관한 符)를 세우도록 하는데 28수 별의 순서에 맞추어 다시 저부(氐符)를 세우는 등 그 절차를 설명한다.

이 '이십팔수별을 부름(呼二十八宿)'이라는 행위의 목적은 분명치 않지만, 세계를 관장한다고 여기는 28수 별의 의미와 역할을 되뇌이며 삶의 평안을 희구하고자 한 것으로 추론될 뿐이다. 그럼에도 28수 별을 각각 큰 소리로 부르는 행위 그 자체는 엄숙한 의례로 비추어지는 모습으로, 까마득한 옛날부터 동북아시아 인류 문화상 하늘을 외경하던 습속을 전해주는 듯하여 그 의미가 각별하게 느껴진다.

참 정신을 갈망하다

다음으로 역시 근대기에 지어진 기록물인 《참 精神으로 배울 일》이라는 문건을 통해 근대 조선인의 세계관을 살펴보고자 한다.

먼저 이 문건에서 보이는 '갔다 오는 和民人心 寄別가자분다.'라는 소제목의 기록의 내용이다. 언뜻 이 소제목은 무슨 말인지 도무지 이해하기 쉽지 않다. 그러나 뒤이어진 내용을 견주어 다시 헤아려 보면, '포교 행사에 다녀온 사람들의 인심이 다시 그 포교 행사에 마중을 나가자고 하더라.'는 뜻이 된다. 뭔가 이미 진행된 포교 행사가 당시의 사람들에게 일정하게 감동을 주었거나 호감이 들게 했음을 짐작하게 해 준다.

이 기록은 얼핏 비천한 신분의 한 서민이 나름대로 새로운 신앙의 길을 전해 듣고서 그에 동화되어 무슨 노랫소리처럼 주장하는 글이다. 그 내용은 "마중하러 가려니 어서 오시오. 많이 듣고 많이 익힘이 공부라오. 남을 살리고 덕을 쌓음이 공부라오. 덕을 포교한다니 어서 오시오. 남을 살린다니 어서 오시오. 화목한 기운이 들어서 다 풀어지고(解冤?) 옳은 사람으로 바뀌면 선한 사람이 아니겠소. 어을시구(於乙矢口)나! 태평하고 성스러운 세상이 나를 살리는 것이고, 또 부모 말씀인 것이니 소식을 전하고자 왔소. 순임금의 교화로 된 사람의 마음이여. 우리 사람들의 마음이 모두 천하를 새롭게 함을 아시기 바랍니다. 잊지 못할 이 소식을 잊지 마시고 모두 오십시오. 요임금 순임금이 백성을 새롭게 하던 소식이 왔습니다."[246]고 풀이된다.

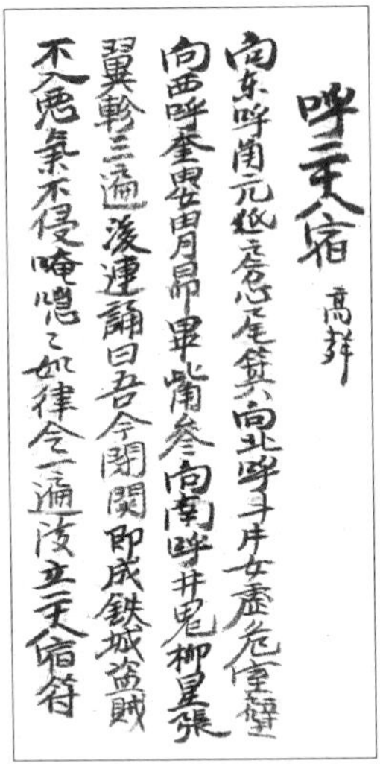

그림 109 호이십팔수(呼二十八宿)
《홍연결(洪烟訣)》, 古佛禪院 本(19
세기 말)

무슨 노랫말과도 같이 착각이 드는 이 기록은 조선 후기에 온갖 설움과 제도적 압제 속에서 신음하던 민중의 마음 밑바닥에 무슨 염원이 자리했는지 추론케 한다. 기록에서 소식을 전하는 이는 "남을 살리고 덕을 쌓음이 공부"임을 밝힌다. 비록 신분이 비천한지 어떤지는 알 수가 없으나 해당 내용은 공부를 하는 참된 목적과 가치가 어디에 있는 것인지를 일깨워 준다. 또한 "옳은 사람으로 바뀌면 선한 사람"이라는 논리도 귀담아 들어야 할 대목이다. 그냥 선해서는 안 되고 반드시 옳은 사람이어야만 선한 사람이라는 논리이기 때문이다. 그

---

246 寄別가게 어서와 多聽多習이 工夫 活人積德이 工夫 布德가게 어서와 活人하게 어서와 和氣돌어서 다 풀어 옳은 사람 다 되면 선한 사람 아닌가, 於乙矢口나 太平聖世生我者又父母말 消息傳차왔소. 舜化人心 우리 人心皆新天下알으세요 잊지 못할 이 消息잊지말고 다 오세요. 堯舜新民消息왔소.
朴善植(한국인문과학예술교육원) 註解, 《참 精神으로 배울 일》, 古佛禪院 本(19세기말 유통)

렇다면 그냥 선한 사람이란 누구이겠는가. 쉽게 말해 물색 모르고 무조건 착한 경우의 사람이 아닐까 싶은데, 마치 누군가를 죽이려고 하는 사람에게 사정도 파악치 않고 웃는 표정으로 살인을 서두르려는 이에게 선뜻 칼을 빌려 주는 사람 정도가 아닐까 싶다. 누군가에게 도움을 주는 일은 기본적으로 착한 행위이겠으나 당사자가 엄청난 악행을 저지르려 하는지 여부도 살피지 않는 멍청함으로 도리어 큰 변고를 생겨나는 데에 일조를 한 셈이라면 그렇게 악행을 방조한 격인 사람을 두고 과연 착한 사람이라 해도 괜찮겠는가? 지금 소식을 전하는 이는 그래서 역설하는 것 같다. 옳은 사람으로 바뀌어야만 선한 사람이라고 말이다.

다음은 '還本精神 오른 사람 寄別가자 부른다'라는 소제목의 기록이다. 이 소제목도 역시 언뜻 무슨 말인지 도통 쉽게 이해가 되질 않는다. 그러나 뒤이어진 내용을 견주어 본다면, '근본으로 되돌아온 옳은 사람이 마중을 나가자고 부릅니다.'라는 내용이 된다. 구체적인 내용을 보면, "마중할 일 마중할 일. 바삐 서둘러 마중할 일. 단군이며 천신이신 임이 오시니 하늘의 뜻 마중하는 사람의 마음이 돌고 있는 마중이라네. 바삐 갑시다. 바삐 가요. 단군님 기자님 어디 오시나. 온갖 신선 길에 내리시니 복숭아 꽃 거듭 피어난 땅이라네. 용화세계의 뭇 신선은 금강산이 절승이나 죽고 사는 운명의 집이 어디인가.(하네) 천하에 착하여 마음의 모범됨이 금강 암자의 심천(沈天, 심청?)의 효성이라네. 저 효녀가 아버지 눈을 밝게 하고자 임당수에 몸이 팔려서 황제가 낭군되어 자신은 황후이며 부인이 되었으니 여와 씨와 복희 씨의 내력을 알아 봅시다. 참된 나무 소나무 아래에서 화신한 단군임 소식도 그에 견줄 만한 소식이 아니겠습니까? 백성들 백성들 우리 백성들. 앞선 임금의 조선이여. 우리 백성. 조선의 물과 땅이 생겨난 있는 백성들. 근본을 잊으면 어찌할 것이고, 조정을 잊으면 어찌하겠습니까? 살아가고 있는 우리 백성들. 마음 하나가 되

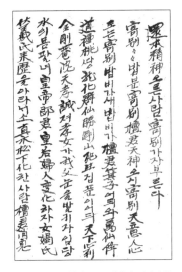

그림 110 '還本精神 오른 사람 寄別가자 부른다' 부분. 《참 精神으로 배울 일》, 古佛禪院 本(19세기말)

어 기운 화목하게 하여 마중을 나가세. 바쁜 마중이고 마중일세. 어서 가 보세. 바삐 갑시다. 하늘 말씀 가운데 하늘이 내린 말씀을 시간을 더디 지체할 수 없습니다. 남을 살리고 덕을 베푸니 어서 갑시다. 바삐 갑시다. 부모 소식이며 나를 살리는 소식을 봄바람에 물어서 찾아 들어오십시오. 단군님이 머리를 묶으셨고 머리털이 있으셨네. 단군님은 천신님인 듯하니, 마중할 때입니다."247라고 풀이 된다.

이제껏 살핀 '홍연결'과 '참 정신으로 배울 일' 등의 자료는 근대기의 혼란기를 겪어 내던 서민과 일반 민중이 새로운 마음의 의지 처로 새로운 종교 귀의 공간을 찾고 있었고, 그들의 마음 깊숙한 곳에는 하늘의 천신과 위력한 구천 현녀 등의 강력한 영웅적 후원자들이 자리하고 있음을 알 수 있다. 어쩌면 숨이 막히도록 고단하고 괴로운 현실만큼이나 당시 민중은 가장 아름다운 선경 세계와 이상향을 꿈꾸고 있었는지 알 수 없다. 그것은 또한 상고 이래로 우리 겨레의 각 사람마다 가슴에 남아 전하던 홍익인간과 이화세계의 건설이라는 염원이 달리 변형되어 작동된 결과일 수도 있다는 생각은 너무도 자연스러운 추론이 될 터이다.

247 寄別寄別 바쁜 寄別 檀君天神 오시(니) 寄別天意人心도는 寄別 바삐 가세 바삐 가, 檀君箕子 어디 오시나 萬仙降道重桃땅 龍華群仙勝剛山 死生집뿐이 어디 天下心判金剛庵沈天孝誠 저 孝女가 我父 눈을 밝히고자 임당 水에 몸 팔려 皇帝郎君 皇后婦人變化하자 女媧氏伏羲氏來歷을 알아내소. 眞木松下化한 사람 檀君消息아닐런가 百姓 百姓 우리 百姓 先王朝鮮 우리 百姓 朝鮮水土생긴 百姓 忘本어이 忘朝런고 사라나는 우리 百姓 同心和氣寄別가세 바쁜 寄別이 寄別 어서 가세 바삐 가 天語中天 내린 말 遲滯漸時 못하네 活人布德어서가 바삐 가. 父母消息生我消息春風물어 찾아 들어오세요 檀君束髮有髮이네 檀君天神 寄別왔소.
朴善植(한국인문과학예술교육원) 註解, 《참 精神으로 배울 일》, 古佛禪院 本(19세기 말 유통)

18

한민족의 억센 상무적 기상과
끈질긴 항쟁의 전통

고구려, 그 굳건함의 바탕은 무엇이었나

고구려는 일찍이 이미 5세기 후반기에 최대의 영역을 확보한 데에 이어서 6세기 전후에 이르러서는 그 호수가 1백여 만 호에 이르는 대국으로 발전하였다. 이러한 호구 수를 배경으로 군사력의 주력을 이루던 기병 부대는 북방 계통의 우수한 말을 타고 기병용 궁시와 장창을 주 무기로 사용하였다. 그리고 보병 부대는 창검과 같은 근거리 무기 이외에도 사거리가 각각 3백여 보에서 1천 보에 달하는 궁시와 쇠뇌를 휴대하면서, 투석기인 포차와 차노·충차, 운제 등 공성 및 수성 장비를 보유함으로써 강력한 전투력을 유지하고 있었다.[248] 그 같은 고구려의 강성함은 전통적으로 안정화된 야철 기술 기반으로부터 비롯됐다고 이해된다. 이웃한 거란이 쇠가 없어 고구려로부터 빌어다 썼다는 《수서(隋書)》의 기록[249]을 통해 지속적

---

248 《한민족전쟁통사—1.고대편》, 국방군사연구소, 1994, P.173
249 《수서(隋書)》 '북적전(北狄傳)'의 계단(契丹, 기란)조.

으로 발전한 고구려의 금속 기술의 생산력을 짐작할 수 있다.

당시 증가하던 고구려의 국세를 짐작할 수 있는 문화사적 증고로 고구려 벽화는 참고가 된다. 고구려의 벽화 가운데 이른바, '오회분 4호묘'를 보면, 익히 잘 알려진 단야신(鍛冶神, 대장장이 신)과 제륜신(製輪神, 수레 만드는 신)이 각각 묘사돼 있다. 관련 연구자들의 견해에 따르면 '오회분 4호묘'는 대체로 6세기의 사신계 벽화인 것으로 알려졌다.[250]

만일 '오회분 4호묘'가 정말 6세기경의 벽화라면, 단야신과 제륜신은 당시 왕성하게 발전하던 고구려의 산업 생산력을 여실히 드러내는 징표라 할 수 있다. 그 때문에 모루의 위에 올려놓은 쇠붙이를 노려보는 단야신의 눈초리와 모두 16개나 되는 바퀴살을 다부진 모습으로 만드는 제륜신의 손놀림은 결코 예사롭게 지나칠 장면이 아니다. 고구려를 동북아의 대제국으로 떠오르게 한 역대의 모든 고구려 장인들의 모습을 고스란히 상징하고 있다고 느껴지기 때문이다.

한편으로 고구려는 농업이나 목축업에 종사하는 일반 백성들까지도 대체로 전사로서의 기본적 소양을 갖추게 했다. 송경습사(誦經習射)를 학습의 주 과목으로 하는 경당(扃堂)제도와 춘추로 거행되던 대규모의 공식적 수렵 행사 등이 고구려인을 언제나 전투 가능한 상태로 만들었다. 그뿐만 아니라 2백여 개에 이르는 성곽은 평상시에는 행정적 연락거점이었고, 유사시에는 전투 거점으로써 고구려의 중요한 군사 시설물이었다.

고구려는 30여 년에 걸친 평원왕의 치세(559-589)를 통해, 국력 내실화를 추구할 수 있었다. 뒤이어 영양왕 대(590년~617년)에 이르러서는 수세적 방위 태세를 공세적인 방위 전략으로 전환할 수 있게 됐다. 내적 안

---

250 전호태, 《고분벽화로 본 고구려 이야기》, 풀빛출판사, 1999년 발행, PP.45-47 CKA조)

정을 거듭하는 고구려의 형편을 주시하며, 수는 동북아 질서를 거머쥐고자 부심했다. 그 같은 움직임은 고구려 침공의 조짐으로 드러났다. 이에 고구려는 수의 팽창 노선에 긴장했고, 거꾸로 수의 침략 거점을 선제 공격한다는 계획을 수립했다. 그리하여 영양왕은 598년 2월을 기해 1만에 이른 말갈 기병 부대를 움직여 수의 북방 진출 거점인 영주(營州,조양)를 타격하는 작전을 폈다.

일종의 예방 전쟁 차원으로 벌어진 영주 타격 작전은 원거리에 걸쳐 이루어진 탓에 별 소득도 없이 회군하는 것으로 매듭지어졌다. 하지만 수는 이러한 고구려의 군사 작전에 크게 자극됐고, 마침내 대규모 원정을 불러 일으켰다. 더불어 수는 국서(國書)를 통해 고구려에게 외교적 협박을 가하기도 했다. 그런데 수의 국서에는 당시 고구려 군사 행동의 일면을 엿보게 하는 다음의 내용들이 있어, 눈길을 끈다. 곧 《수서》 '고려' 전을 보면 "고구려 왕은 (생략) 지난해 비밀리에 중국인 무기 제조 기술자를 재물로 매수하여 데려가고, 활 쏘는 사람을 국경에 매복시켰다. 또 고구려가 병기를 수리하거나 제조하는 것은 올바르지 못한 뜻을 품고 있는 것이다. 그것은 소문을 두려워하여 은밀하게 군사력을 강화하는 것이 아니냐."[251]는 내용이 그러하다. 고구려가 중국인 기술자를 영입하여 무기 제조 기술을 끌어 올리려 했음을 짐작케 하는 기록인 셈이다. 또한 《삼국사기》의 '고구려 본기'를 보면, "고구려의 소추는 혼미하여 공손치 못하고,(생략) 변방에 충만하여 자주 봉후를 괴롭히므로(充斥邊垂 亟勞烽候) 관문을 지킴은 이로 해서 안정되지 못하고, 생민은 이 때문에 생업을 폐하게 됐다."[252]는 내용도 주목할 점이다.

거론된 국서의 내용을 통해, 고구려가 수의 침공에 대비하여 무엇보

251 《수서(隋書)》, '동이전 고려(고구려를 뜻함—필자 주)'을 참조할 것.
252 《삼국사기》, '고구려본기' 제8, '영양왕 23년'조.

다 적측 군사 정보 수집에 발 빠르게 대처했음을 엿볼 수 있다. 수나라의 무기 제조 기술자를 영입하려 한 것은, 적측 군사 기술의 실태를 가늠키 위한 것으로 이해된다. 또한 수나라의 변경에 배치된 봉후(烽候,봉수와 척후 등의 군사정보전달시설)를 괴롭힌 점은, 전쟁 전에 군사 첩보를 전달하는 통신 시설의 파괴를 꾀했음을 쉽게 헤아릴 수 있다. 대규모 침공의 정보를 접한 고구려로서는 당연한 조치라 할 수 있다. 하지만 수나라 조정은 고구려의 기민한 군사 행동에 적잖은 우려를 느꼈고, 국서를 통해 항의한 것을 알 수 있다.

어떻든 수나라는 일찍부터 고구려를 침공키 위해 준비한 상태였고, 고구려의 영주 공격전이 있고 난 직후부터 원정 계획은 숨 가쁘게 실천으로 이어졌다. 그리하여 598년 2월부터 4개월에 걸친 준비 기간을 거쳐 그해 6월에 수의 침략군은 탁군을 출발했다. 수나라 원정군은 동진하여 마침내 임유관(臨渝關, '유'는 '투'로도 읽혀질 수 있음)에 이르렀다. 그런데 그 무렵은 지극히 불순한 우기(雨期)였다. 그리하여 수의 침공군은 기상 불량의 악조건을 무릅쓰고, 강행군을 계속해야 했다. 그러나 수군은 보급 문제와 질병의 만연으로 이내 회군하기에 이르렀다. 그런데 당시 임유관 지역에서 수(隋)의 수군이 비바람 등의 기상 악조건 때문에 회군했다고 기록한 역사 기록물로 《삼국사기》와 중국 측의 《수서(隋書)》등을 들 수 있다. 하지만 신채호는 그의 저서 《조선상고사》의 '제10편, 고구려와 수의 전쟁'에서 독특한 견해를 밝히고 있어 눈길을 끈다. 곧, "강이식(姜以式)으로 병마원수를 삼아서 정병 5만을 거느리고 임유관으로 향하게 하고, 먼저 예(濊,수서의 말갈) 군사 1만으로 요서에 침입하여 수(隋)의 군사를 유인케 하고 거란 군사 수천 명으로 바다를 건너가 지금의 산동반도를 치게 하니 이에 두 나라의 첫 번째 전쟁이 시작됐다. (생략) 이듬해 고구려의 군사가 요서에 침입하여 요서총관 위충과 거짓으로 패하여 임유관에서 나오니, 수의 문제가 30만을 들어 한왕 양양을 행군대 총관을 삼아 임유관으로 나오고, 주나후는 수군 총관을 삼아서 바다로 나아가게 했다. 주나후는 평양으로 향한다는 말을 퍼뜨렸으나 실은 양식 실은 배를 영솔하여 요해(遼海)로 들어와 양양의 군량을 대주고자 함이었다. 강이식이 수군을 거느리고 바다 가운데 들어가 이를 맞아 쳐서 배를 격파하고, 군중에 영을 내려 성책을 지키고 나가 싸우지 말라 하니, 수의 군사는 양식이 없는 데에다가 또한 6월의 장마를 만나 굶주림과 전염병에 숱한 사람이 낭자하게 죽어가 퇴군하기 시작했다. 강이식이 이를 추격하여 전군을 거의 섬멸하고 무수한 군기를 얻어 개선했다.”는 내용이 그러하다. 인용문의 내용대로, 당시의 고구려가 수군을 활용하여 수나라 군대를 격파했다면, 고구려의 수군 역량이 만만치 않은 해상 세력으로서, 황해의 제해권을 거머쥐고 있었음을 알 수 있다.

고구려의 철벽 대응과 수대군의 패전

이후 수는 문제의 뒤를 이은 양제(605-616)가 즉위하면서 재차 고구리 침공 계획을 실행했다. 침공에 앞서 양제는 607년 무렵부터 운제와 충차, 그리고 화차 등의 공성 무기 개발에 거센 독려를 했고, 그에 따른 성과도 대단했다. 더불어 대규모 원정에 앞서 부담스런 존재였던 토욕혼을 608년부터 공격하여 609년에는 완전히 굴복시키고 말았다. 대북방 민족 전쟁에 뭔가 자신감을 얻은 수양제는 마침내 총 1백 13만 3천 8백명에 이르는 고구려 원정군을 집결시켰다. 수의 침공군은 각 제대별로 고유한 진군로를 확정하고, 612년 1월을 기해 고구려 침공을 개시했다. 거듭된 수의 침공은 요하 전투와 요동성 공방전, 그리고 평양 부근 전투로 이어졌다. 고구려는 적의 대규모 침공군을 맞아 각 성곽을 거점으로 지연작전을 폈고, 가능한 수(隋)군의 동선(動線)을 길게 늘이기 위해 노력했다. 그리하여 마침내 수군이 평양 부근에서 고구려 매복 부대에 걸려 전열이 무너지자, 격퇴를 위한 작전을 실행에 옮겼다.

고구려는 을지문덕의 지모에 의해, 적들을 기만하며 마침내 입조를 빌미로 하여 퇴군케 했다. 그리고 앞서 살수 천변을 막아 대규모의 물막이 둑을 만들었다. 그리고 마침내 살수 천변의 물막이 둑이 완성됨과 더불어 을지문덕부대의 추격전이 이어졌다. 수나라 대군은 방진(方陣)을 형성하며, 퇴각을 거듭했고, 마침내 살수 천변에 이르러 급속히 도하를 서둘렀다. 하지만 그들의 반수가 건널 무렵, 상부의 물막이 둑들이 곳곳에서 터졌고, 후방을 쫓던 고구려군은 더욱 거센 공격을 퍼부었다. 결국 이 작전은 수의 30만 별동 부대 중에서 겨우 2700여 명만을 귀환케 한 대첩의 결과를 낳았다. 그러나 수의 침공 의지는 가시지 않아, 613년 5월 중순에 고구려의 신성과 요동성을 치는 것으로 다시 이어졌다. 그 같은 전투 과정에서 수나라 내부에 분열이 있어, 수의 병부시랑인 곡사정이 고구려에 투항하는 사태가 벌어졌다. 그 때문에 수양제는 군사 정보 유출 등 전투 지휘상 우려된 바가 적지 않아 부득이 귀환했다.

하지만 수 양제는 다시 제4차의 고구려 침공을 준비했고, 그에 따른 국고의 고갈은 극심해졌다. 물론 수의 침공을 막는 고구려도 막대한 전비 지출로 적잖은 취약점이 커지고 있는 상태였다. 그런 과정 속에서 다시 고구려는 수의 군사와 비사성 등지에서 격돌했다. 그 무렵 고구려는 고구려로 망명해 온 곡사정의 반환을 통해, 수의 대군이 철수토록 유도했다. 그리하여 수 양제는 614년 8월에 곡사정을 압송하는 함거를 앞세우고 회원진에서 말머리를 돌려, 총 4회에 걸친 고구려 침공을 마감하기에 이르렀다.

고구려의 시련과 신라의 한시적 당(唐)군 활용

고구려는 수와의 거듭된 전쟁을 승리로 이끌어 마침내 동북아의 강자로 부상하기에 이르렀다. 그 같은 시기에 고구려는 일본에 전리품 몇 가지를 보냈다. 《일본서기》에 따르면, 고구려가 수나라와의 전쟁에 이긴 뒤, 일본에 보낸 물품은 북, 취, 쇠뇌, 투석기 등 10종과 토산물과 낙타 등인 것으로 나타났다.[253] 그런데 왜 고구려가 일본에 그 같은 군사 물품류를 보낸 것일까.

고구려가 일본에 무기류 등을 보낸 까닭을, 전승에 겨워 취한 탓으로도 볼 수 있을 것이다. 하지만 고구려의 속뜻은 다른 데 있던 것으로 추정된다. 고구려가 수의 침공에 벅찬 항쟁을 거듭할 때, 남방의 백제 무왕은 국세 확장을 위한 군사력 증강에 박차를 가했다. 더욱이 백제의 군사력 강화는 이후의 무왕 38년(637)과 동왕 40년(639)에 각각 당나라에 갑주(철갑,금갑)와 도끼(조부)를 선물한 사실로도 넉넉히 짐작되고 있기도 하다. 그 같은 백제의 책동을 눈치 챈 고구려는 백제와 연계될 수 있는 일본을 경계코자 했을 것이다. 따라서 고구려는 수를 꺾고 난 이후 ,곧바로 자신들의 강성함을 과시할 겸, 묵시적인 경고성 메시지를 띄우기 위해 무기류 일부(전리품 또는 고구려 최상품의 무기로 추정됨)를 일본에 보낸 것으로 이해된다.

한편 그 무렵의 백제는 신라로부터의 원한을 풀기 위해, 동남방 작전에도 힘을 기울였다. 무왕 34년(633)과 무왕 37년(636)에 각각 신라의 서곡성과 독산성을 공격한 사례는 백제의 신라 압박 의지를 읽게 한다.

그 시기에 당은 수에 이어 고구려에 커다란 적대감을 지닌 채, 전쟁

---

253 《일본서기》, '추고천황', '26년 8월'조 참조요.
　　그런데 원문을 보면 고구려가 마치 일본에 군사 장비 등을 조공한 듯이 표현한 것이 보이는데, 그 같은 표현은 일본 측의 굴절된 기록 태도의 소산으로 이해된다. 수나라를 꺾고 동북아의 군사 강국으로 부상한 고구려가 도대체 무엇이 아쉬워 일본에 조공했겠는가.

의 빌미를 찾고 있었다. 그리하여 고구려 침공에 따른 대규모의 전비를 확보하고자 노력했다. 더불어 당은 백제와 신라와의 연대감을 잃지 않고, 경우에 따라 그들을 고구려 침공시 후원 세력으로 활용하려는 의도까지 가졌다.

당의 침공 의도를 간파한 고구려에서는 연개소문을 핵심으로 하는 강성 귀족들의 대당 강경 노선이 성장하고 있었다. 그에 비해 영류왕 정권은 오히려 친당적 국면을 조장했고, 마침내 연개소문파와 정치적 대립은 격화됐다. 그리하여 642년 10월, 연개소문 일파는 정변을 일으켜 영류왕을 시해하고, 강력한 대당 강경 노선을 표면화하기에 이르렀다. 이어 고구려는 각처의 요새지를 전쟁을 위한 준비 작업과 더불어 재정비에 나섰다. 고구려는 수나라의 침공을 물리친 지 겨우 30년이 채 안 되는 시기에, 다시 전비를 추슬러야 하는 상황을 맞이한 셈이다.

한편 백제는 무왕의 뒤를 이어 의자왕이 등극하고, 강력한 팽창 정책을 폈다. 전략적으로 고구려와 공연한 소모전을 벌이기보다, 당장 남방의 신라를 제압하는 것이 급선무임을 깨닫고 있었다. 그리하여 백제는 마침내 고구려와 연합했고, 그 결과 의자왕 3년(643) 정월에 신라의 당항성을 공취하여, 신라의 서방 진출로를 차단하는 데에 성공했다. 이어 백제는 의자왕 5년(645)에 신라의 일곱 성을 공취했고, 동왕 7년(647)에는 감물성과 동잠성을 공격했고, 그리고 동왕 8년(648)에는 서변의 요거성 등 10여 성을 공취했고, 동왕 9년(649)에는 석토성 등 일곱 성을 공취했다. 그뿐만 아니라 수군을 움직여 당의 강남을 들치는 기습전도 감행했다.[254] 그러다가 동왕 15년(655) 8월에는 고구려 및 말갈군과 연합하여,

---

254 신채호는 자신의 《조선상고사》의 '제12편'에서, 백제의 의자왕 조정이 한반도 내의 국세 확장은 물론, "수군으로 당의 강남을 습격하여 월주(越州) 등지를 점령하여" 해외 경략에도 적극적 이었다는 견해를 밝힌 바 있다. 《당서(唐書)》의 '동이전' '백제'조를 견주어 보면, 신채호의 견해가 내용상 틀리지 않음을 알 수 있다.

무려 30여 개에 달하는 신라성을 공파하는 기염을 토했다.[255]

백제군의 신라 압박이 거세지는 시기를 같이하여, 북방에서는 고구려와 당의 무력 충돌이 벌어졌다. 고구려는 대위기를 맞아 국운을 건 혈투를 벌였다. 당은 요하 지역을 통과하는 육로 부대와 황해를 가로지르는 수로 부대를 일정하게 결합하는 전통적인 수륙병진책을 구현했고, 고구려는 각각의 요새지에서 저지 작전에 충실했다. 각 처에서의 수성전은 당의 전력 상실을 이끌어냈고, 고구려는 안시성 공방전을 통해 당군의 발목을 움켜잡았다. 당군은 충차(衝車)와 석포(石砲) 등의 공성 장비 투입과 토산(土山)의 구축을 통한 공격에 실패한 나머지 회의감에 젖게 됐다. 그에 반해 모든 수성 전술을 동원해 맞서는 고구려군의 기세는 드높았다. 그리하여 마침내 당의 대원정군은 철수했고, 일정 기간이 지난 뒤에 거듭 시도된 침공에도 별다른 실효를 얻지 못하고 말았다. 그 때문에 동북아는 다시 소강기를 맞이하게 됐다. 당과의 전투로 고구려는 쇠약의 조짐이 생겼고, 당나라도 심각한 국고의 고갈로 허덕이게 됐다.

그 무렵 신라는 강성한 백제군의 침투에 거듭 긴장하고 있었다. 그리하여 위기 해결을 위해 당과의 정치 군사적 연대를 꾀하는 동시, 백제 내부의 이간책을 추진코자 작정했다. 어떻든 그 무렵 백제 왕조는 바야흐로 국세 회복의 호기를 맞았음이 분명했다. 그러나 신라의 교묘한 방해 책동은 깊숙이 침투한 신라계 첩자들의 암약으로 이어졌고, 마침내 의자왕은 충직한 관료들을 거세하기에 이르렀다. 이 부분과 관련하여 신채호의 견해가 주목된다. 신채호는 자신의 《조선상고사》 제12편'에서, 백제 망국의 조짐을 이른바 '불가살' 일화를 소개하며 설명했다. 신채호는, "당이 강남 일대를 집어삼키듯 하며, 월주에서 백제 수군을 조련하

---

255 《삼국사기》 '백제본기 제6'의 '의자왕' 2년조부터 15년조까지의 기록 참조할 것.

던 '윤충'이 모함으로 죽고, "성충도 물리쳐지니 금화는 더욱 기탄없이 의자왕에게 권하여 웅장하고 화려한 왕흥사와 태자궁을 지어 나라의 재정이 마르게 하고, 백제 산천의 지덕이 험악하니 쇠로 진압해야 한다고 각처 명산에 쇠기둥 또는 쇠못을 박고 강과 바다에 쇠그릇을 던져 넣어 나라 안의 철이 동이 나게 하니, 나라 사람들이 금화를 원망하여 '불가살'이라 일컬었다."고 한다. 또한 신채호는 "불가살은 백제 신화의 '쇠먹는 신'의 이름이었다."라고 했다. 신채호가 소개한 백제 망국기의 일화는 언뜻 우스꽝스럽게 들릴지 모르지만 분명히 있을 법한 이야기다. 고대 당시의 철자원은 곧 나라를 버티게 하는 바탕이었음을 생각할 때, 신라 조정의 정치 공작 지령에 의해 암약하던 금화의 간계는 교묘히 진행된 국력 파탄 음모였다고 이해할 수 있기 때문이다.

어떻든 뒤이어 신라와 당의 연합군은 침공했고, 계백과 같은 몇몇의 충신들에 의해 위기 정국은 운영됐다. 그러나 백제 왕조는 전략 수립에서 혼미를 거듭했고, 황산벌에서 결사 항전을 꾀했다. 한때 강성한 전투력을 갖추었던 백제군은 급습하는 나당연합군에 지휘력을 상실한 나머지, 동원력에 구멍이 뚫렸던 것이 아니었나 싶다. 어떻든 계백의 주저항 부대는 수적 열세를 면치 못한 채 패전했고, 사비성에서의 최후 방어선마저 붕괴되며 백제는 망국에 이르고 말았다.

백제의 멸망은 고구려로 하여금 입술이 헐어서, 이가 시리게 된 사태를 맞게 했다. 그런데 고구려 지도부는 중대한 시기를 맞아 분열했고, 더불어 강력한 전투 지휘 체계는 이완됐다. 그러므로 신라와 당은 고구려의 균열을 역이용해 거침없이 고구려를 칠 수 있었다. 그런데 《일본서기》의 '천지천황 즉위전기'의 12월 기사에 따르면, 고구려를 침공한 당시의 당군이 "운차(雲車,일종의 운제로 이해됨)와 충팽(衝輣,일종의 충차로 이해됨)"을 사용한 것임을 알 수 있다. 그리고 같은 책의 기록에 따르면, 고구려군이

"용감하고 웅장했다. 다시 당의 두 보루를 **뺏었다**."는 것으로 전해진다. 이로 보아 고구려군은 지휘부의 균열에도 굴하지 않고, 억세고도 거센 공방전을 벌였음을 알 수 있다.

신라, 다시 대당 전쟁을 벌이다

결국 신라는 당과 함께 백제와 고구려를 멸망시켰고, 이어 영유권에 따른 문제로 당과 새로운 전쟁을 하게 됐다. 그 무렵 당은 신라 측의 무기 기술자를 당으로 **빼내** 전투력의 약화를 꾀하고자 했다. 그것은 문무왕 9년(669) 신라의 쇠뇌 기술자인 구진천을 당에 억류케 한 일로 증명된다. 하지만 구진천은 신라의 쇠뇌 제작 비법을 발설치 않는 충정을 보였다.

그러던 문무왕 10년(670) 3월, 신라는 고구려의 유민군과 연합하여, 약 1만의 전투 부대로 압록강 이북의 개돈양 지역에서 당군을 대파하는 전과를 거두었다. 그뿐만 아니라 문무왕 11년(671) 10월 6일에는, 당의 조선(漕船,군수보급지원용 함선) 70여 척을 격파했다. 또한 문무왕 13년(673)에는 철산지인 충수 지역에 국원성(國原城)을 축조하는 등 모두 여덟 개의 성곽을 주요 지역에 축조했고, 병선 100척으로 서해를 지켰다. 점증하는 당과의 대립국면을 맞아, 수군력의 상시 배치를 통한 철통 경계의 사실을 읽을 수 있다. 그 때문에 당은 그에 따른 반발로 말갈 및 거란을 이끌고 남침했고, 신라군은 다시 강공을 퍼부어 2000여 명을 목 베기까지 했다. 뒤이어 동왕 15년(675) 9월에는 설인귀군(軍)의 남진에 맞서 1400여 명을 목 베고, 40척에 이르는 병선(兵船)과 1000필에 이르는 전마(戰馬)를 얻기까지 했다.

당시 신라군이 설인귀군(軍)과 맞서 싸우고, 40척의 병선(兵船)과 1000필의 전마(戰馬)를 얻었음은 군사 기술 발전 요소의 수용 과정으로 이해할 수 있다. 물론 전쟁 과정은 숱한 물자의 교류 및 획득 과정으로서 당연한 현상에 속한다. 그 때문에 거론된 전쟁 사실(史實)이 엄청난 의미가 있다고는 할 수 없다. 그럼에도 불구하고 간헐적으로 이어지는 적측 전투 장비의 획득 과정은 자국의 전술은 물론 군사 기술에 적잖은 자극을 가져다 다는 점에 주목할 필요가 있다. 그 때문에 신라측이 당의 설인귀 부대를 격파한 뒤 얻은 40척의 병선은 신라 수군 전술의 발전적 참고 자료가 됐을 것이며, 전마들은 곧바로 기동 부대의 수단으로 역이용됐음은 지극히 당연한 추정이 될 것이다.

한편 신라는 일찍부터 지증왕 때에 선박에 관한 제도를 마련했고(制舟楫之利), 진흥왕 14년 즉, 553년 7월의 한강 확보 이후 다시 진평왕 5년 즉, 583년의 정월에는 선부서(船府署)를 설립한 바 있다. 그 같은 해양력 강화기를 거듭하며, 수군력의 발전도 있었다고 짐작된다. 또한 백제를 치는 전투 가운데 벌어진, 백강구에서의 수전은 또 다시 신라 수군력을 제고하는 계기가 아니었나 싶다. 백강구 전투에는 김법민을 위시한 신라 육군이 당선에 동승하여 전투를 치른 것으로 이해되기 때문이다. 《삼국사기》의 '백제본기'에 보이는 의자왕 20년 조 해당 기사를 보면, 신라는 백강구 전쟁 직전 김법민, 즉 문무왕을 위시한 신라 육군 세력이 이후 당의 수군 선단에 합류, 전쟁을 치르는 것임을 알 수 있다.

또한 신라는 백강구전에 참여하면서, 당의 수군선이 갖는 특성과 수군 전술을 넉넉히 목격하는 계기를 맞이한 것으로 이해된다. 그러므로 이후 벌어진 당과의 거듭된 수전에서 결코 열세에 처하지 않았음은 물론 당의 수군을 압도적으로 격파할 수 있었다고 생각된다. 그러므로 여기서 거론되는 설인귀 부대 격파의 사실은 나름대로 그 같은 신라 수군의 발전 과정에 적잖은 요소로 수용된 것으로 볼 수 있겠다. 전과물로 얻은 당의 병선 40척은 적어도 신라 군선 개선에 참고 자료가 됐든지, 아니면 당 수군을 유도하여 기만하는 데에 거꾸로 이용됐을 수도 있기 때문이다. 그 같은 관점에서 이후에 맞이한 신라 수군의 기벌포 대첩은 당 수군에 관한 종합된 군사 정보의 축적에 따른 소산으로 이해할 수도 있을 것 같다.

신라가 무비를 개선시키며 대당 전쟁에 거듭 승리하다

신라군의 거듭된 전승의 바탕에는 부분적으로 이루어진 신라군과 고구려군의 전술적 연합도 한몫 했다고 보여진다. 신라와 고구려 유민의 연합군이 거둔 개돈양 진격 작전의 성공이 좋은 사례다. 더불어 신라 및 고구려의 연합군을 운영하는 과정에 무비 제작 기법이 서로 전수됐을 개연성이 있다고 짐작된다. 그뿐만 아니라 신라는 전투 규모의 확대에 따른 전술 훈련 교범의 정리에도 빠르게 대처한 것으로 보인다. 문무왕 14년(674)에 아찬 설수진에 이루어진 '육진병법(六陣兵法)'의 훈련이 좋은 예가 된다. 육진병법은 이제까지와는 사뭇 다른 종합 진투 훈련이었을 것으로 추정된다.[256] 따라서 신라군의 전투력은 눈에 띄게 강화됐을 것이며, 이후 펼쳐진 당과의 전투를 승리로 이끌었다고 이해된다.

신라는 매소성에서 당의 대규모 기병 부대를 무력화한 후, 다시 기벌

---

256 당시 신라의 육진병법(六陣兵法)을 다음과 같은 의미로 이해되는 측면이 느껴진다.
▶여러 진형(여섯 가지의 진형)으로 연계하여 펼쳐지는 대(大)부대 전투 훈련
▶다양한 적의 진형에 대응키 위한 다단계 전투 훈련
▶다양한 무기 체계와 병종에 따른 다양한 병종별 훈련
그런데 여섯 가지의 진형에 대해서는 좀 더 구체적인 고찰이 필요하다.

포에서 당의 수군력을 대파하는 기염을 토했다. 그것은 신라가 오랫동안의 쟁패기를 통해, 기병전과 보병전, 그리고 수전 경험을 쌓은 결과로 이해된다. 그뿐만 아니라 신라는 그 같은 대승첩을 통해 인접국의 무비(武備)와 전술을 비교 및 검토하는 계기를 접했다고 봐야 할 것이다.

당은 수륙전에서 대군을 잃어 군세가 크게 꺾였다. 신라는 당과의 승전으로 막대한 군사용 노획물을 얻었고, 백제 땅을 완전히 장악했다. 그러나 얼마 지나지 않은 30년 뒤, 옛 고구려의 땅에는 발해가 들어서 새로운 쟁패기를 맞이하게 됐다.

한편 백제와 고구려를 무너뜨린 신라는 이후, 일본에 대한 내정 개혁을 이끌어냈다고 한다. 관련 연구에 따르면, "668년 고구려를 멸망시키고 한반도를 통일한 신라는 그 여세를 몰고 패전한 백제의 지배층이 몰려가 있는 백제=대화왜(大和倭)에 사절을 보내 일본인으로 하여금 전쟁 배상 물자(絹 50필, 綿 500근, 韋 100매, 船(소선)2척)를 가지고 신라 배에 동선(同船)하게 하여 신라 사절과 함께 신라 왕경인 경주에 오게 한" 것으로 알려졌다.[257] 또한 신라는 뒤이어, 668년 이후 30여 년에 걸쳐 의복, 성씨, 관위, 문무관고선임(文武官考選任) 등의 제도를 신라의 제도로써 정착시켰고, 701년에 일본의 율령의 완성을 보고서야 702년에 비로소 일본 측이 당나라로 사신을 파견하는 것을 허용했다고 한다.[258] 거론된 내용에 관해 보다 깊은 연구가 이어져야겠지만, 나름대로 설득력을 갖춘다.

신라는 삼국 쟁패의 과정을 겪으며, 기본적으로 산업 기술 체계를 다듬었다고 보아야 한다. 그것은 거듭 세분화된 군제와 그에 따른 관련 제도 발생으로 짐작할 수 있다.[259] 그뿐만 아니라 고구려와 백제의 문물

---

257 최재석, 《정창원 소장품과 통일신라》, 일지사, 1996, P. 138
258 최재석, 앞의 책
259 《삼국사기》, '권제40', '지제9', '직관 하', '무관(武官)' 항목 참조할 것.

을 부분적으로 수용하고, 그와 더불어 민족 통합적 신질서 확립에 노력했을 것이다. 특히 당을 한반도에서 몰아내는 전쟁을 치르면서, 더욱 결집된 동원력이 필요했을 것으로 생각된다.

어떻든 신라는 확대된 국력을 바탕 삼아 내치와 외교에 적극성을 드러냈다고 이해된다. 한마디로 발달되고 보충된 군사 역량을 토대로, 내적 재편성과 힘의 외교를 한껏 과시했던 것으로 분석된다.

삼국과 가야 열국 간의 쟁패는 숱한 병장 기구를 개발하게 한 주원인이었다. 각국은 대체적으로 길고 날카로운 도검을 썼고, 그 모양 또한 기능에 따른 다양했다. 이를테면 단순한 철대도(鐵大刀)는 물론, 화려한 환두대도(環頭大刀)가 있었고, 경우에 따라 칼날의 끝 부분이 손잡이의 윗부분 날보다 넓은 도(刀)를 사용하기도 했다. 검(劍)의 경우에도 단순한 철단검(鐵短劍)은 물론, 장대한 철대검(鐵大劍)이 있었다.

다양한 도검과도 같이 창에도 그 종류가 다양했다. 창봉과 창날이 일자형인 단순한 '철모(鐵矛)'는 가장 기본적인 창이라고 할 수 있다. 하지만 고구려의 경우, 가운데 창날에 다시 갈고리 모양의 가지 창날이 있는 '갈고리창'이 있었고, 세 가닥 혹은 네 가닥의 쇠갈퀴창도 있었다. 경우에 따라 그 같은 창들은 '삼지창' 혹은 '사지창'이라고도 표현된다. 또한 고구려의 경우, 기마병들이 썼던 '삭(矟)'이라는 대형 창이 있었고, 창날의 끝에서 물미(창봉의 끝을 마감하는 부분으로 흔히 금속물로 됨)까지 온통 쇠로 된 '연(鋋)'이라는 창도 썼다고 한다.

창검의 다양성에 따라 갑주 역시 발전을 거듭했다. 거센 전쟁을 겪으며 갑주는 판갑에서 찰갑으로 발전했다. 그 같은 병장 기구의 변화 모양을 통해 우리는 당시의 전투 양상을 쉽사리 추정할 수 있다. 이를테면 고구려의 벽화와 가야의 고분에서 드러난 경갑(頸甲)이 그렇다. 목 부분을 단단하게 보호할 수 있게 만들어진 경갑은 당시의 기병들이 적들의 과(戈)에 몹시 긴장했음을 알게 한다.

각국은 또한 기본적으로 쓰는 무기를 발전시켰다. 일찍이 돌화살촉에서 비롯된 화살촉은 이미 동촉(銅鏃)에서 철촉(鐵鏃)으로 변화돼 있었다. 그뿐만 아니라 적에게 보다 깊고 효과적인 상해를 입히고자, 다양한 모양으로 화살촉의 변화를 시도한 점을 알 수 있다.

또한 각국은 중요한 방어 거점으로써, 제각기 견고한 성곽을 구축했다. 일찍부터 있었던 목책성(木柵城)을 비롯해서 토성(土城)과 석성(石城)들을 자연지세에 맞게 쌓았다. 그 때문에 그에 따른 공성전과 수성 전술이 발달하였다. 그리하여 수성 기구로 마름쇠와 노포(弩砲) 등이 개발됐고, 공성 기구로는 운제(雲梯)와 충차(衝車) 등이 있었다. 그 밖에 포차(抛車)의 경우에는 수성과 공성에 모두 활용하기도 한 점이 이채롭다.

그처럼 다양한 무비와 군사 운용 기술이 고스란히 새로운 통합체로서의 신라에 녹아들었다고 보아 큰 무리는 없을 듯하다.

발해의 건국과 동북아질서의 재편 조짐

신라에 의한 양국의 멸망은 새로운 동북아질서를 이끌어냈다. 당은 북방 정세를 움켜쥐는 패자가 됐고, 신라는 서남해로 연결된 교역로를 무대로 하여 대국의 기초를 다지고자 했다.

신라는 일찍이 삼국 간의 쟁패기 때부터 해양 수로의 확보가 갖는 가치성을 크게 평가했다. 그리하여 신라 수군은 점차 강화됐고, 그 결과의 하나가 기벌포에서의 당 수군 격파로 이어졌던 것이다. 이후 신라는 문무왕 18년(678) 정월에, 해양 전담 관청인 선부(船府)를 설립했다. 일찍이 진평왕 5년(583)에 기존의 병부에다 선부서를 두었던 것에 비해, 해양 전담 부서를 독립시킨 의미로 이해된다. 더욱 왕성한 해양력을 육성하려는 정책 노선이 확대, 강화됐음을 분명히 알 수 있다.

한편 고구려가 무너진 지 겨우 30년이 지나, 북방에서는 다시 고구려의 뒤를 이어 발해가 섰다. 당과 신라는 긴장했고, 동북아 질서는 다시 다원적 힘에 의한 균형이 이루어졌다.

발해는 초기에 동모산을 근거로 성장했고, 2대왕인 무왕(武王, 대무예, 재위 기간:732.9~737)에 이르러서는 국세 확장을 위한 정치 군사적 팽창 정책을 견지했다. 그런 와중에 흑수말갈의 동요에 따른 당과 관계 악화로 무력 충돌을 피할 수 없게 되었다. 무왕은 깊은 고심의 결과 당으로의 선제공격 계획을 수립했고, 마침내 장문휴가 지휘하는 수군력으로 등주 지역을 타격토록 명했다.

발해 수군은 강력한 전투 역량을 보유했다. 그같이 강성한 수군의 존재는 남방의 신라가 드러내고 있던 해양력 강화의 반작용에 따른 결과로도 풀이된다. 어떻든 발해는 732년의 9월을 기해 등주 지역 상륙전을 감행했고, 그 결과로 등주자사 위준을 전사케 하는 대승을 거두었다. 발해는 다시 이듬해인 733년, 거란과 연합하여 요서지역의 마도산까지 진격하여 당을 거듭 긴장시켰다.

발해군의 등주 공격 작전을 통해 여러 가지를 곱씹어 볼 만하다. 그 같은 작전은 뛰어난 조선술과 항해술은 물론, 강력한 금속 산업 기반을 바탕으로 다져진 발해 군사 역량의 자신감이 반영된 것으로 볼 수 있기 때문이다. 발해는 서해로부터 동해로 이어지는 긴 해안선을 갖고 있었다. 그 같은 입지 조건과 더불어 고구려 대 때부터의 해양력 기반은 발해로 하여금, 발빠른 해로 개척을 가능케 했을 것이다. 그와 더불어 왕성히 발달한 금속 산업 기반도 해양 기반 조성에 적지 않게 영향을 주었다고 이해된다.

발해의 금속 산업 기반은 무엇보다 다양한 금속 생산으로부터 비롯됐다. 발해는 철, 동, 금, 은 등의 광물을 생산했고, 그에 따른 금속 제련 기술이 능숙했다고 한다. 그것은 중경현덕부 근처인 '위성(位城, 현재의 함경북도 무산 일대)' 등지의 철 생산 기반이 근간을 이루었다. 더불어 각처에서의 부수적 생산 활동이 활성화된 것으로 이해된다. 발해 유적지인 돈화, 화룡, 영안, 동녕 등지에서 보습, 가래, 삽, 낫, 칼, 끌, 대패, 솥, 향로, 못, 가위, 자물쇠, 문저귀, 문장식 등의 생활 도구와 모(矛), 검(劍), 화살촉, 투구, 갑옷비늘(甲片), 재갈멈치, 수레장식, 굴렁쇠 등의 군사 관련 유물이 쏟아진 점은 왕성한 발해의 철 생산 기술을 뚜렷이 증명해 주는 것이라고 생각한다. 특히 수레바퀴의 굴렁쇠는 그 지름이 10.6–12.5cm나 된다.[260] 이로 보아 육상 교통 수단의 발달을 넉넉히 짐작할 수 있고, 그를 활용한 기동전의 양상까지 추정해 볼 수 있다.

발해의 군사력은 좌우맹분위(左右猛賁衛), 좌우웅위(左右熊衛) 등의 10위 체제와 수군이 결합한 형태로 파악되며, 그에 따르는 무기 체계도 발달해 있었다. 고구려 때와 마찬가지로 수도 주변에는 성곽을 거점으로 하는 군사 시설이 배치됐고, 더불어 전투 장비가 확보돼 있었다. 그것은 남경 남해부 지역으로 비정되는 북청의 청해 토성에서 출토된 작두와 삽, 낫, 수레 부속품 등의 여러 생산 도구와 무기류를 보아 잘 알 수 있다.[261] 그밖에 여러 발해 유적지에서 출토되는 환두대도 등의 도검류와 각종의 화살촉, 그리고 등자와 투구 등은 당시 발해군(渤海軍)이 고구려 때의 기동화한 군사적 특징을 고스란히 승계한 점을 엿보게 한다. 발해의 왕성한 해양 활동은 거듭 이어졌고, 그 결과 당과 신라를 견제할 목적으로 일본과의 외교가 원만하게 추진됐다. 그리하여 발해는 점차 일

---

260 왕승례(王承禮─중국 길림성 사회과학원 부원장, 고고학회 이사장) 원저, 송기호 역, 《발해의 역사 (번역총서1)》, 한림대학 출판부, 1988, 참조할 것.
261 고구려연구회 편, '발해건국 1300주년 기념 특별전─ 팜플렛' 《발해의 역사와 유적》, P. 30

본과 군사 협력 부문까지 접근하여, 신라를 실질적으로 제압하는 방안을 강구하고자 작정했다.

발해의 적극적 군사 정책과 신라와 당의 공수동맹 회복

한편 신라는 일찌감치 발해 왕조의 팽창 노선을 읽고 있었다. 그 때문에 그에 따른 방어선 구축의 노력이 거듭됐다. 그리하여 신라는 성덕왕 12년(713) 12월에 개성을 축조했고, 동왕 17년(718) 10월에는 한산주 도독 관내의 요지 전역에 성곽을 축성했고, 동왕 20년(721)에는 하슬라도(何瑟羅道, 강릉으로 비정됨)의 2천여 장정을 동원하여, 북쪽 접경 지역 방비를 위한 장성을 축조한 상태였다. 또한 성덕왕 21년(722) 10월에는 일본 군선의 방비를 위한 모벌군성(월성)을 축조했는데, 성덕왕 30년(731) 4월에는 마침내 일본의 대규모 선단이 침입하기에 이르렀다. 그러나 신라는 무려 300척에 달하는 일본 수군을 보기 좋게 대파했다. 역대로 강화된 신라군의 전투력을 증명함에 충분한 대첩이었다. 당시 신라군은 적어도 해안 거부 작전을 펴고, 경우에 따라 상륙한 왜군을 내륙에서 요격했거나, 해상에서 수전으로 맹공을 펼쳤을 것으로 추정된다. 그 때문에 신라 수군력이 만만치 않았음을 미루어 짐작할 수 있다.

그런데 같은 해 9월, 신라는 백관들에게 명하여 '적문(的門)'에 모여 '차노(車弩)'사격을 관람케 한 일이 있다. 여기서 거론되는 적문이 구체적으로 무엇인지는 분명치 않다. 다만 차노(車弩)는 쇠뇌를 기동이 가능토록 한 수레 위에 설치한 전투 장비로 짐작된다. 그렇다면 적문은 도대체 무엇일까.

통상 문(門)은 무엇인가를 통과시키거나 경우에 따라 폐쇄시키기 위해 설치되는 것이다. 그 때문에 여기서 등장하는 적문은 문짝이 마치 과

녁처럼 활용되는 구조물로, 경우에 따라 여닫을 수 있었던 형태로 추정된다. 미루어 짐작컨대 평소에는 문짝이 없이 문틀만 있게 하고, 사격이 있을 때만 문틀의 뒤에 방패처럼 된 과녁판을 부착시킨 표적이 아닌가 싶다. 만일 그 같은 추정이 옳은 것이라면 구태여 그 같은 과녁을 왜 썼겠는가 하는 점이 의문이다. 그것은 아마 차노와 같은 대형 발사 장비가 쏘는 발사물과 연관되는 이유 때문으로 짐작된다. 대형의 쇠뇌 화살은 대체로 저지(低地)에서부터 고도를 유지하며 날았을 것이다. 그 때문에 예상되는 전착점(箭着點, 화살이 날아가 꽂히는 지점)에 이르러 다소 높은 위치로 도착할 수도 있었을 것이다. 그리하여 표적의 길이는 가능한 높았고, 표적의 너비도 꽤 넓었을 것으로 짐작할 수 있다. 그러므로 적문은 마치 성문처럼 '커다랗고 장대한 표적 설치용 시설물'이었을 것이다.

그런데 그 같은 시설물의 등장은 당시 신라 조정이 견지한 군사 노선의 소산이었다고 볼 수 있겠다. 발해는 물론 일본과의 지속적인 대결 국면을 상정한 요격용 무기의 개발은 당연했고, 그 과정에서 쇠뇌의 개선과 개발 작업은 소중했을 것이다. 그와 함께 적문을 설치하고 차노를 쏘는 행사에 백관을 소집한 이유는, 일종의 전투력 시범을 통한 국방 의식의 확산을 꾀한 데에 있었다고 이해된다.

신라 조정의 군사력 강화 조치가 이루어지는 가운데, 발해의 등주 상륙전이 벌어진 점은 긴박한 당시의 정세를 짐작케 한다. 당은 발해군의 거센 군사적 타격을 경험한 후, 신라와의 공수 동맹 관계를 회복코자 했다. 이어 당은 신라로 하여금 발해를 군사적으로 압박토록 요청하기까지 했다. 신라는 당의 요청을 수용했고, 등주 상륙전이 벌어진 이듬해(733) 겨울철을 기해, 발해의 남방 지역으로 침투했다.

그러나 신라군의 동계 침투 사건은 침투 지역의 험준함과 계절적 특성인 추위 속에 이루어진 까닭인지, 전투 요원의 과반수가 죽어 별다른 소득이 없이 복귀하는 데에 그치고 말았다. 그럼에도 불구하고 신라군의 침투 행위는 발해를 자극했고, 마침내 노골적인 정치 군사적 대립을 불러왔다. 그에 따라 발해는 이후에 일본을 정치 군사적 지원 세력으로 활용키 위한 방안을 적극 강구했다. 그 때문에 신라는 지속적인 군제 개혁과 무비 개선의 노력을 기울여, 나름대로 강력한 방위력을 유지코자 애썼다. 그 같은 정책 실현은 발해는 물론 일본까지 경계코자 하던 전방위 개념에서 비롯됐다고 볼 수 있다. 그리하여 성덕왕 34년(735)에는 패강 지역에 방수처를 쌓았으며, 경덕왕 16년(757)경에는 탄항 관문을 쌓았다. 그런데 그 무렵의 신라의 관문과 방위 태세를 보면, "골짜기에 철개(鐵蓋)로써 단단하게 하고, 관문(關門)이라고 부르며, 신라는 항상 노사(弩師) 수천 명을 주둔시켜" 지키는 상태였다고 한다.[262]

신라가 골짜기마다 철개로써 막고, 관문 주변을 쇠뇌 전문 부대로 지켰다는 점은 매우 큰 의미를 지닌다. 무엇보다 국가적으로 왕성한 제철 기술 산업이 활성화됐음을 알 수 있다. 주요 골짜기마다 지키기 위해 설치된 철개의 양은 엄청났을 것이기 때문이다. 또한 수천의 노사의 배치로 보아, 당시 신라군의 주요 접전 방식이 쇠뇌를 활용한 요격 및 내복 전술이었음을 쉽게 추정해 볼 수 있다. 거듭된 쇠뇌의 개발에 따른 쇠뇌 부대의 대규모 편성이 있었던 것으로 추정된다.

더불어 신라에서는 군사 관련 기술학이 성장했다. 한 예로 김유신의 현손인 김암의 경우가 그러했다. 김암은 청년기에 당에서 음양가의 술법을 배웠고, 둔갑입성법을 정립하여 스승께 보여 주어 놀라게 한 인물이었다. 그 무렵 신라는 혜공왕 때로, 끊임없는 모반 사건으로 왕조는 언제나 불안에 떨고 있는 상태였다. 그 때문에 혜공왕은 내치는 물론 국방

---

262 《신당서》, '권 220', '열전 145', '신라'전

실무에 밝은 인재의 발탁에 의존코자 했고, 그 과정에서 김암이 귀국한 것으로 보인다. 김암은 귀국 후 한때 패강진 방어의 군사 책임을 맡기도 했고, 백성들에게 육진병법(六陣兵法)을 농한기에 가르치기도 했다. 육진 병법은 일찍이 문무왕 14년(674)에 당과 관계가 악화될 무렵, 아찬 설수 진에 의해 실시된 바 있는 진법이었다. 그런데 당과 전쟁을 승리로 마감한 이후에도 신라 사회에 여전히 육진병법이 보급된 점은, 북방의 발해와 대치하고 있었기 때문으로 여겨진다.

한편으로 김암은 깊은 천문 기상학의 조예를 바탕으로 농작물 피해를 줄이는 데에도 기여한 점이 돋보인다. 그뿐만 아니라 그는 혜공왕 15년(779)에 왕명에 의해 일본에도 갔다 왔는데, 그것은 외교적 악화의 조짐이 느껴지던 왜 열도의 정찰 목적은 아니었나 싶다. 그래서인지 일본 왕은 그가 비범한 인물임을 알아차리고, 억류케 하려 했다고 한다. 일본 조정이 김암이 상당한 병학 전문가였음을 인식했기 때문으로 여겨진다. 그런데 당시 일본에 온 당나라 사신과 김암과의 관계가 대단해, 결국 일본 조정이 김암을 억류치 못했음이 적잖게 흥미롭다.[263]

당의 정정 불안과 신라 해상 무력 조직의 활동

한편 발해와 신라의 정치 군사적 대결은 중국 지역의 유민 사회와도 연결됐다. 일찍이 산동반도 일원에는 고구려의 후예인 이정기가 고구려 소국 체제의 성격을 띤 '치청번진(淄靑藩鎭)'을 이끌고 있었다. 이정기 가문은 무역 요지의 성격을 지닌 치청 번진을 예사의 번진과 다르게 다스

---

263 《삼국사기》, '열전 제3', 김유신 하(下) 참조할 것.

렸다. 행정과 경제는 물론 군사 외교권을 독점하고, 지극히 반당적 정치 노선을 펼쳤기 때문이다. 그 같은 상황에 당의 덕종(780-804)은 긴장했고, 치청 번진의 서남방에 자리한 변주에 축성을 하며 강경책을 추구했다. 그에 대해 치청 번진은 변주와 가까운 조주와 제음 등지에서 군사를 징발했고, 당 왕조의 침공에 대비한 전투 훈련에 박차를 가했다. 이후 치청 번진과 당 왕조와는 일진일퇴를 거듭하며 치열한 공방전을 벌였다. 그 과정에서 이정기는 한때 산동성 일대와 안휘성, 강소상의 일부 지역 등 줄잡아 15개 주에 걸친 영역을 석권하기까지 했다. 그 같은 치청 번진의 강성함에 동북방의 발해는 밀월 관계를 꾀했다. 고구려를 모태로 하는 민족적 동질성이 크게 작용했음을 쉽게 짐작할 수 있다.

신라는 발해의 성장세를 예의 주시하고 있었고, 당 왕조의 위기 상황에 편승하여 발해와 이정기 가문의 발호에 군사적 긴장을 떨칠 수 없었다. 그와 더불어 당은 난국 타개를 위해 신라 측에 군사적 지원을 부탁하기에 이르렀고, 신라는 군사력을 파견하기에 이르렀다. 마침내 신라는 헌덕왕 11년(819) 7월, 순천장군 김웅원을 지휘자로 하는 3만 대군을 움직였다.[264] 당시 신라군의 파병은 서해를 이용한 상륙 작전이었을 것이기에, 발전한 신라 수군 역량을 넉넉히 짐작케 한다. 그 같은 국제전적 상황에서 명성을 날린 인물이 장보고였다.

장보고는 본래 섬 출신의 평민이었으나, 뛰어난 무재(武才)를 발판으로 출세를 꿈꿨던 인물이었다. 장보고는 이정기 가문의 소탕전을 자신의 입지 강화를 위한 발판으로 활용했다. 소탕전 과정에서 장보고의 기마술과 장창술은 빛났다고 한다. 결국 장보고는 이사도 군을 치는 데에

---

264 《삼국사기》 '신라본기', '헌덕왕 11년'(819), 7월조를 보면, "당나라의 운주절도사 이사도가 모반했는데, 당 현종은 이를 토평코자 하여 야주절도사 조공을 파견하여 신라 군사를 징발케 하므로, 왕은 당왕의 뜻을 따라서 순천군장군(順天軍將軍) 김웅원(金雄元)에게 명하여 군사 3만 명을 거느리고 나아가서 이를 원조케 했다."는 내용을 보게 된다.

공을 세웠고, 마침내 무령군 소장의 직위에까지 올랐다. 장보고의 군사적 활동은 신라의 불안한 정정 속에 연이어지던 해적 토벌로 발전했다. 당시 신라 왕조는 내란의 소용돌이 속에서 혼미를 거듭했고, 귀국한 장보고는 그 같은 시류를 해소하는 데에 일조했다. 그리하여 장보고는 신라와 당, 그리고 일본을 연결하는 요충지로써 완도 지역에서 해상 방어와 국제 무역을 보호하는 군산복합체의 건설을 이끌어냈다. 그 과정에서 신라의 선진 문물이 일본에 급속히 전수됐다. 거꾸로 여러 가지 기술 면에서 추종적 입장이던 일본으로서는 더없는 문화 발전기를 맞이한 셈이었다. 더욱이 일본의 일각에서는 신라의 발전한 군사 기술에 적잖게 관심을 갖기도 했다. 한 예로 《일본삼대실록(日本三代實錄)》의 '권13, 청화천황'조를 보면 "의대령(擬大領) 산춘영(山春永)이 풍수(豊穗)에게, 신라 사람 니빈장(你賓長)과 함께 신라에 건너가 병노기계를 만드는 기술(兵弩器械之術)을 배우고 돌아와 장치 대마도를 쳐서 취하자고 하였는데"라는 내용을 볼 수 있다. 거론된 인용문으로 보아 당시 신라의 "병노기계(兵弩器械)"는 대마도를 공략하여 얻을 수 있게 하는 데에 주력 무기로 손꼽을 정도로 대단했음을 짐작할 수 있다. 특히 일본인들이 볼 때 신라의 쇠뇌는 가공할 전술 무기로 받아들여진 점을 읽을 수 있다. 따라서 청해진을 매개로 한 국제 교역과 그와 더불어 형성되는 기술 전이 과정은 일본 발전에 기여했다고 파악된다.

그런데 신라는 일본과의 교류 과정을 통해 숱한 무기류를 건네 주기까지 했다고도 한다. 그 좋은 예로 현재 동대사의 정창원 유물이 거론된다. 관련 연구에 따르면, 정창원 내의 숱한 무구류(武具類)의 재료가 대개 신라산으로 추정되는 것으로 알려졌다. 그러므로 정창원 내의 도검류와 궁시류 등 대개의 무구류가 신라의 제품일 것이라는 견해가 있다.[265] 신라 문화의 국제적 파급 정도가 어떠했는지를 알게 하는 대목이다.

한편 장보고의 청해진 안에 있던 진군(鎭軍)은 왕조 내부의 반란을 진압할 정도로 강성해졌다. 그러나 장보고는 위정자들의 농간에 희생됐고, 청해진은 오래가질 못했다. 그런데 당시 진(鎭)은 국토방위의 목적으로 설치된 방어 거점으로, 청해진 외에도 혈구진, 북진, 패강진 등이 있었다. 이들 진에는 토착 세력을 중심으로 하는 둔전병적 지방군이 진군(鎭軍)으로서 웅거했는데, 형식상 중앙에 직속된 듯하나 실상은 달랐다. 당시 신라의 중앙 정부는 왕권이 미약했기 때문에, 진군은 중앙에 반발할 수 있을 정도로 독자 세력화의 경향을 띠었던 까닭이다.

이후 왕건은 그 같은 해상 세력의 후예로 성장했고, 후삼국기의 난세를 수군 지휘 역량을 요체로 하여 평정했다는 점이 곱씹어볼 만한 점이다. 그러나 왕건 세력이 후삼국을 통일한 결정적 힘은 수군력이 아닌 기마 부대의 기동력이었다. 왕건의 부대는 최후에 일리천에서 신검(神劍)의 군대와 대치했는데, 마지막 결전에서 승전을 거둔 것은 좌강(左綱)과 우강(右綱)에 속한 기마병들에 힘입은 바 컸던 것이다. 구체적으로 살펴보면 좌강에 속한 3만의 마병과 우강에 속한 1만 9천 5백의 기병, 그리고 3군의 원병 가운데 3백의 기병이 그렇다. 결국 총 4만 9천 8백의 기마병이 신검군을 압도했음을 알 수 있다.

265 최재석, 《정창원 소장품과 통일신라》, 일지사, 1996

Pocket Book 일송포켓북 일송포켓북은 일송북의 자회사로 한국문학 베스트 시리즈를 출간하고 있습니다.

이문열《아우와의 만남》

이문열의 소설을 다 읽었다 해도 이 책에 수록된 작품들을 읽지 않고는 결코 이문열 문학을 논할 수 없다!

박범신《겨울강 하늬바람》

영원한 청년 작가 박범신이 혼신의 힘을 다해서 쓴 이 소설에는 시대의 아픔을 껴안는 그의 문학 정신이 녹아 있다.

이청준《날개의 집》

초기작부터 최근작에 이르기까지, 이청준 문학의 큰 흐름을 형성하는 소설 중에서 가장 중요한 작품들을 엄선했다.

이승우《에리직톤의 초상》

'스물두 살의 천재'라는 찬사를 들으며 화려하게 등단한 이래 관념을 소설화하는 독특한 작품세계를 펼쳐 온 이승우의 대표작!

박영한《왕룽일가》

서울 근교의 우묵배미라는 농촌을 삶의 무대로 살아가는 사람들의 슬프지만 우스꽝스런 이야기들을 형상화한 박영한의 대표작!

윤흥길《낫》

일본에서 먼저 출간되어 대단한 화제를 불러일으킨 이 작품은 윤흥길 소설만이 갖고 있는 특별한 매력을 물씬 풍기고 있다.

전상국《유정의 사랑》

전형적인 사랑 이야기와 김유정의 평전이 자연스레 녹아 한 편의 퓨전 소설 형식을 취하며 문학의 새 지평을 연 놀라운 작품이다.

윤후명《무지개를 오르는 발걸음》

윤후명이 아니면 도저히 쓸 수 없는 특유의 문체와
독특한 작품 분위기, 그리고 각별한 재미!

이순원《램프 속의 여자》

전방위 작가 이순원이 외롭고 슬픈 한 여자를 통해
우리가 살아온 각 시대의 성의 사회사를 살펴본 탁
월한 소설이다.

고은주《아름다운 여름》

아나운서인 여자와 우울증 환자인 남자의 이야기를
통해 '진짜' 당신을 만날 수 있게 해주는 '오늘의 작가
상' 수상작.

이호철《판문점》

분단 문학을 새로운 차원으로 끌어올린 이호철의 대
표작 중 미국과 프랑스에서 출간되어 호평 받은 작
품만을 엄선했다.

서영은《시간의 얼굴》

'너를 진정으로 사랑하여 나를 부수고 다른 나로 태
어나려는' 주인공의 열망을 심정적으로 온전히 치른
역작.

김원우《짐승의 시간》

유니크한 작품세계를 구축하고 있는 김원우 문학의
원형을 보여주는, 젊은 시절의 열정을 고스란히 바
친 첫 번째 장편소설.

한승원《아버지와 아들》

토속적인 세계와 역사의식을 통해 민족적인 비극과
한을 소설화하면서 독보적인 세계를 구축한 한승원
의 '기리야마 환태평양 도서상' 수상작.

송영《금지된 시간》

미국 펜클럽 기관지에 소설이 소개되어 새롭게 주목받은 송영이 심혈을 기울여서 쓴 한 몽상가의 이야기.

조성기《우리 시대의 사랑》

성과 사랑의 경계에 대한 질문을 던지며 많은 화제를 모았던 이 작품은 조성기를 인기 소설가로 만들어준 출세작이다.

구효서《낯선 여름》

다양한 주제를 섭렵하면서 독특한 자기 세계를 구축하고 있는 우리 시대의 중요한 소설가 구효서의 야심작.

한수산《푸른 수첩》

짙은 감성과 화려한 문체로 한 시대를 풍미했던 한수산이 전성기 때의 문학적 열정으로 그려낸 빛나는 언어의 축제.

문순태《징소리》

향토색 짙은 작품으로 우리 소설의 한 축을 굳게 지키고 있는 문순태는 이 작품에서 한에 대한 미학의 극치를 보여준다.

김주영《즐거운 우리집》

한국 문단의 탁월한 이야기꾼 김주영의 주옥같은 작품들을 한자리에 묶은 대표작 모음집.

조정래《유형의 땅》

'네티즌이 선정한 2005 대한민국 대표작가' 조정래의 문학적 뿌리는 이 책에 수록된 빛나는 단편소설이다.

한국원형문화의 이해

초판 1쇄 인쇄 2017년 8월 29일
초판 1쇄 발행 2017년 9월 5일

저　자　**김영해**
펴낸이　**천봉재**
펴낸곳　**일송북**

주소　**서울시 성북구 성북로 4길 27-19 (2층)**
전화　**02-2299-1290~1**
팩스　**02-2299-1292**
이메일　**minato3@hanmail.net**
홈페이지　**www.ilsongbook.com**
등록　**1998. 8. 13 (제 303-3030000251002006000049호)**

ⓒ 김영해 2017

ISBN 978-89-5732-264-2-03380
값 22,000원

이 도서의 국립중앙도서관 출판시도서목록(CIP)은 서지정보유통지원시스템 홈페이지(http://seoji.nl.go.kr)와 국가자료공동목록시스템(http://www.nl.go.kr/kolisnet)에서 이용하실 수 있습니다.(CIP제어번호: CIP2017018503)